제2판

평생교육론

김신일, 강대중, 최돈민, 양흥권, 김현수, 이지혜
현영섭, 김민호, 양은아, 김주영, 김지현, 최일선, 양병찬

교육과학사

인류 문명은 현재 급격한 변화를 겪고 있다. 정보과학기술의 급속한 발달은 경제와 정치, 그리고 문화에 엄청난 변화를 일으키고 있다. 교육도 예외가 아니다. 교육제도는 물론 일상생활에서 교육의 양상에 심대한 변화가 진행 중이다. 교육의 변화는 사회 전체에도 영향을 주어 사회를 새로운 방향으로 이끌어가는 견인차 역할도 하고 있다.

지난 두 세기에 걸친 교육은 국가가 지배하는 제도를 기반으로 아동과 청소년기의 학교교육에 집중했다. 의무취학제도까지 도입하여 모든 아동과 청소년은 일정 연령까지 반드시 학교를 다니도록 강제하였다. 이렇게 하면 국민으로서 그리고 산업인력으로서 갖추어야 할 능력과 가치관을 가지고 사회에 진출해 성인기를 유능하게 살아갈 거라고 믿었다. 성인기에 학습이나 교육을 계속하는 것이 반드시 필요하다는 생각을 하지는 않았다. 그것은 개인적 필요에 따른 것이거나 한가한 시간에 하는 여가활동이라고 보아 국가나 지역공동체의 책임으로 인식하지도 않았다.

그러나 지난 세기 후반부터 두드러진 정보과학기술의 급속한 진보가 상황을 완전히 다르게 만들고 있다. 성인기에 학습을 계속하지 않으면 끊임없는 변화에 적응하기 어려운 시대가 됐다. 교육제도와 일상의 학습생활에 대대적인 변화가 일어나고 있다. 연령에 상관없이 모든 이에게 교육을 제공하지 않으면 국가의 경쟁력이나 사회의 결속력도 유지하기 어려워졌다. 그리하여 이제는 학교와 대학 등 전통적인 기관에서 교육활동을 독점한다는 관점에서도 벗어나고 있다. 형식적, 비형식적, 심지어 무형식적 교육활동도 당당한 교육으로 보는 관점이 등장하고 있다. 일상생활과 직장에서의 학습활동도 일정한 절차를 거쳐 학교에서 받은 교육과 대등하게 인정하는 제도까지 많은 나라에서 시행하고 있다. 바야흐로 평생교육의 시대에 진입한 것이다. 제도적 학교를 교육의 중심으로 보던 시대에서 벗어나, 학교와 대학은 물론이고 유아기와 성인기, 그리고 노년기의 제도적, 비제도적 교육과 학습활동을 포괄하는 평생교육의 시대가 열린 것이다.

교육 세계가 학교 중심에서 평생교육 중심으로 이동하는 문명사적 변화의 심도와 속도에는 나라마다 차이가 있다. 유럽과 북미는 변화를 선도하고 있지만, 아프리카와 남아시아 및 남미의 대다수 국가들은 아직도 변화 이전 상태 즉 학교교육 시대에 머물러 있는 경우가 많다. 한국은 변화의 심도와 속도가 선도 국가들 쪽에 가깝지만, 그들과 어깨를 나란히 하기 위해서는 상당한 노력이 필요한 상태라고 하겠다. 국가의 제도와 정책, 예산이 여전히 학교와 대학에 크게 기울어 있다. 그동안 설치한 평생교육 관련 기관의 운영이나 관련 정책의 추진도 아직은 본격화하지 못하고 있다. 교육과 학습을 학교 중심으로 생각하는 데에 경도되어 있고, 평생교육의 진흥으로 사회 변화를 견인해야 한다는 인식이 약하기 때문이다.

이 책을 집필하며 필자들은 그동안 우리나라가 발전시켜 온 평생교육의 모습과 앞으로 만들어 나가고자 하는 평생교육의 방향을 담고자 노력했다. 책은 크게 세 부분으로 구성되어 있다. 첫 부분에서는 학습과 교육의 역사적 변화를 살피며 제도와 함께 교육권, 학습권 등 의식과 철학의 진화도 논의했다. 두 번째는 평생교육의 제도와 정책에 관한 부분이다. 평생교육의 내용과 특성, 그리고 앞으로의 과제를 논의했다. 세 번째는 평생교육의 다양한 영역과 대상별 실태와 발전 과제를 기술하고 논의했다. 한국 평생교육의 현실을 구체적으로 파악할 수 있을 것이다. 집필에 최선을 다해준 저자들에게 감사를 표한다.

이 책으로 공부하는 학습자와 교육자들이 교육과 학습을 되도록 확장된 안목으로 바라보면서 사람들의 학습활동을 애정을 가지고 돕는 평생교육자가 되기를 희망한다. 필자들도 계속 배우는 학습자이므로 독자들과 이런저런 방식으로 대화하며 교류할 수 있기를 바란다. 이 책이 한국 평생교육의 역사와 현실을 온전히 담은 책으로 더 발전할 수 있도록 아낌없는 질정을 부탁드린다.

이 책의 출판을 맡아 편집과 제작을 이끈 교육과학사 한정주 사장, 정경식 부장, 이정호 실장에게 감사한다. 끝으로 집필진의 한 사람이면서 책의 기획에서 원고 수합과 최종 출판 단계까지 노고를 아끼지 않은 강대중 교수에게 크게 감사한다.

2024. 8. 15

필자들을 대표하여 김 신 일

차례

제 1 장

평생학습시대

1. 교육제도의 확장과 유연화

교육은 그 시대 문명의 영향을 받는 동시에 영향을 주면서 함께 형성, 정착, 변화한다. 문명과 교육의 상호작용은 현재도 계속되면서 함께 형성되며 변화하고 있다. 특히 오늘날은 산업국민국가시대로부터 정보시민사회시대로 이행하는 시대적 전환기를 거치는 중이어서, 문명 전체와 함께 교육에도 이제까지와는 다른 새로운 방향으로 전면적이고 근본적인 변화가 매우 격렬하게 진행되고 있다. 정보기술과 생명과학 등 과학기술의 발달에 기인한 새로운 문명은 경제, 사회, 문화뿐만 아니라 인간의 수명과 삶의 방식과 나아가 지구생태계에도 대대적 변화를 일으키고 있으며, 그 영향으로 교육에도 총체적 변화가 일어나고 있다. 그에 따라 교육은 아동・청소년기 학교교육시대로부터 전 생애에 걸친 평생학습시대로 빠르게 전환하고 있다.

평생학습시대는 유아기로부터 노년기까지 모든 연령을 포함하는 평생에 걸쳐서, 삶의 모든 영역에 관련된 갖가지 지식과 기능과 가치를, 학교 같은 제도화된 교육기관에서뿐만 아니라 어느 형태의 교육장에서나, 가능한 모든 방식을 통하여, 그리고 사회적 및 개인적 여러 가지 목적을 위하여, 학습할 수 있는 기회를 만들고 지원하고 활성화하는 시대를 말한다. 그리고 이러한 평생학습활동을 활성화하고 지원하는 제도를 수립하고 정책을 시행하는 사회를 '평생학습

사회' 또는 '학습사회'라 부른다.[1)]

이러한 평생학습시대의 교육은 학습활동을 전 생애와 모든 삶의 영역으로 확장시키고 교육과 학습이 가능한 모든 시설과 공간을 활용하여 교육목적과 교육방식에 제한을 두지 않고 교육의 유연성을 높이고 있다. 그렇게 함으로써 아동·청소년기에 통일되고 규격화된 학교에 취학시켜 국가나 권력기관이 정한 목적에 따라 구성한 교육과정을 학습하도록 강요하는 경직된 교육제도가 지배하는 시대를 벗어나고 있다. 이러한 평생학습은 학교교육을 마치고 직업현장에 진출하여 일하고 있는 성인에게 새로운 기술과 지식을 재충전하기 위하여 증가시켜온 계속교육과 재교육을 포함한다. 그리고 정규 학교교육을 받지 못한 청소년과 성인을 위한 비정규학교 그리고 일상생활 속에서 이루어지는 지식과 기술의 습득과 같은 비형식교육과 무형식교육도 포함한다.

그러면 아동·청소년기에 교육받아 평생을 살아가던 삶의 방식으로부터 이렇게 평생에 걸쳐 생애단계마다 새롭게 계속하여 학습하여야 하는 삶으로 전환하도록 만든 원인은 무엇인가? 유네스코 평생학습원(UNESCO Institute for Lifelong Learning)은 2018년부터 5년간 세계 여러 나라의 평생학습 관련 연구기관들과 정책개발기관들의 협조하에, 세계적 평생학습 분야 학자와 전문가들을 여러 차례에 걸친 토론회와 자문회의에 100명 이상 초청하여 새 시대 교육의 방향을 전망하고 평생학습사회의 구체적 제도와 정책을 제시하였다. 그러면서 평생학습을 불가피하게 만드는 시대적 요인을 여섯 가지 들었는데, 그것은 다음과 같다.[2)]

- 디지털 과학기술의 발달
- 일의 세계의 변화
- 인구학적 변화
- 환경변화의 재앙 가능성

- 건강과 복지
- 시민성 강화

이러한 요인들이 일으키는 문제와 부작용들은 이제까지의 삶의 방식과 교육방식으로는 정상적 인류사회의 지속이 불가능할 정도로 심각하고 위험한 것이기 때문에, 새로운 삶의 방식과 교육방식으로의 전환이 불가피하고 시급하다는 것을 확인했다. 따라서 교육에 있어서 새로운 방향이 평생학습사회의 실현임을 분명히 했다. 그리고 이 보고서에 평생학습사회의 실현을 위한 정책방안들을 구체적으로 제시하고 있다.

한편, 평생학습사회에 관한 논의가 진척되면서 주목을 받기 시작한 것이 '학습권'이다. 과거에 크게 주목받지 못하던 학습권 사상이 전면에 등장한 것이다. 긴 인류 역사에서 사람들은 교육의 수동적 대상으로 인식되었다. 프랑스혁명을 거치면서도 교육에 대한 절대적 권한은 국가에 있다는 사상이 널리 퍼져 있었으며, 20세기로 넘어오는 시기에도 "교육은 국가의 사업이므로 사립학교까지도 학교에서 실시하는 교육은 국가의 통제하에 두어야 한다"는 초창기 사회학자 뒤르켐(Durkheim)의 주장도 큰 반발 없이 수용되었다.

1985년에 이르러 큰 변화가 일어났다. 그해 유네스코 제4차 세계성인교육회의에서 '학습권(The Right to Learn) 선언'을 채택함으로써, 인간은 스스로 탐구하고 학습하고 자신의 주장을 글로 쓰고 교육을 선택할 권리가 있다는 학습권 사상을 선포한 것이다.[3] 학습권 사상은 곧 보편적 평생학습권으로 확대되고 강화되어, 많은 나라에서 누구나 그리고 평생의 어느 단계에서나 필요한 학습을 자기주도적으로 할 수 있는 여건을 조성하는 정책의 토대가 되고 있다. 교육현장에서는 때때로 학습권과 교육권 사이에 대립과 갈등이 나타나고 있지만, 결국은 학습권을 중심으로 정리될 것이다.

이처럼 인류는 이미 평생학습시대에 들어섰다. 실천적으로나 학문적으로나 그리고 국가정책에 있어서도 평생학습이 교육의 중심 주제로 등장했다. 배우는 활동을 평생에 걸쳐서 계속하는 것이 개인에게는 물론이고 사회를 위해서도 반드시 필요해졌으며, 그에 관한 연구와 정책 수립이 우선적 과제가 되었다. 세계적으로 보면, 교육학의 패러다임이 학교교육중심으로부터 평생학습중심으로 전환하고 있으며 따라서 교육제도도 근본적으로 바뀌는 단계에 있다.

이러한 변화는 새로운 문명시대에 진입하며 나타난 새로운 현상이다. 20세기까지만 해도 교육은 자라나는 세대의 성인기를 위한 준비인 동시에 국민으로서 갖춰야 하는 자질을 기르는 활동이므로 국가가 관리하고 통제해야 한다는 생각이 지배적이었다. 그런 생각의 토대 위에 학교제도를 만들고 운영하였으며, 아직도 많은 나라에서 그런 제도를 유지하고 있다. 나라에 따라 출발 시기가 다르기는 하지만 대체로 인류는 19세기부터 국가가 관리하는 학교제도를 설치하여 아동과 청소년 대상의 생애초기교육을 전면적으로 실시하기 시작했다. 학교교육은 충성스러운 국민과 유능한 인력을 양성하는 데 반드시 필요하다는 믿음이 이 시대를 지배하였기 때문에 학교취학을 국민의 의무로까지 규정하였다. 그런데 21세기에 들어서자 생애초기에 집중해온 이러한 교육제도가 약화되고, 평생에 걸친 학습을 관리하는 새로운 교육제도로 바뀌기 시작한 것이다. 나라마다 평생학습을 강화하고 지원하기 위한 제도 정비가 빠르게 진행되고 있으며, 평생학습과 아울러 관련 정책에 관한 연구도 확대되고 있다.

그러면 19세기에 들어서기 전에는 어떠했을까? 역사를 뒤돌아보면 인류는 다른 어느 동물보다 높은 지적 능력과 강한 호기심으로 끊임없이 새로운 지식과 기술을 탐구하여 문명을 발달시킴으로써 지구의 지배자가 되었다. 인류는 원시상태에서 출발하여 오늘날의 정보화시대에 이르기까지 학습을 통하여 여러 문명을 형성해왔다. 문명의 발전에 따라 학습방식이 다양해지는 한편 사람들의 학습활동에 대한 집단 또는 국가의 개입 수준과 관리 방법도 다르게 발전하였다. 사람들이 자유롭게 벌이는 학습활동에 아무런 간섭이나 통제가 없이 방임하는 문명이 있었는가 하면, 집단별로 통제하여 특정 집단에게는 학습을 돕는 교육을 실시하면서 다른 집단의 학습은 억제하는 차별적 제도를 운영하는 문명도 있었다. 한편 학습하는 내용도 문명에 따라 어떤 것은 반드시 학습하도록 강요하고 어떤 것은 학습하지 못하도록 금지하는 학습통제방식도 역사 속에서 흔히 찾아볼 수 있다.

그런데 전통적 교육의 역사학은 학교 또는 학교형태의 교육기관들에 집중하여 교육의 발전과정을 서술하고 있어서 인류가 벌여온 다양한 학습활동과 그에 대한 국가와 권력의 다양한 지배에 관한 전반적 모습을 보여주지 못하고 있다. 그러나 분명한 사실은 사람들은 학교라는 조직이 실시하는 교육을 통해서만 학습해온 것이 아니라는 것이다. 교육을 받아서 학습을 하기도 하지만, 각자가 다양한 상황에서 자기주도적으로 수행하는 학습이 허다하고 또한 학습자들이 스스로 함께 협동하여 원하는 것을 공동으로 배우는 경우도 많다. 나아가 교육이 학교라는 공간에서만 이루어지는 것도 아니다. 교육이 한 개인 또는 집단이 다른 개인 또는 집단에게 어떤 지식이나 기능의 학습을 부추기고 지도하는 활동이라면, 이러한 활동은 학교뿐만 아니라 다양한 공간과 상황에서 수없이 일어난다는 것은 두말할 필요가 없다. 그럼에도 불구하고 학교 밖 교육과 자기주도적 학습활동을 무시하고 학교제도를 통하여 실시하는 교육에 한정하여 서술하는 것은 전통적 교육역사가들이 교육과 학습활동을 제도 내의 시각으로 협소하게 인식하였기 때문이다.

협소한 인식의 원인은 교육에 대한 '학교중심 패러다임'에 있다. 학교라는 틀을 통하여 교육과 학습을 바라보는 것이다. 이러한 협소한 안목에서 벗어나기 위해서는 학교 밖의 다양한 상황에서 실시하는 수많은 교육활동과 나아가

교육에 의한 통제를 받지 않고 스스로 수행하는 무수한 자기주도적 학습을 포괄적으로 바라볼 수 있는 확장된 안목이 필요하다. '학습중심 패러다임'은 그러한 필요에서 제안된 것이다.[4)]

다음 절부터 인류의 학습활동과 그에 관한 제도가 어떻게 변천해 왔으며, 관계가 긴밀하면서도 개념이 다른 교육과 학습의 관계를 논의하고, 학습활동을 관리하는 방식과 그에 관한 제도를 정리하고, 이어서 평생학습론의 발전과정을 논의하고 검토하겠다.

2. 문명단계별 학습관리

인류는 250만 년 전 호모 하빌리스로 시작하여 호모 에렉투스를 거쳐 3만 년 전 호모 사피엔스에 이르고, 1만 년 전 농경을 시작하여 200년 전 산업화를 일으키고, 50년 전쯤부터 정보화시대를 열었다. 각 문명 단계마다 학습과 교육을 통하여 그 시대에 필요한 정보와 기능과 지식을 습득하여 활용하면서 개인과 집단의 삶을 향상시켜 왔다. 국가형태를 갖추면서는 이러한 학습활동과 그에 관한 집단적 관리방식을 제도화하기도 했다. 이 장에서는 시대별 학습활동 방식과 관리제도의 변천을 살펴보면서 현재 진행 중인 평생학습사회의 방향과 체제를 전망한다.

1) 수렵채집사회

고고인류학자들의 연구에 의하면 수렵채집사회는 대략 30명 정도의 무리를 이루어 다른 동물들의 공격에 대응하고 사냥과 채취를 하면서 살았으며, 성인이 평균 약 18명, 어린이가 약 12명으로 구성되었다. 그들은 생활 속에서 다양한 학습활동을 하였는데, 사람들의 학습을 관리하는 지도, 감독, 통제는 없었고,

각자가 스스로 이것저것을 배운 것으로 판단된다. 말하자면 각자가 자신의 학습을 자율적으로 관리했고, 아동들의 학습에 대하여도 지도나 감독 없이 거의 방치했다.[5)]

수렵채집사회에서는 오늘날과 같은 교육제도, 학교, 교사 등은 비슷한 것도 없었다. 그 사회의 어린이는 교육을 위한 별도의 활동이 없는 상태에서 개인적, 가족집단적 삶 속에서 이루어지는 자연스러운 학습을 통하여 삶을 위한 지식과 기술을 습득하였다. 한편, 성인은 사냥과 채집이 자신은 물론 집단의 생존을 결정했으므로, 누가 가르치지 않아도 그것을 위한 기술과 지식의 습득에 노력을 기울였다. 어떤 동물을 어떻게 사냥하고, 어떤 열매와 풀이 먹을 수 있는 것인지 스스로 배우기도 했지만, 다른 사람들이 성공적으로 사냥하는 모습을 보면 그것을 모방하고, 다른 사람이 새로운 열매나 풀을 먹는 것을 보면 역시 그것을 따라 했다. 이 시대에는 관찰과 대화를 통한 모방학습이 큰 부분을 차지했다.

정리하면 수렵채집시대의 어린이나 성인은 수십만 년 동안 생존에 필요한 기능과 지식을 각자가 스스로 여러 가지 방식으로 학습했고, 구성원들의 학습을 관리하는 사회적 장치는 없었다. 그들은 주로 체험, 관찰, 대화를 통하여 학습하였으며, 그러한 학습활동을 지도하거나 통제하는 등의 관리행위는 나타나지 않았다. 그러나 수렵채집시대의 마지막 단계에 도구 제작의 학습을 도와주는 활동이 생겨나고, 주술적 활동을 하는 극소수의 "전문직" 훈련을 위한 교육활동이 시작되었다. 그렇지만 학습활동에 개입하여 관리하는 행위는 극소수에게 한정된 특별한 현상이었다.

2) 농경봉건국가

이 시대의 인류는 농경과 목축을 기반으로, 오늘날의 국민국가에 비하여 작은 규모의 부족국가 내지 봉건국가를 이루어 살아갔다. 약 1만 1천 년 전에 야생밀의 재배 방법을 터득하면서 인류의 문명이 농경목축으로 바뀌고 학습관리에도 큰 변화가 일어나기 시작한다. 수렵채집시대에는 자유롭게 방임하였던 학습활동을 전반적으로 규제하기 시작한다. 농경과 목축에는 조직적인 노동이 필요했고, 집단의 규모가 확대되었으므로 집단구성원 모두가 익혀야 할 지식, 기술, 규칙이 증가했기 때문이다. 더욱이 씨족사회로 그리고 부족국가로 확장되면서 전쟁이 빈번해짐에 따라, 성인은 물론이고 아동들에게도 조직화와 전투능력 향상을 위한 훈련과 규율이 강화되어갔다. 그에 따라 수렵채집시대에는 생활 속에서 개인들이 자유롭게 행하던 학습활동을 농경목축시대에는 집단이 그리고 새롭게 등장한 부족국가가 조직적으로 관리하기 시작한다.

인류 역사에서 학습을 강력히 관리하는 초기의 집단적 교육활동은 '성년식(initiation)' 또는 '통과의례(rite of passage)'로 구체화되었다. 농경 목축의 발달에 따라 대규모 씨족사회 내지 부족국가가 일찍 형성되었던 오늘날의 중동지역에서는 기원전 9~7세기에 성년식이 출현했고, 농경목축을 늦게 시작한 다른 지역들에서는 그만큼 늦게 나타났다.[6] 그러한 시간과 공간의 차이에도 불구하고 성년식의 형식과 내용에는 기본적으로 큰 차이가 없었다. 당시의 성년식은 대체로 사춘기 청소년을 성인사회구성원으로 진입시키는 의식이었으며, 남녀별로 진행되었지만 소년들의 의식을 더 중시하였다. 소년들이 거치는 내용은 주로 금식, 독방에서 지내기, 신체적 고통 견디기, 위험한 행동 감행하기, 전투능력 훈련 등과 함께 부족의 신화와 규범에 대한 교육으로 이루어졌다. 성년식은 집단 또는 국가가 구성원들이 학습해야 할 내용을 결정하고 관리하는 제도가 시작되었다는 데에 의미가 있다. 즉 사회구성원에 대한 교육의 제도화를 향한 싹을 틔워서, 청소년의 학습을 국가가 관리하기 시작한 것이다.

수천 년에 걸쳐 확산되던 신석기시대 농업이 기원전 4천 년경부터 급속하게 발전함에 따라 국가규모가 확대되고 사회생활이 복잡해진다. 이 변화에 맞추어 문자가 등장하고 학습의 관리에 획기적 변화를 일으킨다. 사회생활에 문자사용이 늘어나자 학습활동에 엄청난 변화가 일어났다. 무엇보다도 상업, 행정, 종교 등 여러 분야에서 문자의 사용이 증가함에 따라 문자의 학습이 중요하게 되어 읽기와 쓰기가 학습의 기초가 되고, 나아가 문학과 어학이 중요한 학습영역이 된다. 한편 지식과 생각을 문자로 기록하는 책이 제작되기 시작하자 매우 강력한 학습의 매체로 자리 잡는다. 이어서 학교, 수도원, 사찰 등의 교육에서 책을 주요 교재로 활용하면서, "공부는 책 읽는 것", 즉 학습과 책 읽기를 동일시하는 생각까지 만들어진다. 이렇게 되자 학습을 통제하는 데 있어서 책에 대한 통제가 중요 수단이 된다. 금서 등으로 책의 유통과 독서를 통제하고, 심지어 책을 불태워 버리기도 한다. 이 시대부터 책은 사람들의 학습을 관리하는 중요한 수단이 되었다. 어떤 책들은 누구나 읽도록 허용하고 다른 어떤 책들은 금서로 지정하는가 하면, 어느 집단에게는 어떤 책을 반드시 읽도록 만드는 반면 다른 집단에게는 아예 책에 접근하지 못하도록 막는 방식으로 학습을 관리하고 통제하였다. 책을 통한 이런 방식을 오늘날까지도 사용하는 국가 또는 집단을 찾아볼 수 있다.

한편, 농경봉건국가시대에 국가관리양성과 지배층 교육을 목적으로 학교제도가 발달한다. 이 시대의 학교는 대체로 인문, 무예, 법규에 대한 교육을 기본으로 국가관리하에 설치하고 운영하였다. 고대 그리스에서 출발한 서양의 교육제도와 고대 중국에서 발달하기 시작한 동양의 교육제도는 유사하게 학교의 설치, 교육대상, 교육과정을 국가가 통제함으로써, 사람들의 학습을 국가가 체계적으로 관리하는 기초를 만들었다. 이러한 교육제도는 아동과 청소년의 생활을 기본적으로 국가가 통제하고 가르쳐서 국가관리로 양성한다는 원칙을 가지고 운영하였기 때문에, 사람들의 학습생활이 가정과 씨족사회로부터 국가의 철저한 관리하에 들어가는 것을 의미했다.

학교교육의 대상은 동서양을 막론하고 지배층의 남자에 한정시켰다. 그리스에는 노예와 피정복민이 지배계급인 자유민보다 훨씬 많았지만 학교는 지배계급만을 위한 것이었으며, 노예와 피정복민들에게는 학습 자체가 금지되거나 억제되었다.[7] 중국도 왕족과 귀족이 지배계급을 차지하고 평민과 많은 노예가 다수의 피지배층을 이루고 있었는데, 학교교육은 국가가 운영하는 '관학(官學)'으로 지배계층의 남자들에게만 기회가 주어졌다. 피지배계층과 여성에게는 교육기회가 제공되지 않은 것은 물론이고, 학습활동 자체를 억제하거나 금지했다.[8] 다시 말하면 이 시대에는 인류 전체가 지배계급의 남자들에게는 교육제도를 통하여 국가에 필요한 학습을 관철시키고, 여성과 피지배계급과 노예들에게는 학습활동을 금지하면서 각자의 역할에 필요한 기능적 학습만을 허용하는 학습관리체계를 확립했던 것이다.

3) 산업국민국가

새로운 문명시대가 열리자 학습관리체계가 19세기 초부터 급격하게 바뀐다. 모든 아동과 청소년을 학교에 의무적으로 취학시키고 공공재정으로 국가가 관리하는 보편적 공교육제도가 나타난 것이다. 이 제도는 17세기 30년 전쟁을 정리한 베스트팔렌조약이 선포한 국가별 주권 인정과 18세기 영국에서 시작되어 전 세계로 확산된 산업혁명의 영향으로 형성된 산업국민국가 시대라는 새로운 문명의 필요에 따라 발전하였다. 산업혁명은 인류가 그때까지 경험하지 못한 기계공업 기반의 경제체제를 위한 기술인력의 대량 양성을 요구하고, 국민국가체제는 영토 내의 주민들을 예외 없이 국가 구성원으로서의 정체 의식을 갖춘 충성스런 국민으로 양성할 것을 요구하기 때문에, 모든 국민을 가르치는 공교육제도의 도입은 피할 수 없는 시대적 과제였다. 여기에 지식의 힘이 인류를 발전시킨다고 설득하는 18세기 계몽주의의 유행도 보편적 교육제도의 수립을 강하게 이끌었다.

각국은 부강한 산업국민국가로 발전하기 위해서 모든 주민을 강한 애국심을 갖춘 국민으로, 그리고 동시에 유능한 산업인력으로 가르치는 교육제도의 수립을 서둘렀다. 오랜 시대를 봉건국으로 지내온 왕국들이 주권을 가진 민족국가로 재탄생하였으므로 무엇보다도 먼저 필요한 것은 각국의 국어, 역사, 국가의식의 교육이었고, 그와 동시에 기계공업기반 경제에 필요한 기술, 지식, 기계적 작업행동의 교육이었다. 여기에 한 가지가 추가되었는데, 개인이 주체적 인격체로서 갖춰야 할 인문학과 자연과학적 교양이었다. 그리하여 교육은 이 세 가지 영역의 내용을 중심으로 조직되기 시작하였지만, 나라에 따라서 영역 간 경중의 차이가 나타나고 그러한 문제를 둘러싸고 세력 간에 갈등도 벌어졌다.[9)]

특히 오랜 역사에서 지배적 위치에 있었던 종교교육은 특정 종교가 국가 전체를 지배하는 일부 국가를 제외하고는 여러 교과 가운데 하나로 격하되었는데 그 과정에서 대결과 투쟁이 이어졌다. 종교가 약화된 자리에 공산주의 체제를 택한 나라에서는 공산주의 이념이 차지했고, 자본주의 체제를 택한 나라에서는 시장경제의 원리가 차지했다. 이러한 상황에서 교육은 여러 세력 간의 경쟁과 갈등을 거치면서 사람들의 학습을 국민형성, 인력양성, 시민성 함양이라는 세 가지 목적을 위하여 관리하는 국가제도로 정착되어 갔다.[10)]

교육의 보편화를 실현하기 위해서 초기에는 의무취학기간을 3년 또는 4년으로 출발해서 점차 연장하여 오늘날에는 많은 나라가 9년 또는 10년을 시행하고 있다. 의무취학기간에는 다수의 국가가 무상교육을 실시한다. 그런데 의무취학기간이 끝난 뒤에도 대부분의 나라의 부모들은 자녀들이 더 많은 교육을 받기를 원하여 대다수 청소년들이 상급중등교육, 즉 고등학교까지 취학하고, 대학에도 진학한다. 교육비를 학습자가 부담해야 하는 경우에도 상급학교에 진학하기 위해 노력하였다.

상급학교 진학자가 증가하는 가장 큰 원인은 과거의 신분제도가 붕괴되고 졸업장과 학위 중심의 학력제도가 그 기능을 대신하게 된 데에 있다. 과거에는 사회적 계층이 각자의 신분에 따라 결정되었지만, 신분제도가 무너진 근대사회에서는 취업, 소득, 사회적 지위, 결혼상대 등의 결정에 학력이 큰 영향을 주기 때문에, 사람들이 높은 학력을 추구하게 되었다. 즉 학교와 대학이 지위경쟁의 통로가 된 것이다.[11] 그리하여 이제는 취학을 의무제도로 강요하지 않는 경우에도, 그리고 교육비를 학습자가 부담해야 하는 경우에도, 격심한 입시경쟁을 치르면서까지 상급학교 진학을 위하여 온갖 노력을 쏟는 현상이 벌어지고 있다. 그야말로 학교가 지배하는 '학력사회'가 된 것이다.

요약하면 산업국민국가 시대는 의무취학제도뿐만 아니라 사회적 지위에 연계된 학력제도를 통하여 모든 국민의 학습을 국가가 주도하였다. 나라마다 학교교육의 목적, 내용, 형식을 국가가 체계적으로 관리하여 성인기를 위한 준비교육을 아동 및 청소년에게 실시한 것이 이 시대의 특징이다. 학교제도를 통한 국민의 학습활동에 대한 이러한 체계적이고 강력한 관리는 이전 시대와 비교할 때 긍정적 성과를 보이기도 했다. 첫째는 전례 없는 전 국민의 의무적 학습활동이다. 무상의무취학제도를 통하여 일정 연령대의 모든 국민에게 교육을 실시함으로써 국민들의 지식수준을 인류 역사상 최고 수준으로 끌어올렸다. 둘째는 국민국가의 형성에 필수적인 국어와 국사를 포함한 표준 교육 과정을 통하여 강한 국민의식과 통일된 윤리규범을 형성하였다. 이 시대 교육의 특성을 흔히 '국민교육'이라고 하는 이유이다. 셋째는 국민 전체의 직업능력과 조직활동능력의 향상이다. 체계적 학교교육이 산업이 요구하는 인력의 양성과 조직활동을 위한 훈련에 집중한 결과이다.

그러나 산업시대의 강력한 학습관리는 부정적 결과도 만들어 냈다. 첫째, 지배층이 선정하는 지식과 가치관을 중심으로 편향적 학습을 강요함으로써 교육을 그 사회의 지식과 이념을 통제하는 도구로 이용하는 경우가 많았으며, 결과적으로 학습활동이 제한되고 획일화되었다. 둘째, 교육을 아동과 청소년의 성인기 준비를 위해 국가가 통제하는 학습활동으로 제도화함으로써 성인의 학습활동이 무시되고, 동시에 청소년 스스로가 원하는 학습활동도 무시되었다. 셋째, 학습내용, 학습방법, 학교생활을 학교와 교사가 강하게 통제하기 때문에 적극적이고 자기주도적인 학습자로 성장하기 어렵고 소극적이고 수동적인 존재로 길러진다.

학교제도의 유연성과 교수자와 학습자의 자율성 수준은 각국의 정치경제체제의 성격에 따라 차이가 나기는 한다. 하지만 전체적으로 보면 산업시대에는 전 국민의 학습활동을 규격화된 학교제도를 통하여 국가가 관리함으로써 교육의 통일성과 효율성을 높인 반면, 개인과 집단의 특성과 학습의 자유를 제한하는 결과도 낳았다. 그래서 이 시대 학습관리의 특징을 드러내어 "공장식 교육"이라는 별명도 만들어졌다.

4) 정보화세계

20세기 말에 이르자 성인기를 위한 준비로서의 아동·청소년기 학교중심 교육제도에 동요가 일어난다. 학교와 대학에서 배운 지식과 기술 대부분이 졸업 후 몇 년 가지 못해 쓸모없게 되는 일이 벌어지기 시작한 것이다. 그리하여 학습은 아동과 청소년기로 끝나는 것이 아니라 성인기에도 계속하여 필요한 활동이 되었다. 정보혁명의 결과로 지식과 기술이 빠르게 변하기 시작했기 때문이다. 정보혁명이 직업세계에서 기존 지식과 기술을 밀어내면서 끊임없이 새로운 지식과 기술을 들여오고, 나아가 기존 직종을 퇴출시키고 새로운 직종을 탄생시키는가 하면, 산업구조 전체를 과격하게 재편하고 있기 때문이다.

직업세계뿐만 아니라 사회활동과 일상생활에서도 지식과 기술의 유효기간이 급속히 단축되어, 학교와 대학에서 배운 지식의 대부분이 4, 5년을 넘기기가 어려워지고 있다. 학교 또는 대학을 졸업한 뒤에 경험을 쌓아가면서 일생을 살아가던 20세기 방식으로는 더 이상 버틸 수 없고, 끊임없이 학습을 계속하여 새로운 지식과 기술을 습득하지 않을 수 없게 되었다. 성인기에도 계속하여 학습을 하여야 하기 때문에 그들을 위한 교육의 대책이 절실해졌다. 그리하여 재교육, 계속교육, 평생교육, 평생학습이라는 용어들이 일상화된 시대에 들어섰다. 이러한 변화는 20세기 중반에 출현한 컴퓨터의 급속한 진화가 정보혁명을 일으켜 정보화 세계 문명 시대를 만든 결과이다.

시대 변화의 영향으로 인터넷, 통신, 방송을 이용하여 각자가 편리한 시간과 장소에서 공부할 수 있는 원격교육기관들이 세계 곳곳에 급속히 확산되고, 최근에는 대학의 강의들을 인터넷에 올려 일반인들도 자유롭게 수강할 수 있는 대규모 온라인 공개강좌(Massive Open Online Courses, MOOCs)도 확산되고 있다. 뿐만 아니라, 대학에 입학하지 않고도 해당 교육과정에 준하는 학습을 마친 사람들이 시험이나 다른 적절한 평가절차를 거쳐서 실력이 인정되면 학위를 수여받을 수 있는, 우리나라 '학점은행제'나 '독학학위제'와 같은 '학습인증제도'가 나라마다 여러 방식으로 발전하고 있다. 지난 200년간 유지돼온 학교가 지배하는 강고한 학력제도에 균열이 일어나고 있는 것이다.

한편, 인터넷이 새로운 학습매체로 활용됨으로써 학습자 스스로 지식을 검색하고 학습하는 활동이 증가함에 따라 국가와 학교의 학습활동에 대한 통제력이 약해지고 있다. 개인용 컴퓨터에서 한 걸음 더 나아가 태블릿 피시나 스마트폰을 이용하여 누구나 원하는 정보를 검색할 수 있게 되자, 학습자들의 자기주도적 학습활동이 빠르게 증가하고 있다. 더욱이 정보혁명 시대에 태어난 새로운 세대는 산업시대 세대와는 달리 체질적으로 선택의 자유를 요구하고 자기주도적 학습을 추구하는 특성이 강해지고 있다. 그야말로 언제 어디서나 각자가 원하는 것을 원하는 방식으로 학습할 수 있는 시대가 현실로 다가오고 있는 것이다.

그리하여 이러한 시대변화의 핵심을 일찍 파악한 나라들은 기존의 학교체제에서 탈피하여 평생학습체제로 전환하는 개혁 작업을 추진하고 있다. 학교제도를 통하여 사람들의 학습활동을 통제하고 지배하던 방식으로부터 학습자들이 자유롭게 선택하고 자기주도적으로 학습하는 것을 지원하는 방식으로 전환하고 있는 것이다. 이러한 변화는 앞에서 살펴본 산업국민국가시대 교육제도의 성격을 되돌아보면 그야말로 교육의 근본을 바꾸는 혁명이다. 그런데 그것도 아동기와 청소년기에 그치지 않고 성인기와 노년기의 학습활동까지 아우르는 생애전체에 걸친 학습활동의 관리체계를 새로 짜는 엄청난 작업이다. 그러기에 유네스코(UNESCO), 경제협력개발기구(OECD), 유럽연합(EU) 등 국제기구들이 나서서 평생학습체제로의 전환을 독려하고, 선진국들이 개혁에 온갖 노력을 기울이고 있는 것이다.

여기에서 개혁의 핵심은 학습에 대한 관리방식의 변화이다. 산업시대의 학교제도처럼 학습의 시기와 기간, 장소, 내용, 방법, 결과의 인정, 교사의 양성과 인사관리, 교육기관의 인가와 감독, 교육재정 등을 모두 법령으로 정하여 국가가 관리하기에는 오늘날에는 사람들의 학습활동이 엄청나게 다양해지고 확대되었기 때문이다. 그리하여 불가피하게 관리방식에 혁명적 변화가 일어나고 있다. 그렇지만 현재는 문명전환의 과도기이고 아직 정보화가 완성되었다기보다는 진행 중이므로 학습을 관리하는 방식이 어떤 형태로 정착될지 속단하기 어렵다. 그러나 지난 20여 년간 일어난 변화를 보면 과거 산업시대와는 뚜렷이 구별되는 학습관리 방식이 만들어지고 있음은 분명하다. 다음과 같은 새로운 관리방식들은 마땅히 주목할 만한 것들이다.

① 학습활동을 생애초기에 집중시키던 것을 새 시대에는 생애주기별로 각자의 필요와 형편에 따라 학습할 수 있도록 만들어 가고 있다.
② 학습내용을 통제하려는 노력이 없어지지는 않지만, 통제의 성공가능성은 점점 낮아지고 있다. 특히 공간과 시간 중심의 학습통제가 어려워짐에 따라 학습활동의 공간과 시간의 제한이 줄어드는 방향으로 가고 있다.
③ 정규 학교와 대학에서 일정한 단계의 교육을 마친 사람에게 졸업장과 학위를 수여하고 사회적 지위와 연결시키는 학력제도를 통하여 사람들의 학습활동을 촉진해왔지만, 이제는 졸업장과 학위의 중요성이 점차 감소하면서 비형식 및 무형식학습의 가치에 대한 사회적 인정이 증가하고 있다.
④ 그동안 사람들의 학습활동은 교육을 통한 타율적 관리가 기본이었으나, 이제는 학습을 자신이 직접 수행하거나 교육을 학습자가 선택하는 자율적 관리가 빠르게 증가하고 있다.

문명 전환에 따른 학습관리 방식의 이러한 변화는 교육 분야는 물론이고 사회 전반에 혁신적인 대응을 요구하고 있다. 교육문제에 관한 개혁의 요구는 대부분은 이러한 시대적 전환에 기인한 것들이다. 교육문제는 거시적이고 일관된 개혁의 추진을 요구한다. 그러므로 교육문제들을 단기적 대증요법식으로 해결하려 해서는 우리가 지난 수십 년 경험했듯이 문제는 해결되지 않고 오히려 더욱 악화된다. 여기에서 분명히 해야 할 것은 인류는 문명사적 전환기를 지나고 있는 중이며, 따라서 교육 패러다임도 새롭게 바뀌고 있는 중이라는 사실이다. 통제중심 학습관리제도에서 벗어나 시민중심 평생학습제도를 지향하고 있다.

3. 교육과 학습

인류는 농경시대 이후로 교육을 통하여 개인과 집단의 역량을 확대시킴으로써 지구생태계의 최상위에서 문명사회를 건설하며 살아올 수 있었다. 더욱이 교육방법을 발전시키고 교육제도를 확대시킴으로써 인류사회는 더욱 빠르게 발전할 수 있었다. 초기 부족국가들에서 이루어진 '성인식'과 '마을집회'가 제도적 교육의 출발이었다면, 국가의 발달에 따라 고대 그리스의 '에페보스'와 신라의 '화랑도'처럼 청소년 훈련이 체계화되었다. 그러한 것들이 확대되어 학교제도가 되고, 19세기에 이르러서는 근대국가에서 모든 아동에게 취학을 의무화하는 보편적 국민교육제도로 확립된다. 사회발달의 단계에 따라 교육의 운영방식이 달라지기는 했지만, 사회 전체의 존속과 발전에 그리고 개인의 생존과 발전에 학습과 교육이 필수적이라는 데에는 예외가 없었기 때문이다.

그러나 교육활동이 인류문명의 발전에 엄청난 역할을 했다 할지라도 그보다 더 근본적 동력은 따로 있다. 그것은 바로 학습활동이다. 이에 대하여 교육과 학습이 같은 것 아니냐고 생각하는 사람이 적지 않겠지만, 두 활동은 분명히 다른 것이다. 학습은 배우는 활동이고 교육은 가르치는 활동이다. 교육은 학습을 돕고 관리하고 통제하는 활동이다. 그렇다 하더라도 가르치기 때문에 배우고, 배우려면 가르침이 있어야 하니, 결국 같은 것 아니냐고 주장할 사람들도 많을 것이다. 그러나 분명한 사실은 누군가가 학습활동을 통하여 지식, 기술, 관점, 가치관 등을 창출하였거나 습득하여 가르칠 내용이 만들어진 것이므로, 학습이 먼저 이루어진 뒤에 교육이 이루어진 것이라는 사실이다. 그리고 더욱 주목할 사실은 가르친다고 해서 모든 사람들이 가르치는 대로 배우는 것도 아니라는 것이다. 반면에 누가 가르치지 않는다고 해서 사람들이 배우지 않는 것도 아니다. 정리하면, 가르치는 활동과 배우는 활동은 관련이 있기는 하지만 본질적으로 다른 활동이며, 학습이 선행되고 그 결과를 교육이 전파한다. 교육과 학습은 상호보완적 측면이 있기는 하지만 학습이 더 넓고 근본적인 개념이다.

학습은 개인이 아직 모르거나 아직 도달하지 못한 지식, 기능, 가치관, 감성,

영성을 이해하고 고양한다는 의미에서, '배우다', '공부하다', '연구하다', '탐구하다' 등을 포괄하는 활동이다. 기존의 지식과 기술처럼 이미 많은 사람이 알고 있는 것일지라도 아직 모르고 있는 사람이 그것을 공부하여 알게 되는 것이 학습이지만, 그 지식이나 기술을 최초로 알게 된 과정도 역시 학습이다. 후자를 흔히 발견이나 발명이라 부르지만, 발견과 발명에 이르기까지의 지적 활동은 심리학이나 교육학의 관점에서 볼 때 엄연한 학습이다. 과학자가 어떤 과학적 이론을 발견해내는 지적 활동이나 초등학생이 과학시간에 그 이론의 의미를 깨달을 때의 지적 활동이 기본적으로 같은 것이라는 피아제(Jean Piaget)의 주장은 바로 그런 뜻이고, 정상적 지적 활동이라면 "물리학을 학습하는 어린 학생도 곧 물리학자"라는 브루너(Jerome Bruner)의 말도 같은 뜻이다.[12)]

그러므로 학습은 학교가 가르치는 대로 받아들이는 수동적 암기활동이 아니라 능동적이고 자기주도적인 지적 활동이다. "말을 물가로 데려갈 수는 있어도 물을 먹게 할 수는 없다"는 속담처럼, 누군가가 학습을 하도록 이끌어주고 도와줄 수는 있어도 학습자가 거부하는 학습을 성공시킬 수 없으며 대신해줄 수도 없다. 교육은 학습을 독려하고 도와줄 수 있으나, 학습을 하고 말고는 각자가 결정하는 것이고 남이 대신할 수는 없다. 나아가 사람들은 배우고 싶은 것이 있으면 누가 가르치지 않고, 시키지 않아도 배우려고 노력한다. 그런 점에서 교육은 보조적이고 학습은 근본적이다.

인류문명의 발전단계로 보아도 학습활동이 먼저 나타나고, 교육활동은 그 다음에 나타났다. 고고인류학자들에 의하면, 약 1만여 년 전까지 인류사회에는 오늘날 우리가 교육이라고 부르는 것과 같은 활동은 아직 없었다. 대체로 수십 명 정도의 소규모 집단들로 흩어져 살고 있던 원시사회에는 계획적으로 가르치는 교육활동은 찾아볼 수 없던 반면, 부모나 다른 사람의 행동을 보고 따라하는 모방학습은 널리 이루어졌다.[13)] 다시 말하면 1만여 년 이전에는 계획적

교육활동이 인류사회에 아직 출현하지 않았지만, 그런 상황에서도 아이들은 그리고 어른들도 부모나 주변 사람들의 행동을 눈여겨보고 배우는 학습활동을 실천했고, 그러한 학습을 통해서 생존능력을 확대하였던 것이다. 즉 누가 가르치지 않고 배우도록 강요하지 않아도, 스스로 학습하였다. 다른 동물에게서도 그런 학습행동이 보이기는 하지만, 인류의 학습능력은 특별히 뛰어나서 스스로 적극적으로 학습함으로써 문명을 발전시켰다.

학교가 발달하면서 학습할 내용과 학습하지 말아야 할 내용이 구분되기 시작하였으나, 학습자들은 학교에서 가르치지 않는 것도 자신이 보고 싶은 것을 찾아서 보고, 듣고 싶은 것을 골라서 듣고, 하고 싶은 것을 스스로 해보는 방식으로 원하는 것을 학습하였다. 더욱이 학교교육 기회는 인류의 오랜 역사에서 소수의 지배집단에 한정되었으므로, 대다수 민중들은 자신들에게 필요한 것을 자신들의 방식으로 학습하였다. 의무제의 학교교육이 보편화되기 시작한 19세기 이후로는 특히 아동・청소년기의 학습활동에 대한 학교제도의 지배가 강력해졌지만, 여전히 자신들이 원하는 것에 대한 학습을 스스로 하기도 했다. '청소년문화' 또는 '학생문화'라 부르는 것이 그렇게 해서 형성된 것이다.

따지고 보면 인간은 스스로 학습활동을 해왔고, 학교제도가 학습활동을 지배하는 상황에서도 자신이 배우기를 원하는 것은 어떤 방법을 써서라도 학습하였다. 오늘날에도 마찬가지이다. 어린이나 어른이나 할 것 없이 자신에게 필요하다고 생각하는 새로운 지식과 정보를 귀담아들어 기억하고, 자신의 일과 관련된 새로운 방법과 기술에는 관심을 집중하여 모방하고, 어떤 사건을 당하면 그 상황을 파악하여 다음번에 어떻게 대응할지 대비한다. 이러한 일은 원시사회에서도 일어났고, 현대사회에서도 일어난다. 사회생활, 직장생활, 인터넷 검색, 텔레비전 시청, 책 읽기 등 모든 생활 장면에서 끊임없이 일어난다. 이러한 활동들은 모두 새로운 정보, 지식, 기술을 획득하는 행위라는 점에서,

그리고 새로운 정보와 지식들 간의 관계를 파악하려는 지적 행위라는 점에서 학습이다.

학습을 학교교육의 틀 속에서 생각하는 사람들은 교육과정이 제공하는 국어, 수학, 영어, 역사, 과학 등에 관한 지식 획득만을 학습으로 여기고, 교육과정과 무관한 것이나 일상생활에서의 지식 획득과 생각의 형성은 학습이 아니라고 여기는 경향이 있지만, 그것은 제도의 안경을 통해서만 보는 잘못된 관점일 뿐이다. 요약하면 인간은 교육의 관리를 받아서만 학습하는 것이 아니라 교육의 도움 없이 스스로도 많은 학습을 하고, 그것은 빈번하게 기존의 지식과 관점을 넘어서는 새로운 지적 세계를 열어준다. 그런 의미에서 학습은 교육을 넘어서는 더 넓고 근본적인 활동이다. 그럼에도 불구하고 한국의 많은 학교에서는 국가가 정한 교육과정의 범위에 한정하여 학생들의 학습을 지도하고, 그것도 상급학교 입시에 출제되어 정답으로 인정될 수 있는 지식에 집중하도록 학습활동을 관리하고 통제한다. 결과적으로 학습자들이 자기주도적으로 학습하는 것을 돕고 부추기기보다는, 국가나 교수자 의도대로 학습하도록 통제하고 지배하는 교육을 강행하고 있기 때문에 교육에 대한 불만과 비판이 끊이지 않는 것이다.

4. 학습활동 관리

학교는 오늘날 대표적 교육기관이다. 학교는 학생들의 학습을 방임해두지 않고 국가가 정한 교육과정에 따라서 지식, 기능, 규범을 학습하도록 계획적으로 지도하고 감독한다. 계획을 세워서 수업을 진행하고, 성취수준을 점검하기 위해 주기적으로 평가하고, 학습을 독려하기 위해 상, 벌, 상담 등을 실시한다. 수업에 활용할 교수자료를 제작하고 효과적인 학습지도 방법을 개발하고 교사 연수를 주기적으로 실시하는 것도 따지고 보면 모두 학생들의 학습을 학교가 계획한 방향으로 이끌어가기 위한 업무이다. 학교와 교사들의 이러한 활동은 학생들의 학습활동에 대한 지도와 감독 그 자체이다. 달리 표현하면 학습활동에 대한 관리와 통제이다. 이러한 행위를 사람들은 흔히 교육이라 부른다.

그런데 이러한 교육행위는 학교에서만 이루어지는 것이 아니다. 특정 지식과 가치관 등을 주입시키고 그에 맞추어 행동하도록 만들기 위하여 노력하는 교육행위는 사실 사회의 곳곳에서 일어나는 현상이다. 학교는 학습활동을 체계적으로 관리하는 사회적 조직들 가운데 하나일 뿐이고, 학습활동에 대한 관리와 통제는 수많은 개인과 조직에 의하여 사회 전체에서 언제나 진행되고 있다. 사회 전체가 교육의 장이라는 말은 맞는 말이다.

바꿔 말하면, 모든 교육은 어떤 개인, 조직, 국가 등이 다른 개인이나 집단의 학습에 개입하여 영향력을 행사하는 행위이기도 하다. 학습에 개입하는 목적은 사람들의 학습활동을 통제함으로써 그들의 사고와 행동을 조절하려는 것이다. 수많은 지식과 가치관 가운데 특정 지식과 가치관을 선택적으로 학습하도록 통제함으로써 사람들의 생각과 행동을 어느 방향으로 이끌어가려는 것이다. 교육과정의 교과목과 교과서 내용의 선정과정에서 어떤 것은 빼고 어떤 것은 집어넣기 위하여 집단 간에 치열한 경쟁과 때로는 대결을 벌이는 이유는 바로 그 때문이다. 학교는 어떤 지식과 가치관은 학생들이 반드시 학습하도록 여러 방법을 구사하는 한편, 다른 지식과 가치관의 학습을 경시하거나 억제함으로써 학생들의 학습을 특정 방향으로 이끌어 가는 역할을 하기 때문에, 한 사회 내의 여러 세력이 학교교육의 주도권을 놓고 다투는 일이 많이 벌어지는 것이다.

그런데 학습활동에 대한 주도권을 둘러싼 경쟁과 갈등은 학교에서만 이루어지는 것이 아니다. 학교뿐만 아니라 가정, 마을, 기업, 종교기관 등을 비롯한 사회 전체에서 언제나 벌어지는 현상이다. 사람은 누구나 자신이 옳다고 믿는 지식과 가치관을 남들도 받아들이도록 가르치려 한다. 개인만이 아니라 정치,

문화, 종교, 경제를 비롯한 모든 종류의 집단과 조직들도 자신들이 옳다고 믿는 지식과 가치관을 사람들이 받아들이도록 만들기 위하여 학습을 유도하고 조장한다. 그와 동시에 자신들의 것과 다르거나 대립적인 지식과 가치관에 대한 학습은 여러 수단과 방법을 동원하여 막기 위해서 노력한다. 적지 않은 나라에서는 정부도 교육정책 또는 문화정책이라는 이름으로 직접 이런 활동을 벌인다. 이처럼 개인이나 집단 또는 정부가 개인 또는 집단의 학습활동을 관리, 통제함으로써 그들의 지식과 가치관을 목표한 방향으로 이끌어가려는 행위가 사람들이 교육이라 부르는 것이다.[14] 학생을 앞에 놓고 가르치는 활동만이 교육은 아니다. 교육은 훨씬 넓고 다양한 상황에서 이루어지는 학습관리 행위이다. 다시 말해서 사회 전체가 '학습관리의 망'이다.

그런데, 학습활동에 대한 관리는 일반적으로 생각하는 것보다 훨씬 다양한 방식으로 폭넓게 이루어진다. 가르치는 활동이 우리 주변에서 흔히 볼 수 있는 학습관리의 모습이지만 여기에도 학습에 대한 강제에서부터 학습의 금지에 이르기까지 관리의 폭이 넓고 관리방식이 다양하다. 예를 들면 학교교육과정에 필수교과로 지정하는 동시에 수능의 필수과목으로 지정하는 것은 학습을 강제하는 셈이고, "이런 고전은 한번 읽어봐!" 정도는 권장인 셈이다. 그리고 학습을 가로막는 부정적 관리에 있어서도 "그런 책은 읽지 않는 게 좋아!" 정도는 만류이고, 읽는 사람을 처벌하는 '금서 지정'은 적극적 금지에 해당한다. 간단히 정리하면 [그림 1-1]과 같이 될 수 있다.[15]

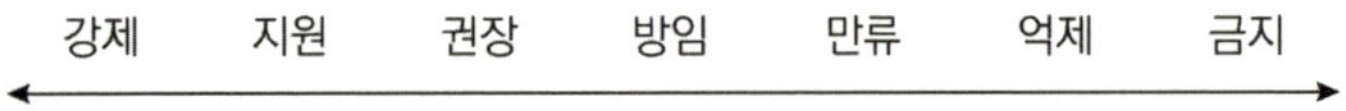

[그림 1-1] 타율적 학습관리의 수준

그런데 학습활동에 대한 관리에는 타인이나 조직에 의해서 이루어지는 '타율적 학습관리'만 있는 것이 아니다. 자신의 학습을 스스로 관리하는 '자율적 학습관리'도 있다. 실제로 교사나 부모 또는 상급자의 지도와 감독이 없어도 자신이 결정하여 스스로 찾아서 공부하는 사람들도 적지 않다. 흔히 독학, 자학자습(自學自習), 자기교육(self education)이라 부르는 것들인데, 이것은 분명히 학습의 자율적 관리이다. 한편 타인이나 조직에 의한 학습활동의 강요나 또는 금지에 순응하지 않고 거부하는 행위와, 나아가 정치적 이념 주입에 대항하여 대안적 학습을 감행하는 것과 같은 행위도 자율적 학습관리로 볼 수 있다. 자신의 학습에 대한 타인 또는 권력의 지배에 저항하면서 자신이 원하는 학습을 자기주도적으로 추구한다는 점에서 그렇다.

인터넷이 새로운 학습매체로 활용됨으로써 학습자 스스로 지식을 검색하고 학습하는 활동이 증가하고 있다. 개인용 컴퓨터에서 한 걸음 더 나아가 스마트폰을 통하여 누구나 원하는 정보를 검색할 수 있게 되자 학습자들의 자율적 학습관리가 빠르게 증가하고 있다. 더욱이 정보혁명 시대에 태어난 새로운 세대는 산업시대 세대와는 달리 체질적으로 선택의 자유를 요구하고 자기주도적 학습을 추구하는 특성이 강해지고 있어서,[16] 그야말로 언제 어디서나 각자가 원하는 것을 원하는 방식으로 학습할 수 있는 시대가 현실화하고 있다.

학습의 관리와 통제에 있어서 핵심은 어느 집단에게 어떤 지식과 가치관을 학습시킬 것인가를 결정하고 집행하는 일이다. 이것은 다른 어느 집단의 학습활동을 금지하고 또 어떤 지식과 가치관을 사람들이 학습하지 못하도록 금지하는 일이기도 하다. 그래서 학습의 관리를 둘러싼 논쟁과 갈등은 학습을 어느 집단에게 허용하고 가르칠 것인가 여부와 어떤 내용을 학습시키거나 제외시킬 것인가에 집중된다. 대상과 내용의 선택이 결정되면 모두에게 반드시 학습하도록 강제할지 또는 단순히 권장하는 수준으로 처리할지, 아니면 누구도 학습하지 못하도록 금지할지를 결정하고, 이어서 교육방법을 위한 대책을 수립하여 시행한다.

학습의 대상이 될 수 있는 내용의 양은 무한에 가깝다. 인류가 축적해온 모든 문화가 학습의 대상이 될 수 있으나 한 사람이 그것을 모두 학습한다는 것은 불가능하다. 이미 축적되어 있는 것에 대한 학습뿐만 아니라 새로운 실험, 탐험, 창작 등을 통하여 새 지식과 기술을 찾아내는 '일차적 학습'의 세계는 그야말로 한계가 없는 것이다. 그러므로 학습은 선택적으로 이루어질 수밖에 없다. 그래서 학습내용의 선택 때문에 개인들은 고민하고, 집단 간에는 갈등이 일어난다. 무한하다고 할 수 있는 것들 가운데 무엇을 선택하여 학습해야 할까? 어떤 시대에는 기독교와 유교 같은 종교적 지식과 가치관의 학습이 지배적이었고, 다른 시대에는 인문주의적 내용이 강조되었으며, 또 어떤 시대에는 특정 이념에 일치하는 내용의 학습만 강요되기도 했다. 그러나 개인의 특성과 주체성이 토대인 현대사회에서는 학습을 한정된 지식과 가치관으로 제한하는 일은 용인되기 어렵다.

학습에 대한 다양한 관리방식은 장구한 역사를 통해서 진화해온 것이다. 각 문명 단계는 각기 다른 생활방식, 사회구조, 통치체계에 따라 학습관리 방식도 다르게 발전하고 운영되었다. 각 단계의 학습관리 방식은 그 문명의 특성이 만들어낸 것인 동시에 그 문명 특성을 유지시키는 장치이기도 했으므로, 한 문명이 어떤 혁명적 사건에 의하여 새로운 문명으로 바뀌는 시대전환이 일어나게 되면 학습에 대한 관리도 새로운 방식으로 바뀌었다. 그리하여 각 문명 단계마다 독특한 학습관리 방식을 갖게 되었다. 거시적으로 보면, 문명의 큰 단계별로 학습생활에 대한 관리방식을 몇 가지 유형으로 구분할 수 있다. 앞에서 설명하였듯이 수렵채집사회, 농경봉건국가, 산업국민국가, 정보화세계로 구분되는 각 문명 단계에 따라 각기 고유한 방식으로 사람들의 학습생활을 관리해오고 있다. 각 문명 단계는 그렇게 함으로써 그 문명의 속성을 유지, 강화할 수 있었다. 그럼에도 불구하고 국가나 지배자의 관리와 통제에 대항하여 자율적이고 자기주도적인 학습활동을 감행하는 사람들이 끊임없이 새로 나타났기 때문에, 기존 문명에 변화의 새바람을 불어넣고는 하였다. 이처럼 학습은 기존 문명을 존속, 강화하면서도 동시에 문명을 변화시키는 힘으로도 작용한다.

5. 평생학습론

인간의 학습은 청소년기에 완성되는 것이 아니므로 평생에 걸쳐 계속하여야 한다는 것은 이미 공자와 소크라테스 이래로 많은 사람이 주장하였다. 17세기 중국의 황종희(黃宗羲)는 각 고을을 촘촘하게 조직된 교육의 장으로 만들어 모든 주민을 가르치자고 주장하였으며, 같은 시대 유럽의 코메니우스(Comenius)는 각자에게 필요한 모든 것을 누구에게나 생애의 어느 시기에 한정하지 않고 가르치는 완전한 평생보편교육을 제안하였다.[17] 현대에 와서는 허친스(Hutchins)가 누구나 생애의 단계마다 필요한 것을 학습할 수 있는 '학습사회'의 건설을 주장하기도 했다.[18]

그러나 이러한 주장들을 연구와 정책개발을 위한 구체적 담론으로 발전시킨 것은 유네스코와 OECD이다. 유네스코는 1970년 '세계교육의 해'에 세계교육이 추구해야 할 방향을 '평생교육'으로 선언하고, 모든 회원국들은 생애초기중심의 학교교육으로부터 전 생애에 걸친 평생교육으로 전면적 개혁을 추진하도록 촉구하였다. 이어서 1972년 학습사회건설의 선언문과 함께 실천방안을 담은 포르(Fauré) 보고서 〈존재하기 위한 학습〉을 통하여 교육의 전면적 개혁을 위한 방안을 제시하였다. 이 보고서는 정해진 장소와 시간에 정해진 내용을 청소년에게 가르치는 학교중심 교육제도는 곧 끝나고, 생애 주기마다 필요한 것을 누구나 언제 어디서나 학습할 수 있는 시대에 진입하고 있기 때문에, 각국은 이 평생학습을 지원하는 새로운 제도를 수립하고 정책을 개발해야 한다고 선언하고, 학습사회 건설을 향한 21개의 원칙을 제시하였다.[19] 이어서 21세기 교육에 관한 들로르(Delors) 보고서(1996)는 새 시대는 정해진 지식을 주입하는 과거의 교육에서 벗어나 살아있는 학습을 존중하는 새로운 학습시대를 건설해야 한다면서, 학습의 4기둥을 제시하였다. 그것은 ① 알기 위한 학습, ② 실천하기 위한 학습, ③ 함께 살기 위한 학습, ④ 인격으로 존재하기 위한 학습이다.[20] 이 보고서들에 제시된 철학과 원칙들은 계속하여 더욱 확장되고 구체화되고 있으며, 유네스코 교육원(UNESCO Institute for Education, 뒤에 유네스코 평생학습원으로 개편)이 이어받아 더 이론화하고 정책으로 구체화하여 회원국들의 평생학습진흥을 촉진하고 있으며, 최근에는 학습도시조성을 위한 국제협력을 강화하고 있다.[21]

학습사회건설 운동에는 OECD도 큰 역할을 하고 있다. OECD는 포르 보고서 발표 바로 다음 해에 평생학습사회를 향한 자체의 이정표가 된 〈순환교육: 평생학습의 전략〉을 통하여, 전 생애에 걸친 일과 학습의 계속적 순환의 중요성을 역설하여 회원국 정부와 민간단체들의 주목을 끌었다.[22] 그리고 1996년 장관회의 보고서 〈모두를 위한 평생학습〉은 회원국들의 국가정책에 이정표를 제공하였고, 지역단위의 학습활동 활성화를 위한 학습도시조성 사업을 지원해왔다. 더욱이 2000년대에 들어서는 회원국들의 정책 진행상황에 대한 정기적 평가를 강화하여 특히 일의 세계와 관련된 평생학습의 정착을 독려하고 있다.

이러한 세계적 동향에 자극을 받은 유럽공동체위원회는 1996년을 '유럽 평생학습의 해'로 선포하고, 이어서 2000년 유럽연합 리스본 정상회의에서 평생학습의 종합대책을 통한 강한 경제와 사회적 결속의 실현을 목표로 설정하였다. 그리고 2002년에 유럽연합 이사회가 합의한 '평생학습을 위한 결의문'에 따라 각국의 평생학습진흥 정책을 점검, 협력하고, 평생학습 지역네트워크 강화를 위한 예산도 편성하여 지원하면서, 특히 각국의 학습도시사업에 대한 평가를 통한 발전을 도모하고 있다.[23] 유럽의 대다수 국가들은 평생학습을 위한 유럽연합의 이러한 방향 설정과 공동 노력에 힘입어 빠른 속도로 학습사회에 다가가고 있는 것이다.

이러한 국제기구의 독려와 문명변화의 새로운 현실은 앞에서 기술한 바와 같이 각국 정부의 교육정책과 개인들의 학습활동에 엄청난 변화를 일으키고 있다. 변화의 내용을 한마디로 말하면 학교교육으로부터 평생학습으로의 패러다임 전환이다. 성인기 준비를 위한 청소년기의 학교중심 교육제도로부터 평생에 걸쳐 각 생애 주기마다 필요한 학습을 계속할 수 있도록 자유화하고 지원하는 제도로 전환하는 것이다. 다시 말하면 학교중심 교육제도에 대한 대안적 교육제도를 건설하려는 새로운 교육을 지향하는 운동이다. 아동과 청소년뿐만 아니라 성인기와 노년기의 교육을 포함하여, 그리고 학교뿐만 아니라 일상생활, 가정, 지역사회, 산업현장 등에서 이루어지는 교육과 자율적 학습을 포함하는 교육 전체를 총체적으로 새롭게 정의하고 새롭게 관리하는 체제를 구축하는 것이다.

교육실천세계의 이러한 전면적 변화는 교육학 패러다임의 전환을 요청한다. 아동·청소년 대상의 학교교육활동에 집중하던 연구에서 유아부터 성인과 노년 대상의 교육활동에 대한 연구까지 확장이 필요해졌다. 동시에 학교라는 공간뿐만 아니라 가정, 지역사회, 산업현장, 종교시설 등 모든 생활 및 활동 공간에서 이루어지는 교육활동도 연구에 포함시키는 것이 불가피해졌다. 즉 교육연구의 범위가 '평생에 걸쳐(lifelong)' 그리고 '삶의 모든 영역에 걸쳐(lifewide)', 종적으로 횡적으로 확장된 것이다. 그뿐만이 아니다. 이제까지는 가르치는 '교육활동'에 연구를 집중했지만 평생학습시대에 들어서면서 배우는 '학습활동'에 대한 연구로 중심이동이 일어나고 있다.[24] 변화가 현재 진행 중이므로 결과를 속단하기는 어렵지만, 교육학의 패러다임 자체가 바뀌면서 평생학습론의 위상이 높아질 것이다.

교육의 변화에 대한 학술적 연구와 정책개발의 확대에 따라 학교제도 밖에서 이루어지는 각종 교육과 학습활동에 대한 새로운 용어와 개념이 늘고 있다. 우선 아동·청소년 대상 학교교육에 대응하는 용어로 오래전부터 사용된 것이 '성인교육(adult education)', 즉 성인 대상의 교육이다. 한편 교육이 학교 졸업으로 완성되는 것이 아니므로 졸업 후에도 계속하여 교육을 받는다는 면을 강조하는 관점에서는 '계속교육(continuing education)'이라는 용어가 사용된다. 성인 대상 교육이지만 학습자로서 아동과 성인의 특성적 차이를 강조하기 위해서 '소년교육학(pedagogy)' 또는 관례적으로 '교육학'에 대하여 '성인교육학(andragogy)'도 제안되었다. 그런가 하면 학교가 내용, 방법, 교사, 시설 등에 있어서 고도로 체계를 갖추고 있는 대표적 '형식교육(formal education)' 기관이라는 점을 드러내고, 제도적 형식을 갖추지 않았을지라도 의미 있는 교육기관들이 다양하게 존재한다는 점을 강조하기 위하여 '비형식교육(nonformal education)'과 '무형식교육(informal education)'이라는 개념도 사용된다. 성인교육이나 학교 밖 교육을 그래서 흔히 '비형식교육'으로, 학교교육은 '형식교육'으로 분류한다. 여기에 교육의 관점으로부터 학습의 관점으로 변화가 일어나면서, '교육'을 '학습'으로 교체하여 예컨대 '비형식학습', '무형식학습'이라는 개념이 자주 사용된다.

우리나라의 상황을 간략히 살펴보면, 개화기 이전의 조선시대에는 공사립을 불문하고 유학(儒學)중심의 체계적 교육기관들을 학교로 불렀는데, 서당은 소년이 중심이었지만, 향교와 서원에서는 당시로서는 성인인 20-30대도 학생으로 공부하였을 뿐만 아니라 과거급제자 가운데 40대도 드물지 않았던 것을 보면

적어도 양반계급에서는 남자 성인의 학습이 광범하게 이루어지고 있었음을 알 수 있다. 다만 평민에게는 학교교육의 기회가 없었으므로 그들 대상의 계도교육 중심의 성인교육인 '교화(敎化)' 또는 '교민(敎民)'이 이루어졌다.

20세기로 넘어오는 무렵에 '사회교육'이라는 용어가 들어왔다. '사회교육'은 일본에서 메이지유신 이후 일본 근대화의 사상적 지도자인 후쿠자와 유키치에 의하여 하층민을 배제한 중산층의 "자기교육"을 위하여 차별적 교육으로 제안된 것이다.[25] 이것이 1905년 을사늑약을 전후하여 한국에 도입되었고 1910년 강제병합 이후에는 한국의 문화와 민족의식을 말살하는 식민지교육의 목적으로 활용되었다. 한국과 함께 제국주의 일본 지배하의 타이완에도 마찬가지로 '사회교육'을 이식함으로써 일본, 한국, 타이완 세 나라가 '사회교육'이라는 용어를 사용하게 되었다. 한국은 해방 후에 식민지 교육의 극복이 늦어져 '사회교육'이라는 용어를 계속 사용하다가, 1990년대 후반에 이르러서 교육개혁의 일환으로 '평생교육'의 사용이 확산됨에 따라 '사회교육'의 사용은 크게 줄어들었다.

한편, '평생교육'은 앞에서 지적하였듯이 1970년대 초부터 유네스코에 의하여 전파되었는데, 1990년대에 이르러서는 가르침을 통한 교육보다 학습자 스스로가 주도하는 학습이 강조됨에 따라, '평생학습'이 지배적 용어로 떠오른다. 말하자면 교육중심 패러다임으로부터 학습중심 패러다임으로 전환한 것이다. 한편, 영어 'lifelong'을 한국, 중국, 일본은 같은 한자권이면서도 한국은 '평생(平生)', 중국은 '종신: 쭝션(終身)', 일본은 '생애: 쇼우카이(生涯)'로 다르게 번역한다. 그래서 'lifelong learning'을 한국에서는 '평생학습', 중국에서는 '쭝션수에시(終身學習)', 일본에서는 '쇼우카이가쿠슈(生涯學習)'로 부른다.

제도로서의 한국의 평생교육은 1980년 「헌법」에 "국가는 평생교육을 진흥해야 한다"라고 선언함으로써 토대가 마련되었다. 이어서 1999년에 「평생교육법」을 제정하여 본격적인 평생교육 시대를 열어 제도적 체계를 갖추고, 2007년

법개정으로 보완한다. 그리고 이어서 급속한 사회변화에 부응할 수 있는 제도 보완과 새로운 정책개발을 위해서 관련 법과 제도의 추가적 개정이 이루어지고 있다. 그와 함께 국가와 지방자치단체의 역할 분담과 협력, 마찬가지로 교육청과 지자체의 역할 분담과 협력을 효율적으로 이끌어갈 수 있는 안정적 장치를 발전시키는 것도 중요한 과제로 남아있다. 건강한 학습사회의 건설을 위해서는 학습활동의 동기와 결과, 학습활동관리의 목적과 방식, 학습사회의 특성과 작동체계 등에 관한 연구를 더욱 활발히 수행하여야 하고, 학습사회 건설을 위한 정책을 종합적으로 개발하고 적극적으로 시행하여야 한다.

한국의 평생학습사회 건설은 진행 중이다. 문명의 전환기에는 신구 문명 간 대립과 충돌이 언제나 일어나듯이, 새로운 시대가 요청하는 평생학습사회의 건설은 기존 학교교육사회와의 충돌이 불가피하다. 아동과 청소년 대상의 학교교육제도는 기존 체제와 기득권을 유지하기 위하여 변화에 저항하기 때문에, 변화를 추구하는 평생학습사회의 건설은 정책결정자들을 이해시키고 설득하며 추진해야하고, 그와 함께 평생학습사회 건설을 하나의 시대적 교육운동으로 전개할 필요도 있다. 평생학습사회 건설의 목적은 사회구성원 각자가 행복한 삶을 살고 사회의 주권자로 활동하는 데 필요한 학습을 자유롭게 해나갈 수 있는 제도와 문화를 갖추는 것이다. 즉 시민들의 능동적 학습문화를 조성하여 지성적 주권자 시민사회를 실현하자는 것이다.[26]

이 책의 각 장들은 평생학습의 각 영역과 주제별로 현재의 진행상황과 실태를 서술하고, 부딪치고 있는 주요 쟁점, 철학적 이론적 논점, 앞으로의 전망 등을 서술하고 설명한다. 그리고 평생학습사회가 어떤 방향으로 어떻게 진행되고 있으며, 앞으로의 과제가 무엇인가에 논의가 모아질 것이다.

---

1) 김신일(2020). 학습사회. 학이시습. 103-106.

2) UNESCO Institute for Lifelong Learning(2022). Making Lifelong Learning a Reality. UIL. 22-35.
3) 김신일(2005a). 학습권론의 형성과 전개. 김신일・박부권(2005). 학습사회의 교육학. 학지사. 52.
4) 김신일(2005b). 학습시대의 교육학 패러다임. 김신일・박부권(2005). 위의 책. 76-83.
5) 재레드 다이아몬드 지음. 강주헌 옮김(2013). 어제까지의 세계. 김영사. 제5장-제8장이 학습에 관한 내용을 담고 있다.
6) 윌리암 보이드 지음. 이홍우・박재문・유한구 옮김(2008). 서양교육사. 교육과학사. 29-30.
7) 우메네 사토루 지음. 김정환・심성보 옮김(1990). 세계교육사. 풀빛. 66-74.
8) 곽제가 지음. 이경자 옮김(2004). 중국의 고대학교. 원미사. 13-35.
9) 윌리암 보이드 지음. 이홍우 외 옮김(2008). 앞의 책. 403-405.
10) 윌리암 보이드 지음. 이홍우 외 옮김(2008). 앞의 책. 376-383.
11) 김신일・강대중(2022). 교육사회학, 제6판. 교육과학사. 205-240.
12) Piaget, J. (1970). *Science of Education and the Psychology of the Child*. Orion Press. 25-41; Bruner, J. (1960). *The Process of Education*. Vintage Books. 14.
13) 재레드 다이아몬드 지음. 강주헌 옮김(2013). 어제까지의 세계. 김영사. 291-307.
14) 김신일(2005b). 앞의 글. 84-85.
15) 김신일(2005b). 위의 글. 85-87.
16) 돈 탭스콧 지음. 이진원 옮김(2009). 디지털 네이티브. 비즈니스북스. 242-281.
17) 황종희 지음. 전해종 옮김(1971). 명이대방록. 삼성문화재단. 39-47; Comenius, J. A. (1967). John Amos Comenius on Education. Classics in Education No. 33. Columbia University Teachers College Press. 115-199.
18) Hutchins, Robert(1968). *The Learning Society*. The New American Library.
19) Fauré, Edgar, & et al. (1972). Learning To Be: The World of Education Today and Tomorrow. UNESCO.
20) Delors, J., & et al. (1996). Learning: The Treasure Within. UNESCO.
21) Zewde, S-W., & et al. 지음. 이현경 옮김(2022). 함께 그려보는 우리의 미래: 교육을 위한 새로운 사회 계약. 유네스코한국위원회. Reimagining Our Futures Together: A New Social Contract for Education (원저는 2021년).
22) OECD(1973). Recurrent Education: A Strategy for Lifelong Learning. OECD.
23) 변종임・채재은・양병찬(2006). 외국의 학습도시평가 사례분석. 평생교육학연구, 12(3), 177-200.
24) 김신일(2005b). 앞의 글. 93-97.
25) 야스카와 주노스케(이향철 역, 2011). 후쿠자와 유키치의 아시아 침략사상을 묻는다. 역사비평사.
26) 김신일(2020). 앞의 책. 286-298.

제 2 장

평생교육의 발전 과정

학교교육사회로부터 평생학습사회로의 패러다임 확장과 전환 과정은 교육의 실천 지형을 포착하는 새로운 개념의 도입과 더불어 전개되었다. 앞 장에서 소개한 대로 20세기에 들어 서구에서는 성인교육(adult education), 비형식교육(nonformal education), 계속교육(continuing education), 순환교육(recurrent education) 등으로 부른 새로운 교육 실천과 그 필요성을 주장하는 흐름이 활발해졌다. 한국에서 평생교육은 이러한 실천과 개념을 총칭하며 1990년대부터 널리 사용되고 있다. 평생교육은 개인의 생애 전개에 따른 영·유아기의 학령전 교육, 아동·청(소)년기의 학교교육 및 학교 밖 청(소)년교육, 학령기 이후의 성인교육과 노년교육을 종합적으로 바라보는 관점인 동시에 가정, 학교, 직업세계, 지역사회 등 다양한 생활 영역에서 일어나는 교육을 전체적으로 조망하는 개념이기도 하다. 이를 교육의 수직적 차원과 수평적 차원의 통합으로 이해하기도 한다. 평생교육의 수직적 측면은 인간이 성장 발달 과정에서 필요한 다양한 욕구와 필요, 특히 삶의 질을 향상시키려는 노력에 주목한다. 평생교육의 수평적 측면은 사회적 관계와 협동에 기초한 개인 행복의 증진과 사회적 포용과 진보에 관심을 갖는다. 평생교육의 수직적, 수평적 차원은 평생학습 시대의 교육이 지향하는 가치이자 조직 원리이다.[1] 포르 보고서는 평생교육을 "하나의 교육 시스템이 아니라 한 시스템의 전반적인 조직이 기반하는 원리이며, 따라서 그것은 구성 요소 각각의 발전에 밑거름이 되는 것"이라고 보고

"미래 교육 정책의 핵심 개념"으로 제안했다.[2)] 한편, 우리는 일본의 영향으로 학교 밖 청소년과 성인을 위한 교육 실천을 지칭하는 개념으로 사회교육을 사용해 온 전통도 있다. 이하에서는 국내의 사회교육과 서구의 성인교육을 역사적으로 고찰하며 평생교육의 개념적인 발전 과정을 법과 정책의 맥락에서 살펴본다.

1. 사회교육에서 평생교육으로

1) 일본에서 수입된 사회교육

한국에서 사회교육은 100여 년 전 일본에서 들여온 개념이다. 사회교육의 '사회'란 개념 자체가 일본에서 영어 단어 society를 한자어로 번역한 것이기도 하다. 일본 정부는 1896년부터 사회교육을 행정 용어로 사용하기 시작했는데, 20세기 초 한국 지식인들이 대한자강회, 태극학회, 서북학회, 대한흥학회 등 각종 학회의 기관지와 당시 신문 등에서 민중계몽 활동을 지칭하는 용어로 이를 사용했다.[3)] 그 이전에 한국인의 교육 실천이나 언어생활에 사회교육은 존재하지 않았다.

사회교육은 일제 강점기에 크게 확산했다. 조선총독부는 학무국 산하에 학교 외부의 교육 활동과 문화 활동을 관장하는 부서로 사회교육과를 설치했다. 조선총독부는 사회교육이 사회주의와 관계되는 것으로 오해받을까 우려해 잠시 통속교육(通俗教育)을 쓰기도 했지만, 1921년부터는 사회교육이 공용어로 자리 잡았다. 다음은 1937년 조선총독부의 사회교육사업 내용으로 사회, 문화 활동에 관한 사항을 망라하고 있다.[4)]

사회교육과의 사업내용(1937)

① 사회교화에 관한 사항 · 국민정신에 관한 사항 · 사상선도에 관한 사항 · 청소년단체 및 청년훈련소에 관한 사항 · 부인(여성)의 교양에 관한 사항 · 계몽교화에 관한 사항 · 도서관 및 박물관에 관한 사항 · 경학원 및 명륜학원에 관한 사항
② 지방개량에 관한 사항
③ 사회체육에 관한 사항
④ 향교 및 향교재산에 관한 사항
⑤ 종교 및 전능향사(殿陵享祀)에 관한 사항
⑥ 보물, 고적, 명승, 천연기념물의 보존에 관한 사항
⑦ 교화단체에 관한 사항

사회교화를 첫 번째 목적으로 삼았던 사회교육과의 업무에서 엿볼 수 있듯, 1945년 해방에 이르기까지 일제 강점기 동안 사회교육은 한국인의 계몽, 황민화(皇民化)와 전쟁 완수를 위한 국민총력운동의 수단이라는 성격이 매우 강했다.

2) 해방 후 사회교육과 성인교육

해방 후 미군정 시기에는 사회교육을 대신해 성인교육을 행정 용어로 사용했다. 미군정청은 학무과 내에 성인교육계를 두었는데, 1946년 1월에는 성인교육과로 승격시켰다. 같은 해 2월 문교부가 설치되면서 성인교육과는 성인교육국으로 승격되었다. 성인교육국의 주요 업무는 일반 계몽, 국민 재교육 및 국민정신 고양, 성인교육 지도자 양성, 성인교육자료 조사연구, 성인교육 협조단체 감독, 성인교육 제반 시설 및 지도 · 감독, 지방의 성인교육 조사, 성인교육에 관한 서적 발행 등이었다. 국민 대부분이 읽고 쓸 줄 몰랐던 당시 성인교육의 중심은 문해교육이었다. 일제 강점기 사회교육과의 업무 중 문화재, 종교, 박물관, 도서관, 청소년 지도, 음악, 미술, 체육, 사회교화에 관한 것은 문교부의

교화국이 담당했다. 대한민국 정부 수립 직전인 1948년 7월 성인교육국과 교화국은 사회교육국으로 통합되었는데, 행정 부서 명칭에서 사라졌던 사회교육이 다시 부활한 것이다. 사회교육국에는 성인교육과, 교도과, 문화시설과, 예술과, 체육과가 있었다. 그러나 정부 수립 이후 1948년 11월 시행 문교부 직제에서 사회교육국은 다시 사라지고, 문화국 내에 성인교육과, 생활개선과, 교도과, 예술과, 체육과를 두었다.

1955년 문교부 문화국 성인교육과를 사회교육과로 변경하는데, 그 업무는 성인교육, 국민사상의 연구지도, 청소년지도, 도서관, 사설학술강습소, 유치원, 서당 등에 관한 것이었다. 이때부터 사회교육은 중앙 정부의 과 단위 행정 조직 명칭으로 확실히 자리 잡는다. 1968년에는 사회교육국이 설치되면서 국 단위 행정조직이 된다. 사회교육국은 1978년 사회국제교육국으로, 1981년 사회직업교육국으로, 1986년 다시 사회국제교육국으로 명칭이 바뀌며 존속한다. 1968년 사회교육국 사회교육과의 업무는 아래와 같다.

① 공민학교, 고등공민학교와 이들에 준하는 각종학교의 설치 · 폐지
② 전호에 해당하는 학교를 설치하는 학교법인 기타 법인의 설립 · 폐지
③ 성인교육에 관한 사항
④ 청소년의 지도 및 교화에 관한 사항
⑤ 사회교육기관 및 시설의 지도감독
⑥ 육영단체 및 교화단체의 지도감독
⑦ 각종 사설강습소의 지도감독
⑧ 각종 도서관에 대한 지도감독
⑨ 사서요원의 수급계획
⑩ 어머니교실 및 청년교실의 설치운영에 관한 사항
⑪ 통신교육에 관한 사항
⑫ 기타 국내 타 과의 주관에 속하지 아니하는 사항

문교부의 사회교육과 업무에는 성인교육이 포함되어 있었는데, 1978년 사회교육국이 사회국제교육국이 되면서 사회교육과 업무로 성인교육을 대신해 생애교육이 사용된 적도 있다. 그렇지만 1981년 사회직업교육국이 되면서 사회교육과의 업무에서 성인교육이나 생애교육이라는 표현은 사라진다.

3) 사회교육의 개념

1982년 「사회교육법」 제정으로 사회교육은 법적 지위를 얻는다. 1950년대부터 「사회교육법」을 제정하려는 시도가 있었지만 번번이 무산되었다가, 1982년에 이르러 결실을 본 것이다. 이는 1970년대 유네스코를 중심으로 전개된 평생교육 개념의 확산 때문에 가능했다. 유네스코한국위원회는 1973년 '평생교육 발전 세미나'를 개최했는데, 이 세미나의 주제가 직전 해인 1972년 유네스코가 간행한 포르 보고서 및 도쿄에서 열린 제3차 세계성인교육회의에서 다룬 평생교육의 이념과 전략이었다. 이 세미나에서 lifelong education을 평생교육으로 번역해 사용하기 시작했다. 유네스코한국위원회는 평생교육을 다음과 같이 정의했다.[5)]

> 평생교육이란 문자 그대로 평생을 통한 계속적인 교육을 의미하며 급변하는 현대사회에 있어서 한편으로는 일정 연령층을 대상으로 하는 한정된 기간의 교육으로서의 학교교육과 다른 한편으로는 조직화되지 못한 비효율적 상태로 방치되어 있는 사회교육의 기능을 다 같이 개편 · 강화하고 한 사회가 가지고 있는 교육자원을 효율화함으로써 교육역량의 극대화를 지향하려는 노력을 의미한다.

이 정의는 평생교육의 개념으로 사회교육과 학교교육을 전면적으로 개편해 균형적인 발전을 추구하자는 개혁 의지를 담고 있다. 이렇게 도입된 평생교육은 1980년 10월 27일에 전문 개정된 「헌법」에 최초로 반영된다.

> 제29조 ⑤ 국가는 평생교육을 진흥해야 한다.
> ⑥ 학교교육 및 평생교육을 포함한 교육제도와 그 운영, 교육재정 및 교원의 지위에 관한 기본적인 사항은 법률로 정한다.

이 조문은 1987년 10월 29일에 개정된 현행 「헌법」 제31조에 그대로 존치되어 있다. 1980년 개정 「헌법」의 영향으로 「사회교육법」이 1982년 12월 31일에 제정되었다. 「사회교육법」 제2조제1항은 "사회교육이라 함은 다른 법률에 의한 학교교육을 제외하고 국민의 평생교육을 위한 모든 형태의 조직적인 교육활동을 말한다"고 규정해 유치원 교육을 제외한 모든 취학 전 교육까지도 사회교육의 범주 속에 포함시켰다.

사회교육의 개념을 정의하는 데는 두 가지 접근이 있었다. 하나는 사회교육을 비교적 넓게 규정해 사회교육을 학교 밖에서 일어나는 모든 교육을 포괄하는 개념으로 사용했다. 이규환이 "사회교육은 학교 외에서 전개되는 조직적이고 계속적인 교육활동의 총체"이며, "엄격한 의미에서 성인교육은 사회교육의 중심적 과제이지만 후자의 일부"라고 본 것이 대표적이다.[6] 「사회교육법」의 사회교육 정의는 이러한 입장을 반영한 것이었다. 다른 하나는 사회교육의 개념을 상대적으로 좁게 보아 청소년 및 성인을 대상으로 한 학교 밖 교육으로 한정했다. 황종건은 사회교육이 "의무교육을 마치고 난 후에 정규학교를 계속 다니지 않는 청소년과 일반 성인을 위한 조직적인 교육 프로그램과 활동"이라며 "보다 명확하게 표현한다면 청소년·성인교육(education for adult and youth)"이라고 규정했다.[7]

사회교육의 정의는 학교라는 공간과 학령기라는 시간의 구분에 기초해 있다. 사회교육을 학교 밖 공간에서 학령기 이전이나 이후의 생애단계에서 일어나는 교육으로 정의하는 것이다. 이런 정의는 학교 바깥에서 이루어진 다양한 교육 실천을 사회교육이라는 개념으로 포섭하는 근거가 되었다. 사회교육은 학교 교육의 혜택을 제대로 받지 못했던 저소득층 등 가난한 민중들을 위한 해방의 교육을 포괄하는 용어로 해석되기도 한다.[8)] 오혁진은 "특정 엘리트가 아니라 일반 평민을 주요 대상으로 하고, 일반 평민의 삶 속에서 이루어지며, 그들의 생활과 직결된 실질적인 교육"을 사회교육의 원형적 성격으로 규정하기도 한다.[9)] 요컨대 일제 강점기에 본격 도입된 사회교육은 한국 역사에서 주로 지배 집단의 이데올로기가 관철되는 통로로 활용되었으나, 교육의 혜택을 입지 못한 이들을 위한 계몽의 수단이나 평민과 민중의 해방을 위한 교육 실천을 지칭하는 개념으로도 쓰였다.

4) 평생교육의 전면화

1995년 5월 31일 김영삼 대통령 직속 교육개혁위원회는 「세계화·정보화 시대를 주도하는 신교육체제 수립을 위한 교육개혁방안」을 발표했다. 5·31교육개혁으로 알려진 이 개혁안에 따라 교육 관련 법제가 대대적으로 정비된다. 그 일환으로 1999년 「사회교육법」이 「평생교육법」으로 전부 개정됐다. 5·31 교육개혁은 열린교육사회와 평생학습사회를 슬로건으로 내걸었지만, 1999년 개정된 「평생교육법」의 평생교육의 정의는 「사회교육법」의 사회교육 정의와 별반 다를 것이 없었다. 평생교육을 "학교교육을 제외한 모든 형태의 조직적인 교육활동"으로 정의한 것이다. 1970년대 초 한국에 도입될 당시에는 평생교육은 사회교육을 포괄하는 개념이었지만, 1999년 법제화에서는 사회교육과 사실상 동일한 의미가 된 것이다. 이 때문에 평생교육과 사회교육은 실제에 있어서는 사실상 동의어라거나, 사회교육과 평생교육이 개념적으로 혼란스럽다는 지적도 제기되었다.[10)]

그런데 「평생교육법」이 제정되면서 사회교육이라는 용어가 현실에서 매우 빠른 속도로 사라지기 시작했다. 교육부 등 행정기구에서는 학교 외부의 교육을 담당하는 부서의 명칭을 평생교육으로 바꾸었다. 한국교육학회 최초의 분과 연구회인 사회교육연구회에서 출발한 한국사회교육학회가 한국평생교육학회로 명칭을 변경하는 등 학계에서도 사회교육을 대신해 평생교육을 사용하기 시작했다. 사회교육 실천 현장 관계자의 단체인 한국사회교육협회도 한국평생교육총연합회로 명칭을 변경했다. 「평생교육법」 제정 이후 5년마다 교육부가 평생교육진흥기본계획을 수립하는 등 평생교육 정책과 사업이 크게 확장했다. 지난 20여 년 동안 「평생교육법」은 현장의 변화에 따라 크고 작은 개정을 거듭했다.

2023년 6월 개정 「평생교육법」은 평생교육을 "학교의 정규교육과정을 제외한 학력보완교육, 성인 문해교육, 직업능력 향상교육, 성인 진로개발역량 향상교육, 인문교양교육, 문화예술교육, 시민참여교육 등을 포함하는 모든 형태의 조직적인 교육활동"으로 정의한다. 2021년 6월 개정 「평생교육법」은 법의 목적을 "「헌법」과 「교육기본법」에 규정된 평생교육의 진흥에 대한 국가 및 지방자치단체의 책임과 평생교육제도와 그 운영에 관한 기본적인 사항을 정하고, 모든 국민이 평생에 걸쳐 학습하고 교육받을 수 있는 권리를 보장함으로써 모든 국민의 삶의 질 향상 및 행복 추구에 이바지함"이라고 규정한다. 이 조항은 평생교육의 목적이 삶의 질 향상과 행복 추구라는 것을 분명히 한다. 이는 과거 「사회교육법」이 "모든 국민에게 평생을 통한 사회교육의 기회를 부여하여 국민의 자질을 향상하게 함으로써 국가사회의 발전에 기여함을 목적으로 한다"고 규정해 사회교육을 일종의 도구로 바라보던 것과 비교하면 크게 달라진 것이다.

「평생교육법」은 다음 몇 가지 점에서 평생교육의 성격을 보다 분명히 했다. 첫째, 기초 및 광역 지방자치단체를 평생교육의 행정기관으로 포함시키고 있다. 종래의 교육에 관한 법령은 교육부와 교육청의 관련성을 강조하고 있지만 이 법에서는 시·도지사와 기초자치단체장이 평생교육기관을 지원하거나 감독하도록 되어 있다. 둘째, 평생교육을 전담하는 기구를 중앙 및 지방정부에 설치할 것을 규정하고 있다. 중앙정부는 국가평생교육진흥원을, 광역지방자치단체는 시·도 평생교육진흥원을, 기초지방자치단체는 평생학습관을, 읍면동은 평생학습센터를 운영하도록 규정하고 있다. 셋째, 평생교육사의 자격, 양성, 배치, 임무 등에 관한 상세한 규정을 담고 있다. 넷째, 초중등학교 및 대학, 공공과 민간에서 실시하는 평생교육의 진흥을 위한 조항을 폭넓게 포함하고 있다.

2. 성인교육에서 평생교육으로

한국에서 사회교육이 20세기 초 일본에서 전해진 개념이라면, 평생교육은 1970년대 유네스코로부터 도입한 것이다. 그런데 유네스코의 평생교육 개념은 학교교육 이후에도 지속되는 학습을 강조하면서 등장한 성인교육 개념에 그 뿌리를 두고 있다. 가령, 1차 세계대전 이후 1919년 영국 재건성 성인교육위원회 최종보고서는 다음과 같이 평생에 걸친 성인교육의 중요성을 강조하고 있다.

> 성인교육은 일부 특수계층의 사치스러운 일로만 간주되거나 젊은 층에만 관계되는 일로 생각되어서는 안 된다. 성인교육은 한 나라의 연속적인 필요로 시민 자질을 위해 필수적인 것이며, 그렇기 때문에 성인교육은 보편적인 것인 동시에 평생을 통한 것이어야 한다.[11)]

1) 성인교육의 의미

성인교육은 한 사회에서 성인으로 인정받는 사람들을 대상으로 한 교육이라는 일차적인 의미를 갖는다. 원시부족사회에서는 성년식이라는 독특한 의례를 거쳐 성인됨을 인정하기도 했지만, 오늘날 대부분 나라는 법적으로 18~20세 이상의 연령에 도달하면 성인으로 간주한다. 그런데, 성인이란 스스로 판단하고, 책임지며, 독립적인 생활을 영위해 나갈 수 있는 단계, 즉 경제생활과 사회생활에 효과적으로 참여할 수 있는 생애 단계에 이른 사람이라는 관점에서 보면, 시대마다 사람마다 언제 성인이 되었다고 인식하는가에는 차이가 있다. 최근에는 구직과 경제적 독립에 어려움을 겪는 청년이 증가하고 결혼과 분가 연령이 높아지면서 20대 후반, 30대 초반이 되어야 비로소 성인이 된다는 생각이 일반화되고 있다.[12)]

역사적으로 보면 성인교육은 20세기에 접어들며 과학기술의 발전 속도가 높아지고, 산업화와 도시화로 사회의 변동성도 커지면서 그 중요성이 부각됐다. 20세기 초 미국의 성인교육학자인 린드만(Eduard Lindeman)은 새롭게 부상하는 성인교육의 의미를 열 가지로 제시한 바 있다. 성인은 교육 참여를 통해 인간과 자연에 관한 지식의 획득은 물론 자기 자신과 타인에 대한 이해, 아름다움의 감상과 자기표현, 이웃과 지역사회 공동체 변화를 추구한다. 성인교육의 핵심적 의미는 단순히 성인이 참여하는 교육이 아니라 성인의 원숙함에 도달하기 위한 교육이다. 성인의 원숙함이 인간이 평생에 걸쳐 추구할 목표라면, 린드만의 이런 성인교육 이해는 오늘날 평생교육 개념과 매우 밀접하다.[13)]

1970년대 평생교육의 세계적 확장에 결정적 기여를 한 유네스코의 포르 보고서는 성인교육이 중요한 이유를 다음과 같이 제시한 바 있다. 첫째, 한 인간의 전체 생의 과정에 있어서 성인생활이 차지하는 기간이 3분의 2 내지는 4분의 3에 해당된다. 둘째, 현대사회에서는 여가시간이 증대되므로 여가를 의미 있고 생산적으로 활용하는 게 절대적으로 필요하다. 셋째, 현대사회에서는 직업의 환경과 조건이 급격하게 발달하기 때문에 성인은 일생을 통해 항상 새로운 직업적 기술과 태도를 습득하지 않으면 안 된다.[14)] 이러한 관점의 성인교육 개념은 유네스코가 1976년 탄자니아에서 연 제19차 총회에서 채택한 '성인교육 발전을 위한 건의'에도 잘 드러난다.

① 성인교육은 그 내용과 수준과 방법이 어떠한 것이건 간에 성인들이 참여하는 모든 교육의 과정을 말한다.
② 성인교육의 과정은 성인들이 그들의 소질과 능력을 키우고 지식을 넓히고, 기술이나 직업적 자질을 향상 발전시키는 데 도움을 주는 모든 교육활동을 말한다.
③ 성인교육은 개인의 보다 충실한 계속 발달과 조화롭고 영속적인 사회, 경제, 문화적 발달에의 참여에 있어서 그들의 태도와 행동을 변화시켜 주는 모든 교육활동을 말한다.
④ 성인교육의 주체인 성인은 그가 속해있는 사회 안에서 성인이라고 정하거나 성인이 하는 역할을 하는 사람들을 말한다.

2) 성인교육의 영역

이성적 존재인 인간은 자신의 삶과 관련된 의미와 가치를 추구한다. 끊임없이 제기되는 인생의 다양한 문제 상황에서 인간은 참된 것이 무엇인가, 보다 나은 것이 무엇인가를 찾기 위해 노력한다. 사회적 존재로서 인간은 가족이라는 사회 속에 태어나 지역, 국가라는 사회적 조직과 문화 속에서 생활하는 데 필요한 가치와 태도, 기술을 학습한다. 정치적 존재로서 인간은 자신이 속한 사회 집단의 운영을 위해 다른 인간을 이해하고 협동과 타협을 통한 사회 통합을 추구하는 지식과 기술을 학습한다. 경제적 존재로서 인간은 의식주를 꾸리는 데 필요한 기술을 학습하며 직업생활을 영위한다. 농경사회에서는 단순히 생존을 위한 생산과 관계된 단순한 기술과 노동으로 충분했지만 오늘날에는 고도로 전문화된 직업과 기술이 날로 발달해 성인이 일생 동안 계속해서 새로운 지식과 기술을 학습하지 않으면 안 되게 되었다. 성인기의 인간은 끊임없이 학습할 수밖에 없다. 따라서 성인교육의 영역은 삶 전체라고 해도 과언이 아니다.

성인교육의 다양한 영역을 학계에서 편집 발행하는 안내서(Handbook)를 통해 엿볼 수 있다. 영국의 성인교육학자인 자비스(Peter Jarvis)와 그리핀(Colin Griffin)이 2003년 편집 발간한 〈Adult Continuing Education: Major Themes in Education〉은 크게 인문교육과 직업교육으로 성인교육의 영역을 양분해 제시했다. 영국의 티트머스(Colin Titmus)가 1989년 발간한 〈Lifelong Education for Adults: An International Handbook〉은 성인교육을 목적에 따라 ① 성인문해(adult literacy) ② 고용을 위한 성인교육(adult education for employment) ③ 역할 교육(role education) ④ 변화를 위한 교육(education for change) 네 가지로 구분하고 있다. 이 중 역할 교육은 사회적 역할을 수행하기 위해 필요한 교육을 의미하며, 변화를 위한 교육은 지역개발, 보건, 환경, 평화건설 등 주로 정치사회적 변화를 위한 교육적 개입을 뜻한다.[15)] 미국성인계속교육협회(American Association for Adult and Continuing Education)가 2000년에 발간한 〈Handbook of Adult and Continuing Education〉은 성인교육자의 종사 영역을 아래와 같이 소개했다.[16)]

① 성인문해(adult literacy)
② 성인기초교육(adult basic education)
③ 인적자원개발(human resource development)
④ 다문화이해교육(education for inter-cultural understanding)
⑤ 성인교육과 지역개발(adult education and community development)
⑥ 지역사회대학(community college)
⑦ 전문가 계속교육(continuing professional education)
⑧ 성인교정교육(adult correctional education)

⑨ 대학확장교육(university cooperative extension)
⑩ 원격교육(distance education)
⑪ 제2외국어로서의 영어교육(english as a second language in adult education)
⑫ 군대성인교육(military adult education)
⑬ 노인교육(older adult learning)
⑭ 성인종교교육(adult religious education)

자기 삶의 주인으로서 우리는 삶의 질을 높이기 위해 학습에 참여한다. 학습에 대한 교육적 개입으로서 성인교육은 따라서 삶의 질을 증진하는 데 필요한 지식과 태도와 가치와 기술을 제공한다. 성인교육은 인간다운 삶의 질을 확보하고 사회의 지속 가능한 발전과 진보를 추구한다. 이 점에서 성인교육의 영역을 사회 구성원의 삶의 질을 결정짓는 다양한 변수를 고려해 구분할 수 있다. 삶의 질에서 무엇보다 중요한 것은 생존과 생활 조건의 질적인 수준이다. 식량, 맑은 물, 맑은 공기를 지속적으로 향유하고, 질병을 이겨내기 위한 교육은 저개발국가뿐만 아니라 모든 사회의 성인교육에서 지속적으로 강조되어야 할 것이다. 코로나바이러스 팬데믹과 같은 전 지구적 공중보건 위기 상황을 극복하기 위한 교육적 노력은 아무리 강조해도 지나치지 않다. 사회적 조화와 진보를 위해 공적인 영역에 참여하기 위한 성인교육은 다양한 사회적 차별을 폐지하고 생활 세계에서 민주주의를 확산시키기 위해서 매우 중요하다. 또, 개인의 직업생활과 공정한 기회의 분배를 위한 경제적 여건에 관한 성인교육, 인간적 가치를 충족하는 성인교육, 인류의 지속 가능한 미래를 위한 환경 영역의 성인교육도 삶의 질과 밀접한 영역이라 할 수 있다.

3) 성인교육의 발전 과정

2차 세계대전 직후인 1946년 11월 출범한 유네스코는 교육, 과학, 문화의 국제적인 개발과 보급을 통해 국가 및 국민 간의 상호 이해와 협력을 증진하고 세계 평화와 인류 번영을 실현하려는 유엔의 전문기구이다. 유네스코의 성인교육과 평생교육 개념은 기초교육(fundamental education)에서 그 뿌리를 찾을 수 있다. 1945년 11월 연합국 교육 관련 장관들은 유네스코 창설 준비 회의를 열었는데, 이 회의부터 유네스코의 우선 사업으로 학교교육의 기회를 얻지 못한 아동, 청소년, 성인을 위한 기초교육이 강조되기 시작했다. 제2차 세계대전의 종식과 더불어 식민 통치에서 해방된 아시아, 아프리카의 많은 신생국가들에 교육은 중차대한 의제였다. 유네스코는 "교육하는 일은 사람을 자유롭게 하는 일이다(to educate is to liberate)"라는 슬로건을 내세우고 최우선 사업을 기초교육으로 삼았다. 유네스코 초대 사무총장 줄리언 헉슬리(Julian Huxley)는 기초교육의 의미를 다음과 같이 말했다.

> 기초교육(fundamental education)의 제일차적 목표는 문해교육이다. 세계의 어두운 지역, 즉 무지와 몽매 속에 갇혀 있는 지역에 계몽의 불을 켜주는 일은 우리들이 노력을 기울여야 할 가장 긴급한 분야이다. 그뿐 아니라, 문해교육은 과학 기술의 진보와 보다 나은 건강과 효과적인 농업과 공업발전의 전제조건이 된다. 그러나 문해교육만으로는 충분치 못하다. 문해교육은 전체 교육체제와 연결되어야 하며, 일반적인 교육과 연결되고 동시에 건강과 직업과 시민의 자질 향상과도 연결되어야 한다.[17]

유네스코는 각 국가의 정부나 자원단체에 기초교육계획의 추진을 권장하고 지원하는 한편 이에 관한 국제적 협력과 정보교환을 위해 〈Fundamental Education〉이라는 잡지를 발간했다.

성인교육의 발전과 관련한 유네스코의 가장 중요한 업적이자 사업은 1949년부터 12~13년 간격으로 개최하고 있는 세계성인교육회의(International Conferences on Adult Education, 프랑스어 약자 CONFINTEA가 회의 명칭으로 널리 쓰인다)이다. 세계성인교육회의는 성인교육과 관련된 세계 현황을 점검하고 향후 주요 정책 방향을 논의하는 정부 간 공식 회의로 그동안 통합적 평생교육체제 제안, 학습권 선언 채택 등 평생교육 발전에 중요한 기여를 했다.

(1) 제1차 세계성인교육회의(Elsignor, 1949)

1949년 6월 19~25일간 덴마크 엘시노어에서 개최된 제1차 세계성인교육회의에 참석한 대표와 참관인들은 25개 국가 79명이었는데 그중 54명이 유럽에서, 그리고 14명이 미국과 캐나다에서 참석했으며, 아프리카, 라틴아메리카, 아시아에서는 5개 나라 11명만이 참가했다. 1차 회의에서는 성인교육의 개념과 목표, 내용, 제도와 조직, 방법과 기술 등을 논의했다. 회의에서 가장 강조한 것은 민주주의의 회복(건설)과 사회적 책임이었다. 성인교육으로 세계대전 전후의 여러 문제들을 해결하려는 의지를 반영한 것이다. 유네스코는 엘시노어 회의 이후 대부분 국가가 '성인교육'을 공통어로 사용하는 것을 반영해 〈Fundamental Education〉 잡지의 명칭을 〈Fundamental and Adult Education〉으로 바꾸었다.

(2) 제2차 세계성인교육회의(Montreal, 1960)

1960년 8월 22~31일간 캐나다 몬트리올(Montreal)에서 열린 제2차 세계성인교육회의는 51개국 112명의 대표가 참여했다. 유럽 국가 참여자는 33명에 불과했지만, 엘시노어 회의 때 한 사람도 참석하지 않았던 소련 등 공산국가를 비롯해 아프리카 8명, 아시아 10명, 라틴 아메리카 8명이 참가했다. 이 밖에 성인교육에 관심 있는 국제기구와 비정부기구들도 참여했다. 몬트리올 회의의 주제는

'변화하는 세계에서의 성인교육(Adult Education in a Changing World)'으로 ① 과학기술의 발달 ② 도시화와 산업화로 인한 전통문화의 약화(특히 발전도상국) ③ 신생독립국가의 증가와 민족주의의 팽창 ④ 정치적 블록의 양립과 무기의 증대와 원자전쟁의 공포 ⑤ 기술, 경제, 사회, 문화의 발달과 세계 인류 통일의 필요 ⑥ 여성의 사회적 지위와 가족의 지위 변화라는 여섯 가지 중요한 변화에 초점을 맞추어 성인교육의 역할과 전략을 토의했다. 이 주제들은 성인교육의 영역이 매우 광범위하다는 것을 잘 보여준다.

(3) 제3차 세계성인교육회의(Tokyo, 1972)

제3차 세계성인교육회의는 1972년 7월 25일부터 8월 7일까지 일본 도쿄에서 열렸다. 앞선 두 회의보다 훨씬 많은 85개국 대표와 42개 국제기구 등에서 총 400여 명이 참석했다. 52개 참가국이 개발도상국가였다. 각국 대표 대부분이 정부 고위급 관리였던 만큼 도쿄 회의에서는 성인교육의 정책, 계획, 행정 및 재정에 관한 문제가 많이 다루어졌다. 도쿄 회의에서는 성인교육을 성인생활의 발달을 돕는 모든 교육활동을 총칭하는 것으로서 직업생활은 물론 문화적 시민적 생활에의 참여를 위한 모든 형태의 조직적인 프로그램을 포함하는 것으로 정의했다. 또 평생교육체제에서 성인교육의 지위를 확립했다. 이는 유네스코가 1970년을 '세계교육의 해(International Year of Education)'로 선언하고 그 기본이념으로 평생교육을 제창한 연장선에서 이루어졌다. 유네스코는 세계교육의 해 사업 중 하나로 포르(Edgar Fauré)를 위원장으로 선임해 교육발전국제위원회(International Commission for the Development of Education)를 조직하고 교육 개혁 보고서 제출을 요청했다. 그 결과물로 포르 보고서라고 불리는 〈Learning To Be〉가 1972년 간행되었다. 포르 보고서에 담긴 21개 항목의 건의 중 첫 번째가 "우리는 선진국과 개발도상국 모두에 평생교육을 미래 교육 정책의 핵

심 개념으로 제안한다"였다.[18)]

도쿄 회의의 최종보고서 결론 부분은 "통합적 평생교육체제(integrated lifelong education systems) 속에서 모든 연령층의 교육 기회 확장이 긴요함을 인식하여 본 회의는 다음 사항을 합의한다."라는 문장으로 시작한다.[19)] 평생교육은 몬트리올 회의 때는 계속교육을 강조하는 개념이었지만, 도쿄 회의에서는 영아기에서 노년기까지의 전체교육을 포괄하는 통합적 개념으로 정립됐다. 성인교육에는 평생교육체제의 필수 요소라는 지위를 부여했다. 즉, 평생교육체제 속에 초등교육이나 중고등교육과 동등한 지위와 역할을 인정하게 된 것이다.

> 성인교육이 평생교육의 통합적 부분으로서 만인을 위한 교육 기회 확장의 목적과 불가분의 것임을 확신하여 성인교육은 평생교육의 맥락 속에서 전체교육의 특수하고도 불가결한 요소로 인정되어야 하며, 따라서 광범위한 기초를 갖는 모든 성인교육활동을 지원할 수 있는 법적, 행정적 조치가 취해져야 한다.[20)]

도쿄 회의에서 채택한 33개 건의사항은 유네스코 회원국들이 평생교육체제 수립을 위한 구체적인 법령과 정책을 도입하는 데 큰 영향을 미쳤다.

(4) 도쿄 회의 이후의 발전

1972년 도쿄 회의 결의사항과 관계 자료는 유네스코 회원국 국가위원회에 전파됐다. 유네스코한국위원회도 이를 기초로 1973년 평생교육발전세미나를 개최해 평생교육 개념을 소개했다. 도쿄 회의 건의에 따라 많은 회원국이 성인교육 관계법규를 제정 또는 정비했다. 미국은 1966년 제정한 「성인교육법」을 1974년에 개정하고, 1978년에는 「평생학습법(Lifelong Learning Act)」을 별도로 제정했다. 뉴질랜드는 1963년에 제정된 「성인교육법(Adult Education Act)」을

1976년에 「계속교육법(Continuing Education Act)」으로 개정했다. 호주는 1975년에 「기술 및 계속교육법(Technical and Further Education Act)」을 제정했고, 1977년에는 「고등교육법(Tertiary Education Act)」을 통해 성인교육을 제도화했다. 독일에서는 대부분의 주(州)가 1970년대에 「성인교육법(Erwachsenen-bildungsgesetz)」 또는 「계속교육법(Weiterbildunsgesetz)」을 제정해 각 주(州)의 성인교육 활동을 제도화하는 한편 성인교육에 대한 정부의 책임을 규정했다.

1970년대 성인교육의 발달로 국가별 협회 및 기관도 생겨났다. 선진국에서는 그 이전부터 국가 단위의 성인교육 관련 단체 및 기관이 존재했지만, 대부분 개발도상국은 1970년대에 전국적인 규모의 단체와 기관이 형성됐다. 한국도 1976년 한국사회교육협회가 설립됐다. 필리핀, 홍콩, 싱가포르, 태국, 말레이시아, 인도네시아 등 여러 아시아 국가들이 1970년대 국가 수준의 단체를 조직하며 국제적 교류와 협력이 일어났다.

1972년 도쿄 회의 이후 성인교육 발전에 역사적으로 공헌한 문건은 1976년 제19차 유네스코 나이로비(Nairobi) 총회에서 채택한 '성인교육발전을 위한 건의(The Recommendation on the Development of Adult Education)'이다. 이 문건은 평생교육의 맥락 속에서 성인교육의 개념, 목적, 기능 및 구체적인 전략을 제시해 세계 여러 나라에 성인교육 확산에 큰 기여를 했다. 이 문건에서는 성인교육을 다음과 같이 포괄적으로 정의했다.

> 성인교육은 모든 성인으로 하여금 그들의 능력을 개발하고, 지식을 향상시키며, 직업적 또는 기술적 자질을 개선해 개인의 원만한 발달과 조화로운 경제, 사회, 문화적 발전을 가져오는 데 있어서 그들의 태도나 행동에 변화를 가져오는 모든 조직적 교육의 과정을 말한다. 그러나 성인교육은 그 자체가 하나의 고립된 실체가 아니라 평생교육의 전체적 맥락 속에서의 통합적인 부분인 것이다.[21]

1978년 한국사회교육협회는 이 건의를 받아들여 한국의 성인교육이 담당해야 할 과제를 다음과 같이 도출했다. 성인교육의 내용은 평생교육의 이념을 바탕으로 하되 청소년, 성인 및 노인의 발달과업을 중심으로 해야 한다. 교육내용은 대상자에 따라 다양하게 선정, 구성되어야 한다. 교육기관이 아니라 학습자가 그들의 필요와 요구를 바탕으로 교육내용을 선정, 구성하는 주체가 되어야 한다. 성인교육은 교양 또는 직업의 특정 영역에만 치중되는 것을 탈피해야 한다. 성인교육은 인문교양의 일반교육인 동시에 필요한 사람에게는 자격, 면허를 취득할 수 있는 전문적 직업교육이 되어야 한다.

(5) 제4차 세계성인교육회의(Paris, 1985)

1985년 3월 19~29일간 파리에서 열린 제4차 세계성인교육회의에는 122개 회원국 대표와 여러 비회원국 및 국제협력기관에서 800여 명이 참가했다. 파리 회의에서는 ① 1972년 이후의 성인교육의 발달, ② 세계 문제 해결에 있어서 성인교육의 역할, ③ 교육의 민주화와 평생교육 관점에서의 성인교육 발전, ④ 성인교육 발전을 위한 국제적, 지역적 협력 증진 방안 등을 논의해 다음 여덟 항목을 결의했다.

첫째, 1976년 나이로비 유네스코 총회에서 채택한 '성인교육 발전에 관한 건의'는 성인교육에 관한 국제적 표준을 제시한 결과로서 세계 여러 나라의 성인교육 발전에 커다란 공헌을 했다.

둘째, 여러 나라의 성인교육 연구와 실험의 결과나 성인교육 실제에 관한 적절한 정보자료 배포, 보급의 필요성을 강조했다.

셋째, 성인교육에 있어서의 연구와 실험이 강조되며 특히 비교 교육적 연구와 방법론 개발에 관한 연구를 강조했다.

넷째, 유네스코가 성인을 위한 교육 자료를 작성해 보급하는 것뿐만 아니라 다른 회원국에서 작성하는 교육 자료들을 각 회원국에 소개해줄 것을 요청했다.

다섯째, 전문요원 양성의 부분으로서 성인교사, 교육계획자, 교육과정전문가, 매스미디어의 정보기술 전문가들을 위한 국제적, 지역적 세미나와 워크숍의 개최를 권장했다.

여섯째, 교통통신이 비교적 용이한 지역 간의 협력을 강조했다. 그동안 지역 간의 협력을 위해 공헌한 ALESCO(아랍 교육과학문화기구), APEID(아시아・태평양 교육개발기구), ASPBAE(아시아・남태평양 성인교육기구), CEAAL(라틴아메리카 성인교육기구) 등의 기능과 역할에 관한 언급이 있었다.

일곱째, 회원국의 성인교육 계획과 운영의 능력을 증대하기 위해 성인교육 관계법을 국가 수준에서 확인해야 한다. 유네스코는 일부 국가의 성인교육 계획과 운영에 전문적 지원을 할 수 있다.

여덟째, 조정된 협동과 자원의 동원은 성인교육의 질과 영향력을 증진하는 데 공헌한다. 유네스코가 여러 국제적 원조와 자원의 동원을 조정할 필요가 있다.

파리 회의에서는 향후 10년간 회원국과 유네스코 사무국 등에서 적용 또는 실천해야 할 과제를 건의하는 전문에서 "평생교육은 오늘날 모든 나라의 사회, 경제, 과학, 기술 발달을 위한 절대적인 필요사항이 되며, 또한 성인교육의 발전은 평생교육의 선행조건이요 교육민주화의 중요 요소"라고 강조했다.[22] 또, 파리 회의에서는 국제성인교육협회(International Council for Adult Education, ICAE)에서 제안한 '학습권(The Right to Learn) 선언'을 만장일치로 채택했다. 그 내용은 다음과 같다.

> 배울 권리에 대한 인정은 오늘에 있어서 그 어느 때보다도 모든 인류를 위한 절대적인 요구이다. 그리고 이 배울 권리는
>
> ① 읽고 쓸 수 있는 권리

② 질문하고 분석할 수 있는 권리
③ 상상하고 창조할 수 있는 권리
④ 자신의 세계를 이해할 수 있고 역사를 기록할 수 있는 권리
⑤ 모든 교육자원을 이용할 수 있는 권리 그리고
⑥ 개인적, 집단적 기술을 개발할 수 있는 권리를 말하며 파리 세계 성인교육회의는 이 권리의 중요성을 재확인한다.

학습권은 모든 사람의 기본적 인권이다. 학습권은 특권층이나, 선진 산업국가나, 부유층이나, 학령기 학생만을 위한 것이 아니다. 파리 회의에서는 모든 국가가 학습권을 보장하는 조건을 마련할 것을 촉구했다. 한국은 1997년 제정된 「교육기본법」 제3조에 "모든 국민은 평생에 걸쳐 학습하고, 능력과 적성에 따라 교육받을 권리를 가진다"라는 학습권 조항을 반영했다.

(6) 제5차 세계성인교육회의(Hamburg, 1997)

독일 함부르크에서 1997년 7월 14~18일간 '21세기의 열쇠가 되는 성인교육'을 주제로 개최된 제5차 회의에는 135개국 1,500여 명이 참여해 함부르크 선언(Hamburg Declaration)과 미래 의제(Agenda for the Future)라는 두 개의 보고서를 채택했다. 함부르크 선언은 성인교육이 21세기의 열쇠이며 활발한 시민참여의 결과이자, 참여적인 사회의 모습이며, 인권 이상의 것이라고 표명했다. 또한 함부르크 선언은 성인 문해와 교육과 학습에 대한 권리의 인식, 여성의 통합과 세력화(empowerment), 평화의 문화와 시민성과 민주주의를 위한 교육, 다양성과 동등성, 건강, 환경의 지속 가능성, 지역 고유의 교육과 문화, 경제의 변화, 정보에의 접근, 고령화에 대한 논의의 결과도 언급하고 있다. 또한 함부르크 회의에서는 분과별 10개 테마에 관한 발표와 토론을 통해 전체 회의를 위한 제안과 결론을 이끌어내었는데 그 내용은 다음과 같다. 1985년 파리 회의에서

학습권 선언을 채택한 이후 나타난 담론의 변화를 잘 보여준다.

① 사회의 편견과 차별에 대해 인식하고, 지역사회와 비정부기구의 성인 학습에 대한 참여를 독려한다.
② 성인학습의 조건과 질을 개선한다.
③ 문해교육과 기본 교육에 대한 보편적인 권리를 보장한다.
④ 성인학습을 통해서 양성평등과 여성의 권리 향상을 촉진한다.
⑤ 일할 권리와 일 관련 성인학습에 대한 권리를 보장한다.
⑥ 환경, 건강, 인구 문제와 관련된 성인학습을 촉진한다.
⑦ 문화와 미디어, 새로운 정보 기술과 성인학습의 관련성을 증가시킨다.
⑧ 모든 사람을 위한 성인학습을 위해 노력한다.
⑨ 성인학습에 대한 재정을 향상시킨다.
⑩ 성인학습 분야에 대한 국제적인 협력과 결속을 촉진한다.

함부르크 회의에서는 부트로스갈리(Boutros Boutros-Ghali) 전 유엔 사무총장 주관으로 '평생학습에서 협력의 미래'를 주제로 한 대화 시간도 열렸다. 평생학습이 세계성인교육회의 전면에 등장한 것이다. 함부르크회의에서는 회원국이 적어도 국민 총생산(GNP)의 6% 수준으로 교육 예산을 확보하고, 성인교육에도 공평하게 배분할 것을 제안했다. 또, 12년 주기로 개최되는 세계성인교육회의 중간 시점에 이행 사항을 점검하도록 요청해 2003년 9월 6일부터 11일까지 태국 방콕에서 중간 점검 회의가 처음으로 열렸다.

(7) 제6차 세계성인교육회의(Belem, 2009)

제6차 회의는 브라질 벨렝에서 2009년 12월 1~4일간 '실현 가능한 미래를 위한 성인학습과 성인교육의 힘과 가능성'을 주제로 144개국 대표단 등 1,100여 명이 참여한 가운데 열렸다. 벨렝 회의의 두드러진 특징 중 하나는 평생학습의 역할에 적극적으로 주목한 점이다. 회의 결과로 채택한 벨렝 실행 계획 제7~9조는 다음 내용을 담고 있다.

7. 평생학습의 역할은 세계적 교육 문제 및 도전과제를 해결함에 있어 필수적이다. "요람에서 무덤까지"를 표방하는 평생학습은 포괄적, 해방적, 인본주의적, 민주주의적 가치를 기반으로 하는 철학이자 개념 기틀이요, 모든 형태의 교육을 체계화하는 원칙이다. 이는 지식 기반 사회의 비전에 필수불가결한 요소로서 모든 이를 아우른다. 우리는 21세기 교육국제위원회(International Commission on Education for the Twenty-first Century)가 주창한 학습의 4가지 필수사항, 즉 알기 위한 학습(learning to know), 실천하기 위한 학습(learning to do), 인격으로 존재하기 위한 학습(learning to be), 함께 살기 위한 학습(learning to live together)을 재확인하는 바이다.
8. 우리는 성인학습 및 교육이 형식, 비형식, 무형식학습 활동 등 학습 연속체를 아우르는 평생학습 과정의 주요 요소임을 인식한다. 성인학습 및 교육은 청소년층, 성인층, 노년층의 학습 요구를 충족한다. 성인학습 및 교육은 개별 국가의 특정 필요에 중점을 두고, 일반적 사안, 직업 관련 문제, 가족 문해 능력, 가족 교육, 시민 자질 등 다양한 분야를 다룬다.
9. 우리는 평생학습이 세계적, 교육적 쟁점 및 도전 과제 해결에 있어 중대한 역할을 수행한다고 믿으며 이를 통해 변화를 창출한다. 또한 성인학습 및 교육을 통해 사람들이 자신의 권리를 제대로 행사하고 발전시킬 수 있을 뿐만 아니라 운명을 통제하는 데 필수적인 지식, 능력, 기술, 경쟁력, 가치를 부여받는다고 믿는다. 성인학습 및 교육은 모든 사회 구성원의 형평과 참여를 이끌어내고, 빈곤을 타파하고, 공명정대하며 관용적이며 지속 가능한 지식 기반 사회를 건설하는 데 반드시 필요하다.

벨렝 회의에서는 회원국이 제출한 성인 학습 및 교육 상황에 관한 국가보고서를 종합, 분석한 글로벌 보고서(Global Report on Adult Learning and Education, GRALE)가 처음 공개됐다. 유네스코는 이후 회원국의 이행 상황을 점검하여 주기적으로 GRALE을 발행하고 있다. 주목할 점은 함부르크 회의에 이어 벨렝 회의에서도 1976년 나이로비 총회에서 채택한 '성인교육 발전을 위한 권고'를 2012년까지 개정할 것을 권고했는데, 유네스코는 2015년 총회에서 이를 개정했다는 점이다.[23] 벨렝 회의 결정 사항의 이행을 점검하는 중간 점검 회의가 수원시와 오산시의 공동 주최로 2017년 9월 25일부터 27일까지 수원시에서 열렸다.

(8) 제7차 세계성인교육회의(Marrakech, 2022)

2022년 6월 15일부터 17일까지 모로코 마라케시에서 열렸다. 2020년 시작된 코로나바이러스 팬데믹으로 국가별 대면 참석자는 3명으로 제한했지만, 온라인 참여가 가능한 하이브리드 형태로 개최되어 142개 회원국 대표단 등 1,126명이 등록했다. 여섯 번의 전체 회의와 20개의 병렬 주제 워크숍도 하이브리드 형태로 진행됐다. 장관급 패널이 참석한 첫 번째 전체 회의에서는 마라케시 회의를 맞아 발행된 다섯 번째 GRALE 보고서의 주제인 시민교육을 논의했다. 두 번째 전체 회의는 '교육의 새로운 사회 계약 안에서 성인 학습과 교육: 평생학습권을 향하여'를 주제로 열렸다. 유네스코 '교육의미래국제위원회' 위원장을 맡았던 에티오피아의 저우데(Sahle-Work Zewde) 대통령이 교육에 관한 새로운 사회 계약의 두 가지 핵심 원칙으로 평생에 걸친 양질의 교육 참여권 보장 및 집단적인 공공의 노력이자 공동재로서 교육의 이해에 관해 발제했다.[24]

회의 결과로 '성인 학습·교육의 변혁적 힘을 활용하기 위한 제7차 세계성인교육회의 마라케시 실행 계획'을 채택했다. 마라케시 실행 계획은 정책 추진의 우선 영역으로 첫째, 교육의 새로운 사회계약 수립에서 성인 학습과 교육의 중요성, 둘째, 성인 문해에 대한 정책적 관심과 재정 지원, 셋째, 기후 행동을 위한 성인 학습과 교육의 중요성, 넷째, 노인을 포함한 모든 학습자의 디지털 환경에서 동등한 학습 접근 확보, 다섯째, 기대 수명 증가, 4차 산업 혁명, 세계화, 기후 변화 등이 초래하는 노동 시장 변화 속에서 일의 미래를 대비하는 지식과 역량, 기술의 습득, 여섯째, 코로나바이러스 팬데믹 등 인류가 직면한 과제를 해결하기 위한 평생학습 문화의 조성을 제시했다.

마라케시 실행 계획은 유네스코가 평생학습과 관련하여 현재의 인권 프레임을 강화하는 방안을 마련하는 대화를 주도해야 하며, 이 과정에서 회원국이 개별 국가 맥락에서 평생학습권을 구체적으로 실현하고, 평생학습문화를 조성하는 방안을 탐색할 수 있다고 강조했다. 또한 양질의 교육과 평생학습이 지속가능발전목표(Sustainable Development Goals, SDGs)의 필수 요소이자 빈곤 감소(SDG1), 건강과 웰빙(SDG3), 성평등(SDG5), 불평등 해소(SDG10), 유급 고용 및 양질의 일자리(SDG8), 포용적이고 안전하며 회복력 있는 지속 가능한 도시(SDG11), 정의롭고 평화로우며 포용적이고 폭력이 없는 사회(SDG16), 기후행동(SDG13)과 같은 다른 목표들의 전제 조건이라는 점을 강조했다.

3. 담론의 확장과 평생교육

사회교육은 한국 교육학의 역사에서 평생교육의 출발 개념이다. 한국평생교육학회는 회칙 전문에 사회교육에 대한 연구가 학회의 출발점이라는 사실을 다음과 같이 밝히고 있다.

> 1966년 3월 26일 한국교육학회 최초의 분과연구회로 결성된 사회교육연구회와 이를 이어받아 1995년 3월 1일 창립된 한국사회교육학회를 모태로 하는 우리 학회[한국평생교육학회]는 정규 학교 교육 외부의 교육실천을 통해 사회 진보와 민주화를 추구했던 사회교육에 대한 연구전통을

계승하고, 선배 회원들의 주도로 국내에 도입 확산된 유네스코 등 다양한 국제기구의 평생교육, 평생학습, 학습사회 담론에 대한 토착 연구 진흥을 위해 2000년 5월 1일 한국평생교육학회로 재창립하였다.

한국에서 평생교육은 사회교육을 계승하면서도 대체한 개념이다. 서구에서는 20세기 초 본격 부상한 성인교육이 지난 100여 년 동안 평생교육, 평생학습, 학습사회로 확장하는 담론의 변화가 일어났다. 한국도 그 영향을 받았다. 평생교육 개념이 유네스코 등 국제기구에 의해 제시된 배경에는 변화하는 사회에 대응해 교육 체제를 개혁해야 한다는 문제의식이 있다. 평생교육 담론은 1970년대 유네스코의 인본주의 강조 흐름을 반영하고 있기도 하다. 평생학습 담론은 1990년대 신자유주의 흐름 속에서 고용 가능성을 높이기 위한 성인의 학습을 국가나 공동체가 권리로 보장하는 데 한계가 있다는 인식과 함께 확산한 측면도 있다. 최근의 학습사회 담론은 학습의 사회적 양상에 주목하며, 개인의 평생학습 책임을 강조하면서도 이를 중요한 사회적 관리의 대상으로 인식하고 있다.[25)]

루벤슨(Kjell Rubenson)은 평생학습을 중심으로 서구의 관련 정책 담론이 3세대에 걸쳐 변화했다고 설명한다.[26)] 평생학습의 1세대 담론은 민주주의 및 인본주의적 가치 실현과 교육 격차 해소를 목표로 유네스코가 주도해 1970년대 등장했다. 1세대 담론은 시민사회의 변화를 이끌어내는 능동적 주체로서 인간의 양성을 강조했다. 평생학습의 2세대 담론은 1980년대 OECD가 주도해 등장했다. 고용 악화, 생산성 저하, 공공 재정 적자 상황에서 평생학습은 개인들이 취할 수 있는 유력한 대안으로 상정되었다. 2세대 담론은 시장의 역할을 강조하고 중앙 정부의 기능 축소와 시민사회 배제를 특징으로 했다. 1990년대 지식경제에 대한 관심이 확산되면서 등장한 3세대 담론은 시장 중심 관점을 유지하면서도 민주적 참여 등 사회 통합 정책들을 포함한다. 루벤슨은 평생학습의 3세대 담론이 정부, 시장, 시민사회의 역할 균형을 강조한다고 본다. 시장의 절대적인 역할과 개인 책임의 강조 속에서 국가와 시민사회의 역할 또한 중시하기 때문이다.

평생학습과 학습사회로의 담론 지형 변화 양상은 국제기구의 교육 정책 목표에도 반영되고 있다. 평생학습은 유엔이 새천년개발목표(Millennium Development Goals, MDGs)의 종료와 함께 2016년부터 2030년까지 국제 정책 패러다임으로 제시한 지속가능개발목표에도 나타난다. 유엔은 인류의 보편적 문제(빈곤, 질병, 교육, 여성, 아동, 난민, 분쟁 등), 지구 환경문제(기후변화, 에너지, 환경오염, 물, 생물다양성 등), 경제 사회문제(기술, 주거, 노사, 고용, 생산 소비, 사회구조, 법, 대내외 경제)를 해결해 포괄적 의미의 지속 가능성을 실현하고자 모두 17개의 지속가능개발목표를 제시했는데, 네 번째로 포용적이고 공평한 양질의 교육 보장 및 모두를 위한 평생학습 기회 증진(Ensure inclusive and equitable quality education and promote lifelong learning opportunities for all)을 제시했다. 이 목표는 과거 새천년개발목표의 글로벌 교육 목표가 기초문해교육과 학교교육에 머물렀던 것에서 평생학습으로 그 비전을 넓힌 것이다. 네 번째 지속가능개발목표의 7개 세부목표는 다음과 같다.

- 세부목표 4.1: 2030년까지 모든 여아와 남아가 적절하고 효과적인 학습 성과를 거둘 수 있도록 공평한 양질의 무상 초등교육과 중등교육의 이수를 보장한다.
- 세부목표 4.2: 2030년까지 모든 여아와 남아에게 양질의 영유아 발달 교육, 보육 및 취학 전 교육에 대한 접근을 보장하여, 이들이 초등교육을 준비할 수 있도록 한다.
- 세부목표 4.3: 2030년까지 모든 여성과 남성에게 적정비용으로 양질의 기술교육, 직업교육 및 대학을 포함한 고등교육에 대한 평등한 접근을

보장한다.

- 세부목표 4.4: 2030년까지 취업, 양질의 일자리, 창업 활동에 필요한 전문기술 및 직업기술을 포함하는 적절한 기술을 지닌 청소년과 성인의 수를 실질적으로 늘린다.
- 세부목표 4.5: 2030년까지 교육에서의 양성불평등을 해소하고, 장애인, 토착민, 취약상황에 처한 아동을 포함한 취약계층이 모든 수준의 교육과 직업훈련에 평등하게 접근할 수 있도록 한다.
- 세부목표 4.6: 2030년까지 모든 청소년과 상당수 성인 남녀의 문해력과 수리력 성취를 보장한다.
- 세부목표 4.7: 2030년까지 모든 학습자들에게 지속가능발전 및 지속가능생활방식, 인권, 양성평등, 평화와 비폭력 문화 증진, 세계시민의식, 문화다양성 및 지속가능발전을 위한 문화의 기여에 대한 교육을 통해, 지속가능발전을 증진하기 위해 필요한 지식 및 기술 습득을 보장한다.

지속가능개발목표의 교육 관련 내용의 구체적인 실천 방안은 2015년 세계교육포럼에서 채택한 인천선언(Incheon Declaration)—교육 2030: 모두를 위한 포용적이고 평등한 양질의 교육과 평생학습을 향하여—에도 반영됐다. 유네스코가 UNICEF, UNDP, UNFPA, UN WOMEN, UNHCR, World Bank 등 주요 국제기구와 협력해 개최한 세계교육포럼에서 채택한 인천 선언은 국제적인 교육정책 의제가 전 생애에 걸친 평생학습 기회 보장으로 확실하게 전환되었다는 것을 보여준다. 국제적으로 평생학습은 국민의 양질의 삶을 보장하기 위해서는 반드시 참여 기회를 충분히 보장해야 하는 핵심적인 국가 정책이 된 것이다.[27)]

이러한 국제적인 담론의 확장은 우리나라의 현 단계 평생교육을 읽는 데 유용하다. 일본 식민지 시절 조선총독부의 학무국에 사회교육과가 설치된 이래 사회교육은 학교 밖 청소년과 성인을 대상으로 한 교육을 지칭하는 용어였다. 사회교육은 일제의 식민지 정책의 일환이었지만, 야학과 노동자 교육 등 교육을 통한 사회참여와 개혁운동을 지칭하기도 했다. 평생교육은 1970년대 유네스코를 통해 우리나라에 소개된 뒤 사회교육과 학교교육을 통합적으로 개혁하는 이념과 관점으로 기능했다. 다른 한편으로 평생교육은 1999년 「사회교육법」이 「평생교육법」으로 개정된 이후 사회교육을 대체해 실천과 정책을 규정하는 개념이 됐다. 평생학습과 학습사회는 1995년 5·31 교육개혁의 화두로 평생학습사회가 제시되면서 급속히 확산했다. 1997년 경제 위기 이후 고용 불안과 사회 양극화가 심화되고, OECD와 World Bank의 지식기반경제 담론이 영향을 미치면서 평생학습 담론이 확산했다. 평생학습을 적극적으로 보장하자는 의미에서 학습사회는 각종 정책의 지향점을 기술하는 개념으로 쓰이고 있다.

실천 세계를 규정하는 일종의 정책 용어에서 출발한 서구의 성인교육과 우리나라의 사회교육은 지난 반세기 동안 평생교육과 평생학습, 평생학습사회로 그 담론적 지형을 확장하는 출발점이었다. 특히 평생교육 담론의 도입 이후 새로운 실천과 학습관리 방식이 출현하고 있다. 우리나라에서는 2000년대 이후 이 현상이 매우 두드러지게 나타나고 있다. 새로운 개념과 새로운 실천의 요구와 등장은 이론적 탐구의 지평을 열어준다. 아직까지 평생교육과 평생학습의 개념을 중심으로 학술적 이론의 전개는 초창기이다. 인간의 평생에 걸친 학습활동을 체계적으로 관리하고 지원하는 행위와 제도라는 측면에서 평생교육의 한국적 실천론을 정립하고 다양한 관점에서 학술 연구를 활발하게 전개할 필요가 있다.

---

1) 김종서 · 김신일 · 한숭희 · 강대중(2009). 평생교육개론(개정판). 교육과학사.

2) Fauré, E., Herrera, F., Kaddoura, A.-R., Lopes, H., Petrovsky, A. V., Rahnema, M., & Ward, F. C. 지음. 이현경 옮김(2021). 존재하기 위한 학습: 교육 세계의 오늘과 내일. 유네스코한국위원회. (원저는 1972년). 283.

3) 이정연(2010). 한국 '사회교육'의 기원과 전개. 학이시습.

4) 황종건(1987). 한국의 사회교육(재판). 교육과학사. 321-322.
5) 유네스코한국위원회(1973). 평생교육발전세미나보고서. 6.
6) 이규환(1982). 지역사회와 교육. 삼중당. 165.
7) 황종건(1980). 한국의 사회교육. 교육과학사. 17.
8) 한숭희(2001). 민중교육의 형성과 전개. 교육과학사.
9) 오혁진(2012). 신 사회교육론. 학지사. 45.
10) 김진화(2006). 평생교육방법 및 실천론. 서현사; 오혁진(2012). 위의 책; 한숭희(2009). 화성에서 온 사회교육, 금성에서 온 평생교육. 평생학습사회, 5(1), 1-18.
11) Smith, A. L. (1919). Letter to Lloyd George Presenting 1919 Report. In P. Jarvis & C. Griffin(Eds.). (2003). *Adult and Continuing Education: Major Themes in Education.* (Vol.1, pp. 88-94). Routledge. 93-94.
12) 안선영 · 김희진 · 박현준(2011). 청년기에서 성인기로의 이행과정 연구 II: 총괄보고서. 한국청소년정책연구원.
13) 에두아르드 린드만 지음. 강대중 · 김동진 옮김(2013). 성인교육의 의미. 학이시습.
14) Fauré, E. 외(2021). 앞의 책.
15) Titmus, C. (1989). *Lifelong Education for Adults: An International Handbook.* Pergamon.
16) Wilson, A. L., & Hayes, E. (Eds.). (2000). *Handbook of Adult and Continuing Education.* Jossey-Bass.
17) UNESCO. (1947). Fundamental Education: Common Ground for All Peoples. Macmillan. 8-9.
18) Fauré, E. 외(2021). 앞의 책. 283.
19) UNESCO. (1972). Third International Conference on Adult Education: Final Report. UNESCO. 17.
20) UNESCO. (1972). 위의 책. 39.
21) UNESCO. (1976). Recommendation on the Development of Adult Education. 2.
22) UNESCO. (1985). Forth International Conference on Adult Education: Final Report. UNESCO. 43.
23) UNESCO Institute for Lifelong Learning. (2016). Recommendation on Adult Learning and Education 2015. UNESCO and UIL.
24) Zewde, S-W., & et al. 지음. 이현경 옮김(2022). 함께 그려보는 우리의 미래: 교육을 위한 새로운 사회 계약. 유네스코한국위원회. Reimagining Our Futures Together: A New Social Contract for Education (원저는 2021년).
25) Jarvis, P. (2006). *From Adult Education to the Learning society: 21 Years from the International Journal of Lifelong Education.* Routledge.
26) Rubenson, K. (2006). The Nordic Model of Lifelong Learning. *Compare: A Journal of Comparative Education, 36*(3), 327-341.
27) UNESCO. (2015). Education 2030: Incheon Declaration and Framework for Action for

the Implementation of Sustainable Development Goal 4. Ensure Inclusive and Equitable Quality Education and Promote Lifelong Learning Opportunities for All. UNESCO.

제 3 장

성인학습과 평생학습

1. 동물의 학습과 인간의 학습

2007년 9월 10일 자 미국 뉴욕타임스는 알렉스(Alex)라는 아프리카 회색 앵무새가 31년의 생을 마쳤다는 부고 기사를 실었다.[1] 알렉스는 생전에 그를 30년 동안 연구했던 페퍼버그(Irene Pepperberg) 박사와 함께 영국 BBC 등 여러 매체에 출연해 사물의 색깔이나 모양, 숫자를 묻는 질문에 답하거나 자신의 기분을 표현해 유명세를 탔었다. 알렉스는 150여 개 단어, 일곱 가지 색상, 1부터 8까지 숫자, 다섯 가지 모양을 영어로 말하는 능력이 있었다. 죽는 날에도 매우 어려운 발음으로 된 사물의 이름을 따라 하는 연습을 했다고 한다. 부고 기사에 따르면, 9월 6일 밤 페퍼버그 박사가 알렉스를 새장에 넣어줄 때 알렉스는 "넌 괜찮아, 내일 보자. 사랑한다"라는 인사를 유언처럼 남겼다.

알렉스는 보통의 앵무새들은 불가능했던 수준으로 인간과 소통했다. 가령, 알렉스는 접시 위에 놓인 여러 모양과 색깔의 물체들 중 특정한 모양과 색깔의 물체가 몇 개인지를 물으면 정확히 답할 수 있었다. 물체의 조합을 바꾸어 질문해도 접시 위를 살펴보고 답할 수 있었다. 언론은 알렉스를 앵무새 세계의 아인슈타인이라고 불렀다. 알렉스는 페퍼버그 박사의 실험실에서 자란 덕분에 이런 비범한 능력을 지니게 됐다. 만약 알렉스가 아프리카의 자연 속에서 자랐다면 인간과 의사소통할 수는 없었을 것이다. 페퍼버그 박사와 연구진들은 알렉스에게 적절한 보상—가령 알렉스가 좋아하는 포도를 제공하며 영어를 가르쳤다. 페퍼버그 박사는 알렉스에게 새로운 것을 가르칠 때 다른 연구진과 알렉스가 포도를 놓고 경쟁을 하는 상황을 연출하는 방법도 사용했다고 한다.

1) 알렉스의 학습

당연한 말이지만 알렉스는 학습을 했기 때문에 영어로 말할 수 있었다. 그런데 이때 학습은 과연 어떤 의미일까? 일러리스(Knud Illeris)는 일상의 언어생활에서 우리가 학습이라는 개념을 사용하는 방식을 네 가지로 제시한다.[2] 첫째, 우리는 학습의 과정을 거쳐 얻은 결과를 지칭하는 말로 학습을 사용한다. 학습이란 용어는 학습한 내용 혹은 학습으로 일어난 변화를 의미한다. 둘째, 우리는 학습을 이런 변화를 만들어낸 개개인에게 일어나는 정신과정을 지칭하는 용어로 쓴다. 이를 학습과정이라고도 하는데, 학습심리학에서 주로 연구한다. 셋째, 우리는 개인과 사회 환경 혹은 학습 소재 간의 상호작용과정을 학습이라고 지칭한다. 사회 환경이나 학습 소재는 정신과정으로서 학습의 조건이기도 하다. 넷째, 우리는 학습을 교수(teaching)와 동의어로 쓰는 경우가 많다. 일러리스는 일상에서 우리가 학습이란 용어로 상당히 폭넓고 복잡한 현상을 지칭하고 있다며, 학습을 학술적으로 정의하기 위해서는 논리분석적 접근이 필요하다고 주장한다. 그는 학습을 생명체의 역량에 항구적인 변화를 초래하는 과정으로 정의하며 생물학적인 성숙이나 단순히 나이를 먹는 것과는 구분한다. 이 정의는 교육심리학 분야에서 학습을 정의할 때 일반적으로 통용되는 것이다. 즉, 학습은 신체의 성장 발달에 따라 자연스럽게 일어나는 일과는 구분되는 활동이다. 다른 앵무새들이 갖지 못한 능력을 가졌고, 그것이 비록 실험실에서였지만 의도적인 노력의 결과라는 점에서 알렉스는 분명히 학습을 했다.

2) 알렉스의 학습과 인간의 학습

그렇다면 알렉스의 학습과 인간의 학습은 어떻게 같고 다를까? 이 질문에 답하는 과정에서 우리는 인간의 학습이 다른 동물의 학습과 어떻게 차별되는지 그 단서를 찾을 수 있다. 개인차가 있지만 영유아들이 앵무새 알렉스만큼 의사소통을 하는 능력을 학습하는 데는 상당한 시간이 필요하다. 이 학습은 어떤 면에서 알렉스의 학습과 상당히 비슷하기도 하다. 모국어를 배우는 어린 자녀에게 부모는 칭찬이나 놀라움의 표현 등 적절한 보상을 제공한다. 연구자들이 실험실에서 알렉스를 가르칠 때처럼 부모들은 특정 사물을 지칭하는 어휘를 가르치고자 할 때 자녀에게 따라 하기를 요구하며 유무형의 보상을 제공하는 방법을 자연스럽게 사용한다. 유치원이나 초등학교 교실에서 흔히 볼 수 있는 선생님의 질문에 서로 손을 들고 답하려는 아이들의 모습은 선의의 경쟁심이 학습을 촉진하는 중요한 요인으로 작용하고 있다는 것을 잘 보여준다.

그렇지만 알렉스의 학습은 인간의 학습과는 뚜렷이 구분되는 점도 있다. 알렉스는 앵무새의 세계에서 앵무새 간의 상호작용을 통해 앵무새답게 성장하는 학습을 하지 못했다. 알렉스의 학습은 인간이 조작한 환경 속에서 매우 부자연스럽게 일어난 사건들로 점철되어 있었다. 모든 인간은 특별한 장애가 있지 않다면 부모 등 보호자 및 주변 환경과의 자연스러운 상호작용을 통해서 모국어를 듣고 말할 수 있게 된다. 문자 환경에 노출된 어린이는 읽고 쓰는 능력도 알아서 터득하는 경우가 많다. 이 모국어 능력을 바탕으로 인간은 추상적이고 논리적인 사고 능력을 발전시키며 복잡한 세계를 이해하는 학습을 해 나간다. 주어진 여건을 극복하고 자신의 삶을 주체적으로 바꾸는 데 필요한 지식과 기술도 학습한다. 이러한 지속적 학습을 통해 인간은 자신의 삶의 의미를 추구하는 존재이기도 하다. 이런 학습은 문명사적으로 인간의 삶에서 보편적으로 찾아볼 수 있는 현상이다. 1장에서 살펴본 것처럼 인류는 이런 학습을 촉진하기 위한 제도와 방법도 발전시켰다. 아동기와 청소년기의 인간의 학습을 촉진하기 위한 방법으로 근대 이후 보편화된 학교 제도와 학교에서 활용하는 다양한 교수법이 대표적이다. 그런데 학교는 알렉스를 학습시켰던 실험실처럼 매우 인위적으로 구조화된 장소이며 적지 않은 학습자들에게는 매우 부자연스러운 행동—가령, 수십 분간 옆에 있는 동료와는 절대 말하면 안 되고 앞에서 가르치는 교사에게 온 정신을 집중하는 것을 요구하는 곳이기도 하다.

평생교육은 성인기와 노년기 학습에 주목해 왔다. 성인기와 노년기는 학교라는 근대 교육기관의 바깥에서 삶과 밀착된 다양한 학습이 매우 활발하게 일어나는 시기이다. 성인기는 아동기와 청소년기의 생물학적인 신체 발달이 끝난 뒤에 시작되며, 노년기는 신체 활동과 인지 능력 등의 감퇴가 일어나는 시기이다. 학교 체제가 발전하면서 학습은 아동기와 청소년기에 집중되었고, 성인기와 노년기의 학습은 상대적으로 큰 주목의 대상이 아니었다. 학자 같은 특별한 직업에 종사하는 사람 외에는 성인기와 노년기에 학습을 지속할 이유도 별로 없었다. 그러나, 의학의 발달로 인간의 수명이 연장되고, 과학기술의 획기적인 발전으로 지식의 생명 주기와 유통 방식에 일대 변혁이 일어났다. 21세기 들어 인공지능과 디지털정보기술의 급속한 발전은 이른바 제4차 산업혁명이라 불리며 인류의 삶의 조건을 완전히 바꾸고 있다. 인간 학습의 관점에서 이 변화는 두 축에서 일어나고 있다. 하나는 생애 초반부에 집중되었던 학습이 인간의 전 생애로 연장되고 있다는 것이다. 아동기와 청소년기에 학습한 것으로 평생을 살 수 있는 시대가 아니다. 다른 하나는 학습을 할 수 있는 공간이 학교 외의 다른 공간으로 급속히 확장하고 있다는 것이다. 교수자 중심의 학교학습으로부터 전 생애 동안 주체적인 학습을 어디에서나 지속하는 평생학습으로의 패러다임 전환이 일어나고 있다. 학교학습이나 교수자 중심의 학습이 상당한 형식성을 갖추고 있다면, 평생학습은 일상생활에서 우연히 발생하는 무형식 학습까지 포괄한다. 이 장에서는 성인기로 확장된 학습 연구와 평생학습의 논의 지형을 살펴본다.

2. 페다고지에서 안드라고지로

근대 학교교육의 맥락 속에서 발전해 온 교육학의 학습이론은 학령기 아동과 청소년을 가르치려는 목적과 관점에서 발전해 왔다. 따라서 학습이론은 교수자의 가르침을 보다 효율적이고 효과적으로 수행하는 것을 인도하는 데 필요한 지식이라 할 수 있다. 가르치는 대상으로 학습자는 수동적이고 타율적인 존재이다. 학교의 교사로 대표되는 교수자는 마땅히 가르쳐야 할 것을 효과적으로 전달하는 교수법을 체화한 존재이다. 교육학의 서구식 표현인 페다고지(pedagogy)의 그리스어 어원인 paidagōgia가 소년(pais, paid-)을 지도하는(agōgos) 가정교사 혹은 노예라는 paidagōgos에서 비롯됐다는 점은 학교교육 맥락의 학습이론의 성격을 잘 보여준다. 페다고지는 유럽의 중세를 거치며 주로 수도원에서 소년들이 수사의 길로 들어서는 것을 가르치는 방식을 의미했다.

페다고지의 주요 특징을 미국의 성인교육학자 놀스(Malcolm Knowles)는 다음과 같이 정리한다.[3] 첫째, 학습자는 교사가 가르치는 것을 반드시 학습할 필요가 있다. 이것을 학습하지 않으면 시험을 통과하지 못하거나 다음 단계로 승급하지 못한다. 둘째, 그러므로 학습자는 교사에게 의존해야 하는 존재이다. 셋째, 학습자의 경험은 학습의 소재로서 그리 중요하지 않다. 오히려 교사의 경험이나 교사가 선택한 교재가 훨씬 더 중요하다. 교사가 자신의 경험이나 교재의 내용을 효과적으로 전달하는 능력이 페다고지에서 가장 중요하다. 넷째, 학습자는 교사가 가르치는 내용이라면 즉각 학습할 준비가 되어 있어야 한다. 다섯째, 교과목에서 다루는 내용이 학습의 중심이다. 학습 경험은 교과의 내용 논리에 따라 조직된다. 여섯째, 학습자는 성적, 부모의 요구, 교사의 격려 등 외적인 동기로 학습에 참여한다.

1) 은행저금식 교육

놀스가 정리한 페다고지의 주요 특징은 프레이리(Paulo Freire, 1921~1997)가 은행저금식 교육이라고 불렀던 것과 놀라울 만큼 유사하다. 프레이리는 브라질 농민들을 위한 문해교육 실천 과정에서 은행저금식 교육과 대비되는 문제제기식 교육을 제시한 바 있다. 프레이리의 문제제기식 교육을 한국 상황에서 실천해온 한국주민운동교육원은 은행저금식 교육의 주요 특징을 다음과 같이 열 가지로 요약했다.[4)]

① 교사는 가르치고 학생들은 배운다.
② 교사는 모든 것을 알고 학생들은 아무것도 모른다.
③ 교사는 생각의 주체이고 학생들은 생각의 대상이다.
④ 교사는 말하고 학생들은 얌전히 듣는다.
⑤ 교사는 훈련을 시키고 학생들은 훈련을 받는다.
⑥ 교사는 자기 마음대로 선택하고 실행하며 학생들은 그에 순응한다.
⑦ 교사는 행동하고 학생들은 교사의 행동을 통해 행동한다는 환상을 갖는다.
⑧ 교사는 교육내용을 선택하고 학생들은 상담도 받지 못한 채 거기에 따른다.
⑨ 교사는 지식의 권위를 자신의 직업상의 권위와 혼동하면서 학생들의 자유에 대해 대립적인 위치에 있고자 한다.
⑩ 교사는 학습과정의 주체이고 학생들은 단지 객체일 뿐이다.

놀스가 정리한 페다고지, 프레이리의 은행저금식 교육, 학령기 아동과 청소년을 대상으로 한 학교교육에 대한 비판은 미국 성인교육 연구의 태두인 린드만(Eduard Lindeman, 1895~1953)의 문제의식과도 맞닿아 있다. 린드만은 이민자의 가정에서 태어나 어릴 때부터 부두 노동자와 조선소 노동자로 일하다가 스무 살이 넘어 제대로 된 형식교육을 받았는데, 서른다섯 살에 조상의 뿌리를 찾기 위해 덴마크를 방문했다. 거기서 그는 안드라고지(andragogy)라고 불리는 것을 처음 접하고, 이를 성인교육(adult education)으로 미국에 소개했다. 안드라고지는 그리스어로 남자 어른을 의미하는 andros와 이끈다는 의미의 agein에서 유래됐다. 린드만은 성인교육을 '전통적인 교육'과 구분했다. 린드만이 언급한 전통적인 교육은 초등학교에서 대학에 이르는 학교교육이다. 그는 전통적인 교육의 한계를 다음과 같이 설파한다.[5)]

> 교육이 인생을 준비하기 위한 것이라고 생각하는 순간 학습 과정은 악순환의 고리에 빠지고 만다. 젊은이들은 기성세대의 사고방식에 따라 교육받고, 학습이란 진짜 인생이 시작될 무렵에는 끝나는 것이라 생각하도록 배운다. 이런 젊은이들이 그 교육 시스템을 설계한 기성세대들보다 더 나은 지성을 소유하고 사용하는 것은 불가능하다. 젊은이들이 이 오류를 분명하게 알게 되면 잠시 반항을 할지도 모른다. 그러나 불행하게도 성인들이 중심인 문명과 제도의 압력이 너무나 크기 때문에 결국 젊은이들은 기존의 것에 적응하게 되고, 기성세대의 전통에 굴복하고 만다. 사실상 젊은이들은 기성세대가 되기도 전에 기성세대의 의식을 갖게 된다. 이 악순환의 고리 속에서 교육은 즐거운 일이 아니라 만족할 만한 결과를 얻기 위해 참고 인내해야 하는 '무엇'이 되어 버렸다. 지루하고 고통스러운 과정을 인내해서 얻은 결과로부터 진정한 즐거움을 얻는 것은 불가능하다. 그래서인지 교육이 제공하는 표준화한 음식을 섭취하는 것을 '끝낸' 사람들은 대체로 그 교육으로부터 등을 돌려 버린다.

린드만은 이런 전통적인 교육의 한계를 극복하는 새로운 빛을 성인교육에서 찾았다. 그는 다음 네 가지를 성인교육의 원칙으로 천명했다.[6] 첫째, 성인교육은 성인의 원숙함에 도달하기 위한 것으로 삶 자체가 곧 교육이라고 전제한다. 둘째, 성인교육은 삶 전체에 의미를 부여하는 것을 목적으로 한다. 셋째, 성인교육은 교과목과 지식이 아니라 학습자의 상황에 주목한다. 학습자의 요구와 흥미에서 성인교육은 출발한다. 넷째, 성인교육의 원천은 학습자의 경험이다. 성인학습자에게 경험은 살아있는 교과서이다. 네 가지 원칙은 학습자로 성인을 이해하는 독특한 안목을 보여준다.

놀스는 린드만의 원칙이 성인학습자에 대하여 다음의 다섯 가지 가정을 했다고 정리한 바 있다.[7] 첫째, 성인은 학습으로 충족할 수 있는 필요와 흥미가 생겨날 때 학습 동기가 생겨난다. 둘째, 성인은 자신의 삶과 생활에 초점을 두고 학습한다. 따라서 성인학습을 조직하는 적절한 단위는 학습자가 처한 생활의 상황이다. 셋째, 경험은 학습에 가장 풍부한 원천이다. 넷째, 성인은 자기주도적이 되고자 하는 근원적인 욕구를 가지고 있다. 성인을 가르치는 사람은 단순히 지식을 전달하고 평가하는 것을 넘어 성인과 함께 탐구하는 역할을 해야 한다. 다섯째, 나이가 들면서 개인 간의 차이가 점점 커진다. 따라서 성인교육은 반드시 적절한 학습의 방법, 시간, 장소, 속도를 고려해 실시해야 한다.

2) 놀스의 안드라고지 모형

놀스는 1920년대 이후 미국의 성인교육 실천과 발달심리학, 사회심리학 등을 종합해 안드라고지 모형을 제안했다. 그는 1975년 안드라고지 모형을 페다고지 모형과 대조, 대비되는 학습자에 관한 네 가지 가정으로 고안했다. 놀스는 이후 두 가지 가정을 추가해 여섯 가지 가정으로 안드라고지 모형을 완성했다.[8]

첫째 가정은 학습자의 자아개념에 관한 것이다. 성인은 자신이 내린 결정이나 자신의 인생 자체를 스스로 책임져야 한다는 자아개념을 가지고 있다. 이 자기주도적인 자아개념은 성인이 자기주도적인 삶을 살아낼 수 있는 능력을 가진 존재로 인정받고자 하는 욕구와 관련된다. 인간은 아동기와 청소년기를 거치며 부모 등 주변의 어른에게 의존해 성장하고 학습한다. 특히 학교는 교사에게 의존해 학습하는 걸 당연시한다. 그런데 성인은 일방적으로 의존적인 태도를 요구하는 교육 상황을 불편하게 여길 가능성이 높다. 만약 교육자가 성인 학습자를 학교의 아동이나 청소년 학습자처럼 대한다면, 자기주도성이 매우 강한 성인은 교육자와 갈등을 빚을 가능성도 높다. 성인의 자기주도성은 안드라고지 모형에서 가장 중요한 요소이다.

둘째 가정은 학습자의 경험이 교육 장면에서 갖는 역할에 관한 것이다. 대부분의 성인은 아동 및 청소년보다 더 풍부한 경험을 가지고 있다. 이 차이는 성인교육을 학교교육과 전혀 다른 장면으로 만든다. 성인은 교육 장면에서 자신의 풍부한 경험이 충분히 존중되고 활용되기를 바란다. 그래서 일방적인 강의보다는 주제에 대한 학습자의 의견을 표현할 수 있는 토론, 경험을 공유할 수 있는 사례 발표, 공동으로 해결책을 찾아가는 프로젝트를 적극적으로 활용하는 방법이 더 효과적인 경우가 많다. 때로 성인이 자기 경험에서 비롯된 고집이나 편견에 집착해 교육자 입장에서 원하는 결과를 얻기 어려운 상황이 전개될 수도 있다. 그래서 성인학습자가 스스로를 상대화하고 객관화할 수 있는 기회를 만드는 것이 성인교육 방법 차원에서 매우 중요하다. 안드라고지 모형이 성인의 풍부한 경험을 중요하게 생각하는 또 다른 이유는 경험이 성인의 자아정체성과 긴밀하기 때문이다. 성장기의 인간은 주변의 환경 조건과 결부하여 자아정체성을 표현한다. 가족 구성원이 어떤 일에 종사하는지, 사는 곳이 어디인지, 다니는 학교가 어디인지 등 성장 환경은 정체성의 중요한 조건이다. 그러나 성인이 되면 환경 조건보다는 자신이 직접 경험한 것이 정체성을 표현하는 데 훨씬 더 중요하다. 자기 인생에서 경험한 것이 자신이 누구인지를 가장 잘 말해주기 때문이다. 그래서 성인은 자신의 경험을 존중받지 못하면 자신의 현재 모습이나 그동안의 인생을 부정당했다고 생각하기도 한다.

셋째 가정은 학습 준비도에 관한 것이다. 성인은 실제 생활에서 필요한 게 생기면 누가 시키지 않아도 학습하려고 한다. 학교를 졸업하고 직장에 들어갈 때, 결혼하여 아이를 낳았을 때 등 새 역할을 맡게 되면 학습 준비도가 매우 높아진다. 새 역할을 잘 수행하려면 새로운 지식, 기술, 태도를 배울 필요가 있기 때문이다. 따라서 성인이 복잡한 삶과 생활에서 맡게 되는 역할의 다양성과 그 역할 수행의 시점은 학습 준비도와 밀접한 관계가 있다.

넷째 가정은 학습의 지향에 관한 것이다. 학교의 아동과 청소년들이 교과목 중심으로 학습하는 것과 달리 성인은 생활 중심 혹은 과업 중심이나 문제 중심으로 학습한다. 성인은 그들이 마주한 문제 상황을 해결하고 과업을 수행하는 데 무엇인가를 학습하는 게 도움이 된다고 판단한 뒤에야 학습에 임한다. 또한 성인은 실제 생활 장면에서 적용할 수 있는 방식으로 지식이나 기술이 제시될 때 효율적으로 학습한다.

다섯째 가정은 학습의 동기에 관한 것이다. 성인은 더 좋은 직업, 승진, 임금 인상 등과 같은 외적인 보상에 의해서도 동기화되지만 더 중요한 학습의 동기는 만족도, 자존감, 삶의 질 등을 높이는 내적인 측면에서 비롯된다. 가령, 높은 외국어 시험 점수를 받아 승진을 하는 게 외적 보상이라면, 해외 여행지에서 현지인에게 외국어로 직접 길을 묻고 음식을 주문해 성취감을 느끼는 건 내적 보상이다. 내적인 동기에서 비롯된 성인기 학습이 몰입도와 지속도가 높은 건 자연스러운 현상이다.

여섯째 가정은 학습의 필요에 관한 것이다. 성인은 학습을 시작하기 전에 왜 학습해야 하는지 그 이유를 알고 싶어 한다. 그래서 학습을 했을 때의 긍정적 결과와 학습을 하지 않았을 때의 부정적 결과를 미리 따져본다. 교육자의 입장에서 성인의 학습동기를 유발하기 위해서는 학습의 결과로 얻을 수 있는 유익한 점을 설득하는 것이 중요하다.

안드라고지 모형은 성인기 학습, 혹은 성인학습자의 특징을 정리하고 그에 따른 교수방법을 제안했지만, 아동기 학습과 대조적으로 성인기 학습에 접근하는 논리적 근거가 부족하다는 비판을 받았다. 아동의 경우도 충분히 자기주도적일 수 있으며, 성인이 학습의 원천이 되는 괜찮은 경험만 풍부하게 가진 것도 아니기 때문이다. 또한 성인도 법정 의무 교육 등 자신의 학습 동기와 무관하게 학습에 참여하는 경우가 빈번하기도 하다. 안드라고지 모형은 학습자 개인에게만 관심을 집중해 사회적, 문화적, 역사적 맥락의 영향을 과소평가하고 있다는 비판도 받았다.

안드라고지 모형은 자기주도학습(self-directed learning) 논의의 발전에 크게 기여했다.[9] 자기주도학습의 '자기'를 고립된 개인으로 본다면, 자기주도성이 높은 사람을 자기 관리와 문제해결에 뛰어난 이로 협소하게 이해할 수 있다. 반면, 자기주도학습의 '자기'가 사회적이고 정치적인 존재라면, 자기주도성이 높은 사람은 그가 사는 사회의 문제를 인식하고 이를 민주적으로 해결해 나가기 위해 주체 간 대화와 협력을 촉진할 수 있는 이로 이해할 수 있다. 어느 경우든 학습자의 자기주도성을 높이기 위해서는 교육과정의 운영자와 교수자가 교육과 관련된 전반적인 내용의 결정에 학습자가 참여할 수 있는 권한을 부여하는 게 중요하다. 학습자가 학습의 조건인 교육과정의 결정에 직접 참여하는 경험, 학습자의 그러한 권한을 인정하고 존중하는 문화가 자기주도성의 향상에 결정적이기 때문이다. 개인의 성장이 지속적인 학습으로 가능하다면, 자기주도학습 역량을 갖춘 사람을 길러내는 일은 아동기와 청소년기의 학교교육 단계부터 강조하는 게 당연하다. 이런 관점에서 보면 학교교육의 목표는 교육과정에 담긴 지식의 숙달을 넘어 문제를 스스로 인지하고 해결해 나갈 자원을 찾고 동원할 수 있는 자기주도성을 갖춘 평생학습자의 양성으로 확장된다. 자기주도적인 평생학습자는 인공지능이 주도하는 지능정보화시대에는 모든 단계의 교육이 추구해야 할 인간상이기도 하다. 지식의 생명주기가 짧아지고 새로운 지식이 쉴 새 없이 등장하는 시대를 우리는 살고 있다. 인공지능에 의존하지 않고는 지식의 폭발적 증가를 따라잡기 어려운 시대이다. 단순히 인공지능에 의존하는 인간이 아니라 인공지능을 주도적으로 활용할 수 있는 인간, 즉 자기주도적 평생학습자가 지능정보화시대를 이끌어 나갈 것은 분명하다.

3. 성인학습의 이론적 지형

성인학습 논의의 출발점은 학습자의 경험과 그의 삶이 처한 상황이다. 아동과 청소년을 대상으로 한 학교교육에서 학습 논의가 대개 교과 지식이나 교사의 경험에서 출발하는 것과는 매우 대조적이다. 성인학습의 이론적 지형은 따라서 학습자가 삶에서 경험하는 바와 학습이 어떤 관계에 있는가에 따라 크게 두 가지로 나누어 살펴볼 수 있다.[10] 하나는 성인기의 풍부한 경험을 소재로 한 학습이 어떻게 일어나는지를 탐구하는 접근이다. 다른 하나는 경험이 존재하는 양상에 대한 탐구를 통해 학습을 이해하려는 접근이다. 전자의 접근은 학습자가 경험을 적극적으로 성찰하는 것을 학습 과정으로 본다. 콜브(David Kolb), 자비스(Peter Jarvis), 쇤(Donald Schön)[11], 어셔(Robin Usher)[12] 등의 경험학습 이론이나 메지로(Jack Mezirow)의 전환학습 이론이 대표적이다. 후자는 학습과 관련된 인간의 경험이 존재하는 맥락의 성격을 분석하거나, 학습 활동이 그 맥락과 어떤 관계에 있는가를 탐구한다. 형식학습, 비형식학습, 무형식학습이라는 평생학습의 분류 체계, 웽거(Etienne Wenger)의 실천공동체론 등이 대표적이다. 다음에서는 콜브의 경험학습이론과 그 한계를 극복하기 위한 자비스의 경험학습이론 확장, 메지로의 전환학습이론, 웽거의 실천공동체론을 소개하고자 한다.

1) 콜브의 경험학습이론

콜브는 듀이(John Dewey)의 경험론, 레빈(Kurt Lewin)의 T-그룹과 액션 리서치, 피아제(Jean Piaget)의 인지발달이론에 기초해 경험학습, 즉 경험에서 출발하는 학습에는 여섯 가지 특징이 있다고 본다.[13] 첫째, 학습은 결과의 관점이 아니라 과정으로 볼 때 가장 잘 이해할 수 있다. 스키너(Burrhus Skinner)의 자극-반응 이론과 같은 행동주의 학습이론은 의도한 결과를 얻었는가라는 관점에서 학습을 이해한다. 그러나 경험학습에서 학습의 결과는 학습의 과정에서 도출되기 때문에 사후적으로만 알 수 있는 것이다.

둘째, 학습은 경험에 기초한 지속적인 과정이다. 듀이는 인간의 경험은 "지금까지 있었던 모든 경험의 결과를 배경으로 하여 이루어질 뿐만 아니라 뒤에 오는 경험에 반드시 영향을 미치게" 되어있다고 보았다.[14] 흔히 경험의 계속성이라고 불리는 이 원리를 따르자면 경험에서 출발하는 학습은 끊임없이 지속될 수밖에 없다. 그렇기에 모든 경험학습은 반복 학습이라는 속성이 있다.

셋째, 경험학습 과정에서 우리는 인지 갈등을 해소하며 세계에 적응한다. 콜브의 경험학습이론의 한 축은 피아제의 인지발달이론인데, 피아제는 인간의 인지 도식이 평형 상태에 있다가 새로운 경험을 하면서 평형이 깨질 경우 동화와 조절이라는 두 가지 서로 대립되는 방식으로 다시 균형을 잡는다고 본다. 동화는 새로운 경험을 기존의 인지 도식에 맞추는 것이다. 조절은 새로운 경험에 맞추어 기존의 인지 도식을 변형하는 것이다. 동화와 조절은 서로 대립적이지만 동전의 양면과 같이 분리할 수 없는 관계에 있다. 경험학습 과정에는 동화와 조절 사이의 갈등이 존재한다.

넷째, 학습은 세계에 적응하는 인간의 총체적인 과정이다. 이 과정에는 인간의 사고, 감정, 지각, 행동 등이 모두 관여된다. 학습은 학교의 교실뿐만 아니라 삶의 전 국면에서 전 생애에 걸쳐 일어난다.

다섯째, 학습은 개인과 환경 간의 교섭작용(transaction)을 포함한다. 많은 학습이론이 학습을 개인의 내적인 심리 과정으로 이해하면서 책, 교사, 교실 환경 정도가 그 과정에 영향을 주는 변인이라고 본다. 그러나 실제 세계에서 인간의 경험은 생활의 전 영역에서 매우 복잡하게 일어난다. 듀이는 경험의 복잡성을 표현하기 위해 상호작용(interaction) 대신 교섭작용(transaction)이라는 개념을 사용했다. 안정적인 둘 사이에서 일어나는 게 상호작용이라면, 교섭작용은 항상 변화하는 두 존재 사이에서 일어난다. 레빈도 인간의 행동을 개인과 환경 간의 함수 관계로 이해하여 B=f(P, E)라는 공식을 제안하기도 했다. 개인과 환경은 고정된 상수가 아니라 다른 값을 가질 수 있는 변수이다.

여섯째, 학습은 지식을 창조하는 과정이다. 학습의 과정에서 개인의 지식과 사회의 지식 간에, 또 주관적 지식과 객관적 지식 간에 교섭작용이 일어나며 그 결과로 새로운 지식이 생성된다.

콜브는 경험학습의 여섯 가지 특징을 기초로 학습을 "경험의 변형을 통해 지식이 창조되는 과정"으로 정의한다.[15] 콜브는 학습을 이해하기 위해서는 지식의 존재 양상과 그 창조 과정을 알아야 한다고 보았다. 그의 이론은 경험의 포착과 변형이라는 두 개의 중심축과 구체적 경험, 성찰적 관찰, 추상적 개념화, 능동적 실험이라는 네 개의 단계로 이루어져 있다. 먼저 경험의 포착은 두 가지 작용에 의해 가능한데 하나는 파악(apprehension)이고 다른 하나는 이해(comprehension)이다. 파악은 구체적인 경험을 포착하는 작용이며, 이해는 추상적 개념화를 포착하는 작용이다. 파악된 구체적 경험은 내향적 변형(transformation via intension)을 통해 발산적 지식(divergent knowledge)을, 외향적 변형(transformation via extension)을 통해 적응적 지식(accommodative knowledge)을 창조한다. 이해된 추상적 개념화는 내향적 변형(transformation via intension)을 통해 수렴적 지식(convergent knowledge)을, 외향적 변형(transformation via extension)을 통해 병합적 지식(assimilative knowledge)을 창조한다.

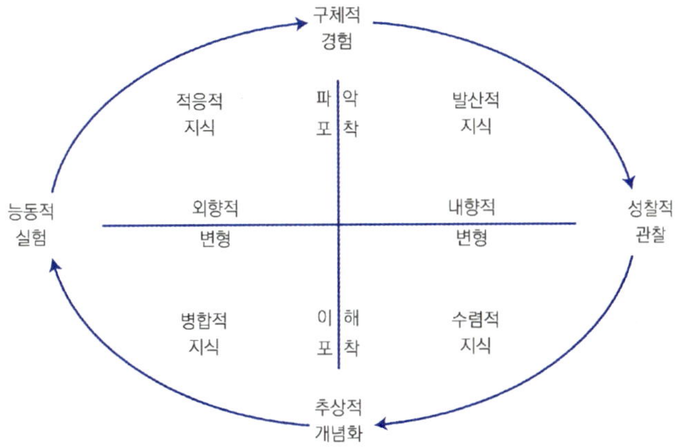

[그림 3-1] 경험학습의 순환구조와 지식의 존재양상

출처: Kolb, D. A. (2015). *Experiential Learning: Experience as the Source of Learning and Development* (2nd ed.). Pearson FT Press. 68.

콜브는 파악과 변형으로 이루어진 네 단계 학습 과정을 통해 네 가지 유형의 지식이 생성된다고 보았는데, 가장 이상적인 학습은 구체적 경험을 파악하여 내향적 변형을 통해 반성적인 관찰을 하고 이를 추상적 개념화하여 이해한 뒤에 외향적 변형을 통해 능동적 실험을 하는 과정이라고 보았다. 능동적 실험의 결과는 새로운 구체적 경험으로 이어져 학습의 순환이 지속된다.

콜브는 학습자마다 파악과 변형의 상대적 선호도가 다르기 때문에 서로 다른 학습양식(learning style)을 가지고 있다고 보고 이를 검사하는 질문지를 개발했다. 발산자 학습양식은 학습활동에서 구체적인 경험을 선호하고 반성적 관찰에 뛰어나며, 상상력이 풍부해서 다양한 측면에서 구체적인 상황을 파악하는 능력이 있다. 적응자 학습양식은 구체적 경험을 기초로 새로운 상황에서 시행착오를 겪으며 문제를 해결하는 데 소질이 있고, 이론보다는 실천 현장에 관심이 많다. 수렴자 학습양식은 학습활동에서 추상적 개념을 이해하고 이를 여러 상황에 적용해서 문제를 해결하는 데 뛰어나다. 정답이 분명한 것을 선호하고, 이론을 동원하여 상황을 설명하는 것에 능숙하다. 병합자 학습양식은 추상적 개념을 이해하고 이를 반성적으로 관찰하여 새로운 모델과 이론을 구상하는 능력이 뛰어나지만, 그 이론을 현실에 적용하는 데는 별 관심이 없다.

2) 자비스의 경험학습이론 확장

콜브의 경험학습이론은 학습 현상을 사회문화적으로 접근하지 않았다거나 학습 과정에서 신체의 역할을 과소평가한다는 비판을 받았다.[16] 콜브는 경험학습의 과정을 파악과 이해에 뒤따르는 내향적 변형과 외향적 변형이라는 논리로 설명하는데, 실제 이 과정을 구체적 학습 장면에서 경험과학적 연구로 확인하기는 매우 어렵다. 예를 들어, 콜브가 포착의 두 가지 양상으로 제안한 파악과 이해의 과정을 개별 학습자가 구체적으로 어떻게 경험하는지 관찰이나 인터뷰를 통해 이해하는 건 불가능에 가깝다. 학습자의 마음속 혹은 정신에서 일어나는 현상이기 때문이다. 콜브의 이론은 학습을 경험에서 출발하여 지식에 이르는 과정이라고 정의하지만, 그 핵심은 지식의 유형 구분에 따른 학습양식의 분류학으로 귀결된다. 콜브의 경험학습이론은 학습양식 검사지를 활용해 대학의 전공이나 기업의 직무별로 학생이나 종업원의 학습양식이 어떻게 다른지를 확인하고 그에 대한 처방을 제안하는 것으로 크게 발전했다.[17] 학습양식과 관련된 연구는 개인 간 차이를 확인하고, 학습양식에 맞춘 개별화 교수법 적용을 강조한다. 그러나, 개별화 교수법이 얼마나 효과적인지 검증하거나 학습양식을

모른 채 교수하는 것보다 더 효과적이라고 실증하는 연구는 거의 없다.[18)]

자비스는 콜브의 경험학습이론이 정형화된 구조주의적 접근으로 일상의 경험을 통한 학습의 복잡한 과정을 다 포괄하지 못하고, 지식에 중점을 두면서 학습자를 간과했다고 지적한다.[19)] 경험은 인간의 주관적 자아와 외부의 객관적 세계가 상호작용할 때 일어난다. 이 경험 상황에서 학습자는 새로운 주관적 자아를 형성할 수 있는 가능성의 상태, 즉 잠재적 학습 상황에 놓이게 된다. 이 학습 상황에 성찰, 실천(실험), 평가, 기억이라는 네 가지 행위가 개입해 경험학습이 일어난다. 자비스는 네 가지 행위가 관여된 경험학습 과정을 아홉 가지 경로로 도식화했다.

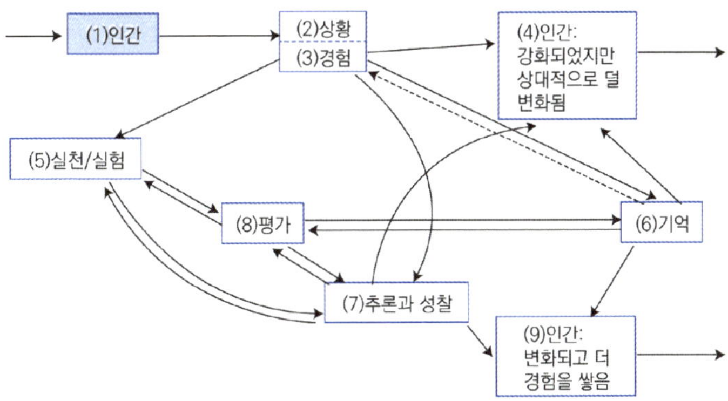

[그림 3-2] 자비스의 경험학습모형

출처: Jarvis, P. (1987). *Adult Learning in the Social Context*. Routledge. 25.

자비스는 학습을 "육체(유전적, 육체적, 생물적)와 마음(지식, 기술, 태도, 가치, 감정, 신념, 감각)으로 구성되는 전인(whole person)이 사회적인 상황들을 경험하고, 그 경험 내용을 인지적, 정서적 또는 실제적으로 (혹은 셋 간의 조합을 통하여) 변환하고 통합하여 끊임없이 변화하는 (혹은 좀 더 경험한) 인간을

〈표 3-1〉 잠재적 학습상황에 대한 반응 유형 및 경로

구분	반응 유형	반응의 경로
비학습 반응	유형1: 가정(presumption)	1-4
	유형2: 무고려(non-consideration)	1-4
	유형3: 거부(rejection)	1-3-7-4 혹은 9
비성찰적 학습반응	유형4: 전의식(pre-conscious)	1-3-6-4 혹은 9
	유형5: 실천(practice)	1-3-5-8-6-4 혹은 9
	유형6: 기억(memorization)	1-3-6(-8-6)-4 혹은 9
성찰적 학습반응	유형7: 심사숙고(contemplation)	1-3-7-8-6-9
	유형8: 성찰적 실천(reflective practice)	1-3(-5)-7-5-8-6-9
	유형9: 실험적 학습(experimental learning)	1-3-7-5-7-8-6-9

출처: Jarvis, P. (1987). *Adult Learning in the Social Context*. Routledge. 28-35; Jarvis, P. (2012). *Paradoxes of Learning: On Becoming an Individual in Society* (2ed edition). Routledge. 73 요약정리.

만들어 내는 생애에 걸친 과정들의 결합"으로 정의한다.[20] 자비스의 경험학습 이해에는 다음과 같은 특징이 있다.[21] 첫째, 경험에서 시작하는 학습의 다양성을 포착한다. 둘째, 학습이 형식적 맥락뿐만 아니라 일상생활의 무형식 맥락에서도 항상 일어난다고 보았다. 셋째, 학습은 이전의 학습 경험의 영향을 받기 때문에 학습의 결과가 인간의 성장과 발달을 항상 촉진하는 건 아니라고 보았다. 따라서 성인학습의 지도자는 학습자의 이전 학습 경험에 유의하여 교수전략을 짤 필요가 있다.

자비스는 콜브의 여러 한계를 극복하는 경험학습 모형을 제시했다고 평가할 수 있다. 그렇지만 자비스의 아홉 가지 경험학습 경로를 경험적으로 확인하는 연구를 찾기는 매우 어렵다.[22] 콜브의 경험학습의 과정과 마찬가지로 자비스의 경험학습 경로도 실제 삶의 구체적 학습 장면에서 경험과학적 연구로 확인하기가 쉽지 않기 때문이다.

3) 메지로의 전환학습이론

우리말로 '전환', '변형', '탈태'로 번역할 수 있는 영어 단어 transformation은 인간의 학습을 설명하는 근본적인 은유 가운데 하나이다. 우리는 학습을 통해서 개인이나 사회에 근본적인 변화와 전환을 기대한다. 개인과 사회의 변화는 이런 의미에서 학습의 결과이다. 메지로는 하버마스의 문제 해결을 위한 세 가지 학습 개념 구분을 활용하여 전환학습을 설명한다.[23] 하버마스에 따르면 문제 해결을 위한 학습은 도구적 학습(instrumental learning), 의사소통적 학습(communicative learning), 해방적 학습(emancipatory learning)으로 구분된다(〈표 3-2〉 참조). 세 가지 학습은 관심을 갖는 지식의 종류에 따른 구분인데, 각기 다른 목표와 문제해결의 방법과 논리, 타당화 방식을 갖는다. 도구적 학습은 기술적 관심에 기초해 환경을 지배하고 통제하는 것을 목표로 한다. 의사소통적 학습은 실천적 관심에 기초해 상호 간 이해를 목표로 간주관성을 통해 타당성을 확보한다. 해방적 학습은 무비판적으로 받아들여졌던 기존 전제들에

〈표 3-2〉 하버마스의 세 가지 학습 구분

도구적 학습	의사소통적 학습	해방적 학습
이론적(technical) 지식	실천적(practical) 지식	해방적인(emancipatory) 지식
환경을 지배하고 통제하는 것이 목표	다른 사람을 이해하고 나를 이해시키는 것이 목표	우리 삶을 제한하는 요인들로부터 해방되는 것이 목표
관찰 가능한 사건을 예측하고, 옳고 그름이 증명됨	가치와 윤리, 감정이 개입된 문제를 상호주관적으로 합의하여 타당성 판단	무비판적으로 수용되어 온 전제들을 비판적으로 성찰
가설 연역적으로 인과관계 판단	은유를 활용한 상징적 상호작용을 통해 통찰력을 향상시키고 공통의 전제 습득	비판적 자기 성찰을 통해 보다 포괄적이고 통합적인 관점 획득

대한 비판적 검토와 성찰을 통해 보다 통합적인 관점을 얻어 삶을 제한해 오던 요인들로부터 해방되는 것을 목표로 한다.

성인의 삶에서 학습은 어떤 형태로든 변화를 수반한다. 메지로는 학습을 통한 변화 중에서도 학습자가 상황을 인지하고, 느끼고, 행동하도록 인도하는 의미도식(meaning scheme)과 의미관점(meaning perspective)의 변화와 전환을 다룬다.[24] 의미도식은 "특정한 지식, 신념, 가치판단, 느낌으로 구성된 것으로 경험의 해석에 활용"된다.[25] 의미관점은 의미도식들의 결합으로 구성된다. 의미관점은 어린 시절부터 자연스러운 경험을 통해 사회화된 것으로 세계를 바라보는 안목, 세상사를 이해할 때 동원하는 참조틀(frame of reference), 자기 자신과 타인들의 관계와 사건들을 해석하는 습관화된 가정들이다.

메지로는 의미도식과 의미관점과 관련하여 학습을 네 가지 양상으로 구분한다. 첫째는 의미도식을 통한 학습, 둘째는 새로운 의미도식의 학습, 셋째는 의미도식의 전환을 통한 학습, 넷째는 의미관점의 전환을 통한 학습이다. 앞의 세 가지 학습은 의미도식 수준에서 이루어진다. 따라서 의미도식들로 구성된 의미관점 자체에는 큰 변화를 초래하지 않는다. 반면, 네 번째 학습은 의미관점 자체의 변화를 수반한다. 이 변화는 의미관점을 구성하는 의미도식을 뒷받침하는 가정들에 대한 재평가를 통해 일어난다.

의미도식과 의미관점의 변화를 일으키는 학습은 성찰(reflection)을 통해 일어난다. 성찰은 경험을 해석하고 의미를 부여하기 위한 노력인데, 메지로는 성찰을 내용과 과정, 전제에 대한 비판적 평가의 과정으로 이해한다. 내용 성찰은 무엇을 인지하고, 생각하고, 느끼고, 행동하는가에 관한 것이다. 과정 성찰은 어떻게 인지하고, 생각하고, 느끼고, 행동하는가와 관련된다. 전제 성찰은 왜 그렇게 인지하고, 생각하고, 느끼고, 행동하는가를 따지는 것이다. 메지로는 전제 성찰을 내용 성찰, 과정 성찰과 구분하고 그 중요성을 강조한다. 전제 성찰이 문제 상황 자체를 규정하는 전제와 근본적인 가정에 대한 비판을 포함하고 있다면, 내용 성찰과 과정 성찰은 문제 해결에 동원되는 가정들에 대한 성찰에 머문다. 전자가 왜 무엇이 이것을 문제로 만드는가를 따진다면, 후자는 주어진 문제를 이해하고 해결하는 것에 관심이 있다. 내용 성찰과 과정 성찰이 의미도식 차원의 학습에 주로 활용된다면, 전제 성찰은 더 포괄적이고 통합된 의미관점으로의 전환학습에 기여한다. 전제 성찰은 또한 학습자의 행동을 포함한다. 즉, 의미관점의 전환학습은 행동의 변화를 수반한다. 이 점에서 전제 성찰은 기존의 의미관점에 머물며 전제를 검토하는 '사려 깊은 행동(thoughtful action)'이나 타인과의 대화를 통해 행동 가능성을 검토할 필요가 없는 '내성(內省, introspection)'과 다르다.

의미관점의 변화를 초래하는 전환학습은 쉽게 일어나지 않는다. 왜냐하면 한 사람의 의미관점은 '나는 누구인가'라는 질문에 대한 답을 구성하는 가치들과 같이 연관되어 있기 때문이다. 의미관점의 변화를 요구하는 상황에 처한 사람은 오히려 그 상황 자체를 부정하거나 회피하는 반응을 하기 쉽다. 메지로는 전환학습을 최초로 구상한 중년 여성 대학생들에 대한 연구(1978)에서 의미관점의 전환학습 과정을 10단계로 제안한 바 있다.

① 기존의 의미관점으로 해결이 안 되는 딜레마 상황
② 죄책감이나 부끄러움이 수반된 자기 검토
③ 인식론적, 사회문화적, 심리적 전제에 대한 비판적 평가
④ 자신에 대한 불만족과 전환의 과정은 중첩되어 있으며 다른 사람들도 유사한 변화를 겪었다는 사실의 인식
⑤ 새로운 역할, 관계, 행동의 선택지들에 대한 탐색
⑥ 새로운 행동의 절차를 계획하기
⑦ 계획의 수행에 필요한 지식과 기술의 습득

⑧ 새로운 역할을 예비적으로 시행해 보기

⑨ 새로운 역할과 관계에서 역량과 자기확신 구축하기

⑩ 새로운 관점에 입각한 조건들에 기초해 자신의 삶으로 통합하기

메지로의 이론은 북미 성인교육학계의 치열한 논쟁과[26] 미국 내 다양한 학문 분야에서의 경험 연구를[27] 통해 발전했는데, 이에 대한 비판도 제기되고 있다.[28] 연구참여자의 회고적 인터뷰에 기초한 대부분의 관점전환학습 연구가 의미관점의 전환이 진짜 일어났는지 실증하기에는 부족하다는 게 대표적인 비판이다. 전환학습이론을 활용한 연구들은 '전환'을 모호하게 이해하는 경향이 있다. 무엇이든 참여자 입장에서 의미 있는 변화가 있다면 의미관점의 전환이 있다고 해석하는 것이다. 전환학습을 활용한 북미 학계의 연구들이 메지로가 주창한 이론적 엄밀성을 충족하지 못하고 있다거나, 한국 학술지에 게재된 질적 연구 논문 대부분이 메지로의 이론을 오해하고 있다는 분석도 있다. 이런 비판에 대해 호건(Chad Hoggan)은 전환학습을 일종의 메타이론으로 볼 것을 주장한다.[29] 메지로가 제안한 절차를 엄밀히 따르지 않더라도 학습의 결과로 그 깊이와 폭, 안정성의 관점에서 확실히 전환이 있었다는 평가를 할 수 있다면, 그 결과를 초래한 학습 과정을 전환학습으로 범주화할 수 있다는 것이다. 호건의 입장에서 보면 메지로의 이론은 전환학습의 다양한 종류 중 하나인 셈이다.

4) 상황학습

평생학습은 졸업장이나 학위를 수여하는 학교에서 이루어지는 형식학습, 자격증이나 이수증 취득을 목적으로 학교 밖 교육기관에서 이루어지는 비형식학습, 그리고 학습자가 생활 세계의 필요에 따라 자기주도적으로 진행하거나 다른 활동의 우연한 부산물로 이루어지는 무형식학습으로 구분할 수 있다. 형식

학습과 비형식학습이 조직적이고 의도적인 교육 계획의 결과물이라면, 무형식학습은 생활의 다양한 영역에서 비의도적으로 일어나는 경우가 많다. 가령 직장에서 주어진 일을 수행하는 과정에서 학습이 함께 일어나거나, 취미와 여가를 즐기기 위해 동호회에 참여하여 함께 활동을 하며 학습하거나, 종교기관의 의례에 참여하는 동안 뜻하지 않게 학습을 하는 등 일상에서 우리는 무형식적으로 학습을 하게 된다. 정보기술의 발달로 온라인과 가상현실에 접속하는 시간이 늘어나면서 무형식학습의 공간은 크게 확장되고 있다.

일견 학습과는 무관해 보이는 일상의 다양한 공간에서 일어나는 학습을 이해하는 한 가지가 상황학습(situated learning)이론이다. 상황학습이론은 앞서 살펴본 경험학습이나 전환학습과 같이 학습을 개인 학습자의 신체에서 일어나는 일종의 심리 현상으로 바라보지 않는다. 상황학습이론은 학습자의 경험이 붙박여 있는 사회문화적 맥락을 중시한다. 즉, 학습은 사람과 사람 사이에서 일어나는 현상이다. 학습의 결과 혹은 목적인 지식 역시 개인이 소유하거나 전달할 수 있는 것이 아니다. 지식은 맥락 속에서 의미를 획득할 때 비로소 학습과 관련된다. 따라서 학습은 학습자의 의지와 의도뿐만 아니라 학습자가 처한 맥락이 개입하여 일어나는 현상이다.

상황학습이론은 실천공동체와 합법적 주변 참여라는 개념에 기초해 있다.[30) 실천공동체는 무엇이든 함께 실천하는 공동체라는 단순한 의미가 아니다. 흔히 우리는 마을을 공동체라고 부른다. 그러나 마을에서 어떤 일을 협력해서 함께 한다고, 즉 구성원들이 조화로운 실천에 공동으로 참여한다고 그 마을이 실천공동체는 아니다. 실천공동체의 '실천'은 적어도 다음 세 가지 차원을 갖춘 특정한 형태의 실천을 뜻한다. 첫째는 호혜적 관여(mutual engagement)이다. 복잡한 공동체의 관계망에서 부분적 위치를 차지하고 있는 다양한 구성원이 공동체의 영위를 위해 협력적인 관계를 맺는 것이 호혜적 관여이다. 실천은 공동체 구성원들이 서로에 대해 관계를 맺고 관여하는 가운데에서 생겨난다. 실천은 서로가 서로에 대해 구체적으로 관여하는 것이다. 둘째는 공동 업무(joint enterprise)이다. 실천공동체에서 업무는 미리 주어진 무엇이 아니라 구성원 간의 상호작용의 결과로 나타나는 것이다. 업무는 미리 명시화할 수 있는 것이 아니라 구성원이 함께 일하는 동안에 그 내용이 비로소 드러난다. 따라서 공동 업무는 호혜적 관여의 복잡한 양상을 고스란히 담고 있다. 셋째는 공동 자산(shared repertoire)이다. 공동체의 구성원은 공동 업무를 추진하고 호혜적으로 관여하면서 필요한 개념, 기술, 능력, 관행, 행동방식, 사건, 담론 등을 공유한다. 이것들에는 공동체의 역사가 반영되어 있다. 어떤 공동 자산은 공동체 외부인이나 공동체 구성원이 된 지 얼마 되지 않은 신참(newcomer)은 쉽게 이해하지 못하는 모호한 상태로 존재하다가 그 공동 자산을 사용할 때 의미가 확실해지기도 한다. 따라서 공동 자산의 모호성은 새로운 지식이 구성원의 머릿속이 아니라 공동체의 맥락 안에서 창출될 수 있도록 한다.

하나의 실천공동체를 실천의 세 측면의 관점에서 보게 되면 그 구성원을 신참과 고참(old-timer)의 스펙트럼으로 구분할 수 있다. 상황학습이론의 또 다른 핵심 개념인 합법적 주변 참여는 실천공동체에서 신참이 고참으로 되어 가는 과정을 뜻한다. 합법적 주변 참여는 실천공동체의 실천 영역에서 폭넓게 학습하는 과정이다. 신참은 공동체에 대한 책임이 요구되지 않는 주변부에서 다양한 실천 활동에 참여하는 과정에서 점차 고참이 되어 가며 공동체의 중심부로 이동한다. 합법적 주변 참여를 통해 신참은 실천공동체의 정체성을 함께 생산하고 유지해 나가는 구성원의 지위를 획득한다. 이는 실천공동체의 학습의 역사를 공유하는 과정이기도 하다.

실천공동체와 합법적 주변 참여 개념은 학습을 개인 수준이 아니라 사회문화적 맥락 수준에서 이해하는 안목을 제시한다. 그렇지만 실천공동체의 혁신이나 새로운 실천공동체의 생성을 설명하는 데는 한계가 있다. 특히, 신참이 고참으로 되어 가는 과정을 주변에서 중심으로의 이동으로 설명하는 것은 다분히 기능주의적 관점을 반영하고 있다. 실천공동체 내부의 권력 불균형으로 인한 갈등과 위기, 구성원이 권위 있는 고참을 비판하고 중심에서 주변으로 이동하거나 이탈하는 현상도 설명하기 어렵다.

4. 자생적 평생학습 이론을 향하여

린드만과 놀스의 안드라고지 개념 이후 아동기와 뚜렷하게 구분되는 성인기의 학습을 연구 대상으로 삼은 서구의 이론들은 '형용사 더하기 학습 이론'(adjective-plus-learning theory)이라는 형태를 취하고 있다.[31] 앞서 살펴본 경험학습이론(experiential learning theory), 전환학습이론(transformative learning theory), 상황학습이론(situated learning theory)은 각각 경험, 전환, 상황이라는 관형어로 번역된 형용사를 가지고 있다. 이 형용사 혹은 관형어들은 성인학습의 독특성을 포착하고 부각시킨다. 즉, 각각의 이론은 성인의 생활 속에서 일어나는 학습 현상을 총체적으로 설명하기보다는 특정한 측면에 주목해 인간의 학습을 이해하고 있다. 경험학습이론은 개개인이 자신의 경험을 어떤 과정을 거쳐 학습으로 연결하는가를 논리적으로 설명한다. 전환학습이론은 인간이 성장과정에서 자연스럽게 형성한 의미관점이 성인기에 어떻게 전환되는지에 관심이 있다. 상황학습이론은 실천공동체의 맥락에서 개인들 간의 학습을 포착하는 새로운 개념들을 제시하고 있다.

경험학습이론과 전환학습이론은 모두 경험에 대한 성찰을 강조하는데, 이때 성찰은 이성과 논리가 우선 작용하는 과정이다. 성찰에는 감정이나 정서, 신체, 영성적 측면도 분명 있지만 그것은 배제되거나 부차적으로 다루어진다. 경험을 성찰하는 학습에서 감정, 정서, 신체, 영성을 강조하는 새로운 학습이론이 등장하는 것은 따라서 매우 자연스럽다.[32] 특히 이성과 논리 중심의 인식론을 백인 남성주의적이라고 비판하는 여성주의 관점의 대두는 정서학습(emotional learning), 감정학습(affective learning), 체화학습(embodied learning), 영성학습(spiritual learning)에 대한 관심과 이론화를 촉진했다.[33]

그런데, 형용사 더하기 학습 이론은 평생학습의 개념에 비추어 보면 그 한계가 뚜렷하다. 평생학습은 학령기와 학교에서 교수자에 의존하는 학습을 넘어 전 생애에 걸친 학습의 지속성을 강조한다. 평생학습을 형식학습, 비형식학습, 무형식학습으로도 구분하는데, 이 구분은 우리 삶에서 관찰할 수 있는 낱낱의 학습 활동을 빠짐없이 포착하려는 시도이기도 하다. 즉, 평생학습은 형식학습이 일어나는 학교뿐만 아니라 학교 밖의 다양한 생활공간도 비형식학습과 무형식학습으로 포섭하는 개념이다. 그렇다면 우리 삶에서 드러나는 학습을 '평생학습'이라는 개념으로 이해하고 설명할 필요가 있다. 평생학습이 단순히 정책적 수사에 그치지 않고 인간의 삶과 사회의 변화를 설명하는 개념이 되기 위해서는 이에 대한 이론 작업이 필요한 것이다.

1990년대 이후 평생학습 개념이 전 세계적으로 주목을 받은 이면에는 고령사회의 도래와 노동시장의 유연화라는 사회 변동이 자리 잡고 있다. 평생학습은 개개인들이 성인기와 노년기 삶과 고용 불안에 대처하는 정책 담론으로 주목을 받았다. 그래서 평생학습에 대한 기존 연구는 주로 정책 담론으로 그 기능에 주목하는 경우가 대부분이다. 이런 거시적인 접근으로부터 한 걸음 떨어져 개개인들이 일상생활과 생애과정에서 경험하는 학습을 평생학습이라는 개념으로 탐색할 필요가 있다. 이를 평생학습에 대한 미시적 혹은 중시적 접근이라고 부를 수 있다.[34] 정책 담론으로 평생학습의 확산도 결국은 개개인의 삶에서 학습이 갖는 의미의 변화를 추구한다는 점에서 평생학습을 미시적, 중시적 층위에서 이론화하는 작업은 그 자체로도 의미가 있다.

평생학습의 미시적, 중시적 층위의 이론 작업을 위해서는 평생학습의 '평생'을 '학습'을 수식하는 관형어가 아니라 삶, 생활, 인생과 동의어인 명사로 이해할 필요가 있다.[35] 관형어로 '평생'은 평생학습을 인간이 평생에 걸쳐서 하는 모든 학습이라고 이해하도록 이끈다. 이런 이해는 실상 매우 공허하다. 명사로 '평생'을 보게 되면, 우리는 평생학습을 '평생'과 '학습'이라는 두 개의 명사가 서로 대등하게 접속한 개념으로 볼 수 있다. 평생(삶, 생활, 인생)과 학습이 역동적으로 관계를 맺는 현상을 포착할 수 있는 것이다. 이 관계 맺음이 어떻게 전개되는지에 일차적인 관심을 두고 이론 작업을 수행할 수 있다.

논리적으로 '평생'과 '학습'의 관계는 '삶에서 길어 올린 학습', '삶을 길러내는 학습'으로 이해할 수 있다. 전자는 타자와의 관계 속에 있는 삶에서 학습의 소재와 내용이 비롯되는 측면을, 후자는 학습이 빚어내는 결과가 타자와의 관계 속에 있는 삶에 침윤되는 측면을 드러낸다. 평생학습은 우리의 삶, 생활, 인생에서 그 소재와 내용을 길어 올린 학습이 다시 삶과 생활과 인생을 길러내는 활동으로 이해할 수 있다. 즉, 학습은 삶에서 배태되며, 삶은 학습에 의해 가능해진다. 평생학습은 따라서 개인적인 동시에 사회적이다. 우리의 삶, 생활, 인생은 각자에게 고유하게 귀속되지만, 모든 삶은 생활의 모든 면에서 타자와 연결되어 있기 때문이다. 어느 누구의 인생도 타자와의 관계를 소거한 채 말해질 수 없다. 미시적, 중시적 층위의 평생학습 이론 작업은 이런 면에서 개인적 수준에 머물렀던 성인학습의 이론화 경향을 극복할 수도 있다.

미시적, 중시적 차원의 평생학습은 적어도 다음의 질문들에 답하며 이론화를 시도한다.[36] 첫째, 학습자들은 자신의 삶에서 길어 올린 소재들로 학습 활동을 어떻게 조직하는가? 그 조직화의 양상을 어떻게 개념화할 수 있는가? 생애 단계에 따라 이 조직화는 어떻게 변화하는가? 둘째, 생활의 여러 영역에서 수행하는 학습 활동들이 어떻게 연계되는가? 학습자들은 일상생활을 통해 다양한 공동체에 참여해 활동한다. 각각의 공동체는 예외 없이 학습활동을 그 속성으로 내장하고 있다. 학습자들은 서로 다른 공동체에서 관여하는 다양한 학습활동을 어떻게 자신의 삶에서 통합적으로 유지하는가? 혹은, 어떤 공동체의 학습활동은 다른 공동체의 학습활동과 어떠한 방식으로 연계, 단절, 관리되는가? 셋째, 학습활동을 통해 학습자의 삶과 그 삶의 맥락은 어떻게 새롭게 형성되는가? 학습의 결과는 학습자와 타자들의 관계망으로 침윤된다. 이 과정에서 학습자는 자신의 삶과 그 사회적 맥락에 학습활동의 의미를 부여하게 된다. 개인적 과정인 동시에 사회적 과정인 이 의미 부여에는 어떤 패턴이 존재하는가?

교육학을 비롯한 사회과학 분야의 대부분의 개념과 이론이 그러하듯, 평생학습, 평생교육은 그 자체로는 서구에서 수입된 개념이다. 그렇지만 한국인은 역사적으로 평생에 걸친 학습을 중시하는 문화적 전통을 가지고 있다. 한국인의 정신세계를 형성해온 유교나 불교는 부단한 자기 학습의 실천을 통해 성인(聖人)이나 성불(成佛)의 경지에 도달할 수 있다고 본다. 2000년 「평생교육법」 시행 이후 평생학습의 실천 양상 또한 매우 활발하고 다양하게 전개되고 있다. 한국의 문화적 전통과 실천 토양에서 평생학습을 이해하는 자생적인 개념과 이론이 생성되기를 기대한다.

---

1) Carey, B. (2007). Alex, a parrot who had a way with words, dies. *The New York Times*. 9월 10일 자.
2) Illeris, K. (2007). *How We Learn: Learning and Non-learning in School and Beyond*. Routledge. 2-4.
3) Knowles, M. S., Holton, E. F., & Swanson, R. A. (2005). *The Adult Learner: The Definitive Classic in Adult Education and Human Resource Development* (6th ed.). Elsevier. 61-63.
4) 한국주민운동교육원. (2016). CO교육학해설: 주민조직교육운동실천. 제정구기념사업회. 99.
5) 에두아르드 린드만 지음. 김동진・강대중 옮김(2013). 성인교육의 의미. 학이시습. (원저

는 1926년 출판). 3.

6) 에두아르드 린드만(2013). 위의 책. 4-7.
7) Knowles et al. (2005). 앞의 책. 39-40.
8) Knowles et al. (2005). 위의 책. 64-69.
9) Merriam, S. B., Caffarella, R. S., & Baumgartner, L. M. 지음. 기영화 · 홍성화 · 조윤정 · 김선주 옮김(2009). 성인학습론(3판). 아카데미프레스. (원저는 2007년 출판). 90-107.
10) Kang, D. J. (2007). Rhizoactivity: Toward a Postmodern Theory of Lifelong Learning. *Adult Education Quarterly, 57*(3), 205-220.
11) Schön, D. A. (1987). *Educating the Reflective Practitioner: Toward a New Design for Teaching and Learning in the Professions*. Jossey-Bass.
12) Usher, R., Bryant, I., & Johnston, R. (1997). *Adult Education and the Postmodern Challenge: Learning Beyond the Limits*. Routledge.
13) Kolb, D. A. (1984). *Experiential Learning: Experience as the Source of Learning and Development*. Prentice-Hall; Kolb, D. A. (2015). *Experiential Learning: Experience as the Source of Learning and Development* (2nd ed.). Pearson FT Press.
14) Dewey, J. 지음. 박철홍 옮김(2002). 아동과 교육과정/경험과 교육. 문음사. (원저는 1938년 출판). 125.
15) Kolb, D. A. (2015). 앞의 책. 49.
16) Michelson, E. (1996). Beyond Galileo's Telescope: Situated Knowledge and the Assessment of Experiential Learning. *Adult Education Quarterly, 46*(4), 185-196; Michelson, E. (1998). Re-membering: The Return of the Body to Experiential Learning. *Studies in Continuing Education, 20*(2), 217-233; Michelson, E. (1999). Carnival, Paranoia and Experiential Learning. *Studies in the Education of Adults, 31*(2), 140-152; Fenwick, T. J. (2003). Reclaiming and Re-embodying Experiential learning through Complexity Science. *Studies in the Education of Adults, 35*(2), 123-141.
17) https://learningfromexperience.com/research-library
18) Pashler, H., McDaniel, M., Rohrer, D., & Bjork, R. (2008). Learning Styles: Concepts and Evidence. *Psychological Science in the Public Interest, 9*(3), 105-119.
19) Jarvis, P. (1987). *Adult Learning in the Social Context*. Routledge; Jarvis, P., & Parker, S.(Eds.). (2005). *Human Learning: An Holistic Approach*. Routledge.
20) Jarvis, P. (2009). *Learning to Be a Person in Society*. Routledge. 25.
21) 정민승(2010). 성인학습의 이해. 에피스테메. 138.
22) 황하(2015). 조선족 입주 가정교사 겸 가사도우미의 한국 자녀교육문화에 관한 경험학습 연구: Peter Jarvis의 경험학습모형으로. 교육학석사학위논문. 서울대학교.
23) Mezirow, J. (1991). *Transformative Dimensions in Adults Learning*. Jossey-Bass. 72-89.
24) Mezirow, J. (1991). 위의 책; Mezirow, J. (2009). An Overview on Transformative Learning. In K. Illeris (Ed.). *Contemporary Theories of Learning: Learning Theorists*

...*In Their Own Words* (pp. 90-105). Routledge.

25) Mezirow, J. (1991). 위의 책. 44.

26) Cranton, P. (2006). *Understanding and Promoting Transformative Learning: A Guide for Educators of Adults*. Jossey-Bass. 51-62; Kitchenham, A. (2008). The Evolution of Jack Mezirow's Transformative Learning Theory. *Journal of Transformative Education, 6*(2), 104-123.

27) Mezirow, J., & Associates. (1990). *Fostering Critical Reflection in Adulthood: A Guide to Transformative and Emancipatory Learning*. Jossey-Bass; Mezirow, J., & Associates. (2000). *Learning as Transformation: Critical Perspectives on a Theory in Progress*. Jossey-Bass; Mezirow, J., Taylor, E. W., & Associates. (2009). *Transformative Learning in Practice: Insights from Community, Workplace, and Higher Education*. Jossey-Bass.

28) Howie, P., & Bagnall, R. (2013). A Beautiful Metaphor: Transformative Learning Theory. *International Journal of Lifelong Education, 32*(6), 816-836; Illeris, K. (2014a). Transformative Learning re-defined: As changes in elements of the identity. *International Journal of Lifelong Education, 33*(5), 573-586; Illeris, K. (2014b). *Transformative Learning and Identity*. Routledge; Newman, M. (2012). Calling Transformative Learning Into Question. *Adult Education Quarterly, 62*(1), 36-55; Kang, D. J., & Cho, S. (2017). Lost in Travel or a Different Conception? (Mis-)appropriation of Transformative Learning Theory in the Republic of Korea. *Asia Pacific Education Review, 18*(2), 163-174.

29) Hoggan, C. D. (2016). Transformative Learning as a Metatheory: Definition, Criteria, and Typology. *Adult Education Quarterly, 66*(1), 57-75.

30) Wenger, E. 지음. 손민호・배을규 옮김(2007). 실천공동체: 지식창출의 사회생태학. 학지사. (원저는 1998년 출판); Lave, J. & Wenger, E. 지음. 전평국・박성선 옮김(2000). 상황학습. 교우사. (원저는 1991년 출판).

31) 강대중・김의태・박지숙・최선주・최일선(2017). 학습자자세, 학습관리장치, 맥락지식-평생학습이론 구축을 위한 중심 개념 탐색. 평생교육학연구, 23(4), 27-53; Kang, D. J. (2007). 위 논문.

32) Merriam et al. (2009). 앞의 책. 167-185.

33) Michelson, E. (1996, 1998, 1999). 앞의 논문; Fenwick, T. J. (2003). 앞의 논문; Tisdell, E. J. (2003). *Exploring Spirituality and Culture in Adult and Higher Education*. Jossey- Bass.

34) 강대중 외(2017). 앞의 논문.

35) 강대중(2013). 옮긴이의 말. 삶에서 길어 올린 교육, 삶을 길러 내는 교육; 성인교육의 의미를 한국 평생교육 맥락에서 읽기. 에두아르드 린드만 지음. 김동진・강대중 옮김. 성인교육의 의미(pp. 126-139). 학이시습.

36) 강대중(2009). 평생학습 연구 방법으로 학습생애사의 의의와 가능성 탐색. 평생교육학연구, 15(1), 201-223; 강대중 외(2017). 앞의 논문; Kang, D. J. (2015). *Life and Learning of Korean Artists and Craftsmen: Rhizoactivity*. Routledge.

제 4 장

평생교육의 법령, 행·재정과 시설

학교교육은 18세기 산업혁명과 프랑스혁명 이후 국민국가 형성으로 인하여 급속하게 발전하게 된다. 국민국가 형성 이후 학교교육은 모든 사회구성원이 이수해야 하는 보편적 공공재로서의 의미가 강화되고, 교육 제공 주체도 개인이나 종교기관이 아닌 국가의 공적 영역으로 확산되었다. 오늘날 교육은 이전까지의 학교교육 중심의 공교육 강화와 이에 따른 학교의 증가 및 학생 수의 지속적 증가 등과 같이 교육 팽창과 이로 인한 국가통제가 가속되었다. 이러한 현상으로 인하여 학교교육은 획일화, 표준화 등으로 다양한 문제점을 드러내고 있다. 학교교육 내부의 이 같은 변화로는 대안학교, 헌장학교, 홈스쿨링 등의 대안적 학교운동이 전개되었다. 국가주도 공교육체제에서는 학교가 학령기 아동과 청소년을 교육대상으로 하고 있어, 시대적 변화와 요구를 제대로 충족하지 못하고 이로 인하여 20세기 중후반 이후 학령기 이후의 교육으로서의 계속교육, 순환교육이 강조되고 있다. 학교교육의 수명이 감소되기 때문이다. 이처럼 학령기 아동과 청소년을 대상으로 하는 학교교육 이후의 교육 실천과 학교 밖에서 이루어지는 다양한 비형식교육과 무형식교육의 중요성이 부각됨에 따라 평생교육의 중요성이 부각되었다. 학령기의 학교교육 이후의 교육체제가 주목받은 이유다.

1. 평생교육제도 유형

1990년대에 접어들면서 평생교육과 평생학습은 유럽을 중심으로 각국에서 모든 교육을 포괄하는 우산개념으로서의 위치를 점유하기 시작하였다. 1996년 유럽연합은 평생학습의 해(Year of Lifelong Education)를 선언하였고, 같은 해에 OECD는 '모든 이를 위한 교육(Lifelong Learning for All)' 보고서를 발간하였다. 이 보고서는 의무교육이 교육의 완성이 아니라 가정, 직장, 지역사회와 같은 학교 외의 공간에서의 평생학습을 강조하였으며, 이에 따라 각국은 평생학습정책이나 제도를 구체화하기 위한 노력을 전개하였다. 앞의 보고서는 평생학습사회에서의 교육기회가 시장에 의해 제공되는가, 정부에 의해 제공되는가에 무관하게 교육의 접근성과 공정성을 보장하는 책무가 국가에 있다고 주장한다.[1)]

경제적 사회적 문화적 변화와 인구와 기술의 변화로 인하여 평생학습이 더욱 강조되게 되었다. 세계화의 급속한 전개와 정보통신기술의 눈부신 발전은 새로운 지식과 기술을 즉각적으로 습득할 수 있게 하는 새로운 교육제도와 학습지원체계가 필요하게 되었다.[2)]

평생교육을 정부가 주도하는가 시장의 기능에 맡기는가, 개인이 스스로 실천하는가, 아니면 다양한 단체와 사회적 파트너십을 통해 전개되는가에 따라 특성과 기능이 다르게 나타나게 된다. 즉, 평생교육과 평생학습에 필요한 재원의 부담을 누가 하는가, 평생교육의 내용과 제공 형태를 누가 주도하는가에 따라 평생교육 제도의 유형이 결정되는 것이다.

교육제도는 한 국가의 공교육제도의 구축과 정부의 교육에 대한 책무성에 따라 구체적 특성이 형성되게 된다. 그리핀(Griffin)은 국가의 교육정책 유형에 따라 평생교육(성인교육)의 형태를 시장모형(market model), 진보-자유-복지모형(progressive-liberal-welfare model), 사회통제모형(social control model)

으로 구분하였다.[3)]

한편, 그린(Green)은 프랑스, 영국, 독일, 프랑스의 평생교육제도 유형을 각국 정치적 형태와 국민의 평생학습에 대한 관여 정도와 재정지원 정도에 따라 국가주도 모형, 시장주도 모형, 사회 파트너 모형으로 구분하였다. 즉, 국가주도 모형(state-led model)은 국가가 평생교육 정책을 주도하고 재정을 책임지는 유형으로 프랑스가 이에 해당한다. 그리고, 시장주도모형(market-led model)은 평생교육의 제공과 비용지원을 시장의 원리에 맡기는 유형으로 영국이 이 같은 모형에 해당한다. 그리고, 사회적 파트너모형(social partnership model)은 전문직 단체, 노동조합, 경제단체, 시민단체 등 평생교육의 다양한 이해 주체가 평생교육의 정책을 결정하고 평생교육 프로그램을 운영하며, 국가는 이들 사회집단을 지원하는 유형으로, 독일이 사회적 파트너모형에 해당한다.[4)]

한편, 김신일은 평생교육 제도의 특성을 비교하기 위하여 [그림 4-1]과 같이, 교육활동에 대한 국가의 통제 수준의 정도와 평생교육 재원의 부담 주체에 따라 어느 사사분면에 위치하는가에 따라 평생교육의 모형을 네 가지로 구분하고 있다.[5)] 즉, 사회주의 모형은 교육비에 대한 공부담도 강하고 교육에 대한 주도성과 통제도 강한 모형이다. 그리고 통제모형은 교육비의 공부담은 약하고, 대신 교육에 대한 정부 통제가 강한 모형이다. 시장모형은 교육에 대한 국가의 재정지원이 약하고 더불어 교육에 대한 정부 통제도 약한 모형이다. 한편, 복지모형은 교육에 대한 국가의 재원 지원은 강하고, 교육에 대한 국가의 통제는 별로 없는 모형이다.

통제모형	사회주의 모형
• 국가가 철저히 통제 • 국가가 교육목적과 내용 결정 • 교육비는 학습자가 부담 • 전체주의 국가	• 교육목적과 교육내용의 국가통제 • 사회주의 이념 교육에 초점 • 학습자의 교육비 부담이 없음 • 사회주의 국가
시장모형	**복지모형**
• 신자유주의 영향 • 교육내용을 기관이 공급, 학습자의 수요로 결정 • 교육을 사유재로 인식함 • 미국과 남미 국가	• 평등주의가 시장적 토대 • 학습비를 국가가 부담 • 교육의 목적은 자아실현 • 북유럽 국가

국가통제: 강 ↑ 약

사부담 → 교육비 → 공부담

[그림 4-1] 평생교육제도 모형의 종류

그렇다면 한국은 위의 어느 모형에 해당하는지 분석하고, 어떠한 모형이 바람직한가를 검토할 필요가 있다. 한국은 시장모형과 통제모형에 해당하는 요소를 모두 포함하고 있다. 즉, 한국에서 평생교육은 시장의 원리와 복지 원리가 혼재하고 있다. 학교교육은 그 결정권을 국가가 갖고 있고 이에 소요되는 공교육 예산의 상당 부분을 부담하고 있음에도 불구하고 사교육비도 엄청난 비중을 차지하고 있다. 반면 평생교육정책은 국가가 주도하고 이에 필요한 절대적 예산은 개인이 부담한다. 따라서 제도적으로는 국가가 통제하고, 재정 대부분을 학습자가 부담하는 통제모형으로 전체주의국가에서 나타나는 모형을 띠고 있다. 교육복지를 추구하고 있는 국가에서는 학습비를 국가가 부담하고 교육내용을 학습자 스스로 결정하는 복지모형으로 교육정책을 바꿀 필요가 있다.

2. 평생교육 관련 법률

우리나라 평생교육 정책의 법적 기반은 1982년 「사회교육법」의 제정으로 처음 마련됐다. 하지만 「사회교육법」이 담고 있었던 여러 내용은 제대로 구현되지 못했다. 실질적인 의미에서 평생교육 정책은 1999년 「사회교육법」을 전부 개정한 「평생교육법」의 제정과 더불어 활발하게 전개되었다고 볼 수 있다. 「평생교육법」은 2007년 국가와 지방자치단체의 역할을 대폭 강화하는 방향으로 전면 개정됐다. 이후에도 「평생교육법」은 부분 개정을 거듭하며 우리나라 평생교육 진흥의 근거 법률로 기능하고 있다.

「평생교육법」에서는 국민의 평생학습을 지원하기 위하여 국가와 지방자치단체가 평생교육 시설을 직접 설치함과 아울러 각종 사회와 기업들의 평생교육 실시를 적극 권장하고 정부가 지원하도록 규정하였다. 또한 「평생교육법」은 평생교육에 대한 국가 및 지방자치단체의 임무, 평생교육 추진기구에 대한 규정, 평생교육전담 인력에 대한 규정, 평생교육시설 관련 규정을 담고 있다. 이밖에도 평생교육에 대한 연구, 평생교육 종사자에 대한 연수, 평생교육에 관한 정보의 수집 · 제공을 위하여 한국교육개발원에 평생교육센터를 설치하고, 시 · 도에 지역평생학습정보센터를 운영하도록 규정하였다. 또한 '유급학습휴가제'를 실시할 수 있는 제도를 갖추었으며, 다양한 학력 인정 및 학위취득 제도와 성인학습의 여건 및 질을 강화할 수 있는 지원 제도를 마련하였다.

「평생교육법」은 2007년 대폭 개정하게 된다. 개정된 「평생교육법」에서는 평생교육을 "학교의 정규교육과정을 제외한 학력보완교육, 성인기초문자해득교육, 직업능력향상교육, 인문교양교육, 문화예술교육, 시민참여교육 등을 포함하는 모든 형태의 조직적인 교육활동"이라고 규정하여 평생교육의 영역을 명시하였다. 개정 법률에서는 평생교육의 추진기구로 중앙에 국가평생교육진흥원을 설치하도록 하였고, 시·도에 평생교육진흥원을 설치·지정하도록 하였다.[6)] 또한, 이 법은 교육부 장관이 국가 수준의 평생교육진흥기본계획을 5년마다 수립하도록 하는 한편, 광역자치단체도 평생교육진흥계획을 수립하고 이를 추진하기 위한 협의체를 구성하도록 규정하였다.

2017년에는 「평생교육법」 제19조의2를 신설하여 국가장애인평생교육진흥센터를 설치하도록 하여 2018년 국립특수교육원에 설치하였다.

「평생교육법」에서 명시하지 않은 평생교육 관련된 법률은 다양한 평생교육활동을 적시하고 있다. 이러한 법률은 「인적자원개발기본법」, 「독학에 의한 학위취득에 관한 법률」, 「학원설립·운영 및 과외교습에 관한 법률」, 「학점인정등에 관한 법률」, 「국가기술자격법」, 「자격기본법」, 「박물관 및 미술관진흥법」, 「사회복지사업법」, 「도서관법」, 「문화예술교육지원법」, 「지방문화원진흥법」, 「스포츠산업진흥법」, 「과학관의 설립·운영 및 육성에 관한 법률」, 「국립해양과학관의 설립 및 운영에 관한 법률」 등이 있다.[7)]

3. 평생교육 행정체제

평생교육 행정체계는 우리나라의 평생교육사업을 추진하는 행정체계를 의미한다. 즉, 평생교육정책의 수립과 평생교육사업과 평생교육프로그램을 운영하는 행정주체로서의 행정기구와 행정기관의 상하 및 수평적 조직체계를 의미하는 것이다.

1) 중앙 평생교육 행정체제

평생교육의 행정체제 중 국가의 중앙정부 수준의 평생교육 행정체제의 정점은 교육부라고 할 수 있다. 교육부는 정부수립 후 1948년 11월에 문교부로 출범하였다. 국가 교육행정을 총괄하는 교육부는 다양한 명칭으로 불리다가 2024년 현재 '교육부'라는 명칭을 사용하고 있다. 2024년 7월 현재 교육부 조직은 [그림 4-2]와 같다.

우리나라의 중앙수준의 평생교육 행정체제는 교육부에서 평생교육 정책과 사업을 총괄하고 있고, 교육부 아래의 평생교육 정책과 연구 집행기관은 국가평생교육진흥원이다.

교육부는 부총리 겸 교육부 장관이 담당하고 있다. 교육부의 주요 조직은 기획조정실, 인재정책실, 책임교육정책실, 교육복지늘봄지원국, 영유아정책국, 교육자치협력안전국 등 실국이 있다.

평생교육을 관장하는 부서는 인재정책실 산하의 평생직업교육정책관이다. 평생교육정책관 하부조직으로 평생직업교육기획과, 평생학습지원과, 중등직업교육정책과, 고등직업교육정책과, 청년장학지원과, 사학분쟁조정위원회지원팀 등 5과 1팀을 두고 있다. 평생직업교육기획과에서는 평생학습 및 직업교육 정책의 기획 · 총괄, 관련 제도 개선을 총괄하고 있으며, 평생교육진흥위원회의 구성 · 운영, 국가평생교육진흥원의 출연(出捐) 및 운영 지원, 국가 및 지방자치단체 평생학습 진흥을 위한 연계 · 협력 · 조정, 한국형 온라인 공개강좌(K-MOOC)의 구축 · 운영, 방송통신대학 및 사이버대학 업무, 국가장애인평생교육진흥센터 운영 지원 등의 업무를 수행하고 있다. 평생학습지원과에서는 성인 문해교육의 실시 및 프로그램, 생활문해에 관한 사항 실시, 평생교육사 자격제도 관련 법령 · 제도의 개선 및 운영 지원, 시간제 등록제, 학점은행제 및 독학학위제와 관련된 법령 · 제도의 운영, 자격제도, 평생학습계좌제 기본정책의 수립 · 시행, 산업체 근무자의 학위 취득 지원 및 대학의 학습경험인정제 지원, 읍 · 면 · 동 평생학습센터 및 지역사회 학습모임의 육성 지원, 평생교육 바우처 등 저소득층의 평생교육 기회 확충 지원, 온국민평생배움터의 구축 및 운영, 지역사회학교 등 초 · 중등학교의 평생교육 운영 지원, 평생학습도시 지정 등의 업무를 수행하고 있다.[8)]

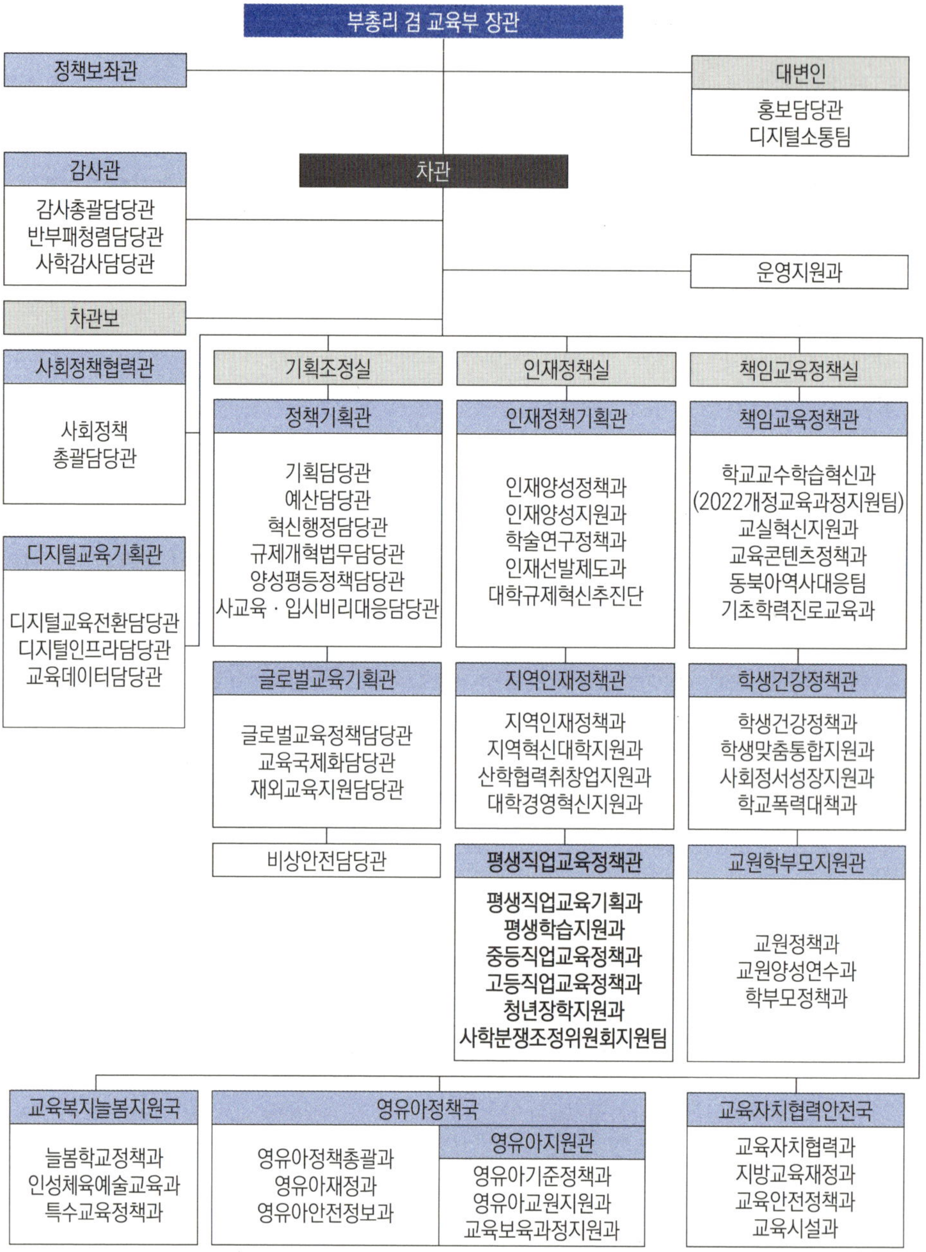

[그림 4-2] 교육부 조직도[9)]

〈표 4-1〉 교육부 평생교육정책관 각 과의 주요 업무

과	담당 업무
평생직업 교육기획과	1. 평생학습 및 직업교육 정책의 기획·총괄, 관련 제도 개선 총괄 2. 평생교육진흥 기본계획 및 시행계획의 수립·시행·평가 3. 평생교육진흥위원회의 구성·운영 4. 국가평생교육진흥원의 출연(出捐) 및 운영 지원 5. 국가 및 지방자치단체 평생학습 진흥을 위한 연계·협력·조정 6. 평생교육백서 발간 7. 대학 평생교육 활성화 기본정책의 수립·시행 8. 한국형 온라인 대중강좌(K-MOOC)의 구축·운영 9. 온라인 대중강좌 등을 활용한 산업연계 단기 직무교육 프로그램의 운영 지원 10. 성인 진로교육 지원에 관한 사항 11. 한국방송통신대학(대학원을 포함한다) 관련 법령·제도의 운영·개선 12. 사이버대학 및 원격대학 형태의 평생교육시설의 교육에 관한 기본정책의 수립·시행 13. 아세안 사이버대학 설립 추진계획의 수립·시행 및 아세안 공동운영 교육과정 개발·운영 지원 14. 장애인 평생교육진흥 기본계획 수립·시행 15. 국가장애인평생교육진흥센터 운영 지원 16. 그 밖에 평생직업교육정책관 내 다른 과의 주관에 속하지 않는 사항
평생학습 지원과	1. 전공대학의 설치·폐지 및 운영 지원 2. 성인 문해교육의 실시 및 프로그램, 생활문해에 관한 사항 실시 3. 평생교육사 자격제도 관련 법령·제도의 개선 및 운영 지원 4. 시간제 등록제, 학점은행제 및 독학학위제 관련 법령·제도의 운영 5. 평생교육 관련 시설·단체 및 공익법인의 운영 및 육성, 제도개선 지원 6. 평생교육 통계조사 7. 자격제도, 자격체제 및 국가역량체계, 국가직무능력표준의 구축·운영 8. 민간자격 관리 및 국가 공인교육훈련과정 이수에 관한 인증 사항 9. 평생학습계좌제 기본정책의 수립·시행 14. 산업체 근무자의 학위 취득 지원 및 대학의 학습경험인정제 지원 15. 읍·면·동 평생학습센터 및 지역사회 학습모임의 육성 지원 16. 평생교육 바우처 등 저소득층의 평생교육 기회 확충 지원 17. 온국민평생배움터의 구축 및 운영 18. 지역사회학교 등 초·중등학교의 평생교육 운영 지원

과	담당 업무
	19. 평생학습도시 지정 및 평생학습도시협의회의 운영 지원 20. 평생학습박람회 등 평생학습 문화 확산에 관한 사항 21. 교육 분야 비영리법인 및 사회적 기업 기본정책의 수립·시행 22. 학원, 교습소 및 과외교습 관련 법령·제도의 운영·개선 23. 시·도교육청 학원 지도단속 정책의 수립·시행 24. 학원 관련 통계 관리 및 한국학원총연합회 운영 지원에 관한 사항

한편, 교육부의 지역혁신대학지원과에서는 지역기반 고등직업교육 거점 구축을 위한 사업의 기본계획 수립 및 시행에 관한 사항, 대학의 평생교육체제 지원사업의 기본계획 수립 시행 및 운영 지원, 고등·평생교육지원특별회계 운영에 관한 사항을 담당하고 있다. 특수교육정책과에서는 장애인 평생교육진흥 기본계획 수립·시행과 국가장애인평생교육진흥센터 운영을 지원하고 있다.

2) 시 · 도 평생교육 행정체제

광역자치단체의 평생교육행정체제는 각 시·도청과 시·도교육청에서 관련 업무를 담당하고 있다. 서울특별시의 조직도는 [그림 4-3]과 같다.

서울특별시의 평생교육국에서 평생교육 업무를 추진하고 있다. 서울특별시 평생교육과는 ① 지역사회와의 인적·물적 네트워크 구축을 토대로 협력사업을 개발·추진해 평생교육 활성화를 도모하고, ② 성인(장애인) 대상 문자해득교육 프로그램 운영과 성인 특수교육대상자 평생교육 프로그램 개발 및 보급으로 성인(장애인) 평생교육 프로그램을 운영하며, ③ 평생교육여건 개선을 위한 학교형태 평생교육시설 지원, ④ 체계적인 평생학습지원 체제 구축을 위한 평생학습관 지정, 운영과 평생학습관 및 도서관의 교육·문화·예술 서비스 기능 강화를 위한 지원으로 지역사회 평생교육 활성화를 위하여 평생학습 인프라

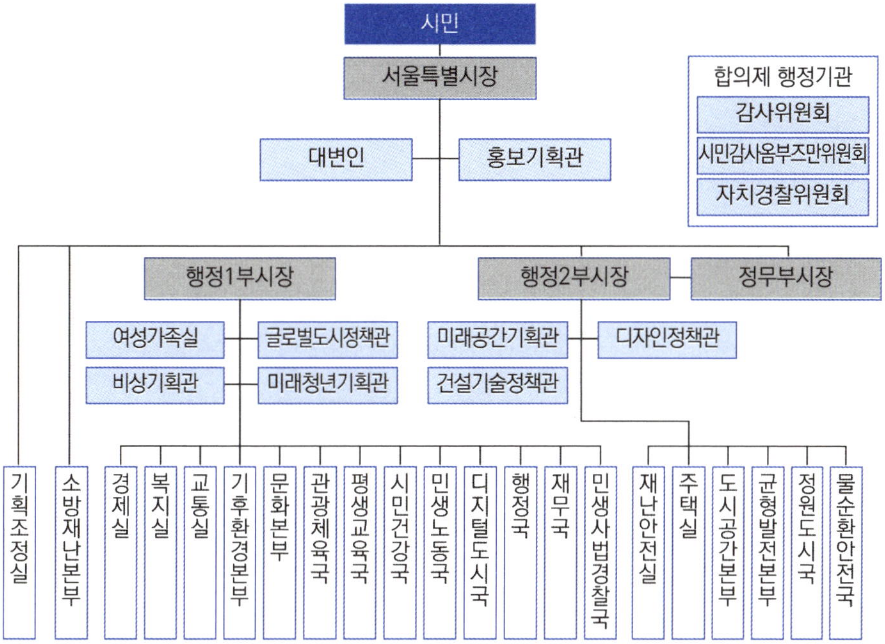

[그림 4-3] 서울특별시 조직도10)

[그림 4-4] 서울특별시 평생교육국 조직11)

구축, ⑤ 학원의 자율 정화를 유도하여 건전한 학원 풍토 조성 도모, ⑥ 비영리(공익 포함) 법인의 공익성 유지 및 건전한 활동을 도모하고 있다.

서울특별시 교육행정을 담당하는 서울특별시교육청의 조직에 대하여 살펴보겠다. 서울시 교육청의 조직은 기획조정실, 교육정책국, 평생진로교육국, 교육행정국, 교육지원청, 직속기관, 도서관과 평생학습관 등이 있으며, 평생교육 업무는 평생진로교육국에서 담당하고 있다. 평생진로교육국에는 평생교육과, 민주시민생활교육과, 진로직업교육과, 체육건강예술교육과, 특수교육과 등 6과가 있다. 평생교육과에서는 평생교육기획, 평생교육진흥, 학원정책, 공익법인 등의 업무를 담당하고 있다. 평생교육기획과의 평생교육진흥업무는 〈표 4-2〉와 같다. 이 표에서 볼 수 있는 바와 같이 서울특별시교육청의 평생교육과에서는 평생교육과 관련된 다양한 사업을 추진하고 있다. 이 중에서도 지역평생학습협력체제의 구축과 평생학습도시 조성사업 추진, 지자체 평생교육지원사업 추진, 학교형태 평생교육시설과 관련된 업무추진, 학력인정 평생교육시설 관련 업무, 장애성인 평생교육업무 등 다수의 업무를 담당하고 있다.

〈표 4-2〉 서울특별시교육청 평생교육과의 담당업무

담당 부서	업무
평생교육기획	• 평생교육 기획 · 운영 추진 • 지역평생학습 협력체제 구축 • 평생학습도시 조성사업 지원 • 서울평생교육 후원체제 구축 · 운영 • 지자체 평생교육지원 사업 추진 • 평생교육법령 · 지침 관련 법규 개정 • 학교형태 평생교육시설 관련 현안 관리 • 서울평생교육정보센터 업무 총괄 • 학력인정 학교형태 평생교육시설 등록 · 지정 · 변경 · 폐쇄 • 학교형태 평생교육시설 관련 기획 · 관리 • 보조금 지원 기본계획 수립

담당 부서	업무
	• 학교형태 평생교육시설 관련 현안 관리 • (협력)학교형태 평생교육시설 지도 · 감독 업무 • 학교형태 평생교육시설 예산수립 및 결산관리 • 평생교육 관련 포상 업무(총괄) • 학력인정 문해교육 프로그램 운영계획 및 시행 • 학력인정 문해교육 프로그램 설치 · 지정 · 변경 • (협력) 학력인정 문해교육 프로그램 운영 평가 및 지도 • 학력인정 문해교육 프로그램 보조금 지원 • (협력) 문해교육 프로그램 이수자 학력인정 업무 • 서울시교육청 문해교육 심사위원회 운영 • 학교평생교육 운영계획 수립 및 지원 • 검정고시 관련 사업 추진 • 학교형태 평생교육시설 관련 사업 추진 • 장애 성인 평생교육 기본계획 수립 • 장애 성인 평생교육 네트워크 구축 및 평생학습동아리 지원 • 학력미인정 학교형태 평생교육시설 관련 업무 • 검정고시 관련 업무 • 평생교육 관련 포상 업무 지원(수합 및 알림 등) • 서울평생교육정보센터 운영계획 수립 • 서울평생교육 후원기관 연계사업, 평생학습도시회비 지원 • 문해교육, 학교평생교육 관계자 연수 기획 운영 • 학교지원 평생교육시스템 정비 · 운영 • 학교평생교육지원단, 학습매니저 기획 운영 • 평생교육 관련 통계 관리 · 분석
평생교육진흥	• 국가 도서관발전종합계획 시행계획 수립 • 도서관 · 평생학습관 종합발전계획 수립 · 시행 • 도서관 관련 조례 · 규칙 제 · 개정 • 도서관정책자문위원회 운영 • 도서관 건립 사업 추진(신축 및 증 · 개축 등) • 도서관자료구입비(특화자료 등) 지원 • 교육감 공약사항 추진 • 도서관 현안문제 및 서울시 도서관 협력 • 독서문화진흥 시행계획 수립 • 온 가족 · 도서관 북 웨이브 사업 총괄

담당 부서	업무
	• 각종 독서문화진흥 시행사업 추진 • 도서관 네트워크 사업 • 생애주기별 독서 활동 지원(우리 아이 첫 독서학교 등) • 독서동아리 활성화 지원 • 소외계층(다문화, 장애인 등) 대상 독서서비스 등 • 학교연계 독서진흥 사업 기획 및 지원 • 고전 · 인문아카데미 • 공공도서관 혁신운영지원사업 • 마을결합형 도서관 운영 지원 • 도서관대학 운영 지원 • 도서관 · 평생학습관 특색 사업지원 • 도서관 · 평생학습관 우등상 승인 및 정부포상 관련업무 • 평생학습지원 추진체계 구축 • 학습자부담 평생교육프로그램 운영 지원 • 서울특별시평생학습관운영위원회 운영 • 평생학습관 지정 및 운영 사업 • 평생학습관 운영 지원 및 지정 · 심사 • 평생학습 협력망 사업 추진 • 민관협력 소외계층 지원 사업, 마을학교네트워크 사업 • 평생학습관 관련 조례 · 규칙 제 · 개정 • 도서관 · 평생학습관 홍보 총괄(언론보도, SNS 등) • 학점은행제 학습자등록 및 학점인정신청 관련업무 • 도서관 · 평생학습관 정보화 사업 추진 • 도서관 · 평생학습관 27개 홈페이지 통합 관리 및 유지보수 • 평생학습포털(에버러닝) 통합 관리 및 유지보수 • 도서관 · 평생학습관 통합전산시스템 운영지원 • 디지털자료실 이용자용 PC 보급 • RFID 시스템 구축 지원 • 온가족 · 도서관 북 웨이브 사업 추진 • 온가족 책 잔치: Book촌 페스티벌 운영 지원 • 온가족 · 도서관 북 웨이브 홍보 업무 • 홍보(SNS 등) 및 홈페이지 운영 • 도서관 · 평생학습관 홍보 지원(언론보도 등) • 온가족 · 도서관 북 웨이브 기타 사업 운영 지원 • 독서문화진흥 시행사업 업무 지원

담당 부서	업무
	• 랜선으로 만나는 인문학 운영 • 팀 총무 업무 지원 • 서울시교육청 전자도서관 운영 지원 • 전자책 북큐레이션 및 홍보 등 • 교육자원봉사지원센터 실무 총괄 • 교육자원봉사자문위원회 간사 • 교육자원봉사자 기본교육 및 상담

광역시·도 단위의 평생교육 행정업무는 광역시·도청과 광역시·도교육청에서 각기 다양한 사업을 추진하고 있다. 전국의 광역·시도청 산하의 평생교육 실행조직을 각 광역시·도마다 명칭은 서로 다르지만 시·도 평생교육진흥원에서 담당하고 있다.

3) 기초자치단체 평생교육 행정체제

기초자치단체 수준의 평생교육행정은 시장, 군수, 구청장이 평생교육을 추진하고 있다. 기초자치단체의 평생교육 행정에 관하여 「평생교육법」 제14조 시·군·자치구 평생교육협의회 조항에 규정하고 있다. 제14조에 시·군·자치구의 지역주민 대상의 평생교육과 관련된 사업 간 조정과 유관기관 간 협력 증진을 위하여 "시·군·자치구 평생교육협의회"를 구성하여 운영하도록 규정하고 있다. 「평생교육법」 제14조제3항에 시·군·자치구 평생교육협의회의 의장은 시장, 군수, 자치구의 장으로 하고 위원은 관계 공무원, 평생교육 전문가, 장애인 평생교육관계자, 관할 지역 내 평생교육 관계 기관의 운영자 중에서 의장이 위촉하도록 하고 있다.

일반적으로 시·군·자치구에는 평생교육협의회를 구성하고 있고, 행정조직에 평생교육 담당조직을 설치하고 있다. 평생교육국, 평생교육과, 평생교육팀 등을 행정조직에 설치하고 있다.

한편, 시・군・자치구 평생교육사업을 담당하는 행정기관으로 시・군・구 평생학습관 설치에 관한 사항을 「평생교육법」 제21조에 규정하고 있다. 즉, 「평생교육법」 제21조제1항에 "시・도교육감 및 시장・군수・자치구의 장은 관할 구역 안의 주민을 대상으로 평생교육 프로그램 운영과 평생교육 기회를 제공하기 위하여 평생학습관을 설치 또는 지정・운영하여야 한다."라고 규정하고 있다. 그리고 이 같은 평생학습관에서 추진해야 하는 사항으로 "평생교육프로그램의 개발・운영, 장애인 대상 평생교육 프로그램의 개발・운영, 평생교육 상담, 평생교육 종사자에 대한 교육・훈련, 평생교육 관련 정보의 수집・제공, 읍・면・동 평생학습센터에 대한 운영 지원 및 관리" 등의 사업을 추진하도록 규정하고 있다. 또한, 평생학습관의 설치・운영 등에 필요한 사항은 해당 기초자치단체의 조례로 정하도록 규정하고 있다.

기초지자체 평생교육 행정체제에 영향을 미치는 중요한 사업으로 평생학습도시사업과 장애인평생학습도시사업이 있다. 평생학습도시 사업 관련 사항은 「평생교육법」 제15조에 장애인평생학습도시사업 관련 조항은 「평생교육법」 제15조의2에 규정되어 있다. "국가는 지역사회 평생교육 활성화를 목적으로 시・군 및 자치구를 대상으로 평생학습도시를 지정하고 지원할 수 있다"라고 규정하고 있다. 그리고 「평생교육법」 제15조제2항에는 평생학습도시 간의 연계・협력과 정보교류 증진을 위하여 "전국평생학습도시협의회"를 설치하여 운영할 수 있도록 하고 있다. 평생학습도시 조성사업은 교육부의 사업으로 2001년에 시작하였으며, 현재에도 지속적으로 운영하고 있는 사업이다. 2024년 현재 전국 198개 기초지자체가 평생학습도시로 지정되어 있다. 그리고 이 같은 평생학습도시 조성사업을 추진하는 전국의 시・군・구 기초지자체와 지역교육지원청이 참여하는 "전국평생학습도시협의회"가 구성되어 운영되고 있다. 한편, 장애인 평생학습도시 사업은 「평생교육법」 제15조의2에 규정되어 있는데 "① 국가는 장애인의 평생교육 활성화를 위하여 특별자치시, 시 · 군 및 자치구를 대상으로 장애인 평생학습도시를 지정 및 지원할 수 있다"라고 규정하고, 제2항에 "장애인 평생학습도시 간의 연계 · 협력 및 정보교류의 증진을 위하여 '전국장애인평생학습도시협의회'를 둘 수 있다"라고 규정하고 있다.

4. 평생교육 추진기구

1999년 「평생교육법」(법률 제6003호)을 제정하면서 평생교육을 추진할 기구로 평생교육센터 설치 근거 조항을 신설하였다. 「평생교육법」 제13조제1항에서 교육부장관은 평생교육에 관한 연구, 평생교육 종사자에 대한 연수 및 평생교육에 관한 정보 수집 · 제공 등 평생교육센터의 기능을 수행하여야 한다고 규정하였고, 제2항에서 교육부장관은 교육 · 연구와 관련된 법인 또는 단체로 하여금 제1항의 규정에 의한 기능을 대행하게 할 수 있다고 규정하였다. 이러한 규정에 따라 2000년 한국교육개발원에 평생교육센터를 설치하였다.

또한, 「평생교육법」에서 지역평생교육정보센터와 지역평생학습관 설치 · 운영을 명문화하였다. 동법 제13조제3항에서는 "교육감은 관할 구역 안에서 지역주민을 대상으로 평생교육프로그램 운영과 제1항의 규정에 의한 기능(평생교육에 대한 연구, 평생교육 종사자에 대한 연수 및 평생교육에 관한 정보의 수집 · 제공 등)을 수행하는 평생학습관을 운영하여야 한다"고 규정하고 있다. 또한 제14조제1항에서는 "교육부장관 및 교육감은 평생교육단체 또는 평생교육시설을 지정하여 제13조제3항의 규정에 의한 평생학습관의 기능과 평생교육의 정보제공, 평생학습의 상담 등을 수행하는 지역평생교육정보센터를 운영할 수 있다"고 규정함으로써 지방자치단체가 주민의 평생학습에 대한 지원을 더 적극적으로 할 수 있는 근거를 마련하였다. 아울러 제14조제2항에서는 "교육부장관 및 교육감은 지역평생교육정보센터를 중심으로 평생교육단체 및 평생교육시설의 상호 연계체계를 구축하여야 한다"고 규정함으로써 지역평생교육정보센터가 중앙의 평생교육센터와 긴밀한 연관을 가지면서 지역 주민을 위한 평생교육의 기회 확대와 정보 제공의 구심체 역할을 수행해야 함을 시사하고 있다. 지역평생교육정보센터는 2000년 7월 13일 16개 시도에 설치되었고, 이어 하반기에 '평생학습관'이 설치 완료되었다.

정부는 평생교육 추진체제를 개편하기 위하여 2007년 12월 14일 「평생교육법」을 개정·공포하였다. 개정 「평생교육법」은 종전의 「평생교육법」의 취지를 바탕으로 국가 평생교육 지원체제를 시대적, 사회적 요구에 맞게 재편하는 데 중점을 두었다.[12] 2007년 개정 「평생교육법」은 교육부에 평생교육진흥정책의 주요사항을 심의하는 기능을 가진 평생교육진흥위원회를 두도록 했다. 평생교육진흥위원회 위원장은 교육부 장관이고, 국가평생교육진흥원의 원장과 관련 부처 차관이 당연직 위원이다. 그밖에 평생교육 관련 민간 전문가가 위원으로 참여한다. 위원회에서는 교육부가 5년마다 수립해야 하는 평생교육진흥기본계획, 평생교육 제도 개선 사항, 평생학습문화 조성에 관한 사항 등을 심의한다.

1) 평생교육지원 조직

2007년 개정된 「평생교육법」 제13조와 제14조에서 국가는 평생교육진흥 관련 업무를 지원하기 위하여 국가평생교육진흥원을 설립하는 한편, 시·도 지사는 시·도 평생교육진흥원을 설치 또는 지정·운영할 수 있도록 하였다. 또한 시·도 교육감은 관할 구역 안에 평생학습관을 설치 또는 지정·운영하도록 하였다. 이에 따라 평생교육 추진체제는 국가평생교육진흥원, 시·도 평생교육진흥원, 평생학습관으로 이어지는 3단계 시스템으로 구축되었다. 이에 따라 시 · 도 평생교육 진흥 업무는 교육감에서 시 · 도지사로 변경되었고 시 · 도 평생교육추진기구가 시장, 도지사로 이관되는 등 광역자치단체의 장이 평생교육 진흥 업무를 수행하게 되었다.

〈표 4-3〉 국가 평생교육 추진 체제

<table>
<tr><th colspan="2">구분</th><th>중앙</th><th>시 · 도(광역)</th><th>시 · 군 · 구(기초)</th></tr>
<tr><td colspan="2">명칭</td><td>평생교육진흥위원회
(교육부장관 소속)
ㅣ
국가평생교육진흥원</td><td>시 · 도
평생교육협의회
(지자체 조례 제정)
ㅣ
시 · 도 평생교육진흥원</td><td>시 · 군 · 구
평생교육협의회
(지자체 조례 제정)
ㅣ
시 · 군 · 구 평생학습관</td></tr>
<tr><td rowspan="2">기능</td><td>위원회</td><td>평생교육 활성화를 위한 의제 발굴, 정부 정책 및 사업 조정</td><td>평생교육 진흥사업에 관한 조정, 심의, 유관기관 연계 등</td><td>평생교육 실시, 관련 사업 간 조정 등</td></tr>
<tr><td>전담 기구</td><td>평생교육 진흥을 위한 지원, 조사, 연수, 프로그램 개발 등</td><td>평생교육 기회 및 정보 제공, 상담, 프로그램 운영 등</td><td>주민 평생교육 활성화를 위한 사업 추진 등</td></tr>
<tr><td colspan="2">구성
(위원회)</td><td>위원장: 교육부장관
위원: 위원장이 위촉하는 20인 이내 평생교육 관련 학계 전문가 등</td><td>의장: 시 · 도지사
부의장: 시 · 도교육청의 부교육감
위원: 20인 이내 평생교육 관련 전문가</td><td>의장: 기초단체장
위원: 12인 이내 평생교육 관련 전문가</td></tr>
</table>

아울러 평생학습관은 "지역주민을 대상으로 평생교육 프로그램 운영과 평생교육에 대한 정보수집" 기능을 위해 지정한 기관이다. 즉, 시 · 군 · 구나 읍 · 면 · 동 단위에 설치된 평생학습관은 지역단위의 평생학습관으로서 주민들을 대상으로 평생교육프로그램 운영과 아울러 평생교육에 관한 연구 · 연수를 제공한다.

2) 국가평생교육진흥원

국가평생교육진흥원은 한국교육개발원에서 운영하던 평생교육센터와 학점은행제, 한국방송통신대학에서 운영하던 독학학위제 업무를 이관받아 2008년 2월 15일 개원하였다. 국가평생교육진흥원은 「평생교육법」에서 규정된 평생교육에 관한 연구, 평생교육 종사자에 대한 연수 및 평생교육에 관한 정보의 수집·제공을 주된 기능으로 하고 있다.

또한, 교육부가 국가평생교육진흥원을 설치하면서 부여한 업무로 시·도 평생교육진흥원과의 협조 업무와 기타 평생교육에 관한 교육부 장관의 위탁 업무 등이 추가되어 있다. 또한 시·도 평생교육진흥원은 이러한 고유의 기능 외에 시·도 평생교육진흥원과 시·군·구 단위의 평생학습관을 선정·지원·연계하는 역할을 담당하고 있다.

국가평생교육진흥원은 원장, 4본부, 13실·6센터를 두고 있다. 국가평생교육진흥원은 2008년부터 「평생교육법」 제39조에 따라 비문해·저학력 성인 대상 성인문해교육 프로그램 지원, 초·중학 학력인정제도 구축 등을 통해 국민행복 실현을 위한 교육기회를 제공하고 있고, 지역 평생교육 활성화 사업은 인생 100세 시대에 대비하여 지역 평생학습체제를 구축함으로써 전 생애에 걸쳐 국민의 삶의 질을 향상시키고 국민행복을 증진하기 위하여 시·도 평생교육진흥원, 기초자치단체 평생학습도시, 읍·면·동 행복학습센터로 연결되는 추진체제를 갖추어 모든 국민의 평생학습권을 보장하기 위한 사업이다. 이를 위하여 평생학습자원 간 네트워크 구축, 주민의 평생학습 기회 확대 등을 통해 지역의 사회통합, 경제발전, 지속가능성 확대를 유도하는 창조적 '학습공동체' 형성을 도모하고 있다. 지역 평생교육 활성화 사업은 경력단절여성, 은퇴(예정)자 등 대상별 맞춤형 평생학습 프로그램 지원으로 국민 개개인의 역량 개발과 여성의 경력단절 극복을 지원하기 위하여 학습자의 상담과 사후관리로 마을 단위 풀뿌리 평생교육을 통한 학습문화 조성으로 지역사회 혁신과 발전을 도모하고 있다.

대학 중심의 평생교육 지원사업은 2016년 평생교육단과대학 사업, 2017년 대학의 평생교육체제지원 사업, 2019년 대학의 평생교육체제지원사업(LiFE 1.0), 2023년 2주기 대학의 평생교육체제 지원사업(LiFE 2.0사업)으로 변천하였다. LiFE사업은 선취업 후진학을 활성화하고, 성인학습자 친화적 고등교육 학사체제 마련을 위하여 학령기 학생 정원을 성인학습자 정원으로 전환하는 정원 내 전형과 재직자 특별 전형인 정원 외 전형으로 정원 구성하여 운영하고 있으며, 성인학습자 수요에 맞는 지식 · 이론 또는 직무역량 및 현장중심 교육과정을 개발하여 운영하고 일과 학습을 병행하는 성인학습자 특성을 고려하여, 야간 · 주말 수업, 온라인 및 블렌디드 러닝 등 다양한 수업방식을 활용하며 다학기제, 유연학기제, 집중이수제, 재학연한 상한 폐지 등을 통한 성인학습자 친화 학사제도를 구축하고 특히 전문대학, 산업대학에 한하여 허용하던 학습경험인정제를 4년제 대학으로 확대하여 재직경력 등을 대학 학점으로 인정할 수 있도록 허용하였으며 전임교원을 통한 수업진행, 엄정한 출결관리 및 성적 · 학점관리 등 내실 있는 학사 운영으로 평생학습자 친화형 학사 제도를 운영한다.[13)]2024년 현재 LiFE 2.0사업에 참여하고 있는 대학은 일반대학 23개, 전문대학 7개교 등 총 30개 대학이다.

한국형 온라인 공개강좌(K-MOOC)는 수강 인원의 제한 없이(Massive), 모든 사람이 수강 가능하며(Open), 웹 기반으로(Online) 구성된 대학의 우수 강좌(Course)로 교수-학생 간 질의 · 응답, 토론, 퀴즈, 과제 피드백 등의 학습관리, 학습커뮤니티 운영 등 교수-학습자 간, 학습자-학습자 간 양방향 학습이 가능하다. 한편 매치업(Match業) 프로그램은 4차 산업 분야의 직무능력 향상을 희망하는 대학생, 구직자, 재직자 등을 위한 산업맞춤 단기 직무인증과정으로 해당 분야 대표기업이 과정 이수자를 대상으로 직무능력을 인증하는 프로그램이다.

국가평생교육진흥원은 이 밖에도 학습자가 본인의 학습 요구에 따라 자율적으로 학습 활동을 결정하고 참여할 수 있도록 학습 비용을 지원하는 평생교육 바우처 사업을 운영하고 있으며 학부모의 자녀교육 역량을 강화하고 건전한 학교 참여 활동을 고양하기 위해 학부모 교육자료 개발, 온·오프라인 연수과정 운영, 우수사례 발굴 및 정책개발 등 학부모 자녀교육 지원 사업, 다문화학생 중심의 맞춤형 교육지원과 다문화 사회에 대한 인식을 제고하기 위한 다문화 활성화 사업을 수행하고 있다.

아울러 국가평생교육진흥원은 「학점인정 등에 관한 법률」에 의거하여 학교에서뿐만 아니라 학교 밖에서 이루어지는 다양한 형태의 학습 및 자격을 학점으로 인정받고, 학점이 누적되어 일정 기준을 충족하면 학위취득이 가능한 제도인 학점은행제, 「독학에 의한 학위취득에 관한 법률」에 의거하여 국가에서 실시하는 4단계 학위취득시험에 합격한 학습자에게 학사학위를 수여함으로써 평생교육의 이념을 구현하고 개인의 자아실현과 국가사회의 발전에 이바지하는 것을 목적으로 하는 제도인 독학학위제, 국민의 다양한 학습경험을 온라인 학습계좌에 누적·관리하고, 이를 학력·자격인정과 연계하거나 고용정보로 활용함으로써, 학습이수 결과에 대한 사회적 인정 및 활용 기반을 확대하기 위한 평생학습계좌제 등 학습결과 인증제도를 운영하고 있다.

또한, 국가평생교육진흥원은 평생교육사 자격증 교부, 평생교육사 전문역량 강화를 위한 연수 운영 등 국가 평생교육의 전문가로서 평생교육사 자격 제도를 운영하고, 국민이 언제 어디서나 원하는 평생학습 기회를 누릴 수 있도록 개인 맞춤형 평생학습 서비스인 '늘배움' 국가평생학습포털을 운영하고 있다.

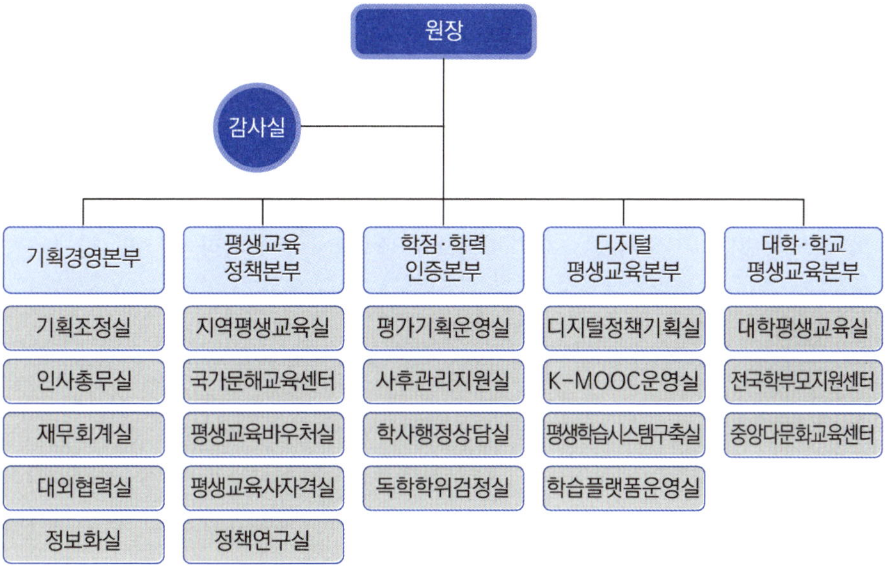

[그림 4-5] 국가평생교육진흥원의 조직[14](2024년 7월 15일 현재)

한편, 2016년 5월 19일 「평생교육법」을 개정하여 장애인의 평생교육진흥과 관련된 업무를 지원하기 위하여 국가장애인평생교육진흥센터가 국립특수교육원에 설치되었다. 국가장애인평생교육진흥센터는 발달장애인 평생교육과정 운영자료 개발, 장애인 평생교육 이용권(바우처)사업 추진, 장애인 평생교육 현황조사, 학교 형태 평생교육시설 및 발달장애 지원센터 활성화 방안 연구, 재정사업 자율평가, 발달장애인 평생교육과정 · 문해교육 콘텐츠 개발 지원, 장애인 평생학습도시 운영 · 관리, 장애유형별 평생교육 프로그램 및 온라인 콘텐츠 개발, 장애인 평생교육 온라인 콘텐츠 개발, 장애인 평생교육 홈페이지(평생배움세상) 운영, 장애인 평생교육 담당자 역량 강화 연수 운영, 장애인 평생교육 전문인력 양성 연수 운영, 평생학습도시, 이용권(바우처) 사업비 교부 · 정산 및 e-나라도움 관리 운영, 장애인 평생학습도시 현장 컨설팅 및 성과공유회 운

영 등의 업무를 수행하고 있다.[15)]

3) 시 · 도 평생교육진흥원

시 · 도 평생교육진흥원은 「평생교육법」 제20조(시 · 도 평생교육진흥원의 운영)에 의하면 "시 · 도지사는 대통령령으로 정하는 바에 따라 시 · 도 평생교육진흥원을 설치 또는 지정 · 운영할 수 있다"라고 규정하고 ① 해당 지역의 평생교육기회 및 정보의 제공 ② 평생교육 상담 ③ 평생교육프로그램 운영 ④ 해당 지역의 평생교육기관 간 연계체제 구축 ⑤ 그 밖에 평생교육진흥을 위하여 시 · 도지사가 필요하다고 인정하는 사항의 업무를 수행하도록 규정하고 있다. 시 · 도지사는 지역 수준에서 평생교육진흥시행계획을 시 · 도 교육감과 협의하여 수립해야 한다. 17개 시 · 도 전부 평생교육진흥원이 설립 · 지정되어 운영되고 있다.

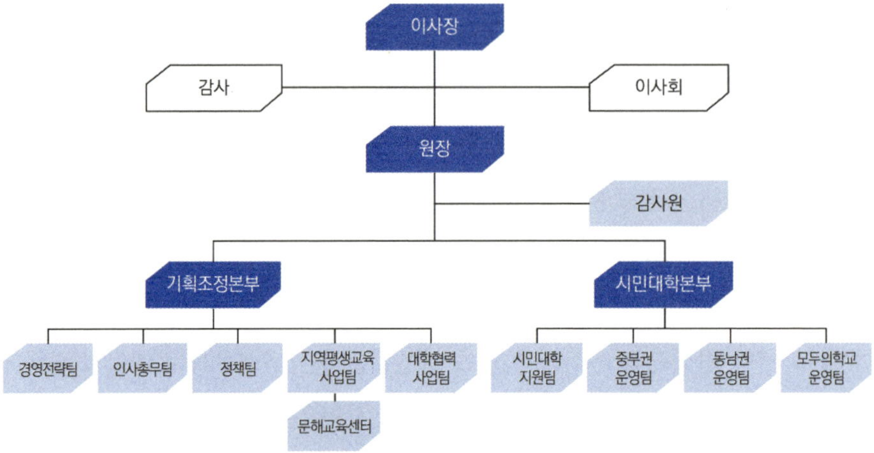

[그림 4-6] 서울특별시평생교육진흥원 조직도[16)]

이 같은 시 · 도 평생교육진흥원 중에서 서울특별시평생교육진흥원은 [그림 4-6]과 같다. 서울특별시평생교육진흥원은 기획조정본부와 시민대학본부로 구성되어 있으며, 기획조정본부 산하의 실무팀은 경영전략팀, 인사총무팀, 정책팀, 지역평생교육사업팀, 문해교육센터, 대학협력사업팀 등이 있다.

서울특별시평생교육진흥원에서는 서울시민대학운영 등 다양한 평생교육업무를 추진하고 있다. 광역 시 · 도 수준의 평생교육 행정은 「평생교육법」 제12조에 의하여 시 · 도와 시 · 도교육청 간의 협력을 기반으로 평생교육을 추진해야 한다. 즉, 각 시 · 도는 평생교육의 시행계획의 수립과 시행에 필요한 사항을 심의하는 "시 · 도평생교육협의회"를 구성하도록 「평생교육법」 제12조제1항에 규정되어 있으며, 제3항에는 시 · 도평생교육협의회의 의정을 시 · 도지사, 부의장을 시 · 도 부교육감으로 구성하도록 하고 있다. 이는 각 광역시 · 도의 평생교육 정책수립과 추진을 시 · 도지사와 시 · 도 교육감이 협력하여 추진하도록 규정하고 있는 것이다.

5. 평생교육시설과 기관

평생교육시설이란 평생교육 공간의 구체적 형태로 평생교육 사업과 평생교육 프로그램을 운영하는 시설을 말한다. 평생교육시설은 두 가지로 구분할 수 있는데 「평생교육법」상에 규정되어 있는 시설과 「평생교육법」상에 규정되어 있지 않지만 통상적으로 평생교육 활동이 이루어지는 시설이다. 이 절에서는 평생교육시설의 종류와 운영현황에 대하여 알아보고자 한다.

1) 「평생교육법」에 규정된 평생교육기관

평생교육기관은 「평생교육법」 제30조부터 「평생교육법」 제38조에 걸쳐 규정되어 있는 평생교육사업과 프로그램을 직접 운영하는 평생교육기관을 말한다. 이 같은 기관으로는 제30조의 학교 부설 평생교육시설, 제31조 학교형태의 평생교육시설, 제32조 사내대학형태의 평생교육시설, 제33조 원격대학형태의 평생교육시설, 제35조 사업장 부설 평생교육시설, 제36조 시민사회단체 부설 평생교육시설, 제37조 언론기관 부설 평생교육시설, 제38조 지식·인력개발 관련 평생교육시설 등이 있다. 학교부설 평생교육시설은 각급 학교의 장이 학생, 학부모 지역주민의 평생교육을 위하여 설치한 시설이나 대학의 장이 대학생이나 대학생 외의 사람들을 대상으로 하는 평생교육을 위하여 설치한 시설이다.

학교형태의 평생교육시설이란 교육감이 설치하는 시설로 고등학교 졸업 이하의 학력을 인정하는 학력인정시설과 전문대학졸업자와 동등한 학력과 학위를 인정하는 고등기술학교를 말한다. 사내대학형태의 평생교육시설은 일정 규모 이상의 사업장의 경영자가 설치하는 사내대학형태의 평생교육시설을 말한다. 사내대학형태의 평생교육시설에 다닐 수 있는 대상에 대해서도 구체적으로 법률에 규정하고 있다. 사내대학 형태의 평생교육시설에서는 전문대학 혹은 대학졸업자와 동등한 학력과 학위가 인정되는 평생교육시설을 설치·운영하거나 「고등교육법」 제2조에 해당하는 학교에 위탁·운영하도록 하고 있다.

원격대학형태의 평생교육시설은 정보통신매체를 활용하여 특정 혹은 불특정 다수를 대상으로 원격교육을 실시하는 평생교육기관이다. 전문대학 혹은 대학졸업자와 동등한 학력·학위가 인정되는 원격대학형태의 평생교육시설은 대통령령으로 정하는 바에 따라 교육부장관의 인가를 받아서 운영하는 평생교육시설이다. 사업장부설 평생교육시설은 사업장의 경영자가 고객들을 위하여 설치·

운영하는 평생교육기관을 말한다. 사업장부설 평생교육시설의 설치와 폐쇄는 대통령령으로 정하는 바에 따라 교육감에게 신고하고 통보하는 것이 필요하다. 시민사회단체 부설 평생교육시설이란 시민사회단체가 상호 유기적인 협조체제를 구축하고 공공시설 및 민간시설 등 유휴시설을 활용하여 해당 시민사회단체의 목적에 부합하는 평생교육과정을 운영하기 위하여 일반 시민을 대상으로 운영하는 평생교육시설을 말한다. 언론기관 부설 평생교육시설은 신문・방송 등 언론기관을 경영하는 자가 해당 언론매체를 통하여 다양한 평생교육 프로그램을 방영하는 등 국민의 평생교육 진흥에 기여하기 위하여 일반 국민의 교양 증진과 능력향상을 위해 설치・운영하는 평생교육시설을 말한다.

끝으로 지식인력개발 관련 평생교육시설이란 지식・인력개발 사업을 경영하는 자 중 대통령령으로 정하는 자가 국민을 대상으로 지식정보의 제공과 교육훈련을 통한 인력개발을 주된 내용으로 하는 교육을 위하여 설치 운영하는 평생교육시설이다.

2) 「평생교육법」에 규정되지 않은 평생교육기관

「평생교육법」에 규정되어 있지 않은 평생교육기관이란 타 법을 근거로 설치되어 운영하고 있는 시설로 실제적으로 평생교육 사업과 평생교육 프로그램을 운영하고 있는 기관을 의미한다. 예컨대, '주민자치센터' 또는 '행정복지센터'는 과거 읍・면・동의 민원업무와 행정업무를 담당하는 시설이었지만 오늘날은 지역주민들을 대상으로 하는 평생교육 프로그램을 운영하고 있다. 그 밖에도 교육문화시설도 평생교육 기능을 수행하고 있다. 일반적으로 초・중등학교, 도서관, 미술관, 박물관, 문화원 등은 평생교육 기능이 본연의 기능은 아니지만 평생교육 프로그램을 운영하고 있다. 도서관은 주민들에게 도서와 정보를 제공하는 기관이지만 평생교육 프로그램을 운영하고 있다. 미술관은 미술작품을 전시하는 공간이지만, 미술관에서도 평생교육 프로그램을 운영하고 있으며, 박물관에서도 박물관 본연의 기능인 유물 전시와 보존기능을 수행함과 동시에 유물과 관련된 역사강좌와 문화강좌가 운영되고 있다. 특히, 박물관학교 등은 박물관의 대표적 평생교육 프로그램으로 자리 잡아가고 있다. 오늘날 도서관에서도 도서관의 정보기술 인프라를 활용하여 다양한 도서와 전자문서의 제공과 더불어 시민의 개인적 학습공간으로서의 기능을 하며 동시에 다양한 평생교육 강좌를 운영하고 있다. 한편으로 스포츠시설은 주민의 생활체육 프로그램을 운영하는 평생교육시설이다. 이 같은 교육문화시설 외에도 평생교육기능을 담당하고 있는 시설로 사회복지기능을 담당하는 복지시설인 사회종합복지관, 어르신(노인)복지관, 장애인복지관 등의 시설도 평생교육 기능을 수행하고 있다. 그리고 직업훈련 관련 기능을 수행하는 시설로 여성인력개발센터, 인력개발센터, 직업훈련기관 등의 시설도 국민들을 대상으로 하는 직업교육과 자격증 과정의 교육, 고용능력을 개발하는 교육을 운용하고 있다.

3) 평생교육기관 현황

우리나라의 평생교육기관 현황은 교육부와 한국교육개발원이 「평생교육법」 제18조에 의거 2007년부터 평생교육 통계조사를 시행하여 공표하고 있다. 2021년부터 평생교육통계조사 기준일을 회계연도와 일치시켜서 12월 31일을 기준으로 조사하고 있다. 교육부와 한국교육개발원이 공표하는 평생교육 통계조사는 평생교육기관을 비형식기관과 준형식기관으로 구분하고 있다. 이 두 유형은 모두 「평생교육법」에 따라 인가, 등록, 신고된 시설과 법인 및 단체로 정의되지만, 준형식평생교육기관은 초・중・고등교육 형태의 평생교육기관으로 직접 해당 학력을 인정하고 학위를 부여할 수 있다는 점에서 비형식평생교육기관과 구분된다. 그리고 비형식평생교육기관은 부설형, 독립형, 전담형, 복합형 기관이 포함되며, 준형식평생교육기관으로는 초·중등교육 형태 평생교육기관, 고등교육 형태 평생교육기관을 포함한다.[17] 「학점인정 등에 관한 법률」에 의해 학점인정 평생교육 프로그램을 운영하는 평가·인정 운영기관은 학점은행제 교육훈련기관이 대표적이다.

(1) 비형식 평생교육기관 현황

비형식평생교육기관의 2007년부터 2023년까지의 기관 수, 프로그램 수, 학습자 수, 교강사 수, 사무직원 수 등의 변화추이를 살펴보면, 〈표 4-4〉와 같다. 비형식평생교육기관의 기관 수, 프로그램 수, 학습자 수, 교강사 수, 사무직원 수 등은 시기마다 약간의 변동은 있지만 전반적으로 증가하는 추세를 보이고 있다.

〈표 4-4〉 비형식평생교육기관의 연도별 개황[18]

연도	기관 수	프로그램 수	학습자 수	교강사 수	사무직원 수
2007	2,221	100,989	10,124,305	68,221	7,214
2008	2,620	107,349	11,403,373	55,292	10,046
2009	2,807	136,123	22,454,539	57,177	12,873
2010	3,213	160,249	27,026,042	64,605	15,491
2011	3,591	182,844	28,920,780	69,016	16,746
2012	3,768	178,971	17,618,495	71,676	17,888
2013	3,965	180,843	18,260,301	72,954	18,376
2014	4,342	205,546	12,919,836	72,477	19,586
2015	4,144	211,193	11,982,654	70,835	18,833
2016	4,153	212,339	11,336,564	73,204	19,842
2017	4,032	214,413	11,897,236	71,723	19,778
2018	4,169	216,980	16,344,658	72,783	20,228
2019	4,295	244,421	16,348,842	75,492	20,688
2020	4,541	281,420	24,397,282	73,829	19,795
2021	4,493	225,000	20,677,768	64,460	19,795
2022	4,869	247,013	20,438,197	67,381	21,758
2023	5,029	244,344	18,381,954	86,979	22,165

2017년 이후 비형식평생교육기관 수는 매년 증가추세를 보이며, 2023년은 5,029개로 2021년보다 160기관이 증가하였다. 코로나로 인하여 감소하였던 기관 수가 코로나 이후 코로나 발생 이전보다 증가하였다. 코로나19의 확산에도 불구하고 2020년 이후 지속적인 증가추세를 보이고 있다. 비형식평생교육기관의 수는 전체 평생교육기관 중 가장 많은 비율(30.4%)을 차지하고 있다. 대학부설 평생교육기관은 2023년 기준 418개 기관이고 원격형태는 매년 꾸준한 증가추세를 보여 2023년에는 33개 기관이 증가하여 1,237개로 전체 평생교육기관의 24.6%를 차지하고 있고, 언론기관부설 평생교육기관은 다음으로 큰 비중을 차지하고 있다. 사업장부설 평생교육기관은 전체의 7.5%를 차지하고 있으며, 2017년 이후 감소하여 2023년 현재 377개 기관이 있다. 시민단체부설 평생교육기관은

〈표 4-5〉 비형식 평생교육기관의 연도별 · 유형별 현황[19]

(단위: 개)

기관유형		2017	2018	2019	2020*	2021	2022**	2023
전체		4,032	4,169	4,295	4,541	4,493	4,869	5,029
학교부설	초중등학교부설	5	6	7	8	10	9	10
	대학(원)부설	412	412	415	414	416	419	418
	소계	417	418	422	422	426	419	418
원격형태		949	1,012	1,041	1,048	1,042	1,204	1,237
사업장부설	유통업체부설	383	381	379	376	357	352	344
	산업체부설	41	39	36	37	36	37	33
	소계	424	420	415	413	393	389	377
시민사회단체부설		515	500	492	474	439	423	408
언론기관부설		707	741	842	1,098	1,134	1,343	1,528
지식인력개발 형태		579	586	595	594	561	564	539
시 · 도평생교육진흥원		17	17	17	17	17	17	17
평생학습관		424	475	471	475	481	501	495

* 2020년 5월 1일 기준, ** 당해년도 12월 31일 기준.

2017년 515개에서 감소하여 2023년 408개 기관이 있으며, 지식인력개발 형태는 2017년 579개에서 2021년 561개, 2023년 539개로 조사되었다.

시 · 군 · 구 평생학습관은 2015년부터 증감을 반복하여 2023년에는 495개 기관이 있다. 2021년과 비교할 때, 2023년에는 시민사회단체 부설기관, 사업장 부설기관, 지식인력개발형태 평생교육기관이 감소하였으나 원격형태, 언론기관부설기관은 증가하는 추세를 보이고 있다.[20)]

(2) 준형식평생교육기관 현황

〈표 4-6〉 준형식 평생교육기관의 연도별 개황[21)]

(단위: 개)

연도	기관 수	학습자 수	교원 수	연도	기관 수	학습자 수	교원 수
2007	940	730,387	6,541	2016	1,022	567,528	7,076
2008	947	730,016	6,243	2017	1,040	545,869	7,204
2009	960	725,870	6,411	2018	1,056	526,655	7,367
2010	979	723,069	6,710	2019	1,046	518,155	7,384
2011	1,005	754,472	8,141	2020	1,032	506,391	7,456
2012	1,007	710,240	6,622	2021	1,043	512,479	7,486
2013	1,024	677,620	6,545	2022	1,032	507,920	7,454
2014	1,031	637,130	6,597	2023	1,053	492,618	7,631
2015	1,035	609,489	6,908				

* 2020년 5월 1일 기준, ** 2020년 위 표와 같이 변경, 2021년 2022년 별표

준형식평생교육기관의 기관 수, 학습자 수, 교원 수 등 전체적인 현황의 변화 추이를 2007년 이후의 데이터를 토대로 살펴보면 〈표 4-6〉과 같다. 준형식평생교육기관은 학교 또는 학교와 유사한 기관으로 초 · 중등 교육형태와 고등교육 형태를 포함하고 있다. 준형식평생교육기관 수는 2007년부터 2015년까지 지속적으로 증가하였으며, 2016년 이후로는 증감을 반복하고 있다. 학습자 수

는 2008년 이래로 지속적으로 감소하는 추세를 보이고 있으며, 2023년에는 492,618명이다. 교원 수는 2013년 이후 꾸준히 증가하다가 2021년에는 7,454명으로 감소하였으나 2023년에는 7,631명으로 증가하였다.

2017년 이후의 준형식평생교육기관을 초·중등 교육형태의 기관과 고등교육형태의 기관으로 구분하여 살펴보겠다. 먼저 초·중등 교육형태의 기관은 〈표 4-7〉과 같다. 이와 같이 2017년 총 179개에서 2023년 총 193개로 증가하였다. 기관 유형별로 살펴보면, 각종학교(초·중·고등학교)가 2017년 이후 지속적으로 증가하여, 2023년에 76개 기관으로 증가하였다. 다음으로 학교형태의 학력인정 평생교육시설은 2023년 42개이다. 이는 2017년 이후 감소하는 추세를 보이고 있다. 방송통신고등학교는 42개, 방송통신중학교는 총 24개이다. 고등공민학교가 3개 고등기술학교가 6개교가 있다.

〈표 4-7〉 초·중등교육 형태 준형식평생교육기관의 연도별 유형별 현황[22]

(단위: 개)

구분/년		2017	2018	2019	2020	2021	2022	2023
전체		179	189	191	190	191	190	193
고등공민학교		3	3	3	3	3	3	3
고등기술학교		7	7	7	7	7	7	6
각종학교(초·중·고)		51	60	62	67	72	72	76
근로청소년특별학급		4	4	4	-	-	-	-
방송통신중학교		20	23	24	24	24	24	24
방송통신고등학교		42	42	42	42	42	42	42
학교형태의 학력인정 평생교육시설	초	3	4	3	3	2	2	2
	중	5	5	5	5	4	4	4
	고	27	25	25	22	20	19	19
	통합	17	16	16	17	17	17	17
	소계	52	50	49	47	43	42	42

* 2020년 5월 1일 기준, ** 2020년 12월 31일 기준.

6. 평생교육 재정지원 제도

평생학습지원은 학습에의 참여(participation), 역할 분담과 협력 체제(partnership), 학습을 지속하기 위한 지속성(sustainability), 학습 결과의 호환성(transferability) 등의 원리에 입각해야 한다.[23]

성인의 평생학습을 촉진하기 위하여 정부의 평생학습 재정지원은 중요하다. 평생학습 재원은 정부의 지원, 소속 기관의 지원, 개인 부담으로 구분할 수 있다. 국가는 평생학습을 위하여 새로운 재원을 동원하고, 기존 재원을 재배분하며, 재원을 효율적으로 활용하는 세 가지 원칙을 견지할 필요가 있다. 가장 쉬운 방법은 경제성장을 통해 추가 세금 징수에서 성장 배당금(growth dividend)으로 새로운 평생학습 재원을 확보하는 것이고 재원 재배분은 투자회수율이 큰 부분으로 예산을 더 투자하는 것으로, 평생학습에 대한 지출이 다른 영역보다 높은 이익을 가져다준다는 증거는 정부의 다른 예산을 재배분하여 평생학습의 지출을 증가시키게 된다. 마지막으로 평생학습 예산 내에서 효율성을 추구하는 것으로 이른바 X-효용성(X-efficiency)을 견지하는 방법이다.[24] 이 세 가지 방법은 국민의 역량을 배양하기 위하여 평생학습 예산 지원으로 실질적인 학습권을 보장하기 위하여 중요하다.

평생학습 투자는 내적 수익률(internal rate of return)[25]이 높을수록 경제적 유인효과가 크게 나타난다. 다른 투자처에 비해 수익률이 높을 때 평생학습에 공공재원이 투자된다. 그러나 교육투자의 경제적 지속가능성을 결정하는 평가는 평생학습이 폭넓은 학습활동을 포함하기 때문에 다양한 비용과 수익을 측정하기 어렵고, 평생학습의 투자수익은 개인, 기업, 공공재정, 사회 등 관점에 따라 다르게 보인다.[26] 평생학습의 비용과 혜택을 고려할 때 비경제적 비용과 혜택도 고려해야 하나, 현실적으로 수량화하기 쉬운 것은 〈표 4-8〉과 같이 측정 가능한 비용과 혜택이다.

〈표 4-8〉 평생학습의 비용-혜택[27]

주체	비용	혜택
개인	직접비용: 수업료, 교통비, 교재비 간접비용: 소득상실, 여가희생	급여 증가, 취업가능성 증가, 원하는 직급과 타 직장으로의 이전 용이
고용주	직접비용: 상기와 같은 직접 지불사항 간접비용: 학습기간 동안의 생산손실	임금인상에 반영되지 않는 생산성 향상 종업원의 노동유연성
정부	교육비 지원: 학습·훈련 중인 개인에 대한 이전비 지불	세수 증가: 노동유연성과 생산성 강화로 인한 경제 전반의 수혜

평생학습은 개인적 만족감과 소득증대 등과 같은 사적 이익도 창출되고, 생산성 향상으로 고용주에게 그 혜택이 돌아가고, 국가는 소득세와 법인세의 추가 징수로 이어진다. 따라서 개인뿐만 아니라 고용주와 국가도 부담하여야 한다. 평생학습의 재정지원은 학습자의 직접적인 비용 감소, 소득 상실 보전, 위험 분담 등의 방법이 있다. 평생학습 비용을 지원하는 방법으로는 〈표 4-9〉와 같이 개인학습계좌, 시간계좌, 소득공제와 세금공제, 소득기반대출 등이 있다.[28]

개인의 직접비용 절감은 학습비의 공동부담을 의미하는 것으로 학습자가 학습을 위해 금전, 시간 자원을 투입할 때, 같은 규모의 자원을 지급하거나 비용 절감을 부여하는 것이다. 영국의 경우 개인이 교육 프로그램을 선택하면 학습비를 정부가 교육기관에 직접 지급하는 개인학습계좌제(Individual Learning Account)를 실시하였으나 기금 남용과 저소득자의 이용 제도 등으로 2년 만에 중지되었다. 싱가포르는 2015년부터 '스킬스 퓨처 운동(Skills Future Movement)'으로 평생 동안 개인의 잠재력을 개발하도록 하여 국가 경제와 포괄 사회 발전을 도모하고 있다. 이 운동은 정부가 국민 1인당 42만 원가량의 크레디트를 지급해 학습활동을 장려하고 있다.[29] 우리나라의 경우 2002~3년 2년간 기술계

〈표 4-9〉 평생학습의 비용 지원 제도

방안	목표		
	개인의 직접비용 절감	상실소득 보전	위험 분담
저축계좌 및 개인학습계좌	• 네덜란드: 2001년 • 영국: 2000년(2001년 중단, 웨일스, 스코틀랜드 재개), 스페인 바스크 지역: 2000년 • 벨기에(플라망어권): 2003년 • 싱가포르: 2015년 • 한국: 2018년	• 스칸디나비아: 1999년 • 스페인: (2000년 제안, 최종안 미확정)	
시간계좌		• 독일, 프랑스: (단체 협약)	
금리보조	• 한국: 2002년		
소득공제와 세금 공제	• 오스트리아: 2002년 • 네덜란드: 2001년	• 스칸디나비아, 네덜란드: 1993년	
소득기반 대출			• 호주: 대학학부과정 1989년 • 졸업 후 과정: 2002년
훈련대출 이전			• 영국: 2005

자료: OECD(2003b). Talking stock of co-finance mechanism. OECD. 수정 · 보완

학원에서 1년 이상의 교육을 받을 경우 성인에게 학비를 대출하는 제도를 운영하였으나 실효성이 없어 폐지되었다.

직장을 그만두고 전업으로 학습하는 성인을 지원하기 위한 제도는 야간 근무 등 근로시간의 일부를 시간계좌에 적립해두고 학습기간 동안 적립한 시간을 근무시간으로 인정하는 방법과 추가 근무로 발생하는 근로소득의 일부를 적립해 두고 학습기간 동안 이를 월급으로 사용하는 제도가 있다. 이 경우 적립하는 시간이나 근로소득에 정부가 일정한 비율만큼 추가로 적립해 준다.

마지막으로 학습활동 투자에 따르는 위험을 분담하는 방법으로 호주의 경우, 학생이 대학 등록금의 평균 30%를 부담하고 졸업 후 일정한 금액 이상 소득이 되면 소득의 3%에서 6%까지 상환하는 방법으로 일정 수준 이상 소득에 도달하지 못하면 대출 학비를 상환하지 않는다.

우리나라의 평생교육에 대한 예산 지원은 평생교육기관의 운영비를 지원하는 방식과 학습자에게 일정한 학습비를 사용할 수 있도록 바우처를 지급하고 교육 프로그램을 선택하게 하여 학습비를 지원하는 방식이 있다.

먼저 평생교육기관의 학습 프로그램의 운영비를 지원하는 방식이다. 이는 소득별, 학력별, 연령별, 지역별로 날로 커지는 교육격차를 줄여나가기 위해 상대적 소외계층에 대한 평생교육 지원 확대, 고령화 사회로의 진입에 따라 노인에 대한 교육기회 확대, 경제적 이유 등으로 중·고등학교에 진학하지 못한 근로청소년, 성인, 출소자, 중도탈락자 등에게 중등교육 기회 제공 등 사회적 통합증진을 위한 평생교육정책을 추진하고 있다. 2001년부터 소외계층의 평생교육 참여 기회를 확대하고 이들에게 자활기회 부여 및 삶의 질 향상을 도모하고자 저소득자, 저학력자, 고령자, 장애자 등을 위한 평생학습 프로그램을 발굴·지원하는 사업을 추진하고 있다. 이 사업은 취약계층의 직업 경쟁력 또는 사회적 응력을 증진할 수 있는 교육 프로그램을 중심으로 문해교육, 장애인 직업적응 교육 등 사회적 필요성이 있는 교육프로그램이나, 수익성 문제로 민간부문에서 자발적으로 참여하지 않는 교육프로그램을 지원하고 있다.

또한, 2006년부터 문해교육 프로그램 지원 사업을 운영하고 있다. 이 사업은 성인들을 대상으로 공익적 차원에서 초등학교 및 중학교 수준의 문해교육 프로그램을 운영하기 위한 목적에서 문해교육 프로그램에 대한 운영비와 문해교육기관 운영비를 지원하고 있다. 문해교육 지원 사업은 지금까지 성인문해 교과서·워크북·교사용 지도서 38종을 개발하였고 성인문해교과서 무상 보급, 금융문해교육과 교통안전문해 등 문해학습자의 기초생활능력 함양을 위한 생활문해 보조교과서를 개발하였다.

평생학습을 위한 재정지원은 학습비를 지원하고 학습비에 대해 세금을 공제하거나 학습기간 동안 임금을 보전하는 등의 방법이 있다. 개인학습계좌(ILAs, Individual Learning Accounts)는 개인의 학습을 촉진하기 위하여 공공예산에서 학습비를 보조하는 제도이다. 미국에서는 학습에 드는 비용을 세금공제로 크게 확대하여 학습자들이 학습경비의 일부를 세금에서 공제받을 수 있다.

2018년부터 실시하고 있는 평생교육 바우처지원사업은 「평생교육법」 제16조(경비보조 및 지원)에 의거하여, 학습자가 본인의 학습 요구에 따라 자율적으로 학습 활동을 결정하고 참여할 수 있도록 학습비용을 지원하는 사업이다. 평생교육 바우처는 학습자가 본인의 학습 요구에 따라 자율적으로 학습 활동을 결정하고 참여할 수 있도록 정부가 제공하는 평생교육 이용권으로 기초생활수급자, 법정차상위계층 성인을 대상으로 평생교육에 필요한 학습비의 일부를 정부가 지원하고 있다. 평생교육 바우처 사용기관은 「평생교육법」 제30조에서 제38조까지의 평생교육시설에 해당되는 평생교육기관과 「평생교육법」 제20조의2에 따라 설치된 장애인평생교육시설에 해당되는 평생교육기관, 「학점인정 등에 관한 법률」 제3조에 따라 학습과정의 평가인정을 받은 평생교육기관 및 「평생교육법」 제23조제1항 및 동법 시행령 제14조의2에 따라 학습과정의 평가인정을 받은 평생교육기관 등이다. 평생교육바우처 예산은 2018년 1,691백만 원에서 2023년 17,380백만 원으로 늘어났다. 바우처 지원금액은 연 35만 원(최대 70만 원)으로 전국 평생교육바우처 사용기관에서 강좌 수강료 및 강좌 수강에 필요한 교재비로 사용할 수 있다.

〈표 4-10〉 연도별 평생교육바우처지원 현황[30]

(단위: 백만 원, 명)

	2018	2019	2020	2021	2022	2023
예산	1,691	1,691	2,560	6,300	12,600	17,380
지원 인원	4,496	6,401	10,374	19,531	34,365	51,009

고용보험에 의한 직업능력개발계좌제는 현직 공무원, 사립학교 교직원, 졸업까지 남은 수업연한이 2년을 초과하는 대학생, 연 매출 1억 5천만 원 이상의 자영업자, 월 임금 300만 원 이상인 특수형태 근로종사자, 월 임금 300만 원 이상이면서 45세 미만인 대규모기업 종사자, 정부지원 훈련과정을 수강 중인 사람등을 제외하고 국민 누구나 직업훈련이 필요한 경우, 국민내일배움카드를 발급받아 1인당 300~500만 원까지, 훈련비의 45~85%를 정부에서 지원하고 그 범위 내에서 자기 주도적으로 직업능력개발훈련에 참여할 수 있도록 하고, 훈련이력 등을 개인별로 통합 관리하는 제도로 구직자에게 일정액에 상응하는 구매권을 부여하고 공급자에게는 서비스 제공의 대가를 사후 지불하는 일종의 '바우처' 방식이다. 직업능력개발계좌제는 2009년 3월부터 실시하고 있다.

직업능력계좌제는 미국의 개인훈련계좌(ITA; Individual Training Accounts), 독일의 훈련바우처(Training Voucher) 제도와 유사한 제도로 실업자 개인의 훈련 프로그램 선택권 보장을 통해 훈련시장에서의 시장 경쟁을 강화하고 궁극적으로 훈련 사업의 효율화와 실업자 훈련의 효과성 제고를 도모하기 위한 목적에서 도입되었다. 직업능력개발계좌제 도입은 넓은 의미에서 시장 친화적 전달체계로의 개편 및 소비자 주권주의의 확산, 시장경쟁을 통한 공공서비스의 품질제고라는 정부의 정책효율화 방침과 그 맥락을 같이한다.

직업능력계좌제의 운영방식은 온라인이나 고용지원센터에서 신청하여 국민내일배움카드를 발급받고 고용노동부로부터 적합성을 인정받아 훈련비 지원대상으로 공고된 훈련과정을 신청하면 훈련을 받을 수 있다.

7. 쟁점과 향후 과제

4장에서는 「평생교육법령」과 제도에 관하여 살펴보았다. 구체적으로 「평생교육법」과 평생교육 관련 법령과 평생교육 행정체제, 평생교육관련단체, 평생교육시설과 기관에 관하여 고찰하였다. 우리나라의 평생교육 법령은 지속적으로 시대의 변화와 현장의 필요에 따라 개정되고 있다. 향후 평생교육의 제도화가 필요한 법령의 지속적 제정과 개정이 필요하다. 그리고 평생교육 관련 단체에 대해서도 국가적 차원에서의 지원과 진흥방안에 대한 검토가 필요하다. 우리나라의 평생교육은 다양한 정부 부처에 산재하여 추진되고 있으므로 평생교육 사업의 범위에 대하여 특정하기가 복잡하고 애매하다. 따라서 향후 우리나라 평생교육의 범위에 대하여 공적 규명이 필요하다. 그런데 이보다 중요한 것은 평생교육이 정부의 모든 영역에서 추진되고 있으며, 평생교육은 오늘날 국가 발전의 핵심적 동력이므로 여러 정부 부처와 행정 영역에 산재하고 있는 평생교육의 통합과 조정을 위한 법제화와 행정기구의 개편방안에 대한 심도 있는 고민이 필요한 시점이라는 것이다.

---

1) Griffin, C. (1987). *Adult education as social policy*. London: Croom Helm.
2) 김신일 외(2019). 평생교육론. 교육과학사.
3) Green, A. (2000). Lifelong learning and the learning society: Different European model of organization. In A. Hodgson (Ed.). *Politics, politics and the future of lifelong learning* (pp. 35-48). Routledge.
4) 위의 책(2000).
5) 김신일 외(2019). 평생교육론. 교육과학사.
6) 교육과학기술부(2008). 2008 「평생교육법」, 시행령, 시행규칙 해설자료.
7) 양흥권(2022). 학습세기의 교육론 평생교육론. 교육과학사.

8) 교육부와 그 소속기관 직제 시행규칙, 교육부령 제332호, 2024. 6. 27. 일부개정.
9) https://www.moe.go.kr. 2024년 6월 접속.
10) https://www.seoul.go.kr. 2024년 7월 접속.
11) https://org.seoul.go.kr/org/orgChartView.do.
12) 교육과학기술부(2008). 2008 「평생교육법」, 시행령, 시행규칙 해설자료.
13) 교육부 · 국가평생교육진흥원(2024). 2023 평생교육백서. 교육부 · 국가평생교육진흥원
14) https://www.nile.or.kr/usr/wap/detail.do?app=13309&seq=15&lang=ko.
15) https://www.nise.go.kr/sub/info.do?m=050311&s=nise&page=05030013.
16) https://slei.seoul.kr. 2024년 2월 접속.
17) 교육부 · 국가평생교육진흥원(2024). 앞의 책.
18) 위의 책(2024).
19) 위의 책(2024).
20) 위의 책(2024). 85.
21) 위의 책(2024).
22) 위의 책(2024).
23) Béliale, R., et al., (1997). Participation and partnership sustainability and transferability. In W. Mauch, & U. Papen (Eds.). *Making a difference: Innovations in adult Education* (pp. 181-190). UIE.
24) OECD(2001). Economics and finance of lifelong learning. OECD. 39.
25) OECD(2003a). Education policy analysis 2003. OECD.
26) 최돈민(2002). 평생학습 패러다임에서의 지원체제 재구조화. 평생교육학연구, 8(2), 65-92.
27) OECD(2003a). 앞의 책.
28) OECD(2003b). Talking stock of co-finance mechanism. OECD.
29) Skillsfuture(2019). https://www.skillsfuture.sg/AboutSkillsFuture.
30) 교육부 · 국가평생교육진흥원(2024). 2023 평생교육백서. 157.

제 5 장 평생교육사와 평생교육 현장 전문가

평생교육 현장에는 평생교육사를 비롯하여 다양한 현장 전문가들이 활동하고 있다. 이들은 평생교육 프로그램을 기획, 개발, 운영, 평가하고 학습자에 대한 상담과 학습설계를 지원하는 업무를 담당하고 있다. 이 장에서는 평생교육기관을 운영하는 데 핵심적인 역할을 수행하는 현장 전문가에 대해 살펴본다.

1. 평생교육 현장 전문가의 다양성

1) 평생교육의 확장과 전문가 집단의 등장

평생교육 현장 전문가가 누구인가를 살펴보기 위하여 평생교육이라는 의미부터 다시 살펴볼 필요가 있다. 평생교육은 영어로 lifelong education을 번역한 것이다. 그 의미를 영어의 글자 그대로 보면 life는 삶, 생활, 생명을, long은 오랫동안, 길게를, education은 교육, 가르침을 말한다. 이 세 가지가 어우러진 우리말 평생교육은 개인의 출생에서부터 생명이 다하는 기간에 걸쳐 경험하는 모든 교육활동을 말한다. 흔히 배움의 요람에서 무덤까지로 표현되고 있다. 유네스코가 주창한 learning to be에서 be는 곧 life, 즉 삶, 생존, 존재, 생명을 의미한다고 볼 수 있다. 결국 평생교육은 삶과 존재 그 자체를 의미 있게 하는 모든 교육활동을 말한다. 이는 인간만이 누릴 수 있는 기본권이다.

평생교육이 인간의 삶을 둘러싼 다양한 장면을 프로그램으로 담아내고 있듯이 이러한 평생교육 분야에서 활동하는 전문가 또한 다양한 모습으로 그 역할을 수행하고 있다. 평생교육이 프로그램으로 그 실체가 구현된다고 할 때, 프로그램의 다양성과 영역의 확대는 곧 평생교육 분야에 종사하는 전문가의 확대로 이어진다고 할 수 있다.

평생교육 현장의 다양성과 전문 인력에 대한 요구의 증대에 따라 평생교육 현장 전문가의 명칭도 다양하다. 대표적인 것이 국가자격 취득자인 평생교육사이다. 이외에도 국내에는 평생교육강사, 시민교육전문가, 문해교육사, 평생학습코디네이터, 평생학습리더, 평생학습매니저, 기업교육전문가, 문화예술교육사 등이 있다. 해외에는 사회교육사, 성인전문교육사와 같은 국가자격과 평생교육 강사, 시민교육전문가 등이 있다.

2) 국내의 평생교육 현장 전문가

(1) 평생교육사

평생교육사는 「평생교육법」(제24조)에 의하여 평생교육 프로그램의 기획, 운영, 교수, 상담, 평가를 담당하는 가장 대표적인 평생교육 현장 전문가이다. 1999년 8월 「평생교육법」이 제정되기 이전에는 사회교육이라는 용어가 보편적으로 사용되었고, 「사회교육법」에 따라 평생교육 종사자 중 일정한 자격을 부여받은 사람들은 사회교육전문요원이라고 하였다. 이때에도 사회교육자, 사회교육지도자, 사회교육종사자, 성인교육자, 교육실무자, 교육간사 등 기관에 따라 다양하게 지칭하였다.

평생교육 현장 전문가로서 평생교육사들은 평생교육의 기획, 진행, 분석, 평가 및 교수 업무 등 평생학습 관련업무의 전반을 담당한다. 연평균 약 6천 명 정도가 자격을 취득[1)]하고 있는 평생교육 분야의 대표자격으로 자격취득과정과 양성, 배치, 연수 등에 대한 내용은 다음 절에서 살펴보고자 한다.

(2) 평생교육강사

평생교육강사는 평생교육사가 기획, 개발한 평생교육 프로그램에 대해 실제 강의나 실습을 지도, 교수하는 특정 분야의 전문가이다. 학교의 정규 교육과정을 제외하고 평생교육 기관의 정규과정, 연수, 강연회, 강습회 등에서 일정한 기간 계약을 통하여 강의하는 사람으로 정의[2)]하기도 한다. 강사인력풀은 개별 평생교육사나 평생교육기관에서 관리하는 경우가 대부분이고, 지역별 평생교육기관에서 강사인력정보은행 형태로 강사인력에 대한 정보를 제공하기도 한다. 지역의 다모아 평생교육 정보망에 평생교육 강사 정보를 탑재할 수 있도록 하고 있으나 운영은 지역별 편차가 큰 편이다.

평생교육강사들은 플로리스트과정, 밸리댄스, 영어회화 등 자신이 가르치는 특정 분야의 전문가이지만 이들 대부분은 평생교육을 전공하지도 않았고, 성인학습자들의 심리나 학습특성 등에 대해서 공부를 한 경험들이 없는 경우도 많이 있다. 평생교육기관에서 성인학습자들에게 인기 있는 평생교육강사들을 보면 성인학습자들을 잘 이해하고 있을 뿐만 아니라 성인친화적 교수-학습법을 교육현장에서 활용하고 있다. 즉, 아동교육학(pedagogy)과 다른 성인을 위한 교육학과 교수법(andragogy)을 이해하고 있는 경우가 대부분이다.

(3) 시민교육전문가

시민교육전문가는 시민교육을 기획하고 교수하는 전문가를 말한다. 시민교육은 시민의 덕성(virtue)을 함양하는 교육으로 가장 중요하고 주된 가치는 민주주의의 지속발전[3)]에 있다. 우리나라에서는 민주시민교육, 시민교육 등으로 부르고 있다. 민주시민교육은 민주시민 양성을 위한 정치교육으로서의 시민교육으로 주로 공교육과 다수의 학계와 국가·공공기관에서 이 용어를 사용하고 있다. 반면 시민사회단체나 평생교육(성인교육) 등에서는 시민교육으로 주로 사용하고 있다. 모든 시민은 교육받을 권리, 학습할 권리가 있다는 측면에서 보편적 시민의 기본권으로 개인의 삶의 질 향상을 위한 평생교육으로서 시민교육을 보기도 하고, 보편적 시민의식의 성장을 위한 교양교육으로서 시민교육을 설명하기도 한다.[4)]

시민교육전문가라는 명칭 역시 민주시민교육전문가, 세계시민교육전문가, 글로벌시민교육(Global Citizenship Education) 전문가 등으로 다양하다.

(4) 문해교육사

문해교육사는 문해교육 현장에서 문해교육 교원, 문해교육 강사 등으로 부르고 있다. 문해교육 교원은 문해교육과정 가운데 「평생교육법」(제40조)에 따라 학력인정 프로그램을 운영하기 위한 전문인력으로 문해교육 교원연수기관(국가평생교육진흥원, 시·도평생교육진흥원, 시·도문해교육센터 등)에서 운영하는 초등·중학 문해교육 교원연수 과정을 이수하고, 이수증을 발급받은 사람(「평생교육법 시행령」 제70조, 제70조의2)이다. 학력인정을 위한 문해교육 프로그램 운영 기관에서는 반드시 문해교육 교원 연수기관에서 양성한 문해교육 교원을 확보하여야 한다(「평생교육법 시행령」 제70조).

(사)한국문해교육협회에서는 문해교육사를 평생교육기관에서 문해교육에 대한 교육과정을 기획하고 진행하며 강의를 담당하는 사람[5)]으로 규정하면서 자체 '문해교육사 자격증 관리 운영 규정'을 통해 문해교육사 자격을 발급하고 있다. 이 자격은 2024년 현재 등록(비공인) 민간자격으로 1~3급으로 구분된다.

(5) 평생학습코디네이터

평생학습코디네이터는 읍·면·동과 같은 마을 단위와 개별 평생교육기관에서 주민들의 평생학습을 촉진하고 지원하기 위해서 활동하는 전문가들이다. 이들은 평생학습코디네이터, 행복학습매니저, 행복학습정원사, 평생학습 마을리더, 마을평생교육지도자, 평생학습활동가, 평생학습자원활동가, 평생학습 서포터즈, 학습매니저, 코디네이터, 학습상담사 등 불리는 이름도 다양하다. 청주시의 '평생학습상담사 과정(2006)', 칠곡군의 '마을평생교육지도자 과정(2007)' 이후 지자체별로 다양한 양성과정을 운영하고 있다. 일반 주민들 중에서 이러한 양성과정을 수료하였거나, 기존의 평생학습 관련 주민 활동가로서 주민과 지역사회의 평생학습 실현을 돕고자 하는 주민 누구나 (마을)평생학습코디네이터가 될 수 있다.

(6) 기업교육전문가

기업교육은 평생교육의 중요한 한 영역이지만 교육대상이 특정 조직 내의 구성원으로 한정되어 있다는 점에서 불특정 다수를 대상으로 하는 일반 평생교육기관과 운영상에 많은 차이가 있다. 따라서 기업교육 업무를 수행하는 전문가들에게 요구되는 역량도 차이가 있을 수밖에 없고 이들을 부르는 명칭도 통일되어 있지 않다.

통상 인적자원개발(HRD: Human Resource Development)로 불리는 이 분야 종사자는 기본적으로 교육 프로그램을 기획, 개발, 운영, 평가하는 역할은 평생교육사와 유사하지만 교육수요조사나 학습자에 대한 요구분석의 대상과 범위에 차이가 있고, 교육목적도 특정 조직의 성장과 발전에 초점을 두고 있다. 이러한 이유로 사회교육전문요원으로부터 평생교육사로 명칭을 개정하고 교육과정 개편에 대한 논의가 진행되었던 1999년 전후와 2007년 「평생교육법」 개정 시기에도 평생교육사의 직무범위를 일반 평생교육과 기업교육으로 구분하자는 논의가 있었으나 실현되지는 않았다.

기업교육전문가에 대한 국가자격제도는 구축되지 않았으나 민간 분야에서 이들을 양성하는 교육훈련과정 및 민간자격을 운영하고 있다. 대학의 교육과정도 산업교육, 직업교육, 교육공학과 관련한 분야에서 기업교육에 특화된 교육과정을 운영 중에 있다.

(7) 문화예술교육사

문화예술교육사는 문화예술교육 관련 교원 외에 문화예술교육에 관한 기획·진행·분석·평가·교수 등의 업무를 수행한다(「문화예술교육지원법」 제2조 제5항). 2011년 12월 「문화예술교육지원법」 개정으로 1~2급의 자격제도가 도입되어 문화예술교육사 자격을 취득하려는 사람은 등급별로 해당하는 학력·경력 요건과 교육과정 이수 요건의 두 가지를 모두 갖추어야 한다.

「문화예술교육지원법」 제31조와 「문화예술교육지원법 시행령」 제20조에 따라 「공연법」에 따른 국공립 공연장, 「박물관 및 미술관 진흥법」에 따른 국공립 박물관과 국공립 미술관, 「도서관법」에 따른 공립 공공도서관, 「문화예술진흥법시행령」에 따른 문화의 집과 전수회관에는 1명 이상의 문화예술교육사를 배치해야 한다. 문화예술교육사의 활동 영역은 학교, 사회 및 문화기반시설 등 정책지원영역에서 점차 다양한 민간영역으로 확대되고 있다.

3) 해외의 평생교육 현장 전문가[6)]

해외의 평생교육 현장 전문가도 우리나라와 마찬가지로 평생교육 강사, 시민교육전문가, 평생학습코디네이터, 평생학습활동가 등으로 다양하다. 평생학습코디네이터나 평생학습활동가 과정 등을 이수하고 지역의 평생학습 홍보대사로 지역사회의 학습을 촉진하는 현장 전문가들도 있다. 또한 우리나라의 평생교육사 국가자격과 유사한 제도를 운영하면서 평생교육 현장 전문가를 양성하는 나라들도 있다.

영어권에서는 미국의 맬컴 놀스(Malcolm Knowles)가 성인교육자(adult educator)로 칭하면서 성인의 자기주도성을 바탕으로 평생교육 현장에서 교육과정 개발, 학습자의 요구분석, 학습목표 개발, 학습계획 개발, 성인학습자에게 적합한 학습방법 선정, 교수, 학습결과 평가 등의 업무를 수행하는 사람이라고 정의한 바 있다.[7] 유네스코는 성인교육자(adult educator)를 성인을 교육하거나 교육을 조직하는 사람 및 성인교육연구자로 정의하였다.[8]

일본에는 2018년 이전까지 평생교육 분야의 전문가라는 의미에서의 범용 자격은 존재하지 않았다. 〈사회교육주사 강습 등 규정〉이 개정되면서 기존의 사회교육주사(社會教育主事)[9] 양성 강습과정을 개편하고 평생교육 분야의 전문인력으로 사회교육사(社會教育士)를 신설하였다. 사회교육주사는 도부현이나 시정촌 교육위원회의 발령을 받아야 하지만, 사회교육사는 기업, 교사, 학부모 등이 사회교육주사 양성과정이나 강습 수료로 자격 취득이 가능하고 여러 장소에서 활동할 수 있다. 사회교육사 자격의 관리는 문부과학성과 대학 및 지정 양성기관에서 담당하고 있다.[10]

프랑스에는 2003년부터 노동·고용·직업부에서 발급하는 평생교육 분야 국가자격으로 성인전문교육사가 있다. 이는 전문학사 수준에 해당하는 5등급 전문자격(Titre professionnel)[11]으로 평생교육 활동의 준비 및 진행, 평생교육 프로그램의 기획, 학습자의 직업계획에 대한 지원을 한다. 성인전문교육사 자격 취득은 정부인증을 받은 양성기관에서 해당 교육과정을 이수하고 자격시험에 응시하거나, 경험학습인정제를 통해 전문 역량을 보유하고 있음을 인정받은 후 성인전문교육사 자격시험에 응시하는 두 가지가 있다. 자격 취득 후 성인 대상 교육기획자, 강사, 경력에 따라 교육고문, 교육컨설턴트, 교육코디네이터, 교육운영 책임자 등으로 일할 수 있다.

독일에는 사회복지 분야에서 교육적 지원에 초점을 맞춘 평생교육 전문인력으로 사회교육사가 있다. 2008년부터 국가인정자격제도가 시행되었고, 이전에는 대학에서의 사회교육학 학위 취득만으로 활동할 수 있었다. 제도 도입 후에는 각 주(州)에서 요구하는 인정 요건을 충족한 뒤 관련 서류를 주 정부에 제출하여 인증서를 받은 후에 국가 공인 사회교육사로 활동할 수 있다. 사회복지사 의무 배치 조항은 없지만 이들이 활동하는 영역은 보육기관, 행정부, 요양시설, 상담센터, 청소년 복지기관, 장애인 시설, 병원, 사회단체, 교도소, 중독상담 시설, HR 부서, 정치 단체 등으로 다양하다.

2. 평생교육사 자격제도

1) 역사적인 제도 발전 과정

1982년 「사회교육법」이 제정되고 이 분야의 현장 전문가로서 사회교육전문요원 자격제도가 도입되면서 현재의 평생교육사 자격제도의 역사가 시작되었다고 할 수 있다. 「사회교육법」은 국가와 지방자치단체가 사회교육시설의 설치, 전문요원 양성, 교육자료 개발, 단체 또는 시설·사업장 등에 대한 사회교육 활동 장려 등을 통해 사회교육을 진흥하도록 하는 내용을 담고 있다.[12] 당시 「사회교육법시행령」에는 관련 학과 중심의 양성제도와 자격 소지자 배치 의무화를 규정하였으나, 강제 규정이 없어 유명무실한 조항이었다. 1989년 일부 개정된 「사회교육법시행령」에는 이수 학과를 개방하여 관련 없는 학과에서도

양성과정 운영이 가능하도록 하여 자격증 소지자가 급증하였다.[13)]

1999년에는 평생교육의 진흥을 목적으로 「사회교육법」을 「평생교육법」으로 변경하고, 법 내용을 전부 개정함에 따라 종전의 「사회교육법」에 의한 사회교육전문요원을 평생교육사로 변경하고, 평생교육사 양성과정, 등급별 자격요건 등을 강화하는 기준을 제시하였다. 법령 개정에 기초하여 종전의 일반 지식 중심의 교육과정은 평생교육직무 중심의 교육과정으로 전면 개편하여 전문성을 제고하고자 하였다. 이때 평생교육사 양성체제를 대학의 정규교육 양성체제와 실무자 중심의 지정 양성기관체제로 이원화하였다. 또한 평생교육사 자격증 발급의 권한을 교육부장관에서 해당 대학기관의 장에게 위임하여 평생교육사 양성과정 운영 및 교부가 모두 대학기관장의 책임하에 진행되게 하였다.

평생교육사 제도는 2007년 「평생교육법」 전부 개정안이 국회를 통과하면서 종전 제도에 비해 직무, 이수과정, 연수, 배치기준이 더욱 강화되었다. 평생교육사의 역할은 평생교육의 기획, 진행, 분석, 평가 및 교수 업무의 수행으로 규정되고, 구체적인 직무는 평생교육프로그램의 요구분석, 개발, 운영, 평가, 컨설팅 업무와 학습자에 대한 학습정보 제공, 생애능력개발 상담, 교수업무, 그 밖에 평생교육 진흥 관련 사업계획 등의 업무로 상세화되었다. 또한 평생교육사 양성과정을 통한 전문인력 양성을 위해 평생교육 관련과목 이수학점을 2학점에서 3학점으로 상향 조정하고, 평생교육실습을 필수과목으로 변경한 후 실습기간을 3주에서 4주로 강화하였다. 2007년 「평생교육법」 개정에 의해 대학(원) 및 지정 양성기관의 양성과정 이외에 학점은행제 표준교육과정까지 확대하여 양성주체를 다양화하였다. 2013년 개정된 「평생교육법」에는 평생교육사 자격증을 2014년부터 국가평생교육진흥원에 의해 교육부장관 명의로 발급하게 하고 있다.

〈표 5-1〉 평생교육사 자격제도의 변천과정

관련 법령의 변천	주요 내용
「사회교육법」 제정 (1982.12.31.)	• 사회교육전문요원 제도의 기초 • 사회교육전문요원 배치 규정 마련 • 사회교육전문요원 양성, 연수기관 설립 규정 마련
「사회교육법 시행령」 (1983.9.10.)	• 관련학과(교육학과, 사회교육과, 지역사회개발학과 등) 중심의 양성제도 • 배치와 관련하여 자격 소지자 배치를 의무화하고 있으나 강제 규정은 없음
「사회교육법 시행령」 일부개정(1989.2.28.)	• 이수 학과 개방: 기존의 관련 학과로 제한하고 있던 양성과정이 과목 이수를 통해 학과와 상관없이 학점 이수로써 자격취득 가능 • 이후 자격발급이 급증되면서 자격으로서의 현실적 가치가 상대적으로 격감
「평생교육법」 전부개정 (1999.8.31.)	• 평생교육사 자격증 명칭 변경(사회교육전문요원→평생교육사) • 평생교육사 배치 규정 마련
「평생교육법 시행령」 전부개정 (2000.3.13.)	• 평생교육사 등급별 자격요건에 따른 평생교육사 명칭의 자격증 발급(구) • 평생교육사의 배치대상에서 학원 제외 • 종사자 10명 이상, 300명 이상 학습자 동시 교습, 연간 교육인원 3천 명 이상의 평생교육단체 및 평생교육시설로 기준 완화
「평생교육법 시행규칙」 제정(2000.3.31.)	• 평생교육사 자격취득 관련 교과목 개정(사회교육학의 영역 → 평생교육 관련과목)
「평생교육법」 전부개정 (2007.12.14.)	• 평생교육사 자격제도의 정비(학점 수/시간 증가, 교과목 개정) • 평생교육사 1·2급 승급과정 시행 • 대상기관별 평생교육사 배치 • 평생교육사 보수교육에 해당하는 연수 규정 삽입
「평생교육법 시행령」 전부개정(2008.2.14.)	• 평생교육사 등급별 자격기준 조정(평생교육 관련 전공 박사학위 취득자의 1급 자격기준 삭제) • 진흥원 및 시·도진흥원에는 1급 평생교육사 1명 이상을 포함한 5명 이상의 평생교육사 배치 • 시·군·구 평생학습관에는 정규직원 20명 이상의 경우 1급 또는 2급 평생교육사 1명을 포함한 2명 이상의 평생교육사 배치

관련 법령의 변천	주요 내용
「평생교육법 시행규칙」 전부개정(2008.2.18.)	• 평생교육사 자격취득 관련 교과목 개정(선택과목 다양화/2학점 →3학점) • 평생교육 현장실습 강화(3주→4주)
「평생교육법」 일부개정 (2013.5.22.)	• 평생교육사 자격증 발급 권한을 교육부장관 명의로 일원화(국가평생교육진흥원 위탁)
「평생교육법」 일부개정 (2016.5.29.)	• 평생교육사의 자격취소 규정 신설
「평생교육법 시행규칙」 일부개정(2016.6.10.)	• 평생교육 현장 실습 강화[4주간 → 4주 이상(총 수업일수 20일 이상, 총 수업시간 160시간 이상)]
「평생교육법 시행령」 일부개정(2017.5.29.)	• 평생교육사 배치대상기관에 장애인평생교육시설 추가(평생교육사 1명 이상 배치)
「평생교육법」 일부개정 (2019.12.3.)	• 평생교육사 자격의 대여·알선 등의 악용 방지(1년 이하의 징역 또는 1천만 원 이하의 벌금)

출처: 변종임·이범수·채재은·김현수·박진영(2015). 평생교육사 자격제도 개선방안 연구. 국가평생교육진흥원. 13쪽 재구성; 국가평생교육진흥원·교육과학기술부(2008). 2008 평생교육백서; 국가평생교육진흥원(2022). 평생교육사 자격취득 안내자료; 국가평생교육진흥원 홈페이지 평생교육사 자격관리(https://lledu.nile.or.kr) 자료; 국가법령정보센터의 평생교육법, 평생교육법 시행령, 평생교육법 시행규칙 등을 참고하여 재구성.

2) 자격 기준

「평생교육법」 제24조제1항은 평생교육사 자격 취득과 관련하여 다음과 같이 규정하고 있다.

첫째, 「고등교육법」 제2조에 따른 학교(이하 "대학"이라 한다) 또는 이와 같은 수준 이상의 학력이 있다고 인정되는 기관에서 교육부령으로 정하는 평생교육 관련 교과목을 일정 학점 이상 이수하고 학위를 취득한 사람

둘째, 「학점인정 등에 관한 법률」 제3조제1항에 따라 평가인정을 받은 학습과정을 운영하는 교육훈련기관(이하 "학점은행기관"이라 한다)에서 교

육부령으로 정하는 평생교육 관련 교과목을 일정 학점 이상 이수하고 학위를 취득한 사람

셋째, 대학을 졸업한 사람 또는 이와 같은 수준 이상의 학력이 있다고 인정되는 사람으로서 대학 또는 이와 같은 수준 이상의 학력이 있다고 인정되는 기관, 제25조에 따른 평생교육사 양성기관, 학점은행기관에서 교육부령으로 정하는 평생교육 교과목을 일정 학점 이상 이수한 사람

넷째, 그 밖에 대통령령으로 정하는 자격요건을 갖춘 사람

「평생교육법 시행령」(제16조)에서 평생교육사는 3등급으로 구성하고 있으나 등급 구분의 기준은 직무역량이 아닌 자격취득 기준(요건)을 제시하고 있다.[14) 즉 등급별 자격취득자가 직무수행을 통하여 보여줄 수 있는 결과가 아닌 자격취득에 소요되는 교육훈련, 경력만을 제시하고 있다.

「평생교육법 시행령」 [별표 1의3]은 평생교육사 자격의 등급별 요건을 〈표 5-2〉와 같이 규정하고 있다.

〈표 5-2〉 평생교육사의 등급별 자격 요건(제15조 및 제16조제2항 관련)

등급	자격기준
평생교육사 1급	평생교육사 2급 자격증을 취득한 후, 교육부장관이 정하는 평생교육과 관련된 업무(이하 "관련업무"라 한다)에 5년 이상 종사한 경력이 있는 자로서 진흥원이 운영하는 평생교육사 1급 승급과정을 이수한 자
평생교육사 2급	1. 「고등교육법」 제29조 및 제30조에 따른 대학원에서 교육부령으로 정하는 평생교육과 관련된 과목(이하 "관련과목"이라 한다) 중 필수과목을 15학점 이상 이수하고 석사 또는 박사학위를 취득한 자. 다만, 「고등교육법」 제2조에 따른 학교(이하 "대학"이라 한다)에서 필수과목을 이수한 경우에는 선택과목으로 필수과목 학점을 대체할 수 있다. 2. 대학 또는 이와 같은 수준 이상의 학력을 인정할 수 있는 기관, 「학점인정 등에 관한 법률」에 따라 평가인정을 받은 학습과정을 운영하는 교육훈련기관(이하 "학점은행기관"이라 한다)에서 관련과목을 30학점 이상 이수하고 학위를 취득한 자

등급	자격기준
	3. 대학을 졸업한 자 또는 이와 같은 수준 이상의 학력이 있다고 인정되는 자로서 다음 각 목의 어느 하나에 해당하는 기관에서 관련과목을 30학점 이상 이수한 자 가. 대학 또는 이와 같은 수준 이상의 학력을 인정할 수 있는 기관 나. 법 제25조제1항에 따른 평생교육사 양성기관(이하 "지정양성기관"이라 한다) 다. 학점은행기관 4. 평생교육사 3급 자격증을 보유하고 관련업무에 3년 이상 종사한 경력이 있는 자로서 진흥원이나 지정양성기관이 운영하는 평생교육사 2급 승급과정을 이수한 자
평생교육사 3급	1. 대학 또는 이와 같은 수준 이상의 학력을 인정할 수 있는 기관, 학점은행기관에서 관련과목을 21학점 이상 이수하고 학위를 취득한 자 2. 대학을 졸업한 자 또는 이와 같은 수준 이상의 학력이 있다고 인정되는 자로서 다음 각 목의 어느 하나에 해당하는 기관에서 관련과목을 21학점 이상 이수한 자 가. 대학 또는 이와 같은 수준 이상의 학력을 인정할 수 있는 기관 나. 지정양성기관 다. 학점은행기관 3. 관련업무에 2년 이상 종사한 경력이 있는 자로서 진흥원이나 지정양성기관이 운영하는 평생교육사 3급 양성과정을 이수한 자 4. 관련업무에 1년 이상 종사한 경력이 있는 공무원 및 「초·중등교육법」 제2조제1호부터 제5호까지의 학교 또는 학력인정 평생교육시설의 교원으로서 진흥원이나 지정양성기관이 운영하는 평생교육사 3급 양성과정을 이수한 자

출처: 「평생교육법 시행령」 [별표 1의3] 〈개정 2021. 12. 9.〉

3) 직무 범위

평생교육사의 역할과 직무에 대해 현재 「평생교육법」에서는 '업무'로, 「평생교육법 시행령」에서는 '직무'로 각기 제시하고 있으나 업무와 직무가 명확히 차별화되지 않는다.[15] 먼저 「평생교육법」(제24조제2항)에서는 평생교육사는 평생교육의 기획·진행·분석·평가 및 교수업무를 수행한다고 규정하고 있다. 「평생교육법 시행령」(제17조)에서는 평생교육사는 평생교육 진흥을 위하여 평생교육 프로그램의 요구분석·개발·운영·평가·컨설팅, 학습자에 대한 학습정보 제공, 생애능력개발 상담·교수, 그 밖에 평생교육 진흥 관련 사업계획 등 관련 업무를 수행하는 사람으로 규정하고 있다.

「평생교육법」에 근거하여 공공부문 일터별로 평생교육사가 담당하는 직무를 살펴보면 다음과 같다.[16)]

첫째, 시·도평생교육진흥원에 재직하는 평생교육사는 지역의 평생교육 수요를 파악하고, 지역평생교육시설 등과 협력하여 지역평생교육을 활성화하는 역할

둘째, 평생학습관에서 재직하는 평생교육사는 지역 주민을 직접 접촉하는 평생교육 전문 기관으로서 지역주민 맞춤형 프로그램 개발 및 운영과 학습자 상담 등

셋째, 지방자치단체에서 재직하는 평생교육사는 해당 지역의 평생교육 진흥을 위한 계획을 수립하고, 집행하는 일

넷째, 개별 기관별로 평생교육사에게 주어진 역할과 직무는 업무분장으로 제시되고 있으며 세부 내용은 기관별로 상이

민간부문 평생교육시설에서 평생교육사의 역할은 크게 특정 프로그램 내용을 전달하는 '강사'와 프로그램 개발 및 운영 등을 담당하는 '직원'으로 구분할 수 있다.[17)] 민간부문은 평생교육시설의 유형별 특성이 다양하기 때문에 평생교육사의 역할과 직무 범위도 기관 특성에 따라 다양하다.

한국평생교육총연합회에서는 2016년에 평생교육운영 분야의 국가직무능력 표준(NCS: National Competency Standards)[18)]을 개발하고, 평생교육사가 수행

할 역할에 따른 필요 역량을 제시한 바 있다.[19)20)] 평생교육사의 업무영역을 평생교육프로그램운영 분야로만 국한할 것인지에 대해서는 평생교육 분야의 광범위한 사회적 합의가 필요하지만, 평생교육사 자격제도를 역량중심으로 개편 시 역할과 직무내용 설정에 참고할 수 있을 것으로 판단된다.

〈표 5-3〉 평생교육운영 분야의 국가직무능력표준(NCS: National Competency Standards)

구분	능력단위
평생교육프로그램 기획, 개발, 평가	• 평생교육 상황분석 • 평생교육 요구분석 • 평생교육 자원조사 • 평생교육 프로그램 설계 • 평생교육 교수학습 자료 개발 • 기관 프로그램 통합 관리 • 평생교육 프로그램 평가 • 평생학습 결과 인정
평생교육프로그램 운영, 상담, 교수	• 평생교육 프로그램 홍보 • 프로그램 현장관리 • 평생교육 교수업무 실행 • 평생학습 설계 • 평생교육 인적자원 관리 • 학습동아리 운영 • 평생교육 조직운영 • 평생교육 네트워크 관리 • 평생교육 현장실습관리 • 평생교육 실무행정

출처: NCS 국가직무능력표준 홈페이지(https://ncs.go.kr)

4) 양성

(1) 양성과정

「평생교육법」 제25조제1항은 교육부장관이 평생교육사의 양성과 연수에 필요한 시설, 교육과정, 교원 등을 고려하여 대통령령으로 정하는 바에 따라 평생교육기관을 평생교육사 양성기관으로 지정할 수 있다고 규정하고 있다. 교육부장관은 양성과정과 승급과정 운영을 국가평생교육진흥원 또는 「평생교육법」 제25조제1항에 따라 지정된 양성기관에 위탁할 수 있다. 「평생교육법 시행령」 제21조는 양성기관으로 지정받을 수 있는 평생교육기관으로 대학 부설 평생교육원, 「공무원 인재개발법」에 따른 공무원교육훈련기관, 「교육공무원법」에 따른 연수기관, 특별법 또는 정부출연으로 설립된 연수 및 교육훈련기관을 나열하고 있다.

현행 평생교육사 양성과정의 학점 구조를 정리하면 [그림 5-1]과 같다.

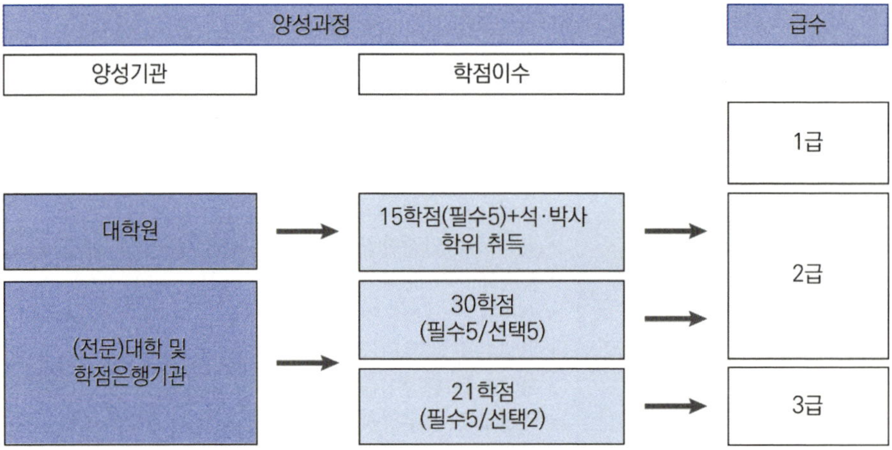

[그림 5-1] 평생교육사 양성과정 구조

출처: 강대중 · 김한별 · 김현수 · 한숭희 · 현영섭(2017). 평생교육사 자격제도 발전 방안연구. 국가평생교육진흥원. 27쪽.

「평생교육법 시행규칙」 제5조제1항과 관련하여 [별표 1]에는 평생교육사 양성과정의 이수 과목을 〈표 5-4〉와 같이 제시하고 있다.

〈표 5-4〉 평생교육사 양성 과목

과정	구분	과목명
양성 과정	필수	평생교육론, 평생교육방법론, 평생교육경영론, 평생교육프로그램개발론
		평생교육실습(4주 이상)
	선택	아동교육론, 청소년교육론, 여성교육론, 노인교육론, 시민교육론, 문자해득교육론, 특수교육론, 성인학습 및 상담(1과목 이상 선택하여야 함)
		교육사회학, 교육공학, 교육복지론, 지역사회교육론, 문화예술교육론, 인적자원개발론, 직업·진로설계, 원격(이러닝, 사이버)교육론, 기업교육론, 환경교육론, 교수설계, 교육조사방법론, 상담심리학(1과목 이상 선택하여야 함)

비고
1. 양성과정의 과목명칭이 동일하지 아니하더라도 교과의 내용이 동일하다는 국가평생교육진흥원장의 승인을 받은 경우 동일과목으로 본다.
2. 필수과목은 평생교육실습을 포함하여 15학점 이상을 이수하여야 한다.
3. 과목당 학점은 3학점으로 하고, 성적은 각 과목을 100점 만점으로 하여 평균 80점 이상이어야 한다.
4. 평생교육실습 과목은 법 제19조부터 제21조까지에 해당하는 평생교육기관 또는 법 제39조제2항에 따라 문해교육 프로그램으로 지정받은 기관에서의 4주 이상(총 수업일수 20일 이상, 총 수업시간 160시간 이상)의 현장실습을 포함한 수업과정으로 구성한다.

출처: 「평생교육법 시행규칙」 [별표 1], 2016.8.10. 개정

양성과정을 통해 평생교육사 자격을 취득하는 경우, 평생교육사 3급은 (전문)대학 및 학점은행기관에서 필수 5과목, 선택 2과목을 이수하면 자격이 주어진다. 평생교육사 2급은 (전문)대학 및 학점은행기관에서 필수 5과목, 선택 5과목을 이수한 경우 혹은 대학원에서 필수 5과목을 이수하고 석·박사학위를 취득한 경우 자격을 취득할 수 있다.

(2) 현장실습[21)]

평생교육 현장실습은 평생교육 현장 적응력과 전문성을 지닌 인재 양성을 위해 양성기관과 평생교육기관이 공동으로 참여하여 정해진 기간 동안 평생교

육 현장에서 실습교육을 실시하고 이를 통해 학점을 부여하는 제도이다. 현장실습은 3학점이 부여되는 정규 교과목으로 운영해야 하고, 최소 4주(최소 20일, 총 160시간) 이상 실시하여야 한다. 실습의 실효성을 고려하여 실습기관의 근로환경과 동일한 여건에서 실습하는 것을 전제로, 1일 8시간(9:00~18:00), 주 5회(월~금)의 통상근로시간 내 진행하도록 하고 있다. 다만, 현장실습기관의 특성 및 실습생의 상황(직장인 등)을 고려하여 야간 및 주말시간을 이용한 현장실습도 가능하다.

평생교육기관 종사자가 근무지(재직기관)에서 실습하는 경우에는 현장실습의 목적에 맞는 내용을 실습해야만 인정받을 수 있다. 직장(현장)체험, 사회봉사 등 단기 체험활동 또는 인턴(단기근로자 형태)을 수행하는 경우, 외국 소재 기관에서 현장실습을 실시하는 경우, 평생교육사 자격증 외의 다른 자격취득을 위한 현장실습과 중복하는 경우, 2개 이상의 기관에서 현장실습을 실시하는 경우 등은 현장실습으로 인정하지 않는다.

현장실습을 운영할 수 있는 기관은 「평생교육법」 제19조에 따른 국가평생교육진흥원, 「평생교육법」 제20조에 따른 시·도평생교육진흥원, 「평생교육법」 제21조에 따른 시·군·구평생학습관, 「평생교육법 시행령」 제69조제2항에 따라 문자해득교육 프로그램으로 지정받은 기관, 「평생교육법」 제2조제2항에 따른 평생교육기관(「평생교육법」에 따라 인가·등록·신고된 시설·법인 또는 단체, 「학원의 설립·운영 및 과외교습에 관한 법률」에 따른 학원 중 학교교과교습학원을 제외한 평생직업교육을 실시하는 학원, 그 밖에 다른 법령에 따라 평생교육을 주된 목적으로 하는 시설·법인 또는 단체)이다.

현장실습 이수를 위해서는 대학(시간제등록 운영 대학 포함) 및 학점은행기관 양성과정에서는 필수 4과목을, 대학원 양성과정에서는 필수 3과목 이상을 반드시 선수과목으로 이수해야 한다. 평생교육실습 교과목으로 편성된 실습오

리엔테이션을 이수한 학생에 한하여 현장실습을 실시할 수 있고, 현장실습은 평생교육실습 교과목의 성적 산출 및 학점 부여 이전에 종료해야 한다.

(3) 자격취득 현황

평생교육사 자격은 1, 2, 3급으로 구분되어 있고, 양성과정과 승급과정을 통해 취득 가능하다. 1급은 2급·3급 자격을 취득하고 일정 경력을 갖춘 자가 국가평생교육진흥원에서 운영하는 승급과정을 이수하고, 일정 평가절차 통과 후 취득할 수 있다. 평생교육사 자격증 소지자는 2000년 이후 꾸준히 증가하여 2015년에 8,404명이었다. 그러나 최근에는 감소하는 추세로 2018년 6,788명, 2020년 6,741명이 자격을 취득하였다. 평생교육사 자격 발급현황은 2022년 12월 기준으로 1급 985명, 2급 148,432명, 3급 7,818명 등 총 157,235명이다.[22]

〈표 5-5〉 평생교육사 자격발급(양성) 현황

(단위: 명)

연도	1급	2급	3급	총계	비고
1986~1999년	–	21,007	2,008	23,015	(구)사회교육전문요원
2000~2021년	938	120,888	5,701	127,527	평생교육사
2022년	47	6,537	109	6,693	
총계	985	148,432	7,818	157,235	

출처: 교육부·국가평생교육진흥원(2023). 2022 평생교육백서; 최선주·박지숙·김현경·강현민(2023). 일본, 프랑스, 독일의 평생교육 전문가 자격관리 방식 비교 분석. 인하대학교 교육연구소. 교육문화연구. 29(4), 190쪽 재인용.

5) 연수와 승급

(1) 직무연수

평생교육사 직무연수는 평생교육 전문가로서의 자질 및 직무능력 향상을 위한 재교육 시스템 구축의 일환으로, 수요자 맞춤형 연수 프로그램 개발 운영을 목적으로 한다. 평생교육사 직무연수는 「평생교육법」 제19조제4항(평생교육사를 포함한 평생교육 종사자의 양성・연수)에 의거하고 있으나, 법에 관련 규정만 제시되어 있고, 의무조항이 부재하여 직무연수 참여는 평생교육사 본인의 선택에 달려있다.[23)]

(2) 승급연수

평생교육사 승급과정은 「평생교육법 시행령」 제18조(이수과정) 제2항을 근거로 하며, 「평생교육법」 제24조 및 동법 시행령 제16조에 따라 1급 및 2급 승급과정을 국가평생교육진흥원에서 운영하고 있다. 승급 급수별로 하위 자격 취득 후 실무 경력이 필요한데 1급은 2급 자격증 취득 후 5년 이상, 2급은 3급 자격증 취득 후 3년 이상이다. 이러한 승급과정을 신청할 수 있는 요건을 갖춘 지원자에 대해 심사를 거쳐 선발된 자를 대상으로 일정 시간의 연수 후 평가를 통하여 기준을 충족하면 상위 자격을 취득할 수 있다.

현행 평생교육사 승급 구조는 [그림 5-2]와 같다.

급수		요건		
		승급과정 이수		자격요건
1급	←	1급 승급과정	←	평생교육사 2급 자격증을 취득한 후, 평생교육 관련 업무에 5년 이상 종사한 경력이 있는 자
2급	←	2급 승급과정	←	평생교육사 3급 자격증을 보유하고, 관련 업무에 3년 이상 종사한 경력이 있는 자

[그림 5-2] 평생교육사 승급구조

출처: 강대중・김한별・김현수・한숭희・현영섭(2017). 평생교육사 자격제도 개선방안 연구. 국가평생교육진흥원. 31쪽.

국가평생교육진흥원의 승급연수과정을 보면 2018년까지는 각 등급별로 요구되는 역량이 명확히 규정되지 않은 채 승급과정을 운영하면서 매년 교육과정이 변동되기도 하였다. 2019년 이후부터는 각 등급별 승급연수 교육과정에 변화가 거의 없으며 2022년 기준 교육내용은 〈표 5-6〉과 같다. 2022년 평생교육사 2급 승급과정은 수요가 없어 폐강되었고, 1급 승급과정 이수자는 47명이었다. 온라인 플랫폼을 활용한 실시간 비대면 교육과 집합교육을 병행하여 운영하였다.[24)]

〈표 5-6〉 평생교육사 승급과정 교육 내용(2022년 기준)

평생교육사 1급 승급과정			평생교육사 2급 승급과정		
영역	이수 과목명	시간	영역	이수 과목명	시간
평생교육 비전 과정	평생교육사의 역할 및 철학	3H	평생학습 환경분석	평생교육사의 역할 및 철학	3H
	평생교육법과 정책의 이해	3H		평생교육법과 정책의 이해	3H
	평생교육사의 직업윤리	3H		국내외 평생교육 동향	3H
	평생교육 리더십	3H		요구조사분석	3H
	국내외 평생교육동향	3H			
	평생교육사 비전 워크숍	3H			
	성평등 · 인권교육	2H			
	조별프로젝트 운영 및 발표	5H			
평생교육 기관경영 및 관리	평생교육기관 운영 및 문제해결	3H	평생학습 기획	사업기획의 실제	3H
	평생교육기관 비전 및 전략	3H		평생교육 실무행정	3H
	조직분석 및 기관역량 분석	3H		평생교육 자원관리	3H
	마케팅 및 기관홍보전략 수립	3H			
	평생교육기관 재무관리	3H			
	평생교육기관 성과관리	3H			
평생교육 사업 및 정책	평생교육사업 기획	3H	평생교육 프로그램 개발·운영·평가	평생교육 프로그램의 이해와 텍소노미	3H
	평생교육사업 타당성 분석	3H		평생교육프로그램 기획 및 분석	3H
	평생교육사업 설계 및 모니터링	3H		평생교육프로그램 설계 및 개발	3H
	평생교육사업 평가 및 성과관리	3H		평생교육프로그램 운영	3H
	평생교육 정책제안 워크숍(I)	3H		평생교육프로그램 마케팅 및 홍보	3H
	평생교육 정책제안 워크숍(II)	3H		평생교육프로그램 평가	3H

평생교육사 1급 승급과정		
영역	이수 과목명	시간
변화촉진 및 지역디자인	평생학습과 변화촉진 평생학습동아리 조직화 평생학습네트워크전략 지역사회와 평생교육리더 실천현장 사례공유	3H 3H 3H 3H 3H
평생학습상담 및 컨설팅	생애발달과 평생학습상담 진로상담과 경력개발 평생교육 컨설팅의 이해 평생교육 컨설팅 실제	3H 3H 3H 3H
평생교육교수학습	평생교육을 위한 효과적인 교수법(I) 평생교육을 위한 효과적인 교수법(II)	3H 3H
기타	개강식 및 종강식 종합시험 개별 프로젝트	2H 3H 6H
교육과정	**6개 영역/ 31과목**	**105H**

평생교육사 2급 승급과정		
영역	이수 과목명	시간
지역네트워크	지역사회교육의 이해 지역동향 및 기관역량 분석 평생교육 네트워크 실천현장 사례공유	3H 3H 3H 3H
교수학습기법 및 상담	성인학습자의 이해 평생교육 상담 및 학습설계 교수-학습기법 실습	3H 3H 3H
기타	평생교육기관 및 행사 견학(조별 프로젝트 운영 및 발표) 성평등·인권교육 개강식 및 종강식 종합시험	3H 2H 2H 3H
교육과정	**5개 영역/ 21과목**	**70H**

출처: 국가평생교육진흥원(2022). 내부자료; 교육부·국가평생교육진흥원(2023). 2022 평생교육 백서. 137쪽.

6) 배치

평생교육사 자격증을 취득한 후 종사할 수 있는 분야는 평생교육전담기구, 지방자치단체 및 교육청, 평생교육 관련사업 수행학교, 학교 부설 평생교육시설, 학교 형태의 평생교육시설, 사내대학 형태의 평생교육시설, 원격대학 형태의 평생교육시설, 사업장부설 평생교육시설, 시민사회단체부설 평생교육시설, 언론기관부설 평생교육시설, 지식·인력개발 관련 평생교육시설 등이다.

「평생교육법」(제26조) 및 「평생교육법 시행령」(제22조, [별표 2])에 따라 평생교육사를 배치하여야 하는 기관은 크게 공공부문과 민간부문으로 구분 가능하다.

〈표 5-7〉 평생교육사 배치대상기관 및 배치기준

배치대상	배치기준
1. 진흥원, 시・도진흥원	• 1급 평생교육사 1명 이상을 포함한 5명 이상
2. 장애인평생교육시설	• 평생교육사 1명 이상
3. 시・군・구평생학습관	• 정규직원 20명 이상: 1급 또는 2급 평생교육사 1명을 포함한 2명 이상 • 정규직원 20명 미만: 1급 또는 2급 평생교육사 1명 이상
4. 법 제30조에서 제38조까지의 규정에 따른 평생교육시설(학력인정 평생교육시설은 제외한다), 「학점인정 등에 관한 법률」 제3조제1항에 따라 평가인정을 받은 학습과정을 운영하는 교육훈련기관 및 법 제2조제2호 다목의 시설・법인 또는 단체	• 평생교육사 1명 이상

출처: 「평생교육법 시행령」 [별표 2], 2017.5.29. 개정

첫째, 공공부문에는 일반행정을 담당하는 지방자치단체(광역지자체, 기초지자체) 및 교육행정을 담당하는 지방교육행정기관(교육청, 교육지원청) 외에도 정부나 지자체의 재원(출연금 또는 보조금)으로 운영되는 평생교육전담지원기구(국가평생교육진흥원, 시도평생교육진흥원, 시군구평생학습관)가 포함된다.

둘째, 민간영역에는 「평생교육법 시행령」[별표 2]에 의하여 평생교육사 1명 이상 배치가 요구되는 기관으로서 민간(또는 단체)에 의해서 설립・운영되는 기관이 포함된다.

「평생교육법」 제26조제3항의 장애인평생교육시설은 법 제20조의2에 따라 공공 및 민간 모두 해당할 수 있다.

3. 평생교육 현장 전문가의 실태

이 절에서는 평생교육사를 포함한 다양한 평생교육 현장전문가의 종사현황, 관련 연구 동향 등을 살펴본다.

1) 평생교육사의 종사 실태

「평생교육법」 제26조(평생교육사의 배치 및 채용)에서는 평생교육기관의 평생교육사 배치를 의무화하고 있다. 「평생교육법 시행령」 제22조(평생교육사의 배치대상기관 및 배치기준)에 해당하는 평생교육사를 배치해야 하는 기관들은 2008년 이후 꾸준히 증가하고 있다. 평생교육사의 배치비율도 2008년 38.2%에서 2017년 이후에는 약 78%로 상당히 높아졌다.

〈표 5-8〉 연도별 비형식 평생교육기관 평생교육사 배치 현황(2008~2022)

단위(개, 명, %)

구분	2008	2011	2014	2017	2020	2021	2022	
								전년비
기관수	2,620	3,591	4,342	4,032	4,541	4,493	4,869	8.4
배치기관수	1,000	2,264	3,146	3,150	3,582	3,560	3,770	5.9
평생교육사수	1,356	3,144	4,485	4,960	5,665	5,581	5,869	5.2
배치비율	38.2	63.0	72.5	78.1	78.9	79.2	77.4	-1.8

출처: 교육부 · 한국교육개발원(2022). 2022 교육통계분석자료집-평생교육통계편. 110쪽.

「평생교육법」에서 규정한 기관에 배치된 평생교육사의 자격등급별 배치 현황은 확인이 가능하지만, 다른 법령에 근거하여 평생교육을 주된 목적으로 하는 평생교육시설에 근무하는 평생교육사들의 현황은 정확히 파악하기가 어렵다. 다만 평생교육기관의 사무직원 고용형태는 '교육통계 분석자료집－평생교육통계편'에서 매년 조사하여 제공하고 있어 사무직원의 평생교육사 자격 보유

정도는 파악이 가능하고, 2023년 4월 「평생교육법」의 개정(2024.4.19. 시행)으로 3년마다 평생교육사 배치 현황, 보수 수준 및 지급 실태 등을 조사하는 조항이 신설되어 앞으로는 지금보다 좀 더 구체적인 고용 관련 자료가 제공될 수 있을 것이다.

2) 평생교육기관의 교강사 종사 실태

평생교육기관의 교강사 수는 비형식 평생교육기관과 준형식 평생교육기관으로 구분하여 살펴볼 수 있다. 학원을 제외한 비형식 평생교육기관의 교강사는 2022년 기준 약 6만 7천여 명으로 이 가운데 1년 이상 경력자가 약 66.6%이었고, 여교사의 비율은 남교사에 비해 2배 정도 많았다. 준형식 평생교육기관의 교강사는 2022년 기준 약 7천 4백여 명으로 남녀교사의 비율은 거의 비슷하였다.

〈표 5-9〉 평생교육기관의 연도별 교강사 수

(단위: 명)

구분	비형식 평생교육기관						준형식 평생교육기관		
	학원 포함 총계	학원 제외 비형식 평생교육기관					교강사 수	성별	
			경력		성별				
		합계	1년 미만	1년 이상	남	여		남	여
2018년	116,407	72,783	16,692	56,091	24,476	48,307	7,367	4,863	2,504
2019년	119,294	75,492	18,929	56,563	24,649	50,843	7,384	4,826	2,558
2020년	115,781	73,829	20,076	53,753	23,997	49,832	7,456	4,026	3,430
2021년	107,142	64,460	18,574	45,886	21,220	43,240	7,486	4,829	2,657
2022년	112,119	67,381	22,581	44,880	22,556	44,825	7,454	3,852	3,602

* 학원은 교강사 성별 구분이 불가하여 연도별 교강사 수만 제시.
출처: 교육부, 국가평생교육진흥원(2023). 2022 평생교육백서. 142-143쪽 재구성.

3) 평생교육기관의 사무직원 종사 실태

평생교육기관의 사무직원은 2021년 말 기준 21,758명으로 이 가운데 정규직 비율은 85.4%이었다. 대학교졸업자가 가장 많았고(65.7%), 5년 미만 근무자 비율(69.7%)이 상당히 높았고, 평생교육사 자격증 소지자는 27%에 그치고 있었다.

〈표 5-10〉 평생교육기관 사무직원의 특성(2021년 12월 31일 기준)

(단위: 명(%))

<table>
<tr><th colspan="2">구분</th><th>인원(비율)</th><th colspan="2">구분</th><th>인원(비율)</th></tr>
<tr><td rowspan="12">최종학력</td><td rowspan="3">고졸 이하</td><td rowspan="3">1,282(5.9)</td><td rowspan="12">근무기간</td><td rowspan="2">1년 미만</td><td rowspan="2">5,513(25.3)</td></tr>
<tr></tr>
<tr><td rowspan="2">1-5년 미만</td><td rowspan="2">9,667(44.4)</td></tr>
<tr><td rowspan="3">전문대졸</td><td rowspan="3">1,813(8.3)</td></tr>
<tr><td rowspan="2">5-10년 미만</td><td rowspan="2">3,893(17.9)</td></tr>
<tr></tr>
<tr><td rowspan="3">대학교졸</td><td rowspan="3">14,303(65.7)</td><td rowspan="2">10-15년 미만</td><td rowspan="2">1,676(7.7)</td></tr>
<tr></tr>
<tr><td rowspan="2">15-20년 미만</td><td rowspan="2">620(2.8)</td></tr>
<tr><td rowspan="3">대학원 이상</td><td rowspan="3">4,360(20.0)</td></tr>
<tr><td rowspan="2">20년 이상</td><td rowspan="2">389(1.8)</td></tr>
<tr></tr>
<tr><td rowspan="4">평생교육사
자격증소지</td><td>없음</td><td>15,889(73.0)</td><td rowspan="4">고용형태</td><td rowspan="2">정규직</td><td rowspan="2">18,592(85.4)</td></tr>
<tr><td>1급</td><td>350(1.6)</td></tr>
<tr><td>2급</td><td>5,160(23.7)</td><td rowspan="2">비정규직</td><td rowspan="2">3,166(14.6)</td></tr>
<tr><td>3급</td><td>359(1.6)</td></tr>
</table>

조사기준일. 2021년 12월 31일

출처: 교육부·한국교육개발원(2022). 2022 교육통계 분석자료집. 재구성.

4) 그 외 평생교육 현장전문가 종사 실태

문해교육사, 문화예술교육사, 평생학습코디네이터 등 평생교육 현장전문가와 활동가의 다양화에 비해서 이들의 종사 현황이나 실태 파악은 일부를 제외하고 제대로 이루어지지 못하고 있다. 학력인정 문해교육 운영의 애로사항에 대해서 서울시 교육청과 지자체 관계자들을 대상으로 초점집단인터뷰(FGI)를 실시한 결과에서는 문해교사의 강사료 수준이 낮고, 강사 인력풀 관리 및 운영이 부실하며, 연수활동의 내실화를 꾀할 수 있는 교육 이수에 대한 유인책이 낮다고 보았다.[25)]

한국문화예술교육진흥원에서 2016년 이후 매년 발간한 '문화예술교육사 자격활용 실태조사'에 따르면 문화예술교육사의 대다수는 여성(80% 이상)이었다. 자격을 소지한 경제활동 참가자 중에서 2022년 기준으로 38.2%가 기관, 시설, 단체에 근무하고 있었고, 이 가운데 비정규직이 63.1%, 문화예술 관련 분야 종사 비율은 67.1%이었다.[26)]

국가 행복학습센터 조성 사업에 129개(2014~2017년)의 시·군·구가 참여한 자료에 비추어보면, 평생학습매니저로 배출된 인력이 상당할 것으로 예상해 볼 수 있지만 아직까지 정확한 통계가 생성된 것은 아니다.[27)] 2022년 읍·면·동 평생학습센터 운영 실적을 보면 학습매니저 신규지원 136명, 특성화지원 421명으로 총 557명이다.[28)]

5) 평생교육 현장 전문가에 대한 연구 동향

평생교육사라는 명칭으로 국가자격 발급을 시작한 지 20여 년 이상 지나면서 그동안 평생교육사 또는 평생교육 종사자 관련 연구는 꾸준히 이루어졌다. 최근에는 '한국 평생교육사 관련 연구 동향 분석(이기용, 2021)', '평생교육 종사자에 관한 연구동향: 2001~2021년 국내 학술지 게재 논문을 대상으로(김미예, 2021)', '평생교육사의 직무중요도 변화에 관한 연구: 2007년과 2017년 비교분석과 논의(김진화·신다은, 2017)' 등과 같이 축적된 관련 연구(논문)들을 분석하는 형태의 연구결과물들도 나타나고 있다.

평생교육의 영역이 점차 확대되고 평생교육 현장 전문가의 범위도 넓어지면서 2010년 이후부터는 마을평생학습지도자, 평생학습활동가, 평생학습매니저,

평생학습코디네이터 등을 대상으로 한 연구들이 등장하기 시작하였다. '마을 평생학습지도자 양성 프로그램 효과성에 관한 연구-지역사회애착도를 중심으로(정미경 · 김승용, 2009)', '마을 평생교육리더 양성과정 참여자의 프로그램 만족도(김남선, 2010)', '마을만들기 사업에서 평생학습매니저의 학습활동 분석(지희숙, 2014)', '평생학습 코디네이터가 받은 인정보상이 활동지속성에 미치는 영향(강진숙, 2022)', '평생학습 매니저의 활동 참여와 활동양상 변화에 따른 평생학습 실천 동기 분석(조희라, 2023)' 등이 있다.

그러나 평생교육사 자격을 취득하지 않고 평생교육 직무를 수행하고 있는 평생교육기관 종사자를 비롯한 여러 평생교육 현장 전문가들의 고용 및 근로여건, 전문성 향상 등 현장에 기초한 연구는 여전히 부족한 편이다.

4. 평생교육 현장 전문가의 발전 과제

그동안 평생교육사는 주로 평생교육기획과 평생교육기관의 관리자에 역할이 치중되어 있었다. 평생교육 현장의 변화와 함께 평생교육사의 전문성 강화와 역할 확대를 위한 많은 논의가 있었다. 평생교육 영역에서 이미 청소년교육, 문화예술교육, 문해교육은 전문분야로 분화하여 독자적인 영역으로 성장하고 있다. 평생교육은 점차 영역별, 대상별로 분화하는 추세로 발전할 것으로 예상한다.

이 절에서는 평생교육 현장전문가의 역할 확대와 전문성 강화를 위한 발전 과제에 대해 살펴본다.

1) 평생교육사 자격 취득 구조 개편

평생교육사의 등급별 역할을 명확히 개선하여 자격제도를 내실화할 필요가 있다. 1급은 평생교육기관의 경영자나 관리자, 2급은 프로그램의 기획, 개발, 운영자, 3급은 다양한 분야의 내용전문성을 바탕으로 평생교육 현장에서 강의를 담당하는 강사로 역할을 재구성할 필요가 있다. 이에 따라 양성과정 및 승급연수도 개편이 필요하다.

또한 평생교육사 등급 구조를 다이아몬드형 구조에서 삼각형 구조로 자격취득자가 분포하도록 자격 취득 구조를 개편할 필요가 있다. 즉 3급 → 2급 → 1급의 순으로 취득자수가 분포하도록 자격등급 간 취득구조를 개편하여 평생교육사가 보다 현장에 밀착하도록 하고 자격취득자의 경력개발 경로 마련이 필요하다.

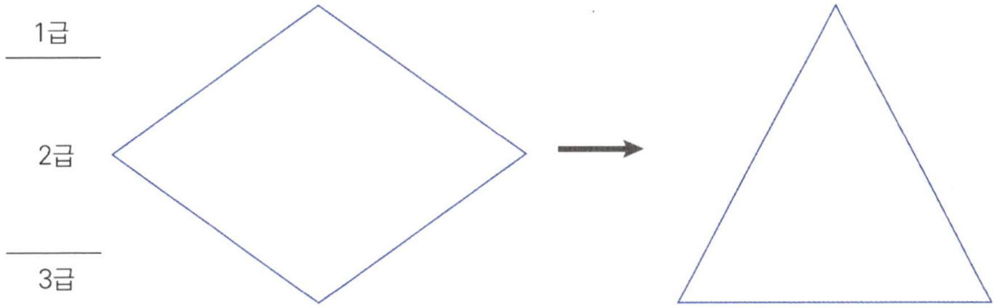

[그림 5-3] 평생교육사 등급구조 개선방향

출처: 강대중 · 김한별 · 김현수 · 한숭희 · 현영섭(2017). 평생교육사 자격제도 발전 방안연구. 국가평생교육진흥원. 재구성.

특히 현재 유명무실한 3급 평생교육사 자격을 평생교육 현장에 전업/비전업 강사로 활동하는 평생교육강사 및 실무운영자 자격으로 개편할 필요가 있다. 전문영역의 전문지식을 가지고 있어서 평생교육기관에서 강사로 일하고 싶은 경우에 이들을 대상으로 평생교육 강사로 활동할 수 있도록 평생교육사 3급 자격 취득이 가능하게 평생교육사 자격구조 개선이 필요하다.

2) 평생교육사 역량 개발

평생교육사 연수는 크게 지정연수, 자율연수, 경험학습인정으로 구분하고 체계화할 필요가 있다. 평생교육사의 전문성 개발을 위한 보수교육을 의무화하기 위한 논의도 입법화 과정이 필요하다. 이를 통해 보수교육에 참여하지 않는 평생교육사와 고용기관에 불이익을 줄 수 있는 법적 근거를 마련한다.

평생교육사의 등급별 연수를 통해 기획자 및 교수자로부터 평생교육기관의 관리자로서도 역할을 수행할 수 있어야 한다. 평생교육사 양성기관 및 현장실습 지도자 관리 등 평생교육사 양성을 위한 현장실습에 대한 질 관리 방안 마련도 필요하다.

3) 배치 · 활용 확대

현재 평생교육사 배치는 학습자 숫자와는 무관하게 기관별로 동일한 인원을 배치하도록 하고 있다. 기관별로 일률적으로 인원을 정하기보다 공공기관의 경우 지역의 인구수나 학습자 수를 기준으로 변경할 필요가 있다. 평생교육사의 배치에서 고용의 질을 높이는 것이 중요하며, 이를 위한 규정이나 조건을 구체적으로 법령에 명시하는 것이 필요하다. 또한 평생교육사의 배치 기준을 준수하도록 감독 기능을 강화하고 위반 시 처벌 근거를 분명히 한다. 지방자치단체에 평생교육사 자격을 가진 평생교육 전담공무원을 둘 수 있도록 「평생교육법 일부개정법률안」[29]이 발의되었으나 법률 개정으로까지 이어지지는 못했다. 법률 개정안은 제안 당시까지 양성된 평생교육사의 대부분이 민간 기관에 배치되어 평생교육의 공공성이 충분히 보장되지 못하고 있고 공공기관에 배치된 평생교육사의 경우에도 대부분 계약직으로 채용되어 연속적인 평생교육 업무를 수행하는 데 한계가 있다는 문제의식으로부터 출발하였다. 이에 지방자치단체에 평생교육사 자격을 가진 평생교육 전담공무원을 둘 수 있도록 하여 지역의 평생교육 진흥을 위한 업무를 수행하도록 하고 지역 실정에 맞는 평생교육이 연속성을 가지고 전문적으로 이루어질 수 있도록 하고자 하였다(안 제14조의2 신설).

---

1) 교육부 · 한국교육개발원(2022). 2022년 평생교육 통계자료집.
2) 박숙희(2019). 평생교육강사의 활동 교수법에 관한 해석적 연구. 동의대학교 대학원 박사학위논문.
3) 한국민주주의연구소(2016). 시민사회의 시민교육 체계 구축 과정 연구 – 독일, 프랑스, 스웨덴, 미국, 영국을 중심으로. 민주화운동기념사업회. 17.
4) 이보라(2014). 시민교육이란 무엇인가. 희망제작소. http://www.makehope.org (2018년 4월 25일 검색)
5) (사)한국문해교육협회 홈페이지. https://www.korealiteracy.com
6) 아래 내용은 최선주 · 박지숙 · 김현경 · 강현민(2023). 일본, 프랑스, 독일의 평생교육 전문가 자격관리 방식 비교 분석. 인하대학교 교육연구소. 교육문화연구, 29(4), 187-212의 내용을 주로 요약 정리함
7) Knowles, M. (1980). *The Modern Practice of Adult Education: From Pedagogy to Andragogy*. Prentice Hall/Cambridge.
8) UNESCO(1979). Terminology of adult education. Paris.
9) 사회교육주사는 자격 명칭이 아닌 직제(職制)로 일본 「사회교육법」(제9조의2 및 제9조의3)에서는 사회교육주사를 '전문적 · 기술적 조언 및 지도를 포함한 사회교육을 실천하는 사람으로 도도부현 및 시정촌 교육위원회 사무국에 배치된다'고 정의하고 있음.
10) 김지영(2021). "일본의 코로나19에 따른 평생교육 정책 동향 및 제도 운영 변화". 각국의 코로나19에 따른 평생교육 정책 동향 및 제도 운영 변화. 메일진 해외교육동향 제398호 기획기사. 2021.04.28.
11) 전문자격은 특정한 전문 역량을 취득하여 구직의 용이성 또는 현재 직업에 대한 커리어 개발을 돕는 자격을 의미
12) 변종임 · 이범수 · 채재은 · 김현수 · 박진영(2015). 평생교육사 자격제도 개선방안 연구. 국가평생교육진흥원. 11.
13) 위의 책. 11.
14) 강대중 · 김한별 · 김현수 · 한숭희 · 현영섭(2017). 평생교육사 자격제도 발전 방안연구. 국가평생교육진흥원.
15) 위의 책. 21.
16) 변종임 · 이범수 · 채재은 · 김현수 · 박진영(2015). 앞의 책. 그리고 강대중 · 김한별 · 김

현수 · 한숭희 · 현영섭(2017). 앞의 책 24 재인용.

17) 강대중 · 김한별 · 김현수 · 한숭희 · 현영섭(2017). 위의 책. 26.

18) 국가직무능력표준(NCS: National Competency Standards)은 산업 현장의 직무를 수행하기 위해 필요한 능력(지식, 기술, 태도)을 국가적 차원에서 표준화한 것으로 능력단위 또는 능력단위 집합을 의미

19) 고용노동부 · 한국산업인력공단 · (사)한국평생교육총연합회(2016a). 2016 국가직무능력표준-평생교육운영, 평생교육프로그램기획 · 개발 · 평가.

20) 고용노동부 · 한국산업인력공단 · (사)한국평생교육총연합회(2016b). 2016 국가직무능력표준-평생교육운영, 평생교육프로그램운영 · 상담 · 교수.

21) 아래 내용은 교육부(2015). 「평생교육실습」과목 운영지침의 내용을 요약 정리함

22) 교육부 · 국가평생교육진흥원(2023). 2022 평생교육백서. 그리고 국가평생교육진흥원 홈페이지.

23) 강대중 · 김한별 · 김현수 · 한숭희 · 현영섭(2017). 앞의 책.

24) 교육부 · 국가평생교육진흥원(2023). 앞의 책. 138.

25) 박상현 외(2022). 서울 학력인정 문해교육 사업의 운영 실태 분석 및 활성화 방안. 서울특별시교육청교육연구정보원. 199-200.

26) 한국문화예술교육진흥원(2022). 문화예술교육사 자격활용 실태조사.

27) 지희숙(2019). 주민학습문화센터 평생학습매니저의 역할 수행에 나타난 학습 특성 분석: 평생학습마을 사업을 중심으로. 학습자중심교과교육연구, 19(23), 1174.

28) 교육부 · 국가평생교육진흥원(2023). 앞의 책. 242.

29) 조승래 의원 대표발의. 「평생교육법」 일부개정법률안. 의안번호: 13582, 발의연월일: 2018. 5.15.

제6장 평생학습 결과 인정과 대학평생교육

학습사회는 평생학습 참여를 촉진하고, 그 학습의 결과를 다양하게 활용할 수 있는 사회다. 학습사회 건설의 핵심 정책 가운데 하나는 다양한 평생교육기관에서 학습한 결과를 인정하여 다음 단계의 학습으로 이어갈 수 있는 장치를 마련하는 것이다. 성인학습자가 다양한 경험을 통해 학습한 결과를 학점, 자격, 학위로 인정하면, 학교와 학교 밖 교육기관의 학습 결과를 상호 호환하는 제도를 구축할 수 있다. 교육 관련법 이외의 각종 법령으로 설치된 다양한 평생교육기관과 시설을 정규 학교제도와 연계하는 체제를 마련하는 것이다. 이는 두 가지 방법으로 가능하다. 하나는 평생교육기관과 시설 학제와 연계하는 방법이다. 다른 하나는 평생교육기관에서 제공하는 프로그램을 평가 인증하여 학제와 연계하는 방법이다. 물론 학제와 연계하지 않고 자격으로 인증하는 방법도 있다. 이 경우 자격을 학력과 연계하면, 결과적으로 인증된 자격을 취득하기 위해 학습한 결과는 학교교육과 연계된다. 학습결과를 인정하는 체제의 목적은 기존의 학습결과를 토대로 다음 단계의 학습을 촉진하는 것이다.

우리나라에서도 지식기반사회를 맞이하여 평생에 걸친 학습으로 모든 국민의 능력개발을 도모하고 사회 통합을 실현하는 것이 국가 경쟁력의 핵심과제로 등장했다. 1995년 5월 31일 교육개혁위원회에서 교육복지국가(Edutopia)를 구축할 것을 제안하면서 "누구나, 언제, 어디서나 원하는 교육을 받을 수 있는 길이 활짝 트인 열린교육사회, 평생학습 사회"를 건설할 것을 제안하였다.[1] 이에 따라 학습결과를 공적으로 인정하기 위한 제도로 학점은행제를 도입하고 문하생에 대한 학력인정을 제안한 후, 이를 추진할 것을 건의하였다. 학점은행제는 1998년부터 운영하고 있으며, 문하생 학력 인정은 학점은행제와 연계하여 국가 지정 중요무형문화재 보유자와 그 문하생을 대상으로 2002년부터 실시하고 있다.

특히 2000년 「평생교육법」이 시행되면서 평생학습기회를 확대하고 이를 인증하여 국민의 삶의 질 향상과 사회발전에 기여하고 국민의 학습권과 학습자의 선택권을 최대한 보장하여 평생학습 분위기를 조성하기 위하여 평생학습체제를 갖추는 데 노력하고 있다.

이러한 제도는 평생학습 결과를 사회적으로 인정하여 평생학습에 대한 의욕을 고취하는 한편 학습 결과를 토대로 또 다른 학습과 연결될 수 있는 장치로 볼 수 있다. 평생학습에 대한 공인은 우리 사회가 정규교육을 중시하는 학력위주사회에서 평생학습이 강조되는 능력중심사회로 이행되어 가는 촉매제 역할을 한다. 학습 결과의 인증은 계속학습을 통해 이음새 없는 학습이 이루어질 수 있는 장치로 우리 사회의 과제로 등장하고 있다.

1. 학습결과인정의 논거

학교 밖의 학습경험을 학력이나 자격으로 인정하는 논거는 경험학습을 학습의 결과로 인정하는 것이다. 경험학습(experiential learning)이란 경험으로부터의 학습 또는 실행으로부터의 학습을 의미한다. 즉 성인들이 새로운 태도나 기술, 새로운 사고방식을 개발할 수 있도록, 개인 각자의 경험을 통해 습득한 지식과 기술을 제도적으로 인정하는 것이다. 경험학습은 매일매일의 일상적인 직무 또는 학습자의 일상적인 삶의 과정에서 발생하는 학습으로 외부환경에 의하여 그 결과가 크게 달라지고, 암묵적이며 우연적인 상황에서 발생하기 쉬우며, 성찰과 행위의 변증법적이고 귀납적인 과정을 통해 이루어진다.

평생학습을 인증하는 것은 학교 이외의 학습 경험에 대해 학교교육과 마찬가지로 그 결과를 사회적으로 공인하는 것이다. 생애에 걸친 학습결과는 학습 장소와 형태로 인정되는 것이 아니라, 내용과 질, 결과에 따라 인증되고, 학교교육(formal)뿐만이 아니라 비형식(nonformal), 무형식(informal) 학습도 인정되어야 한다. 어떠한 학습 결과도 외현적으로 호환성을 갖추어야 한다는 것을 의미한다. 비형식 학습의 가시가능성(visibility)은 개인으로부터 사회 전반의 모든 수준에서 능력개발의 중요한 문제로 인식되고 있다.[2)]

1) 경험학습의 가치

현대사회에서 성인들은 학교에서 배운 교육만으로 현대사회의 변화에 적응할 수 없기 때문에 다양한 형태로 학습활동에 참여하게 된다. 아울러 성인들은 학습활동에 참여함으로써 많은 혜택을 누릴 수 있기 때문에 평생학습에 참여하는 성인 학습자는 계속적으로 증가하고 있다.

교육 분야에 있어 경험은 가장 중요하게 언급되고 있는 개념 중의 하나로, '경험'이라는 개념을 배제하고는 교육에 대한 논의조차 불가능하다. 경험의 중요성을 강조한 가장 대표적인 교육학자 중의 하나인 듀이(Dewey)에 의하면 모든 참된 교육은 경험을 통하여서만 가능하다고 주장[3)]한 바 있다. 즉, 교육이란 경험의 계속적인 성장이라는 것이다. 경험학습은 최근 들어 '암기위주의 교육', '입시위주의 교육'이라는 학교교육의 폐단을 극복하기 위한 원리로 더욱 부각되고 있다. 아울러 다양한 유형의 대안적 학습방법들이 '경험'에 근거하여 제시되고 있다.

성인교육의 경우에도 예외는 아니다. 오히려 기존의 교수자 중심의 형식적,

기계적인 학교교육에 대한 비판적인 입장에 근거해서, 전통적인 성인교육자들은 경험이 갖는 교육적인 가치를 중요시하였다. 삶의 맥락 속에서 경험을 점진적으로 축적하는 학습은 성인 이전단계의 학습과 큰 차이가 있다. 성인교육 개척자 중의 하나라고 할 수 있는 린드만(Lindeman)은 "경험이란 성인학습자의 살아 있는 교과서다"라고 언급하여 성인교육에 있어서의 경험의 중요성을 강조[4)]하였다. 성인을 대상으로 하는 교수활동은 성인의 경험에 기초해야 하고, 이러한 경험들은 성인들이 가지고 있는 가치 있는 교육적 자원이라는 신념은 성인교육에서 보편적인 원리로 받아들여지고 있다.

경험학습의 개념은 그 목적이나 내용에 따라 매우 다양한 관점이 혼재되어 있다. 경험학습은 다음의 4가지 유형으로 구분할 수 있다.[5)]

첫째, 삶과 일의 경험으로부터 형성된 사전학습에 대한 평가와 인정에 일차적인 관심을 갖는 관점이다. 이는 학습자의 비형식, 무형식 학습의 결과를 공식적으로 인정하여 학습자가 교육이나 직업훈련의 기회를 획득할 수 있도록 한다는 아이디어에서 비롯되었다. 기본적으로 공식적인 형태, 공식적인 교육의 장에서 이루어진 학습이 아닌 비형식, 무형식 학습을 통해서도 유용한 학습이 이루어진다는 점을 인정하는 것이다. 이는 사회적으로 인정하지 않는 비형식, 무형식적 학습의 교육적 가치가 주목받고 인정받게 되었다는 점에서 의의가 있다.

둘째, 고등교육 및 계속교육에 있어서의 변화에 관심을 갖는 관점이다. 이러한 관점에서는 학습자의 이전 경험은 계속적인 학습을 위한 자원으로써 가치 있게 활용된다. 또한 후속 학습들은 능동적이고 유의미하며 실생활의 주제들과 연관되어야 한다.

이러한 관점에 입각하여 경험학습의 과정에 대한 연구가 활발하게 이루어지고 있다. 이는 학습을 가시적인 결과에만 주목하여 보던 행동주의적 접근방식에서 탈피하여, 학습을 과정적 측면에서 보았다는 데 우선 큰 의의가 있다.

가장 대표적인 경험학습 이론가라고 할 수 있는 콜브(Kolb)는 경험학습이 1단계: 새롭고 구체적인 경험을 겪는 실제적인 경험단계, 2단계: 서로 다른 관점에서 경험을 해석하고 반성하는 반성적 관찰, 3단계: 이러한 관찰을 논리적으로 통합시키기 위하여 아이디어와 개념을 창출하는 추상적 개념화 단계, 4단계: 새로운 도전을 받고, 문제를 해결하고, 의사결정을 위해 새롭게 파생되는 이론이나 학습을 활용하는 행동적 실험단계 다음의 4단계 주기의 순환[6]을 통해서 발생한다고 보았다. 이러한 경험학습의 단계는 여러 가지 비판에도 불구하고 경험을 통한 학습의 본질적인 과정을 밝혔다는 데 큰 의의가 있다.

셋째, 집단의식화, 공동체 활동과 사회적 변화를 위한 기초로써 경험학습을 보는 관점이다. 이러한 관점에 의하면, 개인학습자들이 자신의 문제 사태를 인식하고 반성하여 그것으로부터 배우는 일도 중요하지만, 보다 근본적인 것은 학습자의 반성 활동 자체에 영향을 미치는 사회맥락적 요소를 스스로 인식하는 일이다. 이러한 관점에서는 개인의 경험에 영향을 미치는 사회맥락적 요소의 정체를 아는 것이 진정한 경험학습의 의미라고 주장한다.[7]

넷째, 개인의 성장과 발달의 기초로서 개인적·대인관계적 경험학습을 강조하는 분야이다. 이는 인본주의적 심리학과 심리치료 이론으로부터 영향을 받았다. 이는 집단에서의 다양한 활동을 통해 개인의 성장을 도모하려는 학습을 의미한다.

2) 경험학습의 인정 방법

일반적으로 인증(accreditation)은 형식적 학습으로의 인정이며, 일종의 권한 부여, 획득한 지식 또는 자격의 공식적이고 형식적인 확인을 의미한다. 학습자의 이전 경험을 공식적으로 인정하는 것과 관련하여 여러 가지 용어들이 사용되고 있다. 예를 들면 '경험학습의 검정(assessment of prior learning)', '경험학습의 인증(accreditation of prior learning)', '사전학습의 검증(validation of prior learning)', '성취수준의 인증(accreditation of achievement)', '선행 경험학습의 검정(assessment of prior experiential learning)', '현재능력의 인정(recognition of current competency)' 등이 그것이다. 한편, 검정(assessment)은 주로 개인과 관련하여 개인의 성취 정도를 평가하는 행위를 의미한다. 또한 평가(evaluation)는 프로그램, 교육과정, 기관과 같은 대상에 적용되는 관점이다. 그러나 일반적으로 이러한 용어들은 '경험학습인증'으로 부르고 있다.

경험학습의 인증은 학습출발점에서 이전의 학습을 사정하여 프로그램 이수 학습단위나 학점으로 인정하는 것이다. 경험학습인증은 학습의 공식성과 형식성의 차원에서 논의될 수 있다.

먼저, 공식성의 차원은 학습의 결과가 학력, 자격 등의 제도적인 인정과 관련된다. 이는 다음의 두 가지 경우로 구별된다. 먼저, '공식적 학습'이란 학습결과가 제도적으로 인정받는 경우를 말한다. 다음 '비공식적 학습'이란 학습결과의 제도적 인정과 무관하게 이루어지는 경우다.

한편, 형식성의 차원은 학습과정이 얼마나 구조화·제도화되어 있는가와 관련된다. 이 경우도 다음의 두 가지 경우로 분류된다. 먼저, '형식적 학습'이라는 것은 교육과정, 운영체제 등이 체계화되어 있는 경우를 말하며, 다음 '무형식적 학습'이란 교육과정, 운영체제 등이 융통성이 많고 상대적으로 자유로운 경우를 의미한다.

이 두 차원을 중심으로 학습현장에서 발생하고 있는 학습을 유형화하면 다음과 같다.

A. 정규교육기관 학습: 이는 공식적, 형식적 학습이 이루어지는 경우이다. 학제에 의한 학교 교육이 여기에 해당된다.

B. 일반 평생직업교육기관 학습: 이는 비공식적, 형식적 학습이 이루어지는 경우이다. 비록 정규 학교교육처럼 학습결과를 공식적으로 인증받는 것은 아니지만 상당한 정도 체계화된 교육과정으로 학습한다. 이러한 경우는 대부분의 평생교육기관과 직업훈련기관, 기업체의 직무 연수기관 등이다.

C. 일반경험학습: 이는 비공식적, 무형식적 학습이 이루어지는 경우다. 즉, 일상생활이나 일터에서 학습결과의 인증과 관계없는 학습이다. 이러한 유형의 학습은 최근 들어 교육적 가치와 경제적 효용성에 대한 인식이 높아지고 있다. 이 유형의 학습은 대부분 자기주도학습, 학습동아리 활동, 도제학습, OJT 등이 포함된다.

D. 자격인정 경험학습: 이는 공식적, 무형식적 학습이 이루어지는 경우이다. 즉, 학습의 결과는 공적으로 인증받을 수 있지만 학습과정은 무형식적으로 이루어지는 경우를 말한다. 이러한 유형은 가장 최근에 나타난 양상이라고 볼 수 있다. 이 경우에 해당되는 것으로서 기존의 각종 검정고시제도가 가장 대표적인 경우라고 볼 수 있고, 최근에는 대학의 학력을 인정하는 독학사제도, 문하생 학력인정제도 등이 새롭게 제도화되고 있다.[8)]

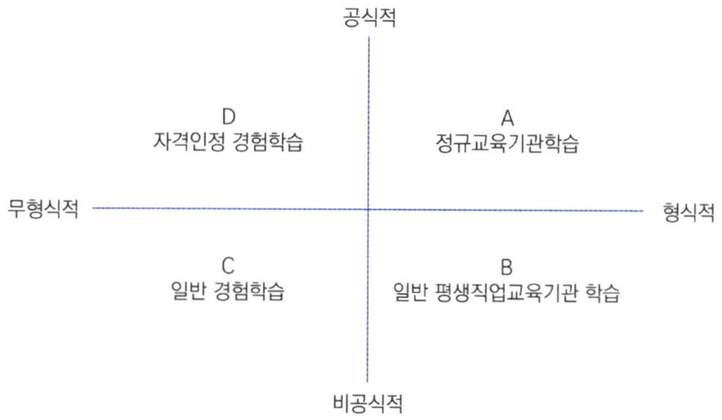

[그림 6-1] 공식성과 형식성에 의한 학습의 분류

출처: 최돈민 외(2000),『사내인정자격 등 경험학습의 평가인정 및 학점인정 방안 연구』. 한국교육개발원. 22.

이러한 학습의 유형들은 최근 들어 평생교육체제의 확립과 더불어 위의 분류 경계를 넘는 복잡한 양상을 나타내고 있다. 특히 전통적 교육 개념에서 교육과 훈련을 엄격히 구분하여 직업훈련을 학교교육으로 인정하지 않는 제도적 장애가 약화되면서 비공식적, 형식적인 성격의 전형적인 일반 평생교육기관에서 학점을 인정해 주는 학점은행제가 도입되고, 폴리텍대학, 사이버대학과 원격대학, 산업체의 기술대학과 사내대학 등이 공식적으로 인정받게 된 것은 B에서 A로의 전이라고 볼 수 있다.

한편, 독학사 제도, 문하생 학력인정제도 등은 일상생활에서의 자기주도학습, 학습동아리, 도제학습 등 무형식적 경험학습을 학력 또는 자격이 인정받는 경험학습으로 전이하는 제도(C → D)라고 할 수 있다.

이런 맥락에서 볼 때 사전경험의 인증은 기존에 C의 영역에 머물러 있었던 학습자의 경험을 D의 영역으로 인정하려는 동향 중의 하나라고 볼 수 있다. 즉, 이미 시행 중인 독학사 제도나 문하생 학력인정제도 등이 주로 비공식, 무형식적으로 이루어진 학습경험을 학교교육과 동등하게 인정하는 것이라고 한다면, 사내인정자격제도 등 사전경험의 인증은 주로 일의 세계에서 얻은 비형식적, 무형식적 학습을 일의 세계에서 공식적으로 인정될 수 있는 자격을 부여하는 제도라고 할 수 있다.

〈표 6-1〉 경험학습 인증의 두 영역

영역	제도	공통점	차이점
교육계	독학사제도, 문하생학력인정제도 등	• 사전학습경험의 인증 • 비공식적, 무형식적인 경험을 공식적으로 인정	학점, 학력 등 교육계의 자격 부여
직업계	사내인정자격 제도 등		면허증, 각종 자격증 등 직업계의 자격 부여

출처: 최돈민 외(2000), 위 책. 23.

이와 같이 경험학습의 인증은 공식적인 교육계와 직업훈련계 양 영역에서 종래의 비공식적, 무형식적 학습을 광범위하게 인정하기 위한 제도적 장치라고 볼 수 있다.

3) 외국의 경험학습 인정

형식교육 외부에서 일어나는 학습을 제도적으로 인정하는 것은 복잡하고 어려운 과제다. 이는 비형식적 학습을 평가하는 기준과 학습 성과의 정의를 요구한다. 또한 합의된 평가기법의 개발과 인증 방법 및 인증 결과의 이동성(portability of credits)에 관한 합의가 필요하다. 경험학습 인증을 위해서는 교육자와 고용주・노동조합 사이뿐만 아니라 다양한 교육 영역 내 및 영역 간의 다수의 이해관계자의 적극적인 참여와 합의가 선행되어야 한다. 정책결정자들은 매력적인 개념적 모형의 개발뿐만 아니라 쉽게 적용할 수 있는 실질적인 도구를 구안해야 한다.

1990년대에 많은 OECD 국가들은 비형식적 학습에 가시성을 부여하고자 많은 노력을 하였다. 이는 비형식적 학습을 평가하고 인증하며 자격 취득에 혜택을 부여하고 경력을 개발할 수 있는 인증 형태를 제공하는 것이다. 하지만 많은 나라에서 비형식적 학습에 가시성을 부여하는 것이 어려운 것으로 나타났다. 2019년 OECD[9]에서는 저학력, 저숙련자의 일 경험, 비형식 및 무형식 학습의 결과에 따라 획득한 역량을 인증하는 경험학습인증 제도를 구축하고 이를 활용할 것을 권고하고 있다.

독일과 오스트리아는 이 개념의 수용에 소극적이며, 이는 부분적으로 그들의 강력한 도제제도의 성공에 기인하는 것으로 보인다. 남부유럽 국가들은 이 개념을 긍정적으로 수용했지만 이를 도입하기 위한 법적・정치적 노력이 실질적 개혁으로 연결되지 못하는 경우가 많았다. 반면에 영국에서는 이 개념 수용에 적극적이다. 하지만 제도가 학교 현장에서 작동하는 것은 어려운 것으로 드러났다. 수용 가능한 자격 기준의 개발, 신뢰성, 타당성, 지나친 평가 경비 등이 문제로 제기되었다.[10)]

비형식적 학습의 인정과 공증에 대한 이러한 현실적인 장벽에도 불구하고 프랑스와 노르웨이 등 OECD 국가들은 이를 구현하기 위하여 많은 노력을 경주해 왔다. 프랑스에서는 1985년 경험학습인증 제도(VAE; Validation des acquis de l'expérience)를 구축하여 비형식적·경험적 학습을 확인하여 평가하는 전면적 체제를 도입하였다. 이 제도는 근로자의 직업적·교육적 계획과 경력을 모두 촉진하기 위해서 그들의 동기와 태도는 물론 직업적·개인적 능력을 평가받을 권리(bilan de compétence)를 피고용자에게 부여하였다.[11)] 프랑스는 1992년 직업경험으로 고등교육 학위 취득을 위한 시험을 일부 면제하는 제도(VAP; Validation des acquis de Professionnels)를 도입하였다. 그러나 VAP제도가 활성화되지 못하고, 노동시장의 비이동성과 비연속성, 단절이 증가하자 이를 해결하기 위하여 2002년 「사회적 현대화 법」(la loi de modernisation sociale)을 제정하여 경험학습인증 제도(VAE)를 재설계하였다. VAE는 국가직업자격목록(RNCP)에 등록된 모든 학위와 직업자격에 적용하고 학교나 대학에 다니지 않고 직업경험만으로 학위나 자격을 취득할 수 있다.[12)] 그 결과 2017년 프랑스에서는 경험학습인증을 통해 24,203건의 자격증을 수여하였으며, 2018년 13,650건의 학위가 수여되었다.[13)]

OECD 국가들은 비형식적 학습을 평가·인정하여 가시성을 확보하고, 자격취득에 혜택을 부여하며, 능력개발을 강화하고 있다. 학습 결과는 학습 장소와 시기, 학습 방법에 관계없이 학습에 의해 얻은 역량(competence)에 의하여 평가되고 인정받아야 한다. 학교 이외의 평생학습기관을 성인 친화적인 직업계속교육제도(Technical and Further Education)로 공인할 수 있는 체제를 갖추고 정규 교육기관 입학 시 경험학습을 사전학습으로 인정하는 호주가 대표적인 사례다.

평생학습은 학습이 개인 삶의 전 과정을 통하여 일어난다는 점을 강조한다. 형식 교육(formal education)뿐만 아니라 가정, 작업장, 지역사회 및 사회 전체에서의 비형식(nonformal), 무형식적(informal) 교육도 학습이 발생한다. 어떠한 학습의 형태를 취하든 학습은 생애 각 단계의 개인에게 새로운 것을 학습할 수 있는 기회가 주어지는 것뿐만 아니라, 계속학습(further learning)을 할 수 있도록 능력을 구비하고 동기가 부여되어야 한다.

각 학습의 장은 개인이 다양한 학습 단계를 통해 전이하고 발전할 수 있도록 다른 학습의 장과 연계되어야(linked) 한다. 따라서 학습은 적절한 연계와 경로를 창출하는 방향으로 조직하여 제공되어야 한다. 학습은 학교와 대학의 형식적 과정에서부터 가족, 지역사회 및 작업장에서의 다양한 유형의 경험에 이르기까지 많은 형태를 띠고 있으며, 다양한 장소에서 이루어진다. 모든 유형의 학습은 그 장소와 형태가 아니라 내용, 질 및 성과에 따라 인정되고 제도적으로 가시적(visible)으로 표출되어야 한다.

학습의 인증은 자격체제에서 보다 많은 학습을 포괄하도록 하며, 자격제도는 계속 학습과 직업기회 제공에 중요하다. 또한 교육의 종착점이 되지 않도록 다른 영역 간의 개선된 호환 통로가 필요하다. 마지막으로, 학습자가 보다 넓은 학습기회를 최대한 활용하기 위해, 필요한 정보와 안내를 받을 수 있도록 개선된 표지(signposts)로 작동한다.[14)]

2. 우리나라의 평생학습 결과 인정제도

우리나라의 평생학습 결과 인정은 방송통신중고등학교의 학점 인정제, 독학학위제, 학점은행제, 대학의 RPL제도, 평생학습계좌제 등이 있다.

1) 방송통신중고등학교의 학습경험인정제

한국교육개발원에서 운영하고 있는 방송통신중·고등학교에서는 학습경험인정제를 운영하고 있다. 2021학년도부터 실시하고 있는 학습경험인정제는 방송통신중·고등학교 학생들의 다양한 학교 외 학습경험을 심의하여 그에 해당하는 과목을 이수한 것으로 인정하는 제도다.

학습경험인정제는 평가인정받은 평생학습계좌제 이수 이력, 학력인정평생교육시설 및 학력인정 대안학교의 이수 과목, 입학 전 검정고시 과목 합격(중학교는 중학교 졸업학력 검정고시, 고등학교는 고등학교 졸업학력 검정고시)의 과목 증명서를 인정하고 있다. 또한 국가기술자격, 국가전문자격 및 공인민간자격을 인정하고 있다. 공공직업훈련시설 및 내일이룸학교(구 취업사관학교), 기술학교, 고등공민학교(중학교 과정 인정), 각종학교의 이수과목, 중학교 학력인정 문해교육프로그램(중학교 과정 인정), 국가무형문화재 보유자, 전승교육사(구 전수교육조교), 전수교육이수자, 6개월 이상 전수생, 대한민국명장, 숙련기술전수자, 우수 숙련기술자의 경력 증서, 시·도 교육감 개설 및 지정 운영 학습과정의 이수, 직업능력개발훈련과정의 이력 또는 직무능력을 각각 방송통신중학교 또는 방송통신고등학교의 과목 이수로 인정해 주고 있다. 학습경험인정제는 3학년 과정에 적용하고 있어 1, 2학년 교육과정은 필수적으로 이수해야 한다.

학습경험인정제는 교육과정에 편제된 과목을 심의를 통해 인정받을 수 있고, 인정받은 과목에 대해서는 수업과 시험을 면제받을 수 있으며, 인정받은 과목이 많은 경우, 최대 1년 조기졸업이 가능하다.[15)]

2) 독학학위제

학점은행제를 도입하기 이전에도 자기주도적 학습에 의해 대학 학사 학위를 취득할 수 있는 개방형 고등교육제도가 운영되고 있었다. 즉 한국 국민들의 높은 고등교육 수요와 대학 학위에 대한 열망에 부응하는 기존의 고등교육 유형 이외의 새로운 방식에 의한 대안적 형태의 학사학위 취득제도로서 연령에 관계없이 자학자습을 통한 학력을 국가기관이 실시하는 시험을 거쳐 인정받고 학사학위를 취득할 수 있는 제도로 독학학위제를 운영하였다.

1990년 4월 「독학에 의한 학위취득에 관한 법률」이 특별법으로 제정되면서 고등교육의 기회가 학교교육의 범주를 넘어 평생교육 차원으로 확대되는 계기가 되었고, 이는 고등학교 졸업과 동등 이상의 학력을 가진 독학자가 경제적·시간적 제약 때문에 대학에 진학하지 못하더라도 가정이나 직장, 사회에서 스스로 학습하여 쌓은 실력으로 시험을 통해 학사학위를 취득할 수 있는 기회를 부여함으로써 평생교육의 이념을 구현하고 개인의 자아실현과 국가사회의 발전에 이바지하도록 하는 데에 있다.

독학학위제에 개설된 학사학위 전공 분야는 문학사(국어국문학, 영어영문학, 심리학), 법학사, 행정학사, 경영학사, 이학사(수학), 공학사(컴퓨터공학, 정보통신학), 가정학사, 간호학사, 교육학사(유아교육학) 등 11개 전공으로 운영하고 있으며, 응시 인원이 극히 저조한 중어중문학, 수학, 농학 등 3개 전공은 신규 응시 폐지 전공이다.

독학학위제는 1단계 교양 인정시험으로 5과목(필수 3과목, 선택 2과목), 제2단계 전공기초과정인정시험으로 전공 선택 6과목, 제3단계 전공심화과정인정시험으로 전공 선택 6과목, 제4단계 학위취득종합시험으로 6과목(교양 2과목, 전공 4과목)에 걸쳐 검정하여 이를 통과하면 학사를 수여한다.

〈표 6-2〉 독학학위제 응시자격 및 학사학위 취득 과정

평가영역	단계	학사학위 취득	과목	응 시 자 격
학위취득자가 갖추어야 할 소양과 전문지식 및 기술을 종합평가	4 단계	학위취득종합시험	6 과목	대학의 3년 수료자, 학점은행제 등으로 105학점 이상 취득자 또는 교육부장관이 응시자격을 인정한 자
전공영역에 관하여 보다 심화된 전문적인 지식 및 기술을 평가	3 단계	전공심화과정 인정시험	6 과목	대학 및 전문대학의 2년 수료자, 학점은행제 등으로 70학점 이상 취득자 또는 교육부장관이 응시자격을 인정한 자
전공영역 학문연구에 필요한 공통적인 지식 및 기술을 평가	2 단계	전공기초과정 인정시험	6 과목	대학 및 전문대학의 1년 수료자, 학점은행제 등으로 35학점 이상 취득자 또는 교육부장관이 응시자격을 인정한 자
대학의 교양과정 수료자가 갖추어야 할 일반적인 교양을 평가	1 단계	교양과정인정시험	5 과목	고등학교 졸업자 또는 교육부장관이 응시자격을 인정한 자

독학학위제에 의해 1992년도에 학사학위 취득자 147명을 배출한 이래 지금까지 독학사 학위 취득자는 23,801명이다. 독학학위제가 운영된 30여 년 간의 지원자 및 학적 보유자의 변화 추이를 살펴보면 1996~1999년 사이에 하향 추세를 보이다가 2000년을 기점으로 증가 추세로 변화하였으나 2015년 이후 지속적으로 감소하고 있다. 이는 학점은행제의 도입, 사이버대학의 설치 등 다른 대안적 고등평생교육제도가 도입되어 학사학위 취득 방법이 다양하게 됨으로 인하여 독학학위 시험 지원자가 하향 추세를 보이는 것으로 판단된다. 「평생교육법」이 제정된 2000년 이후 다양한 고등교육 수준의 평생교육제도가 확대 실시되고 있는 것을 감안할 때, 사회적·교육적 환경의 변화에도 불구하고 독학으로 공부하고자 하는 학습자가 꾸준히 상존하고 있다는 것을 의미한다.

국가평생교육진흥원에서 운영하고 있는 독학학위제는 지금까지 30여 년간 고등교육 수준의 평생교육제도로서의 소명을 충실히 이행해 왔다. 특히 수준 높은 학사학위 소지자들을 사회에 배출함으로써 평생교육의 질을 높이고 평생교육에 대한 사회인의 인식을 바꾸는 데 앞장서 왔으며, 어려운 여건에서도 향학열을 불태우는 모든 사람들에게는 희망의 좌표를 제시해 오기도 했다.

3) 학점은행제

교육개혁위원회는 열린교육사회를 실현하기 위하여 학점은행제의 도입, 교육계좌제 도입 검토, 문하생제도를 통한 교육의 학력 인정 등의 정책방안을 제시하였으며, 이 위원회의 건의에 따라 1998년 학점은행제를 실시하게 되었다.

교육개혁위원회에서 학점은행제(Credit Bank System)를 도입하게 된 취지는 다음과 같다.

> 언제, 어디서나 개인이 객관적으로 평가·인정된 교육과정을 이수한 경우 학점으로 인정받을 수 있도록 하고, 이것이 누적되어 일정 기준을 충족하면 학위를 취득할 수 있도록 하는 학점은행제를 도입한다.[16)]

학점은행제는 교육개혁위원회에서 제시한 바와 같이 "교육시기의 열림, 교육기관의 열림, 중등교육의 열림, 대학교육의 열림을 통해, 늘배움의 열린 학습이 가능한 사회"로 정리하고 "누구나, 언제, 어디서나 원하는 교육을 받을 수 있는 길이 활짝 열려진 열린교육사회, 평생학습사회 건설"을 그 목표로 설정하였다.[17)]

학점은행제는 언제, 어디서나 학습자 개인이 객관적으로 평가·인정된 교육과정을 이수한 경우 학점으로 인정받을 수 있도록 하고, 이것이 누적되어 일정 기준을 충족하면 학위를 취득할 수 있도록 하는 방안이다.

학점은행제는 정보화·세계화 시대의 도래와 함께 지식·정보의 양은 폭증하고 그 생산과 소멸의 주기가 매우 빨라지고 있고 이에 따라 모든 국민에게 평생학습 기회를 보장하는 것이 각 개인의 성공적인 삶을 위해 절실히 요구되고 있다고 판단하고 누구나, 언제, 어디서나 원하는 공부를 할 수 있도록 열린 교육체제를 구축하고자 하는 제도다. 즉 학점은행제는 모든 사회구성원이 원하는 교육을 원하는 시간과 장소에서 받을 수 있도록 하기 위하여 '학교'라는 제도화된 교육기관을 통해서뿐만 아니라 교육훈련기관에서 일정한 학습 프로그램을 이수하거나 개인의 자기주도적인 학습 결과 등 국민들의 모든 학습 경험을 학점으로 인정하고, 이러한 학점이 누적되고 졸업에 필요한 조건을 충족하면 궁극적으로 학위를 수여하는 개방형 고등교육 제도라고 할 수 있다. 학점은행제는 학교 안팎의 다양한 학습과 자격을 학점으로 인정, 전문대학 또는 대학과 동등한 학위를 수여하는 개방형 평생학습제도로 학사 118개, 전문학사 111개 전공을 개설하고 있다.

학점은행제는 1997년 「학점인정 등에 관한 법률」을 제정하고 1998년 3월 2일, 61개 교육훈련기관에서 274개 학습과목을 시범적으로 운영하기 시작한 후 오늘에 이르기까지 27년이 경과한 제도이다. 학점은행제에 의해 성인학습자가 학점을 인정받을 수 있는 방법은 '평가 인정받은 학습 프로그램 이수 방법', '시험을 통하여 학점을 취득하는 방법', '자격증 취득을 통한 학점 인정 방법' 등으로 규정하였다. 이상의 학점을 누적하여 학습자가 취득한 학점이 학위취득 총학점을 이수하고 학위취득의 요건을 갖춘 경우 전문학사/학사 학위를 취득할 수 있도록 하였다.

학점은행제에 의하여 인정되는 학점은 개인의 다양한 학습경험, 즉 학점원을 학점으로 환산하여 인정하는 것으로 학점은행제 학습자 등록 및 학점인정을 통해 국가평생교육진흥원에서 학점은행 종합정보시스템에 의해 누적 관리하고 있다.

학점은행제로 인정받을 수 있는 학점원으로는 ① 학점은행제 평가인정 학습과목 이수, ② 국가자격 또는 국가공인민간자격 취득, ③ 독학학위제 시험합격 및 시험면제교육과정 이수, ④ 학점인정대상학교에서의 학습과목 이수, ⑤ 시간제 등록 이수, ⑥ 중요무형문화재 기・예능보유 및 전승교육 이수 학점 등이 있다. 학점은행제는 학점원의 다양성, 네트워크형 포괄 학습인증 등의 제도 특성은 형식적・비형식적・무형식적 학습경험을 포괄하여 학점으로 인정하는 열린학습을 추구하고 있다.

아울러, 학습자가 각종 학습 프로그램을 이수하고 누적된 결과가 학력인정 요건을 충족하는 경우에는 학력을 인정받을 수 있다. 이에 따라 학점은행제에 의하여 소정의 학점을 누적하고, 이를 인정받아 정규 (전문)대학에 편입학할 수 있도록 하였다. 즉 편입학하고자 하는 학년의 전 학년까지의 과정을 수료한 자와 동등 이상의 학력이 있다고 인정된 학습자는 전문대학 또는 대학에 편입학할 수 있다. 또한 학점은행제에 의하여 학사학위를 취득하거나 대학 졸업자와 동등한 학력 인정을 받은 자는 대학원에 입학할 수 있다.

국가평생교육진흥원은 학점은행제를 운영하는 주관 기관이다. 교육부장관이 고시하는 표준교육과정 개발, 국가평생교육진흥원장이 고시하는 교수요목 개발, 교육훈련기관 평가인정, 학습자 등록, 교육훈련기관 연수, 시・도 교육청 연수, 학점인정, 학위 수여 여부 결정, 자격증에 대한 학점인정 기준 마련, 각종 위원회 운영, 정보시스템 운영, 학습자 상담 등의 학점은행제와 관련된 집행부서로서의 역할을 담당하고 있다. 또한 국가평생교육진흥원은 학점은행제 운영을 위한 대부분의 행정 업무를 수행하고 있으며, 이와 더불어 학점은행제 제도 개선 등의 연구업무를 수행하고 있다.

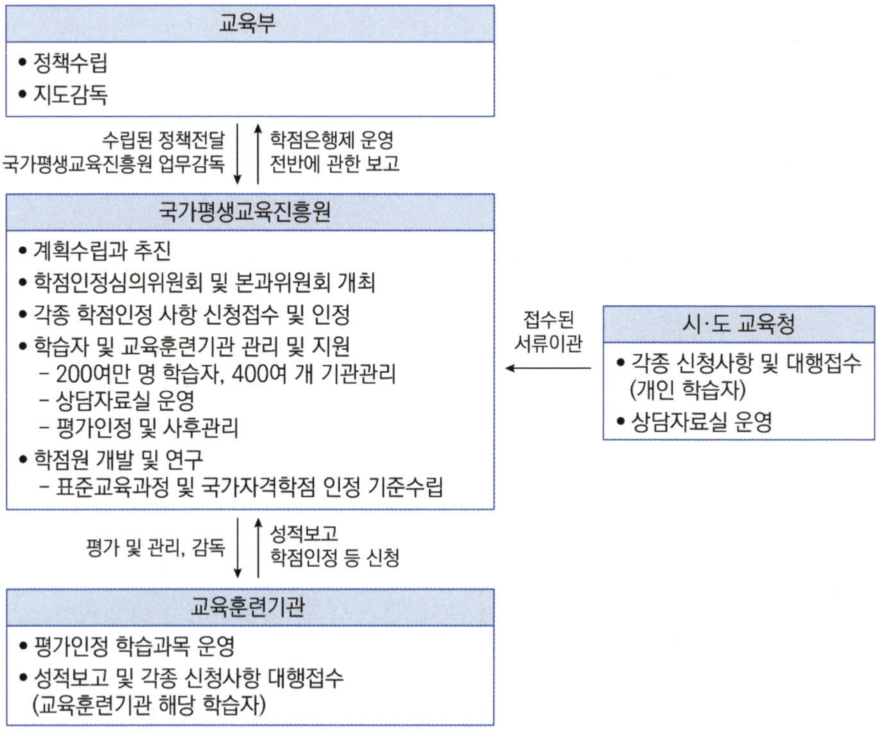

[그림 6-2] 학점은행제 운영 주체

시 · 도 교육청은 지역 학습자에 대한 학습자 등록 및 학점인정 등의 업무를 대행하여 국가평생교육진흥원으로 송부하고, 학습자 상담을 하는 업무를 맡고 있다. 교육훈련기관은 표준교육과정에 맞추어 평가 인정된 학습과목에 대한 수업을 실시하고 있으며, 소속 학습자에 대하여 국가평생교육진흥원에 성적 및 출석 현황 등을 보고하고, 사후관리를 받고 있다. 각 교육훈련기관은 교육과정을 제안하고, 소속 학습자 등록 및 학점인정 신청 등에 관한 기관 단위에서의 업무를 수행하고 있다. 이를 정리하면 [그림 6-2]와 같다.

학점은행제를 운영하고자 하는 교육훈련기관은 그 기관에서 개설하고 있는 학습과목에 대하여 전문대학이나 대학에 상응하는 질적 수준을 갖추었는지를 평가하여 학점이 부여되는 학습과목으로 평가인정받아야 한다. 이는 교육훈련기관에서 개설하는 학습과목의 질을 대학(교) 수준으로 제고·유지하고 국가가 교육훈련기관에서 개설하는 학습과목의 질을 인증함으로써 해당 교육훈련기관의 공공성과 해당 학습과목의 공신력을 제고하기 위함이다. 학점은행제로 평가인정받을 수 있는 대상기관은 기관운영실적 및 교육과정 운영실적 등의 일정 요건을 갖춘 교육훈련기관에 한하여 신청할 수 있다.

학점은행제 평가는 ① 법적기준평가: 평가인정을 신청한 교육훈련기관의 법적 기준 충족 여부 평가, ② 운영여건평가: 평가인정을 신청한 교육훈련기관의 대학(교) 수준의 교육과정 운영 여부 평가, ③ 학습과목별평가: 평가인정을 신청한 학습과목들의 학점 부여 기준 도달 여부 평가로 3개 영역에 걸쳐 평가하고 있다.

학점은행제 학습자는 지금까지 계속적인 증가를 보이고 있다. 학점은행제가 본격적으로 운영되기 시작한 2000년 이후 연간 학습자 등록 현황을 보면 2000년에 11만 732명에서 2023년에는 14만 4천761명이 등록하여 누적 학습자 수가 약 230만 명이다.

학점은행제에 의한 학위취득자도 〈표 6-3〉에서와 같이 2000년 이후 매년 급증하고 있는 추세다. 학점은행제 시행 초기에는 전문학사와 학사 학위 취득자가 3:1의 비율로 전문학사 취득자가 높았으나 점차 학사 학위 취득자가 증가하고 있다.

〈표 6-3〉 학점은행제 학위 취득자수 및 정규 대학(교) 학위취득자 총수

(단위: 명)

연도	전문학사			학사		
	교육부 장관	대학의 장	소계(A)	교육부 장관	대학의 장	소계(B)
1992~2018	347,788	5,485	353,273	324,249	48,963	373,212
2019	22,114	259	22,373	27,537	5,177	32,714
2020	23,902	351	24,253	30,074	4,738	34,812
2021	28,797	450	29,247	34,206	4,607	38,813
2022	30,163	329	30,492	40,096	4,226	44,322
2023	30,836	335	31,171	40,542	4,021	44,563
2024(상반기)	15,455	99	15,554	18,776	1,992	20,768
누계	499,055	7,308	506,480	515,480	73,724	589,204
	1,095,567					

출처: 교육부 보도자료(2024. 2. 22). 학점은행제·독학학위제 3만 4천여 명 학위 취득, 사회 곳곳에서 변화 이끌어.

2023년 현재 학점은행제 평가인정 교육훈련기관은 총 402개 기관이다. 학점은행제 평가 인정 교육훈련기관을 기관유형별로 나누어 보면 4년제 대학 부설 평생교육원이 126개 기관으로 전체 교육훈련기관 중 31.3%를 차지하고 있으며, 다음으로 전문대학 부설 평생교육원이 57개 기관, 14.2%를 차지하고 있어 전문대학/대학 부설 평생교육원, 전문대학 전공심화 특별과정, K-MOOC 등 대학에서 운영하는 기관이 전체의 48.3%를 차지하고 있다. 평생교육시설이 196개(26.4%), 직업훈련시설이 56개(13.9%)를 차지하고 있다.[18] 원격교육을 실시하는 교육훈련기관은 91개로 22.6%를 차지하고 있다. 2023년 현재 학점은행제에 의해 평가 인정받은 교육훈련기관은 〈표 6-4〉와 같다.

〈표 6-4〉 유형별 학점은행제 평가인정 교육훈련기관 현황

(단위: 개, %)

기관 유형		기관 수	비율(%)
대학(교) 부설 평생교육원 등	대학 부설 평생교육원	126	31.3
	전문대학 부설 평생교육원	57	14.2
	전공심화 및 특별과정	3	0.7
	K-MOOC	8	2.0
	소계	194	48.3
직업훈련시설		56	13.9
평생직업교육학원		9	2.2
특수학교 및 고등기술학교		7	1.7
정부 · 지자체 등 교육시설		30	7.5
평생교육시설		106	26.4
계		402	100.0

출처: 교육부 · 국가평생교육진흥원(2024). 2023 평생교육백서, 349.

학점은행제는 기존의 전통적 교육기관에서 학점으로 인정되던 학점만을 인정하는 것이 아니라, 비전통적 방식에 의한 학점을 다양한 기준으로 인정하고, 지역별 · 유형별 다양한 특성을 지닌 400여 개의 기관에서의 학점을 인정받는 다양성을 갖고 있다.

학점은행제는 외국의 다른 제도와 비교하여서도 개방성에서 앞선 제도이다. 외국의 제도는 제도 내의 개방에 국한되어 있는데, 학점은행제는 자체제도뿐만 아니라 타 제도 이수자를 포함하고 있으며, 입학기회의 개방, 교육기관의 개방 등 열린 평생학습사회를 실현하고 있다.

학점은행제와 동시에 제안한 문하생 학력인정제도는 학점은행제로 포함하여 운영하고 있다. 문하생 학력인정제는 전통문화예술 중 특수 분야에서 문하생 제도를 도입하여 도제식 교육을 받고 있는 학생들에게도 학력을 인정해줌으로

써 개별 교수-학습이 불가피한 특수전문분야에서의 효과적인 학습 및 능력개발을 촉진하기 위하여 도입되었다.

4) 대학의 RPL제도

대학의 경험학습인정제(RPL, Recognition of Prior Learning)는 성인들의 대학진학을 유도하기 위하여 교육기관 바깥의 학습경험을 포괄적으로 인정하여 대학의 학점으로 인정하는 제도다.

학습자의 선행학습 과정 중 습득한 기술 및 지식 등을 평가 범위에 포함한 국내 대학의 학습경험 인정 범위는 「고등교육법」 제23조(학점인정 등)과 「고등교육법 시행령」 제15조(학점인정의 범위 및 기준 등)에서 명시하고 있다. 「고등교육법」 제23조(학점인정 등)에서는 "학교는 학생이 다음 각 호의 어느 하나에 해당하는 경우(해당 학교에 입학하기 전의 경우를 포함한다)에 대통령령으로 정하는 범위에서 학칙으로 정하는 바에 따라 이를 해당 학교에서 학점을 취득한 것으로 인정할 수 있다"고 하고 그 범위를 다음과 같이 지적하고 있다.

〈「고등교육법」 제23조(학점인정 등)에 의한 학점 인정 범위〉

1. 국내외의 다른 학교에서 학점을 취득한 경우
2. 「평생교육법」 제31조제4항, 제32조 또는 제33조제3항에 따른 전문대학 또는 대학졸업자와 동등한 학력·학위가 인정되는 평생교육시설에서 학점을 취득한 경우
3. 국내외의 고등학교와 국내의 제2조 각 호의 학교(다른 법률에 따라 설립된 고등교육기관을 포함한다)에서 대학교육과정에 상당하는 교과목을 이수한 경우
4. 「병역법」 제73조제2항에 따라 입영 또는 복무로 인하여 휴학 중인 사람이 원격수업을 수강하여 학점을 취득한 경우
5. 「학점인정 등에 관한 법률」 제7조제1항 또는 제2항에 따라 교육부장관으로부터 학점을 인정받은 경우
6. 국내외의 다른 학교·연구기관 또는 산업체 등에서 학습·연구·실습한 사실이 인정되거나 산업체에서 근무한 사실이 인정되는 경우

「고등교육법」 제23조제2항에서는 학점인정의 기준과 절차 등 제1항제6호에 따라 학점을 인정하는 데 필요한 사항은 대통령령으로 정하는 바에 따라 학칙으로 정한다고 규정하고 있다.

「고등교육법 시행령」 제15조에서는 학점인정의 범위 및 기준 등을 규정하고 있다. 먼저 「고등교육법」 제23조제1항제1호부터 제3호까지 또는 제5호 중 어느 하나 이상에 해당하는 경우 ① 해당 학교가 제13조제1항에 따라 다른 국내대학이나 외국대학과 공동으로 운영하는 교육과정을 이수한 경우는 대학 간 협약을 통해 정하는 학점 인정의 범위 이내, ② 해당 학교가 제13조의2제1항에 따라 외국대학으로 하여금 운영하게 한 교육과정을 이수한 경우는 대학 간 협약을 통해 정하는 학점 인정의 범위 이내, ③ 위 2가지 사항 이외의 경우 졸업에 필요한 학점의 2분의 1 이내로 인정할 수 있다. 또한 군에 입대하여 학점을 이수하는 경우 학기당 6학점 이내, 1년 12학점 이내, 다른 학교·연구기관 또는 산업체에서 학습·연구·실습한 경우 졸업에 필요한 학점의 4분의 1 이내로 규정하고 있다.

RPL제도를 적용하는 대학은 대부분 대학의 평생교육체제지원사업(LiFE사업)이나 전문대학의 고등직업교육거점지구사업(HiVE사업)을 수행하고 있는 대학 중심으로 운영하고 있다. LiFE사업을 운영하고 있는 30개 대학 중 일반대학 18개, 전문대학 6개 대학 등 총 24개 대학에서 학습경험인정제(RPL)를 운영하고 있다.[19]

5) 평생학습계좌제

학점은행제와 동시에 교육개혁위원회에서 건의한 평생학습계좌제는 2000년 제정된 「평생교육법」에 명시되었으나 운영의 틀, 예산 확보, 정보시스템 미비 등 정책적 무관심과 우선순위에서 밀려 2008년부터 실행되고 있다. 평생학습계좌제는 성인 학습자의 학습 결과를 체계적으로 누적 관리하여 학습 결과를 사회적으로 인증하고 활용하기 위한 제도다. 그러나 평생학습계좌제를 실시하려면 국가자격체제(National Qualification Framework)가 구비되어 각종 평생교육 프로그램의 등급화와 단위가 결정되어야 하나 이러한 제도를 갖추지 못하고 있다.

2007년에 「평생교육법」이 개정되면서 제23조가 “국가인적자원의 효율적 개발과 관리의 차원에서 국민의 개별학습에 대한 경험을 종합적으로 관리하는 제도”로서 평생학습계좌제 운영을 위한 실행 근거를 규정하였다. 2008년에 평생학습계좌제가 국정과제로 채택되어 본격적으로 추진되었다. 평생학습계좌제는 평생학습결과 인증과 학습 이력의 누적 · 관리를 사업 내용으로 하고 있다. 개인은 다양한 평생학습 경험을 개인별 학습계좌에 누적 · 관리하고 체계적인 학습설계를 지원받고, 학습결과를 사회적으로 활용할 수 있다. 학습경험을 자기 주도적으로 관리하고 또 그 경험을 사회적으로 인정받아 개인의 필요에 따라 활용할 수 있다.

평생학습계좌제는 ‘학습과정 평가인정’, ‘학습이력관리시스템’, ‘학습결과 활용’으로 구성되어 서로 유기적으로 연계되어 운영된다. 먼저 학습과정이 일정한 법적 기준을 충족하는지 여부를 ‘평가인정’하여 ‘학습이력관리시스템’의 개인 학습계좌에 학습결과를 등록 · 관리하고, 해당 학습이력을 사회적으로 활용하는 제도다.

평생학습계좌는 시행 첫해인 2010년 977명으로 시작해서 2023년에 77,112명이 등록되어 전체 595,711계좌가 있다. 특히, 2020년은 국가적으로 법정의무교육 이수가 강화되면서 평생학습계좌제에서도 연계서비스가 시범으로 제공되어 학습계좌 개설자가 비약적으로 증가한 특이점이 있다. 평생학습계좌는 매년 지속적으로 증가하고 있다.

〈표 6-5〉 연도별 학습계좌 개설 현황

(2023. 12. 31. 기준/단위 명)

연도	2010~2018	2019	2020	2021	2022	2023	계
개설 수	77,859	19,135	325,363	42,640	53,600	77,112	595,711

출처: 교육부・국가평생교육진흥원(2024). 위의 책, 180.

학습이력관리시스템에서 학습계좌를 개설한 학습자는 학력, 자격, 경력, 평생학습 이수이력, 기타 활동사항을 기록・누적하고 관리할 수 있다. 해당 이력을 기반으로 학습이력 진단과 설계를 위한 기초자료로 활용할 수 있다. 2023년 기준 신규 등록 학습이력 건수는 총 138,360건으로 그중 평생학습 이수 이력이 129,937건으로 가장 높게 나타났고, 이어서 자격(2,540건), 학력(2,218건), 경력(1,972건), 기타(1,693건) 순으로 나타나고 있다.

평생학습계좌제 학습과정 평가인정은「평생교육법」제23조 및「평생학습계좌제 학습과정 평가인정 등에 관한 규정」에 근거하여 평생교육기관 등의 학습과정을 평가인정 기준에 따라 평가하여 학습계좌에서 관리할 학습과정으로 인정하는 것이다. 평생교육기관의 평생교육 프로그램을 국가 차원에서 공식적으로 평가 인정하여 학습과정에 대한 학습자의 신뢰도를 높이고, 질적 수준 향상을 도모하고 있다. 평생학습계좌제 평가인정 대상 기관은「평생교육법」제2조제2호에 해당하는 평생교육기관 또는「평생교육법」제16조제1항에 따라 평생교육진흥사업을 수행하는 국가 및 지방자치단체(산하기관 등 포함) 중 평생교육사가 배치한 기관이다.

평생학습계좌제 학습과정 평가인정을 통해 등록된 학습과정은 총 3,173개로 학습과정 평가인정과 평가면제 등의 절차를 학습이력관리시스템에서 등록하여 관리되고 있다.

「초・중등교육법 시행규칙」제37조에 근거하여 만 18세 이후의 성인학습자가 평생학습계좌제 평가인정 학습과정 중 검정고시 연계 학습과정을 90시간 이상 이수하여 해당 과목의 시험을 면제받을 수 있다. 이를 위해 평가인정 학습과정 중 검정고시 과목 면제 평가를 신청한 학습과정을 대상으로 검정고시 면제 연계 과목 및 학습과정의 학력 수준(초졸, 중졸, 고졸)에 대한 평가를 실시하고 있다. 단, 초졸 검정고시는 국어, 수학을 제외한 기타 시험과목으로, 중졸 및 고졸 검정고시는 국어, 수학, 영어를 제외한 기타 시험과목을 대상으로 면제 평가를 실시한다. 검정고시 연계 평가는 2012년부터 시작되어 총 누적 학습과정 수는 8,462개다.[20)]

평생학습계좌제는 국가평생교육진흥원에서 운영하고 있는 학습이력관리시스템(www.all.go.kr)이라는 온라인 학습플랫폼 기반으로 회원으로 가입하면 개인별 학습계좌가 부여되고 학습이력이 누적 관리된다. 학습이력관리시스템은 개인 학습자의 학습이력 관리와 평가인정 학습과정 및 교육기관의 정보를 제공하고 있다. 학습자는 학습계좌를 발급한 후 학력, 경력, 자격, 평생학습이수, 기타 학습 활동의 다양한 평생학습 경험을 누적·관리할 수 있고 이를 바탕으로 학습이력 진단 및 설계, 평생학습 이력증명서를 발급받을 수 있다. 학습계좌에 누적된 다양한 학습이력 중 본인이 희망하는 항목을 선택하여 평생학습이력증명서를 발급받을 수 있다. 2019년부터 정부24와 연계하여 평생학습이력증명서를 발급받을 수 있고, 2023년부터 공공마이데이터 플랫폼과 연계하여 본인 및 제3자에게까지 평생학습이력증명서의 데이터를 제공할 수 있게 되었다.

그러나 평생학습계좌제는 학습결과가 학력이나 자격 취득과 연계되어 있지 못해 그 활용도가 떨어지고, 평가인정과목이 교육 프로그램의 일부만 되어 있어 외국처럼 모든 학습과정을 수준별, 단위별 평정하는 시스템도 아니며, 외국과 같이 학습비 지원 방식도 아니다. 평생학습계좌제는 미국의 개인훈련계좌(ITA; Individual Training Accounts), 독일의 훈련바우처(Training Voucher),

유럽의 개인학습계좌(Individual Learning Accounts)와 달리 학습비를 지원하는 것이 아니라 성인의 학습결과를 누적 관리하는 제도다.

3. 평생학습 결과 인정을 확장하기 위하여

형식, 비형식, 무형식 학습은 등가성을 가지고 연계되어야 한다. 어떠한 학습 형태든 학습결과는 다양한 학습 단계를 통해 전이하고 발전할 수 있도록 다른 학습의 장과 연계되어야 한다. 따라서 학습은 적절한 연계와 경로를 갖추어 다른 학습으로 연계(linkage)되도록 조직하여 제공되어야 한다.

학습은 학교와 대학의 형식적 과정에서부터 가정, 지역사회 및 직장에서의 다양한 유형의 경험에 이르기까지 다양한 장소에서 이루어지고 그 학습 형태도 다양하다. 어떠한 시간과 장소에서 일어나든 학습은 그 장소와 형태에 의해 학습 결과로 인정되는 것이 아니라 내용, 질 및 성과에 따라 공식적으로 표출(visibility)되어야 한다.

학교 밖의 학습결과를 인증하는 방식이 학위로 연결된 것은 동양의 유교적 전통에 기인한다. 학교의 졸업장은 교육받은 사람으로서 사회적으로 인식되기 때문에 학위 취득을 위한 열망이 높다. 이는 서구 사회가 자격제도 중심으로 비형식, 무형식 학습을 인증하는 것과 차이를 보이는 이유다.

1) 경험학습 인증체제 구축을 위한 과제

경험학습의 인증은 성인의 계속교육 기회를 확대할 수 있다. 직장·사회에서 체득한 지식·기술 등의 경험학습 결과를 평가하여 대학 신·편입학 기회를 부여하고, 학점을 인정함으로써 '일터에서 학교로의 이행(Work to School)'을 통하여 지속적인 학습을 촉진한다.

평생학습 체제를 구축하려는 대부분의 선진국 대학들은 포트폴리오 평가, 시험이나 테스트의 합격, 추천 등과 같은 방법을 통해서 성인들의 사전 학습을 인정하여 대학의 교육과정과 연계시키고 있다. 먼저 포트폴리오는 경험을 통한 개인 노력의 결과, 성과, 업적 등을 수집하여 시간의 흐름에 따라 선택적으로 기록한 것으로 성인 개개인이 과거의 삶이나 직장의 경험을 습득한 내용에 대한 수월성과 능력을 증명할 수 있도록 고용주나 전문가 추천서, 수료한 교육과정이나 워크숍의 성적표, 수행능력을 나타내는 영상, 프로그램을 성공적으로 수료한 증명서, 시험성적 등의 자료를 포함해야 한다. 시험 합격을 통한 방법은 학습자가 교수와 만나거나 교과목을 수강하지 않고, 독학으로 학습한 과목에 대한 시험을 치르고 이를 통과하면 학점을 인정받는 방법이다.

오늘날 성인 학습자들은 어떤 형태로든 교육을 받고 있다. 직장인은 사내에서 학습의 결과로 평가하여 승진 등에 이를 반영하고 있다. 그러나 이러한 학습 결과는 그 회사에서만 학습결과를 인정하고 있어, 전직 등의 경우는 이를 인정받지 못하고 있는 실정이다. 이들 학습경험이 학점으로 인정되려면 국가가 정한 표준교육과정의 내용에 부합되어야 하므로 모든 학습 경험 인증에는 한계가 있다. 또한 ICT 등 급속한 변화를 국가 교육과정에 제대로 반영할 수 없고 국가가 교육내용을 통제하는 우를 범하게 되어 새로운 지식과 기술을 습득하는 데 오히려 장애물로 작용하게 된다.

성인들은 현장에서 직무교육(OJT)에 의하여 상당한 학습이 이루어지고 있음에도 이를 학습의 결과로 인정받지 못한다. 현재 경험학습의 결과는 자격증 취득을 통하여 유일하게 학습결과를 인정받을 수 있다. 「학점인정 등에 관한 법률」에 의하여 국가기술자격을 포함한 국가자격과 국가공인민간자격을 학점으로 인정받을 수 있다. 그러나 경험학습의 결과로 취득하는 자격증의 경우는 대부분 기술·기능 분야에 국한되어 있기 때문에 인문사회계, 예체능계 분야에서는 경험학습을 인정받기 위한 별도의 대책이 수립될 필요가 있다. 여기에는 포트폴리오 평가, 과업중심 평가 등이 검토될 수 있다.

경험학습 인증제도를 활성화하기 위해서는 다음과 같은 원칙이 준수되어야 한다.

첫째, 경험학습의 평가·인정을 통한 신·편입학 기회와 학점 인정은 대학에 위임해야 한다. 경험학습은 직장 및 일상생활에서의 경험, 취미와 재능, 자기주도 학습, 학력으로 인정되지 않는 비정규교육기관의 학습, 현장훈련(OJT, Off-JT), 각종 자격 시험 결과, 사이버학습, 해외에서의 교육·훈련·경험 등을 포함하며 평가인정은 포트폴리오 시험, 프로그램 등의 평가 방법이 있다.

둘째, 경험학습 인증을 실시하는 대학에 대해 예산을 지원한다. 경험학습을 인증하여 실시하는 대학은 일정 기간 시범기간을 거쳐 연차적으로 확대한다. 경험학습을 평가·인증하는 대학은 계획서를 교육부에 제출하여 승인을 받는다. 경험학습을 인증하는 대학은 대학 평가의 별도 평가 영역으로 평가하여 예산을 지원한다.

셋째, 경험학습 인증 수혜자가 근로자임을 감안하여 시간제 등록·사이버 교육의 활성화, 주말 교육프로그램 도입 등을 통해 근로자의 고등교육 접근기회를 확대해야 한다. 기본적으로 경험학습 인증은 직업교육중심대학을 지향하는 대학에서 실시 가능할 것으로 예상된다.

넷째, 경험학습 결과의 평가·인증을 통한 자격을 부여해야 한다. 그리고 직업현장에서 습득한 능력을 평가하여 자격취득 시 우대함으로써 '일터에서 일터로의 원활한 이행(Work to Work)'을 촉진해야 한다. 능력 평가에 따라 필기시험, 실기시험의 일부 과목을 면제하며, 중장기적으로 사내자격을 포함한 자격 체제를 정비할 필요가 있다. 현재 국가기술자격 응시요건으로 직장경험을 인정하고 있다.

경험학습 인정은 포트폴리오의 양과 질을 평가자들이 심사하는 방식을 취한다. 관련 자료가 확실하면 평가결정에 참여한 주제전문가가 지원자들이 제출한 증거물들과 지원서를 모두 사정하고, 인터뷰까지 총괄한다. 그렇지 않으면, 추가적인 증거물을 요구하게 된다. 경험학습 인정은 형식학습 이외에 비형식, 무형식 학습 등 학습과정을 인정하는 것이 아니라 학습 결과를 사회적으로 인정하는 공식적인 인식 전환이다.

2) 자격과 학력의 호환 시스템 구축

자격은 학력과 마찬가지로 지식과 능력을 갖춘 징표이다. 그러나 취학률이 높아지고 대부분의 적령 인구가 학교를 졸업하는 시점에서는 학력이 더 이상 능력을 갖추었다는 신호체제(signalling)로 작동하지 못한다. 자격이란 특정한 직무와 관련하여 개인의 능력을 평가한 결과를 공인하는 것이다. 개인의 능력은 교육기관에서 일정한 과정을 이수하였거나, 본인의 학습계획에 따라 경험학습을 통해 배운 것이 일정한 기준에 도달하면 된다. 자격은 사회적 관점에서 우수한 산업인력을 확보하는 수단으로, 개인의 입장에서는 취업 시 유리한 조건을 확보하거나 본인의 능력을 입증하는 수단이다.

따라서 학교교육 단계부터 자격 수준을 정하고 특정 수준에 도달하도록 국가정책으로 설정하고 있다. 범국가적 차원에서 국가자격체제(National Qualification Framework)를 설정하는 것이다. 이는 산업체의 직무분석에 기초하여 국가직무능력표준(NCS; National Competence Standard)을 설정하고 이의 수준에 따라 체제를 구축한 것이다.

잉글랜드가 이 기준을 설정한 후 스코틀랜드, 웨일즈, 북아일랜드, 호주, 뉴질랜드 등 많은 국가가 독자적인 자격 체제를 갖추었다. 잉글랜드는 산업체, 학계, 정부가 산업현장의 직무분석을 토대로 일반직업자격(GNVQ; General National Vocation Qualification)과 국가직업자격(NVQ; National Vocational Qualification)을 만들었다.

NVQ는 원래 근로자의 전문능력을 평가하기 위한 자격제도로 직업영역의 훈련과정과 연계되어 있는 자격제도다. 국가가 기준을 제시하여 직업기술 자격의 질을 관리하고자 하는 것으로 NVQ의 각각의 직업에 대한 자격 기준은 그 분야에 종사하는 산업계 인사들이 설정하였다.

그런데 기존의 5단계 국가직업자격체제(NVQ)는 2006년부터 8단계의 국가자격체제(NQF)로 재편되었다. 8단계의 새 자격체제와 기존의 5단계 체제의 가장 큰 차이는 고등교육 분야를 세분화함으로써, 고등교육단계에서 접근성과 포괄범위를 넓힌 점이다.

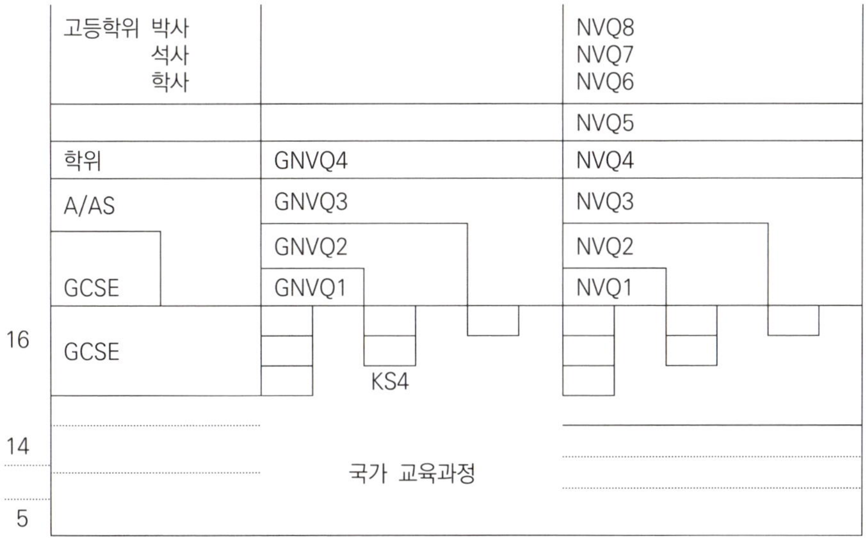

[그림 6-3] 잉글랜드의 국가자격체제

주: GCSE: General Certificate of Secondary Education(일반중등교육자격시험)
GNVQ: General National Vocation Qualification(국가일반직업자격)
NVQ: National Vocational Qualification(국가직업자격)
KS4: Key Stage4(GNVQ에 공통적인 주요 기술)
A/AS: General Certificate of Education, Advanced Level

〈표 6-6〉 영국의 국가자격체제

<table>
<tr><th colspan="2">국가 수료 학위 구조(NQF)</th><th>고등 교육 자격 체제(FHEQ)</th></tr>
<tr><td>이전 분류
(괄호 안은 학위의 예)</td><td>현재 분류(예)</td><td>분류(예)</td></tr>
<tr><td rowspan="2">5단계
(건축 분야 5단계 NVQ)
(번역사 5단계 디플로마)</td><td>8단계
전문 학위</td><td>D(doctorals) 박사학위</td></tr>
<tr><td>7단계
예: 7단계 번역학 디플로마</td><td>M(masters) 석사학위
대학원 디플로마 과정</td></tr>
<tr><td rowspan="3">4단계
4단계 국립 디플로마 과정(예: 전문 생산관리 국립 디플로마)
4단계 BTEC(산업기술 교육심의회) 디플로마 과정(예: BTEC 입체 디자인 디플로마 과정)
4단계 저학년 지도과정 수료증</td><td>6단계
예: 전문 생산관리 국립 디플로마</td><td>H(honours) 학사학위
또는 그에 응당하는 학위
디플로마 과정</td></tr>
<tr><td>5단계
예: BTEC 입체 디자인 디플로마 과정</td><td>I(intermediate) 고등교육 및 계속교육 디플로마 과정
파운데이션 과정
기타 고등 교육 수료증</td></tr>
<tr><td>4단계
예: 저학년 지도과정 수료증</td><td>C(certificate) 고등 교육 수료증</td></tr>
<tr><td colspan="2">3단계
예: 동물 보호 전문 수료증
예: 우주공학 NVQ(국립 직업 학위 수료증)
A levels(정규 대학 준비 과정, 16세에서 18세 사이의 대부분의 인문계 과정 수료자격증)</td><td rowspan="4"></td></tr>
<tr><td colspan="2">2단계
예: 미용사 디플로마
작물농업 디플로마
GCSE(중등 교육 수료 자격증)에서 A*-C 등급 취득</td></tr>
<tr><td colspan="2">1단계
예: 자동차 관리 수료증
GCSE(중등 교육 수료 자격증)에서 D-G 등급 취득</td></tr>
<tr><td colspan="2">시작 단계(ENTRY)
예: 성인문해 수료증</td></tr>
</table>

새로운 자격체제 안에서 직업 분야 계속교육과 관련하여 가장 눈에 띄는 부분은 파운데이션 학위의 위상을 분명히 한 점이며, 5단계 수준(고등교육 전반부)의 자격을 제공하는 기관을 고등교육기관 외에 계속교육기관까지 확대한 점도 주목할 만하다.

호주는 10단계의 국가자격체제(AQF, Australian Qualification Framework)를 갖추고 직업계속교육과 자격(certificate)을 중등학교와 대학 각 학년과 일치시켜 자격과 학력의 호환성을 부여하고 있다.[21] 자격을 취득할 때 부과되는 시험과 현장 경험에서의 비형식학습(nonformal learning)을 RPL로 인정하여 학교단계의 진입 시 일정한 학점이나 이수 결과, 학력으로 인정하는 것이다. 따라서 RPL은 학위와 자격으로 연계되고, 자격이 학력으로 호환될 때는 RPL이 작용한다.

자격은 학력과 호환성(transferability)을 갖추어야 한다. 자격은 학력으로 전환할 수 있어야 하고, 학력도 자격 취득과 연계할 수 있어야 한다. 서로 다른 자격도 부분적으로 상호 호환이 가능하다. 이러한 호환성은 한 영역에서 학습으로 습득한 인간의 능력은 다른 영역으로 전이가 가능하다는 이론에 근거를

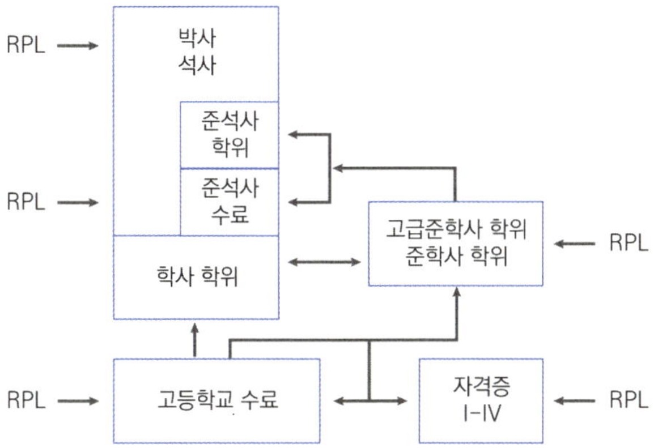

[그림 6-4] 호주의 경험학습 인정 방법

두고 있다. 자격과 학위 및 학점 간의 호환성 제고는 직업교육과 직업훈련의 연계, 인문교육과 직업교육 간의 연계를 통해 직업교육에 대한 사회적 인식을 높일 수 있다.

3) 경험학습과 국가자격체제의 연계

평생학습 인증에서 고려해야 할 사항은 국가가 정해진 틀을 미리 설정하고 이에 근거하여 국가가 인증할 것인가 하는 점이다. 국가는 인증을 위한 틀만 제시하고, 이의 인증 여부는 대학, 자격 부여 기관 등 활용 기관에서 자유로운 판단에 의해 이루어져야 한다. 여기서 틀이란 국가자격체제(National Qualification Framework)를 의미한다. 국가자격체제는 수준을 정하고 학습 결과가 어느 수준에 해당하는가는 개별 기관 또는 기관 간의 연합체 등에서 판단하도록 한다. 우리나라에서도 2015년부터 국가직무능력표준(NCS)을 개발하여 활용하고 있으나 한국자격체제(KQF, Korean Qualification Framework)를 완성하지 못해 그 활용도가 떨어지고 있다.

모든 학습 결과를 국가자격체제(NQF)와 학제 등을 고려하여 개인 학습자가 표준화된 척도에 의해 자신의 경험이나 학습을 누적 관리해야 한다. 표준화된 학습체제는 기본적으로 연령, 발달단계, 가족생활주기, 생활양식 등을 감안하여 다양한 차원으로 설정한다. 표준화 척도는 교육부와 고용노동부에서 주관하여 추진한 NCS를 국가자격체제로 완성할 필요가 있다.

일정한 수준 이상으로 평가받은 모든 종류의 평생직업교육기관 및 프로그램과 모든 종류의 사회활동 및 직업경력, 자율적인 자기개발 교육 활동과 경험까지 확대할 필요가 있다.

학교교육이 지배적인 학력 위주 사회에서는 학교 밖에서 이루어진 다양한 학습의 결과를 인정하는 데에 적극적으로 나서길 꺼릴 수 있다. 학교를 약화시킬 우려도 있고, 학교 밖 기관을 전적으로 신뢰하기도 쉽지 않기 때문이다. 평생학습체제에서의 학습 결과 평가와 인정은 학습을 통하여 어떠한 능력을 학습했는지에 관심을 둔다. 현재의 학교교육이 학교에서 보낸 물리적 시간에 초점을 맞추고 있다면 평생학습은 학습 결과로서의 체득된 지식과 기술을 평가한다고 할 수 있다. 학습을 어디에서 어떤 방식으로 했든 그 결과를 가시화하고 사회적으로 인정해야 한다는 명제에는 동의한다면, 이를 법과 제도로 만들어 집행할 필요가 있다.

학습 결과의 인증에서 또 다른 고려 사항은 국가와 대학, 자격 부여 기관의 기능과 역할의 분담이다. 국가는 국가자격체제 등 인증의 틀만 설정하고, 그에 따른 인증 여부는 고등 교육기관이나 자격 부여 기관 등에서 자유롭게 판단하게 할 필요가 있다. 개인의 학습 결과가 인증 틀에서 어느 수준에 해당하는가는 개별 기관 또는 기관들의 연합체 등에서 판단하도록 해야 한다. 평생학습인증제도가 개인의 자유로운 학습이나 민간의 다양한 교육활동을 지원하고 촉진하는 것이 아니라 또 다른 통제와 규제의 대상이 되는 것을 지양해야 하기 때문이다. 학습 결과의 인정에만 집착하게 되면 학력 위주 사회와 다를 바가 없다. 학력 위주 사회가 학교교육을 왜곡시킨 것을 반면교사로 삼아야 한다.

---

1) 교육개혁위원회(1995). 신교육체제 수립을 위한 교육개혁 방안. 교육개혁위원회.

2) Bjørnävold, J. (2000). *Making learning visible: identification, assessment and recognition of non-formal learning in Europe*. CEDEFOP.

3) Dewey, J. (1952). *Experience and education*. Peter Smith Pub.

4) 에두아르드 린드만 지음. 강대중 · 김동진 옮김(2013). 성인교육의 의미. 학이시습. *The meaning of adult education* (원저는 1926년).

5) Weil, S. W. & McGill, I. (Eds.)(1989). *Making sense of experiential learning: Diversity in theory and practice*. The Society for Research into Higher Education & Open University Press.

6) Kolb, D. A.(1984). *Experiential learning: Experience as the source of learning and development*. Prentice-Hall.

7) Weil, S. W. & McGill, I. (eds.)(1989). 앞의 책; 배영주(1999). 듀이의 경험론에 비추어본 경험학습론. 평생교육학연구, 5(1), 127-156.
8) 최돈민 외(2000). 사내인정자격 등 경험학습의 평가인정 및 학점인정 방안 연구. 한국교육개발원.
9) OECD(2019). Getting skills right: Engaging low-skilled adults in learning. OECD.
10) OECD(2001). Educational Policy Analysis. OECD. 21.
11) Colardyn, D.(1996). *La gestion des compétences*. OECD(2001) 위의 책을 인용한 김안국 · 신선미(2020). 경험학습인증 제도 연구: 프랑스 사례를 중심으로. 한국직업능력개발원. 32에서 재인용. 12
12) 김안국 · 신선미(2020). 위의 책. 32.
13) 위의 책. 7.
14) OECD(2001). 앞의 책. 18.
15) 한국교육개발원(https://www.cyber.hs.kr/portal/intro/forward.do?sd=PO&ms=348). (2024년 7월 8일 열람).
16) 교육개혁위원회(1995). 앞의 책. 31-32.
17) 위의 책. 19.
18) 교육부 · 국가평생교육진흥원(2024). 2023 평생교육백서. 교육부 · 국가평생교육진흥원.
19) 위의 책. 27.
20) 위의 책. 183
21) Australian Qualifications Framework.(https://www.aqf.edu.au/framework/aqf-levels). (2024년 8월 12일 열람).

제 7 장

문해교육

1. 평생학습사회에서 문해교육의 의미

평생학습의 가장 본원적인 출발점으로서 문해교육의 의의는 오랫동안 강조되어 왔다. 유네스코에서는 1985년, '학습권선언(Right to Learn)'을 통해 모든 이의 배울 권리를 천명하였는데 그 첫 번째 전제가 바로 문해의 권리이다.[1] "읽고 쓸 권리, 탐구하고 분석할 권리, 상상하고 창작할 권리, 자신의 세계를 읽고 쓸 권리, 교육자원에 접근할 권리, 개인 및 집단적 기능을 발전시킬 권리"로 글을 읽고 쓰는 것을 넘어서는 삶 전체와 연결되어 있는 종합적 권리로 강조한 것이다. 문해는 모든 학습자가 자신의 삶을 이해하고, 자신의 역사를 창조해 가는 가장 근본적 학습권이다.

우리나라에서 문해교육에 대한 관심을 선도했던 황종건은 '문해는 만민을 위한 기회 평등의 출발점'이라고 일컬었다.[2] 브라질의 문해연구자이자 실천가인 파울루 프레이리(Paulo Freire)는 문해교육은 글을 몰라 결핍 상태에 있는 사람들의 머리를 채우는 일이 아니라, 앎의 과정에 참여하도록 하는 일, 앎의 주체가 될 수 있도록 돕는 일이라고 말한다.[3]

평생학습의 필수불가결한 첫 단계로서 문해교육에 대한 강조는 근래 들어 사회변화의 가속화 속에서 더욱 중요성이 높아지고 있다. 디지털 환경에서 자라나는 청소년들을 '디지털 네이티브'라고 지칭할 때, 아날로그에서 디지털 시대로 넘어온 기성세대들은 '디지털 이민자'가 된다.[4] 스스로를 '문해자'라고 생각했던 우리 중 다수는 챗지피티(GPT)의 등장 이후, 'AI 이민자'가 되고 있다. 이처럼, 우리는 전 생애 동안 수없이 여러 차례, 문해와 비문해의 스펙트럼 사이 어딘가를 오가며 살아간다. 우리는 모두 잠재적 문해학습자인 것이다.[5] 따라서, 문해교육은 특정 소외집단에 한정된 문제가 아니라, 우리 모두가 함께 마주하는 평생교육의 영역으로 부상하고 있다.

이 장에서는 문해교육의 개념과 담론 그리고 관련 정책의 변화양상을 살펴봄으로써, 문해교육의 현황과 과제에 대한 이해를 심화하고자 한다.

2. 문해 개념의 변화

누군가가 '문해자'가 된다는 것은 자신이 살고 있는 시대의 보폭에 맞추어 걸을 수 있다는 것을 뜻한다. 그 시대와 공간이 무엇을 비문해로 규정하는지에 따라 문해의 의미는 끊임없이 달라진다. '문해'는 문맹(비문해)의 상대적 개념으로 문해와 비문해는 절대적인 구분에 의해 양분될 수 있는 반대급부적 개념이라기보다는 하나의 연속선상에서 위치를 달리하는 두 개의 개념일 뿐이다.[6] 즉, '문해'란 그 사회가 무엇을 비문해로 규정하는지에 따라 변화하는 상대적이며, 상황적인 개념이다.

20세기 초만 해도, 문해는 실재하거나 혹은 부재하는 어떤 실체로 생각되었으며, 완전 문해 사회가 가능할 것으로 생각하였다. 그러나 아직까지도 국가, 지역, 빈부계층 간에 차이는 여전히 존재하고, 전 세계적으로도 문해율은 높아지지만, 일부 지역과 집단은 여전히 비문해 상태로 남아 있다. 이처럼 비문해가 계속 존재하는 까닭은 필요로 하는 문해수준에 대한 기대가 계속 높아지기 때문이다. 더욱이 지금과 같이 지식과 기술이 폭증하는 시대에 사회가 필요로 하는 '최소한'의 문해수준은 급속히 상향 이동한다.

기술과 지식이 발전할수록 상대적으로 낮은 수준의 문해자는 그것을 활용하기에 어려움을 겪을 것이며, 기술의 수행수준은 점점 더 높아질 것이다. 따라서 한 사회에서, 특히 지금과 같은 사회에서 문해란 영구 미결의 과제일 수밖에 없다. 문해자가 따라가기에 한발 앞서, '문해'의 의미 자체가 끊임없이 진화하기 때문이다.[7)]

허준 외(2016)가 주장한 바와 같이 '문해(文解, literacy)'는 사회적 · 역사적 · 문화적 개념이다.[8)] 즉, 문해의 의미는 문해 실천이 이루어지는 사회적, 역사적, 문화적 상황에 따라 매우 다양할 수 있다. '문해'를 의미하는 영어단어 'literacy'는 라틴어 'literatus'에서 파생되었는데, 고대에는 '문학에 조예가 깊은 사람', 중세에는 '라틴어를 읽을 수 있는 사람', 종교 개혁 이후에는 '모국어를 읽고 쓸 수 있는 사람'으로 정의되었다.[9)] 또한 문자시대의 문해는 읽기와 쓰기를 의미하지만, 정보화시대의 문해는 전자적 글쓰기 등, 현대사회의 의사소통에 필요한 또 다른 학습 요구들을 포함한다.[10)] 문해는 선험적으로 규정되는 것이 아니라, 복잡한 사회문화적 상황을 지속적으로 반영하는 구성적 개념이기 때문이다.[11)]

역사적으로 문해의 개념은 네 단계로 발전해왔다. 첫 단계는 '서명시대(signature stage)'로 문서에 자신의 이름을 쓰는 것이 문해의 증표로 여겨졌다. 두 번째 단계는 '암송시대(recitation stage)'라고 부를 수 있다. 이 시기에 문해는 익숙한 책을 읽을 수 있고, 그중에 어떤 부분은 읽은 내용에 대한 이해 여부와 상관없이 외워서 암송할 수 있는 능력을 일컬었다. 서구에서는 성경이, 이슬람 국가에서는 코란이 바로 그 대상이었다. 세 번째 단계는 '이해시대(comprehension stage)'로 읽을 수 있으며, 익숙지 않은 자료도 상당히 문어적인 방식으로 이해하는 것까지 포함된다. 최근의 네 번째 단계는 '분석시대(analysis stage)'로 낯선 자

료를 이해하며 읽고, 그것을 분석할 뿐만 아니라, 그로부터 추론을 이끌어내는 것까지 포함한다.[12)]

20세기 이후 '문해'의 개념변화는 유네스코의 문해교육운동 추진의 영향을 크게 받았다. 유네스코에서는 문해에 대한 자료에서 그간의 문해교육 개념의 시대적 변화를 기초문해와 기능문해, 비판문해의 단계로 서술하고 있다.[13)] 첫째는 읽고, 쓰고, 셈하는 3R(Reading, wRiting, aRithmetic) 시대로 1950년대 문해교육의 성격을 압축하는 개념이다. 당시 문해교육은 교사-학생 간의 위계와 교사에 의한 '전달'을 강조하는 '일종의 교실 모형'으로서, 문해교육은 일종의 전투적 성격이 강했다. 국내에서의 문해교육 초기 '문해'라는 용어보다는 '글을 읽지 못하는 장님'이라는 의미의 '문맹(文盲)' 혹은 '까막눈'이라는 용어가 사회적으로 통용되어 왔으며, 일제 식민지하에서 그리고 해방 후에 이루어졌던 문해교육은 흔히 '문맹 퇴치 운동'으로 불렸다. 이들 용어들은 비문해자를 무능력자로 인식하고 나아가 비문해를 물리쳐야 할 악으로 보는 비문해에 대한 부정적인 사회적 인식을 반영한다. 그러나 점차 비문해가 개인의 게으름이나 무능력에 의한 것이 아니라 사회적, 경제적 상황에 의한 것이라는 인식이 높아지면서 비문해 학습자들의 인격적 존엄성과 능력을 폄하하지 않으려는 관점에서 '문해'와 '비문해'의 개념을 사용하기 시작하였다. 학계에서는 황종건이 1960년대에 영어의 'literacy'와 'illiteracy'를 각각 '문해'와 '비문해'로 번역한 후, '문맹'보다는 '비문해'의 개념을 쓰게 되었다.[14)]

둘째는 '기능문해(functional literacy)'의 시대로, 경제적인 측면에서 산업발전이 이루어지면서 이에 걸맞은 기초능력이 필요함에 따라, 문해의 수준은 기초문해로부터 '기능문해'로 상향 조정되었다. 기능문해는 1차 세계대전 중에 처음 도입된 것으로, 근대식 군대제도의 과업에 필요한 기능을 문해기술로 특화한 것이었다.[15)] 이후 유네스코에서는 1960년대 중반 이후 초기의 단순문해에 대한 강조에서 기능문해를 강조하는 것으로 변화하였다. 오늘날 기능문해는 일상적 활동을 효과적으로 수행하기에 필요한 수준의 능력으로 폭넓게 정의되고 있으며, 대부분의 실천과 연구활동의 주축 개념을 이루고 있다. 그러나 기능문해는 보편적 준거 마련의 난점과 시간에 따른 개념준거 변화의 불가피성 등이 문제로 지적되고 있다. 그럼에도 기능문해는 읽고 쓰는 능력의 전통 개념에서 벗어나, 사람들이 문어를 사용하는 실제 상황을 목표로 했다는 점에서 진일보했으며, 실천적 시사점을 제시한다는 점에서 가치를 인정할 수 있다.[16)]

우리나라에서도 초기 문해교육운동은 국가주도 경향이 강했으며, 국가는 일종의 '국민계몽'의 성격으로 문해교육을 강조하였다. 1960년대에 5.16 군사정부가 강력히 추진했던 '재건국민운동'은 같은 맥락으로 분류할 수 있다. 국가적 산업적 필요에 의해 도입된 당시의 '문해'는 국가 전체를 기준으로 하였으므로, 지역적으로 특화된 학습자 고유의 필요에 대한 고려는 찾기 어려웠다.[17)]

셋째는 1970년대와 80년대 문해교육의 패러다임은 비판적 문해였다. 프레이리의 영향이 전 세계적으로 미치면서, 문해교육의 주류를 이루었던 '의식화교육' 성격으로서의 문해교육이 강조되는 시기였다. '비판문해'는 문해를 통한 집단 또는 지역사회의 진보와 세력화에서 의미를 찾는다.[18)] 이때 문해란 사람들이 각자 처한 상황과 생활의 연결을 비판적으로 해독하는 능력을 습득하는 것이다. 역사적으로 문해는 엘리트집단 또는 지배계급의 헤게모니 유지수단이었으나, 현대에서 문해기술은 가난한 자와 정치적으로 힘없는 집단이 세계 안에서 그들의 자리를 다시 찾도록 하는 수단으로 간주되는 것이다. 문해를 인간해방과 사회변화의 도구이자 근본적 사회변혁의 자원으로 간주하고, 효과적인 문해교육이란 사회적 실존의 조건을 분석하고 정의로운 사회를 위한 활동에 참여하는 비판의식을 기르는 것이라고 주장한 프레이리(Freire)의 문해교육이론이 대표적이다.[19)] 이 관점에서, 문해학습자는 단순한 교육의 '대상'이 아니라,

행위자이자 '주체'로 간주되기 시작하였고, 문해교육에 대한 시각은 '교실'의 맥락으로부터 그러한 상황을 빚어낸 '사회 정치적' 맥락으로 대폭 확대되었다. 이후, 문해는 두 가지 개념 구분이 이루어지는데, '자율적(autonomous)' 문해와 '이데올로기적(ideological)' 문해가 그것이다. '자율적 문해'란 사회적 맥락으로부터 문해를 분리시켜, 학습자에게 필요한 일종의 '기술(skill)'로 문해를 보는 것이고, '이데올로기적 문해'란 사회적·정치적 맥락에서 문해를 규정하는 것이다. 이 시기에도 역시 사회주의 국가와 개발도상국을 중심으로 국가의 문해교육에 대한 강한 개입이 이루어지면서, 여전히 국가 전체의 표준화된 문해교육 모델이 주류를 이루었으나, 이 표준화 모델은 조금씩 한계를 드러내기 시작한다.

문해교육 실천과 활용 그리고 그것이 이루어지는 맥락에 대한 관심이 높아지면서, 문해는 점차 '단일한' 개념이 아니라 '복수'의 개념과 목적으로 쓰이기 시작하였다. 예컨대, 개인적 문해 실천과 지역사회에서의 문해는 모국어와 공용어의 차이, 학교와 학교 밖에서의 문해교육 차이 등과 같은 다원적 성격을 분명히 드러낸다. 문해교육은 언제나 일, 가족, 종교, 정부와의 관계 등의 사회적 실재(social realities)를 반영한다. 문해를 습득하는 과정에서는, 영화 포스터와 같은 다양한 사회적 자료에서 나타나는 지역별 고유한 쓰기 방식과 같은 사회적 실재를 반영한 '실제적 문해(real literacies)'를 추구하는 방안을 모색하는 경향이 나타나고 있다.

읽기와 쓰기 중심의 문해 개념은 사회변화와 더불어 지속적으로 변화하고 있다. 허준 등(2016)은 문해의 의미가 매체 환경의 변화와 현대인들에게 요구되는 기본 소양이 다양해지면서 문해의 의미도 확장되고 있다고 말한다. 그의 분석에 따르면, 국내의 학술 연구를 보면 [그림 7-1]에서 볼 수 있는 것처럼 문해는 평생교육학, 국어교육, 언론정보, 경제학, 보건학, 정치학 등 다양한 학문 분과에서 연구되고 있었고, 연구 주제도 정치, 미디어, 건강, 금융, 정보 등 다양한 주제 영역과 연결되어 있었다. 문해의 의미도 읽기와 쓰기뿐 아니라 소양과 이해의 차원을 포괄하고 있었다.[20]

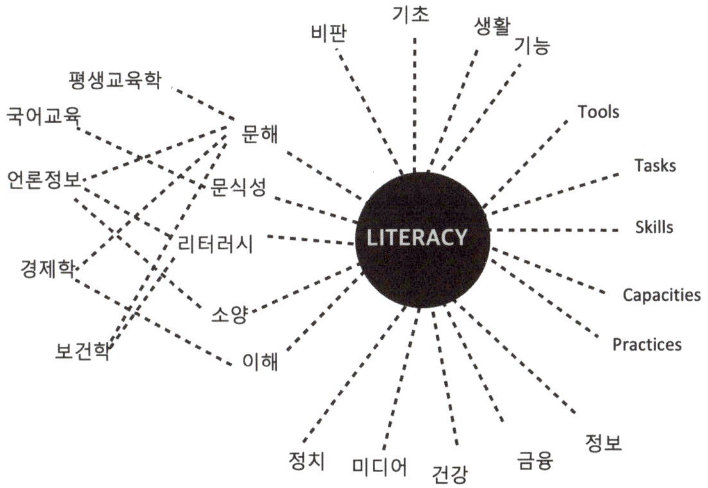

[그림 7-1] 문해와 관련한 여러 의미들

문해는 이미 다양한 분야에서 삶의 영역에서 요구되는 기본 소양으로 이해되고 있다.[21] 문해에 대한 확장적인 이해는 먼저 새로운 미디어 환경의 특성을 반영하여 이루어지고 있다. 디지털문해, 정보문해, 미디어문해, 시각문해 등의 영역이 대표적이다.[22]

한편, 현대인들의 삶이 복잡해지면서 정치, 사회, 경제, 문화 등 각 분야에서 요구하는 기본 소양이 다양해지고 있다. 우리 일상의 각 영역에서 요청하고 있는 기본 소양을 지칭하는 개념으로 '문해'가 쓰이기도 한다. 정치문해, 경제(금융)문해, 건강문해, 문화문해 등이 대표적인 관련 개념이다.[23]

이 같은 문해 개념의 확장은 문해의 이론과 실천에서도 새로운 접근을 필요로 한다.

3. 비문해 발생 요인

문해교육에 대한 올바른 접근을 모색하기 위해서는 비문해 발생의 배경 요인을 이해하는 것이 필요하다. 여기에서는 비문해가 출현하는 사회적 요인을 살펴보려고 한다.[24]

1) 언어 환경의 중첩성

'문해'는 문자문화의 출현에서 비롯한다. 문자가 생기면서 인류는 아는 것, 들은 것, 배운 것을 기록하고, 공유하고, 협력하며 기존의 지식과 정보에 터하여 분석적으로 사고하고 추론하며 '역사'를 축적할 수 있게 되었다. 그러나 문자생활은 오랫동안 일부 계급의 독점적 상징 자산이었고, 접근 불가의 권력이었다. 약 5000년 전에 인류가 쓰기 체계를 만들어 낸 후, 우리는 하나 혹은 복수의 문자 공동체에 속하게 되고, 그 안에서 문해-비문해 스펙트럼 중 어딘가에 놓이게 된다. 문자의 시작이 재고(在庫) 파악을 위한 항목별 '물표(物票)'에서 시작한 것은 우연이 아니다.[25] 처음은 지배층의 자산을 유지하고 권력을 확대하기 위한 것이었다. 시대별로 조금씩 양상은 달라졌어도, 문해가 권력의 증표라는 사실은 지금까지도 지속된다.

문자를 사용하는 언어 환경과 권력의 문제를 불가분의 관계로 바라볼 때, 우리나라의 독특한 언어 문화가 지닌 역사성에 주목할 필요가 있다. 우리나라는 100년 남짓의 짧은 시간 동안, 권력 언어가 수차례 바뀌는 경험을 했다. 한글 창제 이래, 한글은 상당히 널리 사용되었으나 여전히 공식 언어는 중국의 한자였다. 일제강점기에는 일본어, 그 후 미군정기를 거치고 분단이 고착되면서 영어의 강력한 영향권 아래 살아왔다. 이러한 급박한 변화 속에서 오히려 언어의 중요성은 더욱 커졌다. 전근대의 신분과 계급이 무너진 후, 근대 교육의 수단으로서 근대성을 갖춘 '언어'가 핵심 능력으로 등장했다. '언어'로 교육의 성과를 평가해 선별된 사람들을 더 높은 단계로 진학시키고, 여러 가지 국가고시를 시행해 권력과 이익을 재분배해야 했다. 이렇게 신분과 계급의 정당성은 사라졌고 언어를 매개로 하는 개인적 능력과 전문적 지식만이 유일한 정당성의 근거가 된 것이다. 그래서 언어가 시민 사회에서 가장 핵심적인 능력이 된 것이다.[26)]

비문해라는 배제가 누적적, 중층적으로 이루어졌다는 점에서, 우리나라 언어 환경의 변화는 문해학습자를 이해하는 데 시사점을 준다. 우리나라 문자 생활의 중첩성, 즉 한글과 한자, 일본어, 영어가 혼합되어 있는 것은 문해의 장벽을 더욱 높이는 주요한 요인이 되고 있다.

2) 학교교육의 실패

문해능력에 관한 조사 결과는 문해 수준이 낮은 인구 집단의 연령과 성별 배경이 편중되어 있음을 보여 준다. 그 가장 직접적인 원인은 학교교육의 기회가 충분히 마련되지 않은 것에서 찾을 수 있다.

통계청의 사회 조사(2022) 결과에 따르면 교육 수준별 교육 기회 미충족 이유 중 가장 큰 비중을 차지하는 것은 바로 '경제적 형편'이다. 여성과 남성 모두 초졸 이하부터 대졸 이상까지 모든 교육 수준에서 그렇다. 고졸 이하 여성의 경우에는 모두 경제적 형편 다음으로 '가족의 성차별, 인식부족'을 교육 기회 미충족 이유로 들고 있다. 이는 중졸 이상의 남성이 모두 '입학시험 실패', 즉 개인적인 요인을 교육 기회 미충족 이유로 든 것과 대비된다.

〈표 7-1〉 교육기회 미충족 이유[27)]

미충족 이유	성별	초졸 이하	중졸	고졸	대졸 이상
경제적 형편	여	46.2	56.1	53.5	45.6
	남	72.6	70.9	55.6	45.3
학교가 멀어서	여	3.6	3.7	2.7	2.2
	남	3.2	3.2	2.8	3.5
입학시험 실패	여	1.0	3.3	16.7	27.5
	남	1.9	9.5	28.1	34.7
가족의 성차별, 인식 부족	여	35.8	26.1	18.2	11.1
	남	10.2	7.4	5.2	4.9
집안 돌봄	여	11.6	8.8	6.9	9.0
	남	7.5	6.1	4.7	6.7
질병, 신체적 장애	여	1.0	1.0	0.8	0.6
	남	2.8	1.3	2.0	1.2

교육 기회의 제공은 교육 평등의 관점에서 볼 때 기본 중의 기본이다. 개인적인 역량이나 동기, 관심의 차이가 분명 존재하지만 공교육은 최소한 그 누구도 성별, 소득, 지역과 같은 사회 경제적 배경 요인에 따라 차별하지 않을 책무가 있다. 그러나 현재 중고령 문해학습자들의 학령기에는 원하고 능력이 있는 이들이 학교에 접근하는 것을 막지는 않았으나, 이들의 실질적 교육 기회를 '보장'하는 시대는 아니었다. 빈곤과 성차별적 인식은 여성 학습자들이 교육 기회에 접근하지 못한 가장 주된 이유였다.

교육 평등의 관점은 시대에 따라 형식적 평등에서 실질적 평등으로 발전해 왔으며, 교육의 실질적 평등이 점차 강조되고 있다. 근대 이전과 같이 특정 성별이나 신분만 학교에 접근하는 허용적 수준에서 진전하여, 누구나 실제로 학교에 올 수 있도록 해야 한다는 것이다. 취학을 가로막는 경제적 · 지리적 ·

사회적 제반 장벽을 제거해 주는 것이 옳다.[28)] 현재는 무상교육 제도 및 국가장학금 제도가 개선되어 빈곤으로 인한 교육 기회 제한이 다소 완화되기는 했으나, 교육이 단지 기회를 보장하는 것 이상의 실질적 효과를 발휘하고 있는지는 여전히 의문이다.

중장년 이후 세대에서 '교육 기회' 문제가 가장 컸다면, 현재 청년과 청소년 세대에서는 교육 성과를 낳지 못하는 점이 지속적으로 문제가 되고 있다. 중고령층 비문해는 국가가 그들에게 적기에 학교교육 기회를 제공하지 못한 양적 실패라고 한다면, 그 다음 세대의 비문해에서는 공교육의 또 다른 실패, 즉 질적 실패가 보인다. 취학률과 진학률이 높아졌지만, 정규 학교교육을 마친 성인학습자 가운데 다수의 청년과 중년 학습자들이 적절한 문해력을 습득하지 못한 채 학교를 떠났다. 성인문해능력조사결과에서 알 수 있듯이, 적지 않은 20~30대 성인이 적절한 수준에 도달하지 못한 채 학교를 떠나고 있다. 특히, 코로나 이후 두드러진 계층별 문해력 격차는 학교교육의 실패가 여전히 취약계층에서 더욱 크게 나타난다는 것을 확인해 준다.[29)]

학교는 적어도 문해의 문제에서는 양적으로도 질적으로도 실패했다. 전반적인 교육 기회는 확장되었으나 성별, 경제적 상황, 지역 등에서 불리한 위치에 있는 사람들의 교육 기회를 보장하는 정책적, 제도적 지원에는 실패했고, 교육받은 사람들이 모두 실질적이고 일상생활에 충분한 문해력을 습득했다고 보기에도 회의적이다. 공교육의 가장 기본적인 책무, 어떤 처지에 있든지 국민 모두가 누려야 할 기초교육 기회를 제공하고 기본 문해력을 습득하도록 하는 데 아직은 충분한 성공을 거두지 못한 것으로 보인다.

3) 기술 변화의 가속

문해학습의 필요를 촉발하는 또 다른 변인은 바로 기술의 진보다. 기술 혁신은 일상에서 살아가며 수행해야 할 기본 역량을 새롭게 규정하기 때문이다. 멀리는 전화, 타자기, PC, 유무선 통신을, 가까이로는 클라우드나 챗지피티만 떠올려도 알 수 있다. 기술의 혁신은 언제나 새로운 적응과 학습의 필요를 제기한다. 변화의 속도가 빠르고 광범할수록 비문해자가 생겨날 가능성은 더욱 커진다.

기술의 발달과 혁신은 인류 역사 이래 꾸준히 진행되어 온 일이지만, 근래 기술의 변화는 그 속도와 범위에서 전례가 없다. 코로나19 이전의 디지털 전환이 '디지털화'로의 전이적 성격이 강했다면, 팬데믹 이후의 전환은 모든 가능한 디지털화 과정에서 인식과 문화의 변혁이 필수적으로 수반되는 광폭의 변화를 경험하고 있다.[30)]

그러나 이러한 급속한 변화에 모두가 유연하게 적응할 수 있는 것은 아니다. OECD도 이 같은 기술 발전의 가속화가 가져오는 불확실한 미래에 깊은 우려를 표한다. 특히, 정규교육 기회에서 배제되거나 사회적으로 불리한 고령자, 비취업자 등 취약 계층의 상황은 더욱 나빠질 가능성이 있다는 것이다.[31)] 우리 사회의 연령별, 학력별, 지역별, 소득별 정보문해능력 격차가 매우 심각한 수준이라는 것은 이미 여러 연구에서 밝혀진 바 있다.[32)] 예컨대, 2010년 이후 성인의 인터넷 이용률은 꾸준히 증가해 왔으나 인터넷을 활용하는 스마트폰 등 모바일 기기, 인스턴트 메신저, SNS 등의 사용에서 연령대 간 격차가 상당히 크게 나타났다. OECD(2012)[33)]에서 국제성인역량조사(Programme for the International Assessment of Adult Competencies, PIAAC)를 통해 컴퓨터 기반 문제 해결력을 조사한 결과 한국, 미국, 일본, 프랑스 등의 국가에서 연령이 높아질수록 그 수준은 점차 낮아지는 경향을 보였고, 특히 한국의 경우 연령대 간 수준차가 상당히 큰 편이었다.[34)]

기술 변화가 아직 본격적인 가속을 시작하기도 전에 이미 문해력의 격차는 벌어져 있다. 이미 누적된 격차를 고려할 때, 앞으로 다가올 변화는 비문해·저문해 집단의 취약성을 더욱 강화할 것이 분명해 보인다. 기술과 지식이 발전할수록 상대적으로 낮은 수준의 문해자는 그것을 활용하는 데 어려움을 겪을 것이며, 기술은 점점 더 수행 수준을 높여 갈 것이다. 중요한 것은 이 같은 상황이 특정 시대의 일시적인 현상이 아니라, 앞으로도 지속적으로 심화될 문제라는 것이다.

이와 같이 거의 모든 비문해는 개인의 잘못에서 비롯하지 않는다. 사회 문화 환경의 변화와 제도, 정책의 불비가 비문해 혹은 저문해를 야기한다. 비문해는 개인의 문제와 책임이 아니기에, 문해 학습은 국가와 사회의 책무가 되는 것이 마땅하다.

4. 문해의 정책 담론

비문해 문제에 대한 대응은 국가 사회적 차원에서 접근하는 것은 반드시 필요하다. 그러나 동일한 문해교육 지원정책이라 할지라도, 어떤 관점과 의도에서 접근하는가에 따라 정책접근의 기본 전략은 상이해진다. 허준(2023)의 논의에 따르면, 제도와 정책 영역에서 등장하는 문해 담론들은 기본권으로서 문해, 성인의무교육으로서 문해, 기초직업능력으로서 문해의 세 가지 관점으로 구분된다. 이 절에서는 그의 논의를 따라, 문해의 정책담론을 이해하고자 한다.[35)]

1) 기본권으로서 문해

문해는 국가가 보장해야 하는 기본권이다. 우리나라 「헌법」에서는 국민의 기본권으로서 교육을 받을 권리를 명시하고 있다. 제31조 1항에서는 '모든 국민은 능력에 따라 균등하게 교육을 받을 권리를 가진다'고 규정하고 있으며 3항에서는 '국가는 평생교육을 진흥해야 한다'고 규정하고 있다.

「교육기본법」은 교육 기본권의 의미를 명확히 한다. 제3조는 '모든 국민은 평생에 걸쳐 학습하고, 능력과 적성에 따라 교육받을 권리를 가진다'는 학습권을 규정하고 있으며 제8조에서는 의무교육을 다음과 같이 규정하고 있다.

제8조(의무교육) ① 의무교육은 6년의 초등교육과 3년의 중등교육으로 한다.
② 모든 국민은 제1항에 따른 의무교육을 받을 권리를 가진다.

「헌법」과 「교육기본법」에서 보장하고 있는 교육 기본권의 관점에서 볼 때, 문해교육은 "모든 국민"을 대상으로 의무교육의 수준에서 이루어져야 하는 국가 책무이다.

기본권으로서 문해에 대한 이해는 학습권과 관련된다. 문해교육은 학습권을 보장하기 위한 교육의 가장 기본이자 인간의 학습 자유와 성장을 위한 기본 권리[36]이다. 한국 사회 근대화 과정의 특수성에서 학습권으로서 문해교육의 정당성을 찾을 수 있다. 그동안 국가 주도로 진행되어온 문해교육 지원정책의 대부분은 바로 이러한 기본권 보장의 취지가 반영된 것이다.

국제적 차원에서는 유네스코가 인간에게 보장되어야 하는 기본권의 관점에서 문해교육의 문제에 접근하는 대표적인 국제기구이다. 유네스코는 1964년 11월 19일 제13차 총회에서 「유엔의 10개년 발전계획 비문해 퇴치 선언」을, 1975년 9월 페르세폴리스에서 열린 '국제 문해교육 심포지엄'에서는 문해능력을 인간 본래의 권리로 간주하는 「페르세폴리스 선언」을 만장일치로 채택하였다. 또한, 1997년 7월 독일 함부르크에서 열린 제5차 국제성인교육회의에서 채택한 「함부르크 성인교육 선언」에서는 성인교육의 권리로서 문해능력을 기본적 인권으로 규정하였다.[37]

최근 유네스코는 비문해율이 높은 국가들의 문해교육 지원에 집중하고 있는 데, 특히 교육 접근 기회가 여전히 제한적인 저개발국의 여성들의 학습권 보장과 디지털 기술 접근성을 높이기 위해 노력하고 있다. 예컨대 2019년 유네스코가 제출한 '2020-2025년 청소년 및 성인 문해교육 전략' 보고서에 따르면 유네스코는 회원국의 국가 문해 정책 및 전략 개발 지원, 소외 계층, 특히 여성 성인과 청소년들의 학습 요구 해결, 디지털 기술을 활용하여 접근성을 확대하고 학습 성과를 개선하기 등의 핵심 정책 목표를 수립하고 있다.[38)]

2) 성인의무교육으로서 문해

인간의 기본권으로서 문해교육에 대한 이해는 의무교육에 대한 국가적 책무와 연결된다. 우리나라 「교육기본법」에서는 의무교육을 6년의 초등교육과 3년의 중등교육으로 규정하고 있으며 모든 국민은 의무교육을 받을 권리를 가지고 있다(「교육기본법」 제8조). 따라서 학령기를 지난 국민 또한 이 조항에 따르면 의무교육을 받을 권리를 갖는다.

대한민국 정부 수립 이후 최초의 교육법인, 1949년 제정되었던 교육법의 제8절(공민학교와 고등공민학교)에는 성인의무교육으로서 문해교육과 관련한 내용이 담겨 있다. 공민학교와 고등공민학교는 초등교육을 받지 못하고 학령을 초과한 자 또는 일반 성인에게 국민 생활에 필요한 보통교육과 공민적 사회교육을 실시함을 목적으로 하였으며(제137조), 공민학교의 수업연한은 3년으로 초등교육을 받지 못하고 학령을 초과한 자가 입학하였다(138조). 또한 교육법은 초등교육을 받지 못한 성인에게 국문을 해득하게 하기 위하여 공민학교에 성인반을 두었고, 성인반의 수업 기간은 200시간 이상으로 하였다(139조). 취학의무에 관한 조항도 두었는데, 1910년 1월 1일 이후 출생한 학령 초과자로 국문을 해득하지 못하는 자는 공민학교 성인반의 교육을 받을 의무가 있다(140조)고 규정하였다.

공민학교를 중심으로 규정되었던 성인의무교육이 실제로 구현되었던 것은 1954년부터 1958년도까지 5년간 전국 단위로 실시되었던 '전국문맹퇴치운동'에서였다. 애초에는 교육법에 따라 공민학교 성인반을 중심으로 대대적인 '문맹퇴치'를 하려던 계획이 한국전쟁으로 무산되고, 휴전 후 본격적으로 전국문맹퇴치운동이 전개되면서 전국에 설치된 교육반을 중심으로 실행되었다. 전국문맹퇴치운동은 공민학교 성인반 운영 규정에 준하여 이루어져서 한 해에 7~90일간 초등학교 2학년 수준의 문해능력, 수리 능력 및 기초 지식의 습득을 목표로 이루어졌다. 전국문맹퇴치운동이 성인의무교육의 맥락에서 이루어지긴 하였지만 비형식교육으로서 학력 인정이 되는 것은 아니었다. 1958년 전국문맹퇴치운동이 종료되면서 전국 단위의 성인의무교육 차원의 문해교육은 지속되지 못하였다.

학력인정과 관련하여, 2008년도부터 문해교육 학력인정제도가 초등과 중학 수준에서 본격적으로 실시되고 있어서, 저학력 성인들의 학력 보완에 대한 요구가 성인의무교육 차원에서 실현되고 있다고 볼 수 있다.

3) '기초직업능력'으로서 문해

문해는 경제 영역에서 기초직업능력의 중요한 구성 요소로 이해되고 있기도 하다. 문해능력 수준과 개인의 소득 수준 사이에도 상관관계가 있었으며 문해능력 향상을 경험한 개인의 소득 수준이 증가하는 경향도 있다.[39] 문해교육은 문해능력이 향상된 당사자뿐만 아니라 함께 일하는 사람들의 생산성도 높임으로써 경제 발전에 기여한다.[40] 문해교육의 경제적 효과가 실증적으로 확인되고 있는 것이다. 우리나라에서 1950년대 이루어진 '전국문맹퇴치운동'이 12세 이상 45세 미만의 경제 인구를 대상으로 이루어진 데에는 기초직업능력 향상에 대한 산업화 요구가 반영된 것이었다.[41]

경제 관련 국제 기구들이 기초직업능력의 관점에서 문해의 문제를 다루고 있는데 대표적인 국제기구가 경제협력개발기구(OECD)이다. OECD는 기초직업능력을 '현대사회의 복잡한 요구 충족에 필요한 지식, 기능, 태도와 가치를 동원하는 능력'이라고 정의하고 미래 사회 핵심 역량으로 ① 기초능력과 디지털 문해능력, ② 학업능력, ③ 기술적 능력, ④ 일반 능력, ⑤ 연성 능력, ⑥ 리더십을 제시하고 있다. 이 중에서 문해 영역이라고 할 수 있는 기초능력과 디지털문해능력은 읽기, 쓰기, 수리 그리고 디지털 기술 활용과 정보에 접근하고 해석할 수 있는 능력으로 구성된다.[42]

세계경제포럼(World Economy Forum)도 문해를 중요한 미래 핵심 기술로 설정하고 있다. 세계경제포럼은 미래 교육의 목표를 사회감성학습(Social and Emotional Learning)에 두고, 이를 달성하는 데 필요한 3대 핵심 영역, 즉 기반 문해(foundational literacy), 역량(competencies), 인성 자질(character qualities) 영역과 16가지 하위 핵심 기술을 제시하고 있다.[43] 이 중에서 기반 문해 영역은 문해, 수리문해, 과학문해, ICT문해, 금융문해, 문화와 시민문해 등 6가지 하위 문해 기술을 포함한다. 전통적인 읽기 쓰기 문해뿐만 아니라 확장된 문해 기술들이 미래 사회 핵심 기술로 간주되는 것이다.

우리나라에서 문해가 기초직업능력 차원에서 고려되고 있는 대표 사례로 국가능력표준(National Competency Standards, 이하 NCS)이 있다. 국가능력표준은 "산업현장의 직무를 수행하기 위해 필요한 능력(지식, 기술, 태도)을 국가적 차원에서 표준화한 것으로 능력 단위 또는 능력 단위의 집합을 의미"[44]하는 것으로, 2014년 직무별 총 797개 국가능력표준 개발이 완료되었다. 문해 관련한 능력표준은 '직업기초능력' 영역에 포함되어 있다.

이처럼 문해에 대한 경제적 이해, 또는 기초직업능력으로서의 이해는 국가나 국제 기구 차원에서 문해교육 관련 정책의 중요한 축을 이루고 있다. 직업생활과 경제생활이 현대인들의 중요한 삶의 조건이라는 점에서 기본권 또는 성인의 무교육으로서의 문해 관점과 기초직업능력으로서의 관점은 서로 배타적인 것은 아니다. 문해교육 정책을 기획하고 수립하는 과정에서 이런 관점들이 종합적으로 고려될 필요가 있을 것이다.

5. 문해학습자의 이해

문해교육을 누구를 대상으로 어떻게 실천할 것인가를 생각할 때, 가장 중요하게 이해해야 하는 것은 바로 문해학습자이다. 문해학습자를 어떤 존재로 설정하는가에 따라, 문해교육실천의 방향과 경로가 달라지기 때문이다. 여기에서는 문해학습자의 현황과 특성을 제시하려고 한다.[45)]

1) 법과 정책에서 문해학습자

문해학습자가 누구인지 알고자 할 때, 첫 번째 가늠자가 되는 것은 바로 국가가 규정하고 인정하는 규준에 따르는 것이다. 문해학습자의 기준이 되는 성인 문해 관련 정의는 법과 정책 두 가지에서 확인된다. 우선 「평생교육법」에서는 '문해교육'을 다음과 같이 정의한다.

> 평생교육법 제2조 3항
>
> 3. 문해교육이란 일상생활을 영위하는데 필요한 문자해득(文字解得)능력을 포함한 사회적 · 문화적으로 요청되는 기초생활능력 등을 갖출 수 있도록 하는 조직화된 교육프로그램을 말한다.[46)]

이에 따르면, "사회적 · 문화적으로 요청되는 기초생활능력"을 갖추기 위한 교육 프로그램에 참여하는 사람들이 바로 '문해학습자'가 된다. 즉, '문해'를 목표로 삼는 교육 활동 참여자를 문해학습자라고 추론할 수 있다.

두 번째 준거로 삼을 수 있는 것은 바로 정책적 준거로, 교육부와 국가평생교육진흥원이 실시하는 성인문해능력조사가 근간이 된다. 교육부와 국가평생교육진흥원은 2014년 이래로 3년마다 국민의 성인문해능력을 조사하고 있으며, 가장 최근에 이루어진 조사는 2020년에 실시한 제3차 성인문해능력조사다. 이 조사는 「평생교육법」 규정과 일관된 맥락에서 "문해능력은 단지 글을 읽고 쓸 줄 아는 능력이 아니라, 모든 교육의 토대가 되는 인간 생활의 가장 기본적인 능력"으로 규정하고, 이에 따라 문해력을 〈표 7-2〉와 같이 네 수준으로 구분한다.[47)]

〈표 7-2〉 성인문해능력조사의 문해력 수준 정의

구분	수준 정의
수준 1	일상생활에 필요한 기본적인 읽기, 쓰기, 셈하기가 불가능한 수준(초등 1~2학년 학습 필요 수준)
수준 2	기본적인 읽기, 쓰기, 셈하기는 가능하지만, 일상생활에 활용은 미흡한 수준(초등 3~6학년 학습 필요 수준)
수준 3	가정 및 여가생활 등 단순한 일상생활에 활용은 가능하지만, 공공 및 경제생활 등 복잡한 일상생활에 활용은 미흡한 수준(중학 1~3학년 학습 필요 수준)
수준 4 이상	일상생활에 필요한 충분한 문해력을 갖춘 수준(중학 학력 이상 수준)

이 기준에 따르면, 문해교육을 필요로 하는 문해학습자는 수준 1~3에 해당하는 이들을 뜻한다. 즉, 일상생활에 필요한 기본적인 문해력을 갖추지 못했거나(수준 1), 일상생활을 원활히 수행하기에 미흡한 문해력을 갖춘 이들(수준 3)을 지칭한다. 이때 일상생활에 필요한 충분한 문해력 수준의 기준은 중학교 3학년 수준의 문해력이다.

요약하면, 법과 정책이 지칭하는 '문해학습자'란 일상생활에 필요한 충분한 문해력을 갖추지 못한 이들을 뜻하며, 좁게는 정책 대상으로서 문해력 증진을 필요로 하는 이들 중에 문해교육에 참여하는 이들을 뜻한다고 할 수 있다.

2) 문해학습자 현황[48)]

정책 준거에 따를 때, 문해학습을 필요로 하는 잠재적 문해학습자 현황은 어떻게 추정할 수 있을까. 문해학습자의 전통적이며 일반적인 현황과 인구 특성은 성인문해능력조사를 통해 대략적으로 확인할 수 있다. 문해능력조사는 몇 가지 배경 요인별로 결과를 분석하는데, 첫 번째로 문해학습의 필요성이 여성에게 더 큰 것으로 나타난다. 성별 격차는 문해력 수준이 낮을수록 더 큰 것으로 나타난다. 수준 1에 해당하는 여성 비율이 남성 비율의 두 배 이상이다. 이는 여성들의 문해학습 필요가 확실히 더 크다는 것을 보여 준다. 문해학습 출발점에서 이미 여성 학습자들은 불리한 위치에 있는 것이다.

두 번째로, 문해학습의 필요성이 중고령층에서 크게 나타난다. 〈표 7-4〉의 강조에서 알 수 있듯이 연령과 문해력은 거의 정비례 상관관계로 나타난다. 70대 이상 중고령일수록 수준 1에 해당하는 인구가 많다. 그러나 이 표에서 더욱 주목할 점은 수준 2와 수준 3의 연령 분포다. 수준 2 조사 결과를 보면, 60대 인구 중 7.9%가 일상생활을 영위하기에 미흡한 수준의 문해력을 갖고 있는 것으로 조사된 것이다. 수준 3으로 가면, 청장년층에서도 적지 않은 인구가 중 3 수준에 해당하는 문해력을 갖추지 못한 것으로 분류되었다. 이러한 조사 결과는 연령이 높을수록 문해력 수준이 낮은 것은 사실이나, 청장년층도 결코 안전지대에 있지는 않다는 것을 뜻한다.

〈표 7-3〉 성별 문해능력 수준

(단위: %)

구분	수준 1	수준 2	수준 3	수준 4 이상
남성	2.7	3.3	10.3	83.7
여성	6.4	5.1	12.5	76.0
전체 응답자	4.5	4.2	11.4	79.8

〈표 7-4〉 연령별 문해능력 수준

(단위: %)

구분	수준 1	수준 2	수준 3	수준 4 이상
18~29세	0.2	0.5	4.0	95.3
30~39세	0.1	0.3	4.3	95.3
40~49세	0.8	0.8	6.9	91.5
50~59세	1.9	2.3	13.0	82.8
60~69세	5.3	7.9	22.4	64.4
70~79세	13.7	19.4	25.7	41.1
80세 이상	49.3	14.2	13.6	22.9
전체 응답자	4.5	4.2	11.4	79.8

세 번째로, 지역 배경 역시 문해학습에 상당히 중요한 영향 요인으로 추론된다. 도시 거주 인구에 비하여, 농산어촌 거주 인구에서 문해학습의 필요가 더욱 커지는 것이다. 문해력뿐만 아니라, 지역 간 교육 기반 시설 및 교육 기회의 격차 역시 크다는 점을 고려할 때 이 같은 결과는 매우 민감한 문제가 아닐 수 없다. 도시 거주 인구 중 수준 4에 해당하는 인구는 80%를 상회하는 반면에 농산어촌 거주인구 중 수준 4이상은 65%로 나타나 지역 격차를 나타내고 있다.

넷째로, 문해력은 가구소득에 따라서도 크게 달라진다. 소득 수준이 낮을수록 문해학습의 필요가 더욱 크다. 낮은 문해력 수준이 소득수준과 관련 있다는 것은 여러 연구에서 지속적으로 지적된 바 있다.[49] 이처럼 소득 수준과 문해력의 상관관계는 문해학습자 문제를 고민할 때, 빈곤의 문제와 떼어서 생각할 수 없다는 것을 의미한다.

〈표 7-5〉 월 가구소득별 문해능력 수준

(단위: %)

구분	수준 1	수준 2	수준 3	수준 4 이상
100만 원 미만	34.3	20.3	15.7	29.7
100~299만 원	6.6	8.9	20.3	64.2
300~399만 원	2.9	3.1	13.3	80.7
400~499만 원	1.5	1.6	7.8	89.1
500만 원 이상	1.6	1.0	5.8	91.6
전체 응답자	4.5	4.2	11.4	79.8

다섯째로, 문해학습의 필요는 학교교육 기회를 갖지 못한 사람에게 더 크다. 학령기의 적절한 교육 기회는 문해학습의 가장 기본적인 배경 요인이다. 수준 1에 해당하는 사람들 중 대부분이 초등학교 졸업 이하의 학력을 지녔고, 수준 2와 수준 3은 중졸 이하거나 고졸 이하인 경우가 많다. 이는 적절한 시기에 학교교육 기회를 확보하는 것이 문해학습의 필요를 줄이는 핵심 변수라는 것을 한 번 더 확인하여 준다.

〈표 7-6〉 학력별 문해능력 수준

(단위: %)

구분	수준 1	수준 2	수준 3	수준 4 이상
무학	66.9	16.4	8.2	8.5
초졸	17.3	24.3	29.0	29.4
중졸	5.0	14.0	31.2	49.8
고졸	1.4	2.0	13.2	83.4
대졸 이상	0.0	0.4	3.9	95.7
전체 응답자	4.5	4.2	11.4	79.8

위 조사 결과에 따르면 수준 1~3에 해당하는 인구는 약 200만 명 이상으로 20세 이상 전체 인구의 약 20.1%에 해당한다. 성인 인구 다섯 명 중 적어도 한 명은 잠재적 문해학습자라는 것이다. 이는 문해 문제에 대한 전 사회적 대응이 필요하다는 것을 시사한다.

6. 문해교육 지원정책 및 제도

1) 성인문해교육지원정책의 역사적 배경

문해교육은 일제 강점기부터 민족교육에 열정과 관심을 가지고 있던 개인, 시민단체 등에 의해서 문맹퇴치, 민족의식 고취 등을 위해 시작되었으며, 1948년 대한민국 정부 수립 이후에 국가 차원에서 본격적으로 이루어졌다.[50]

한국전쟁 직후인 1954년에 의무교육완성 6개년 계획(1954~1959)과 함께 「문맹퇴치 5개년 계획(1954~1958)」이 수립되었고, 이에 따라 농한기를 이용하여 농촌지역에 있는 비문해 성인들을 대상으로 70~90일간 초등학교 2학년 수준의 읽기, 셈하기, 기초 과학지식에 대한 교육이 이루어졌다. 5년 동안에 약 115만 명이 참여하였고, 당시 정부 발표에 의하면 1945년 78%였던 비문해율이 1958년에는 4.1%까지 줄었다. 그러나 비슷한 시기에 이루어진 다른 정부 조사자료에 의하면 비문해율은 여전히 최소 10% 이상을 상회하고 있었다. 1959년 내무부 자료에 의하면 비문해율은 13.7%였고, 1960년 경제기획원 자료에 의하면 비문해율은 27.9%이었다.[51]

이와 같이 비문해 문제가 심각한 수준이었음에도 불구하고 「문맹퇴치 5개년 계획」 이후 문해교육은 오랫동안 정부의 관심에서 벗어났다. 해방 이후 계속적인 문맹퇴치 운동을 하고 1960년에 의무교육 취학률이 96%에 이르면서 비문해가 더 이상 사회적 이슈가 되지 못했던 것이다.[52]

이와 같이 오랫동안 잊혔던 문해교육이 다시 사회적 관심을 받게 된 것은 1990년에 유네스코가 “세계 문해교육의 해”를 선포하면서부터이다.[53] 문해교육이 세계적인 이슈로 부각되면서 국내에서도 학계, 시민활동가 등을 중심으로 문해교육에 대한 활발한 논의가 이루어지기 시작하였다. 아울러 학령기에 가계 빈곤 등으로 인해 교육기회를 놓친 비문해학습자, 특히 중・고령 여성들이 야학 등 문해교육기관에 모여들면서 문해교육의 수요가 급증하기 시작하였다.

이러한 수요를 국가적 차원에서 다시 주목한 것은 그리 오래되지 않았다. 2002년도에 ‘소외계층 평생학습지원사업’의 일환으로서 문해교육이 부분적으로 지원되었고, 2006년부터는 문해교육사업이 ‘단독 사업’으로서 최초 지원되었다. 이는 참여 정부에서 ‘사회적 양극화 해소’를 국정목표의 하나로 채택하면서 교육 양극화 이슈로서 ‘저학력・비문해 성인들의 교육불평등’에 관심을 가졌기 때문이다.[54] 성인문해교육 지원사업은 저학력 성인에게 제2의 교육기회를 제공하기 위한 사업으로 제1차 평생교육진흥종합계획에 포함되었으며, 2007년 12월 「평생교육법」이 전부개정이 되면서 법적 근거를 갖게 되었다.[55] 이로써 문해교육에 대한 정부 지원과 문해교육 프로그램 이수를 통한 초・중학교 학력 인정에 관한 법적 근거가 확보될 수 있었다.[56]

2) 성인문해교육지원정책의 법제화

2000년대 가장 결정적인 국가 성인 문해교육 정책 추진의 토대는 2008년 「평생교육법」 전면 개정과 국가평생교육진흥원 설립이다. 전면 개정된 「평생교육법」에는 성인 문해교육에 대한 개념 정의, 성인 문해교육에 대한 재정 지원 근거, 성인 문해교육을 통한 학력인정의 근거 및 구체적인 절차를 명시하였다. 또한 2001년부터 한국교육개발원의 한 부서로 있던 ‘국가평생교육센터’가 2008년 ‘국가평생교육진흥원’으로 독립, 문해교육 지원 사업을 보다 체계적으로 추진할 수 있게 되었다.

「평생교육법」 전면 개정이 이루어질 당시, 성인 문해교육 현장 실천가들은 성인 문해교육 지원 사업의 안정적인 운영뿐 아니라 '성인 문해교육이 비문해 학습자들의 기본적인 학습권'이라는 인식에 따라 '문해교육특별법' 제정을 위해 별도의 노력을 추진하고 있었다. 그러나 「평생교육법」 전면 개정이 긴급히 추진되어 여러 차례 협의과정 끝에 평생교육의 중요한 한 영역으로 문해교육을 넣어 국가적 차원의 지원 근거를 마련하는 데 합의하여 「평생교육법」 개정안 국회 통과에 힘을 모았다. 개정된 「평생교육법」 제2조에서는 평생교육을 "학교의 정규교육과정을 제외한 학력보완교육, 성인기초문자해득교육, 직업능력향상교육, 인문교양교육, 문화예술교육, 시민참여교육 등을 포함한 모든 형태의 조직적인 교육활동"이라고 정의하면서 문해교육을 평생교육의 중요한 한 영역으로 포함시켰다. 또한 「평생교육법」 제39조는 국가 및 지방자치단체의 문해교육 지원의무와 이를 추진하기 위한 국가문해교육센터와 시·도문해교육센터 설치를 명기하고 있다. 이어 제40조에는 문해교육의 학력인정제도와 문해교육 정보지원시스템을 규정하고 있다.

이에 따라 「평생교육법 시행령」 제72조에서는 국가 및 지방자치단체의 문해교육 지원 내용을 다음과 같이 정하고 있다. 무엇보다 「평생교육법」 개정에서 문해교육에 대한 획기적인 의의는 문해교육을 통한 학력인정에 관한 사항이다. 이는 비문해 성인이 다시 정규 학교를 거치지 않고, 성인학습자 특성에 맞게 구성된 문해교육 프로그램을 통해 정규 학교와 똑같은 학력인정을 받게 될 수 있다는 것이다. 「평생교육법」에서는 성인학습자가 법이 정하는 문해교육 프로그램을 이수했을 경우 초등학교 및 중학교 수준의 학력인정을 해주도록 하고 있다. 「평생교육법 시행령」 제72조에서는 문해교사, 시설 및 설비, 교육과정 등 세 가지에 대한 문해교육 프로그램 설치 및 지정 기준을 제시하고 있다.[57]

3) 성인문해교육 추진체제

한국의 성인문해교육 지원정책은 2016년에 새로운 전기를 맞게 된다. 2016년 2월에 통과된 「평생교육법」 일부개정안에 근거하여, 국가평생교육진흥원 산하에 '국가문해교육센터'가 설립된 것이다.[58] 국가의 문해교육 지원정책을 총괄 추진할 기구로 국가문해교육센터를 두고, 시·도에는 시·도문해교육센터를 설치 또는 지정 운영할 수 있도록 명시하였다. 이에 따라, 국가문해교육센터가 출범하였고, 점차 시·도문해교육센터 설립도 확대되어가고 있다. 법 개정에 따라 설립된 국가문해교육센터는 「평생교육법 시행령」 제73조의2에 따라 문해교육 프로그램 개발 및 운영 지원, 문해교육 촉진을 위한 각종 연구, 조사 및 홍보, 문해교육 통계 조사 및 문해교육 관련 기관 현황 등 실태조사, 문해교육 교원양성·연수 및 지원, 시·도문해교육센터에 대한 지원업무를 수행한다.

「성인문해교육 지원사업」의 주요 추진체제는 교육부, 국가평생교육진흥원, 시·도평생교육진흥원(시·도문해교육센터)과 시·도교육청, 문해교육기관으로 구분할 수 있다. 교육부는 사업 기본계획을 수립하며, 국가평생교육진흥원은 세부 사업을 운영·지원한다. 시·도평생교육진흥원(시·도문해교육센터)은 시도 단위 문해교육 활성화 사업을 추진하고, 시·도교육청은 문해교육을 통한 학력인정제도를 담당한다. 기초자치단체는 지역 내 문해교육기관에 대한 지도·점검을 수행한다. 각 추진체제별 주요 역할은 〈표 7-7〉과 같다.[59]

〈표 7-7〉 성인문해교육 지원사업 추진체제

추진체제		주요 역할
총괄	교육부	• 사업 기본계획 수립, 사업 추진 상황 모니터링 등
사업전담기관	국가평생교육진흥원 (국가문해교육센터)	• 세부 사업 추진계획 수립 · 추진, 사업 신청서 접수 · 선정 · 평가 • 사업수행 지원, 결과 분석 등
광역 단위 사업 주체	시 · 도평생교육진흥원 (시 · 도문해교육센터)	• 광역 문해교육 지원사업 및 지역 맞춤형 특성화 사업 운영 • 문해교육 교육연수 및 보수교육, 지역 문해교육 활성화 사업 추진
	시 · 도교육청	• 학력인정 문해교육 프로그램 설치 · 지정 및 초 · 중학 학력 인정
시 · 군 · 구 단위 지원 주체	기초자치단체	• 사업 신청서 작성, 문해교육 프로그램 운영 및 국고보조금 집행 • 문해교육기관 지도 · 점검
사업수행기관	문해교육기관	• 프로그램 개설 · 운영, 학습자 관리, 사업비 집행 결과 보고

출처: 국가평생교육진흥원(2022). 내부 자료.
교육부 · 국가평생교육진흥원(2023). 2022평생교육백서. 368쪽에서 재인용.

4) 성인학습자 학력인정체제 구축

2007년 12월, 「평생교육법」 전부 개정에 따라 문해교육 관련 조항이 마련되면서 문해교육 프로그램을 통해 초등 · 중학 학력을 인정받을 수 있는 제도가 마련되었다. 「평생교육법」 제40조에 의거한 '성인학습자 학력인정체제'는 18세 이상의 성인학습자가 시도교육청이 설치하거나 지정한 문해교육 프로그램을 이수하고, 학력 충족 여부 심사를 거쳐 초등 · 중학 학력을 인정받는 제도이다. 학력인정 문해교육 프로그램은 교육부 고시(제2018-157호)에 근거하여 교육과정을 운영하며, 초등과정과 중학과정으로 구분한다.

초등 성인문해 학력인정 교육과정은 총 3단계로 구성하며, 각 단계는 40주 기준으로 총 240시간 수업을 실시한다. 중학 성인문해교육 학력인정 과정은 총 3단계로 구성하며, 각 단계는 40주 기준으로 총 450시간의 수업을 운영한다. 이때, 문해교육 프로그램의 교사는 「평생교육법 시행령」 제70조에 의거한 문해교육교원 연수과정을 이수한 교원만 가능하다. 문해교육 프로그램을 통한 성인학습자 학력인정제도는 교육부, 국가평생교육진흥원, 전국 17개 시도교육청과 연계하여, '성인문해교육 지원사업'의 일환으로 지원하고 있다.

교육부와 국가평생교육진흥원은 「평생교육법」 제76조에 의거하여 문해교육 전반에 걸친 주요 안건을 심의하는 문해교육심의위원회를 구성하여 운영하고, 맞춤형 성인문해교과서를 개발한다. 17개 시도교육청은 문해교육심사위원회를 구성하여 운영하고, 「평생교육법」 제40조에 의거하여 학력인정 문해교육 프로그램을 설치하고 지정하며, 학습자의 학력 충족 여부 심사 과정을 거쳐 학습자의 초등・중학 학력을 인정한다. 시도교육청은 「평생교육법」 제39조에 따라 관할 구역 안에 있는 초・중학교에 학력인정 프로그램을 설치하거나, 지방자치단체・법인 등이 운영하는 프로그램이 적합한 교육과정, 교원, 시설 및 설비 등을 갖출 경우 학력인정 프로그램으로 지정할 수 있다. 시도교육청으로부터 설치하고 지정받은 학력인정 문해교육기관은 교육과정을 운영하고 학습자들이 학력 취득의 기회를 가질 수 있도록 지원한다.[60] 성인학습자를 위한 학력인정 체제는 〈표 7-8〉과 같다.

〈표 7-8〉 성인문해교육 지원사업 추진체제[61)]

추진체제	주요 역할
교육부 · 국가평생교육진흥원	• 「평생교육법 시행령」 제76조에 의거한 문해교육심의위원회 구성 · 운영 • 성인문해교과서 개발, 문해교육종합정보시스템 구축 · 운영 등
시 · 도교육청	• 「평생교육법 시행령」 제76조에 의거한 문해교육심사위원회 구성 · 운영 • 학력인정 문해교육 프로그램 설치 및 지정 • 성인학습자 학력 충족 여부 심사 및 학력인정 실시
시 · 도평생교육진흥원	• 문해교육 교원연수과정 운영(시 · 도평생교육진흥원 등 운영)
학력인정 문해교육기관	• 학력인정 문해교육 프로그램 운영 • 학력인정 문해학습자 관리

7. 문해교육의 과제

지식 기반 사회의 진전과 더불어 우리 사회의 급격한 인구 변동은 문해교육의 의미, 대상, 방법 등 전반의 적절성을 되돌아보게 하는 계기가 되고 있다. 특히, 문해 학습자의 다양화로 인해서 더 이상 한 가지 해법으로는 해결할 수 없게 되었다. 모든 문해학습자가 비슷한 교육적 요구를 가지고 있다고 전제한 '단일의' 문해교육 모델을 과감히 폐기하고, 문해교육 대상자별 요구와 특성을 반영한 '다양한' 문해교육모델을 도입할 필요가 있다. 즉, 베이비부머, 비문해 청년, 결혼이민자, 저학력 중고령 남성, 수용자 등과 같은 소위 '새로운 문해교육 대상자들'의 각기 다른 교육적 요구를 충족할 수 있도록 문해교육을 혁신할 필요가 있다.[62)]

이를 위해서는 첫 번째로 문해기준을 다양화, 고도화하여야 한다. 삶과 배움의 기초역량으로서 '문해'는 사회변화와 더불어 기대하는 수준과 영역의 변화가 불가피하다. 이처럼 진화하는 개념으로서 '문해'를 둘러싼 변화는 앞으로도 더욱 가속화될 것으로 전망된다. 2015년 인천에서 열린 〈세계교육포럼(World Education Forum)〉에서 채택된 인천선언(Incheon Declaration)은 Education 2030의 목표로 모든 이들에게 포괄적이고 평등한 양질의 교육과 평생학습을 제공하겠다는 의지를 담았으며, 무엇보다도 '문해'의 중요성을 강조하였다.[63] 이때의 '문해'는 21세기 일상생활 핵심기술로 문자, 수리, 과학, ICT, 재정, 문화 및 시민 등의 영역까지를 포함한다.[64] 앞으로 필요로 하는 문해수준은 현재보다 높은 수준으로 점차 상향될 것이며, 문해교육의 영역은 금융, 정보기술, 건강문해 등 다양한 부문으로 확장될 필요가 있다.

두 번째로, 문해교육대상의 확대이다. 기초문해교육과 학력인정교육프로그램 위주의 종래의 문해교육지원사업은 저학력 중고령 여성을 주 대상으로 하고 있다.[65] 그러나 목표 문해수준이 고도화 및 영역 다원화가 이루어진다면, 문해교육대상의 확장은 불가피하다. 기존의 저학력 중고령 여성학습자에서 벗어나, 청년과 베이비부머, 중도입국청년과 이주민 그리고 재소자 등을 위한 문해교육 등 다양한 대상으로 확장할 수 있는 방안을 도입해야 할 것이다. 이를 위해서는 각 대상별 특성에 대한 이해와 그에 적합한 교육내용 및 교육설계가 필요하다.

세 번째 과제는 전 생애에 걸친 '재문해'의 필요성 확대이다. 사회가 필요로 하는 문해수준이 높아지고 달라지면서, 누구나 문해력을 다시 학습해야 할 필요가 커지고 있다. 이는 한국 성인의 문해력은 20대 초반에 정점을 나타내고, 연령이 증가할수록 급격히 감소한다는 PIAAC 조사결과에서도 그 필요성을 확인할 수 있다. 다른 나라는 30~35세에 가장 높고, 상대적으로 완만하게 연령에 따라서 감소한다. 이와 같은 결과는 한국 성인이 다른 나라에 비하여 초기 교육을 통해서 획득한 역량을 적극적으로 활용하지 못하고, 학습을 통해서 개발하지 못하고 있으며, 세대별 격차가 심화되고 있음을 시사한다. 특히, 이제 노년기에 진입하는 베이비부머 세대의 재문해학습을 통해 중고령 인구의 생산성과 사회통합을 제고하는 것은 향후 우리나라 사회발전의 관건이 될 것이다.

끝으로, 무엇보다도 정부 차원의 '문해교육 정책 패러다임'을 변화시킬 필요가 있다. 기초문해과정과 학력인정 문해교육을 주로 지원하는 전통적인 문해교육 정책 패러다임을 벗어나, 모든 성인들이 사회 변화에 적응하는 데 필요한 문해력을 갖출 수 있도록 문해교육 정책의 범위와 영역을 새롭게 재편할 필요가 있다. 이러한 점에서 현재와 같이 부처별로 소관 대상에 맞추어 문해교육을 각각 실시하기보다는 국가 차원에서 성인들의 문해력 수준을 주기적으로 평가하고, 그를 토대로 부처별로 진행되는 문해교육을 상호 유기적으로 연계하는 것이 필요하다. 예를 들어, 영역별 문해교육은 소관 부처별로 진행하되 국가 수준의 문해력 조사, 교육과정 및 교재 개발, 교사 양성 및 재교육, 교육 이수 결과 인증 등과 관련해서 관련 부처들이 긴밀히 연계하는 체제를 구축할 필요가 있다. 이러한 체제가 갖추어져야 문해교육 대상별로 체계화된 문해력 개발과 더불어 지속적인 역량 개발이 가능해지기 때문이다.[66]

1) UNESCO(1985). 4th International Conference on Adult Education: Final Report. 65.
2) 황종건(1990). 문해교육운동의 역사와 전망. 문해교육연구 1집. 한국문해교육협회. 19-34.
3) Freire, P. 지음. 허준 옮김(2022). 자유를 위한 문화행동. 영남대학교출판부. *Cultural action for freedom* (원저는 1970년); Freire, P., & Macedo, D. 지음. 허준 옮김(2014). 문해교육: 파울로 프레이리의 글 읽기와 세계 읽기. 학이시습. *Literacy: Reading the Word and the World* (원저는 1987년). 참조. 허준(2023). 성인문해와 문해능력조사. 학이시습. vii쪽에서 재인용.
4) 김아미(2023). 온라인의 우리 아이들. 민음사. 10-11.
5) 이지혜 · 채재은(2023). 성인문해학습자. 학이시습. v쪽.
6) 김신일(1990). 비문해의 개인적 요인과 사회적 요인. 문해교육연구, (10), 한국문해교육협회. 51-58.
7) 이지혜(2003). 학습사회에서 성인문해의 의미. 평생교육학연구, 9(3), 57-74.
8) 허준 · 이경민 · 이진희(2016). 성인 문해교육 연구의 담론 지형. 평생교육학연구, 22(4),

1-26.

9) 윤준채(2009). 문해력의 개념과 국내외 연구 경향. 새국어생활, 9(2), 5-16.
10) 손준종(2000). 정보사회의 문해 이해: 새로운 패러다임 모색. 평생교육학회연구, 6(1), 213-233.
11) Bartlett, L. (2008). Literacy's verb: Exploring what literacy is and what literacy does. *International Journal of Educational Development, 28*, 737-753.
12) Resnick, D. P. & Resnick, L. B. (1977). "The natute of literacy: Historical explanation." *Harvard Educational Review 47,* 370-385.
13) http://portal.unesco.org/education/en/ev.php-URL_ID=13206&URL_DO=DO_TOPIC&URL_ SECTION=201.html 2007.4.1.열람
14) 최윤정(2003). 무학력자의 성인문해학습과정에 관한 생애사적 연구. 서울대학교 대학원 석사학위논문.
15) Harman, D. (1970). Illiteracy: An Overview. *Harvard Educational Review, 40*(2), 226-243.
16) 이지혜(2003). 앞의 글.
17) 이지혜(2007). 문해연수자료: 문해교육 동향과 이슈. 평생교육진흥원.
18) Scribner, S. (1984). "Literacy in three metaphors". *American Journal of Education 93*: 6-21.
19) Giroux, H. (1988). Literacy and the Pedagogy of Voice and Political Empowerment. *Education Theory, 38*(1), 61-75; 차갑부(1998). 사회변혁형 비판문해 연구. 사회교육학연구, 4(1), 97-117에서 재인용.
20) 허준 · 이경민 · 이진희(2016). 성인 문해교육 연구의 담론 지형. 평생교육학연구, 22(4), 1-26; 허준(2023). 성인문해와 문해능력조사. 13에서 재인용.
21) Perin, D.(2020). *Conceptual framework and overview of the handbook*. In Perin, D. (Ed.) (2020). *The Wiley Handbook of Adult Literacy*. Wiley-Blackwell. 1. 허준. 앞의 책. 14에서 재인용.
22) 손준종(2000). 정보사회의 문해 이해: 새로운 패러다임 모색. 평생교육학연구, 6(1), 213-233; Pourbaix, D.(2000). Emergent literacy practices in an electronic community. In Barton, D. & Hamilton, M. & Ivanič, R.(Eds.)(2000). *Situated literacies*. Routledge. 125-148 참조; 허준(2023). 앞의 책. 14에서 재인용.
23) Edwards, R., Ranson, S. & Strain, M.(2002). Reflexivity: towards a theory of lifelong learning. *International Journal of Lifelong Education, 21*(6), 525-536; 허준(2023). 앞의 책. 15에서 재인용.
24) 이지혜 · 채재은(2023). 성인문해학습자. 학이시습. 14-23의 내용을 재구성하였음.
25) Wolf, M.(2007). *Proust and the squid: The story and science of the reading brain*. Harper Perennial. 이희수 옮김(2009). 책 읽는 뇌. 살림.
26) 김하수(2015). 해방과 분단, 그리고 언어 환경의 변화. 새국어생활, 25(2), 3-24.
27) 이지혜 · 채재은(2023). 앞의 책. 18에서 재인용.

28) 김신일(2009). 교육사회학(4판). 교육과학사.
29) 김경애(2020). 재난의 불평등, 교육의 형평성. 김경애 외. 코로나 시대, 학교의 재탄생(113-130). 학이시습.
30) 한국지능사회정보원(2022). 포스트 코로나 시대 디지털 대전환과 사회변화 전망. 한국지능사회정보원. 7.
31) OECD(2022). Building the future of education. OECD.
32) 길혜지 · 허준 · 노일경 · 변호승(2019). 성인문해교육 학습자 정보문해능력 측정 도구 개발 및 조사 연구. 국가평생교육진흥원.
33) OECD(2012). Literacy, Numeracy and Problem Solving in Technology-Rich Environment: Framework for the OECD Survey of Adult Skills. OECD.
34) 길혜지 · 허준 · 노일경 · 변호승(2019). 성인문해교육 학습자 정보문해능력 측정 도구 개발 및 조사 연구. 국가평생교육진흥원에서 재인용.
35) 허준(2023). 앞의 책. 17-25.
36) 조미경(2012). 유네스코의 비판적 성인문해교육 변천 과정 및 동향 분석: 세계성인교육회의(CONFINTEA)를 중심으로. 아주대학교 대학원. 박사학위논문. 13-18.
37) 김병욱(2010). 문해 능력과 문해교육: 역사성과 프랑스어권 연구를 위한 현황 분석. 한국프랑스학논집, 71호: 73.
38) UNESCO(2019). The UNESCO Strategy for Youth and Adult Literacy(2020-2025). UNESCO: 2.
39) Reder, S.(2010). Adult Literacy Development and Economic Growth. National Institute for Literacy.
40) Blaug, M.(1966). Literacy and Economic Development. *The School Review, 74*(4), 393-418.
41) 오혁진, 허준(2011). 1950년대 '전국문맹퇴치교육'의 사회교육사적 의미. 평생교육학연구, 17(4), 265-291.
42) OECD, Statistics Canada (2011). Literacy for life: further results from the adult literacy and life skills survey. OECD Publishing.
43) World Economic Forum(2015). New vision for education: Unlocking the potential of technology. World Economic Forum.
44) 국가직무능력표준 홈페이지
https://www.ncs.go.kr/th01/TH-102-001-01.scdo(2023년 6월 30일 인출)
45) 이 절은 이지혜 · 채재은(2023). 앞의 책. 3-12를 재구성하였음.
46) 대한민국 법원 종합법률정보(2024. 6. 15. 인출)
https://glaw.scourt.go.kr/wsjo/lawod/sjo192.do?lawodNm=%ED%8F%89%EC%83%9D%EA%B5%90%EC%9C%A1%EB%B2%95&jomunNo=2&jomunGajiNo=
47) 교육부 · 국가평생교육진흥원(2021). 2020년 성인문해능력조사. 국가평생교육진흥원.
48) 자료출처: 교육부 · 국가평생교육진흥원(2021). 2020년 성인문해능력조사. 국가평생교육

진흥원.

49) Kutner, M., Greenberg, E., Jin, Y., Boyle, B., Hsu, Y. C., & Dunleavy, E.(2007). Literacy in everyday life: Results from the 2003 National Assessment of Adult Literacy. NCES 2007-490. National Center for Education Statistics.

50) 한국교육십년사간행회(1960). 한국교육십년사. 풍문사.

51) 한국교육십년사간행회. 앞의 책; 윤복남(1990). 한국 문해교육의 사회사적 고찰. 고려대학교 박사학위논문.

52) 황종건(2001). 세계 문해교육의 동향과 우리나라의 처지. 한국성인의 문해실태와 발전과제 세미나 자료집. 한국교육개발원, 1-18.

53) 이희수 · 이지혜 · 안도희 · 변종임 · 박상옥 · 이현석(2002). 한국 성인의 문해실태 조사 보고서. 한국교육개발원.

54) 변종임 · 이경아 · 허준 · 김기환(2012). 2011 경제발전경험모듈화사업: 한국 성인 문해교육의 발전과정과 성과. 교육과학기술부 · 한국교육개발원.

55) 변종임 외. 위의 책.

56) 채재은 · 이지혜(2012). 성인문해교육 사업의 정책집행과정 분석. 평생교육학연구 18(2). 183-212.

57) 변종임 외. 앞의 책. 50-52.

58) 국가문해교육센터 홈페이지 참조 www.le.or.kr

59) 교육부 · 국가평생교육진흥원(2023). 2022 평생교육백서(RM2023-13). 국가평생교육진흥원.

60) 교육부 · 국가평생교육진흥원. 위의 책. 373-374.

61) 국가평생교육진흥원(2021). 내부 자료.
교육부 · 국가평생교육진흥원(2023). 2022 평생교육백서. 374쪽에서 재인용.

62) 이지혜 · 채재은(2023). 앞의 책. 136.

63) https://en.unesco.org/themes/literacy-all/five-decades 2018.4.7. 인출

64) 교육부(2018). 2018 성인문해지원활성화기본계획.

65) 2017년 성인문해교육지원사업 참여학습자 중 60대가 25.1%, 70대가 45.4%, 80대 이상이 17.2%로 60대 이상이 전체 참여자의 87.7%이다(교육부, 2018).

66) 이지혜 · 채재은(2023). 앞의 책. 139-140.

제 8 장

직업진로교육

1. 직업진로 평생교육의 배경

직업진로 평생교육과 관련하여 몇 가지 오해가 존재해왔다. 이 중 대표적인 것이 직업진로 교육은 청소년 또는 청년 초기의 교육활동이라는 것이다. 즉, 고등학교나 대학교 직업교육을 종국교육(terminal education)으로 이해한 관점이다. 하지만 현재에도 그렇게 생각하는 경우는 드물다. 평생 직장과 평생 직업이 인정된다고 하더라도, 새로운 지식 창조의 속도가 끊임없는 학습을 요구하기 때문이다. 이런 이유로 진로교육과 직업교육은 학교교육의 영역에서 평생교육의 영역으로 확장되었다.

직업진로 평생교육과 관련된 또 다른 오해는 인생에서 하나의 경력만 갖는 것이라는 이해였다. 하지만, 일생 하나의 직업 또는 경력만으로 살기 어려워졌다. 조직의 다운사이징이나 구조조정이 확산되고, 수명이 길어지면서 60대 퇴직 이후에도 경제적 이유나 자아효능감과 같은 심리적 이유로 일을 하려고 한다. 극단적인 예측이지만, 2030년에는 1인당 20~30개의 직업을 가져야 한다는 예측이 6년 전에 나올 정도였다.[1] 실제로 2023년 6월 발표된 2021년 일자리이동통계 결과에 따르면, 2021년 등록취업자, 즉 4대 사회보험 등 공공기관에 신고(가입)된 행정자료를 활용하여 파악된 임금 및 비임금 근로자는 총 25,490천 명이고, 이 중 기업체 간 이동자는 3,962천 명으로 15.5%였다.[2] 즉, 취업자

중 약 16% 정도는 2021년 1년 동안 이직을 하였다. 그리고 이직한 취업자 규모는 증가 추세인데, 2020년 14.8%에서 2021년 15.5%로 0.7%p 증가하였다.

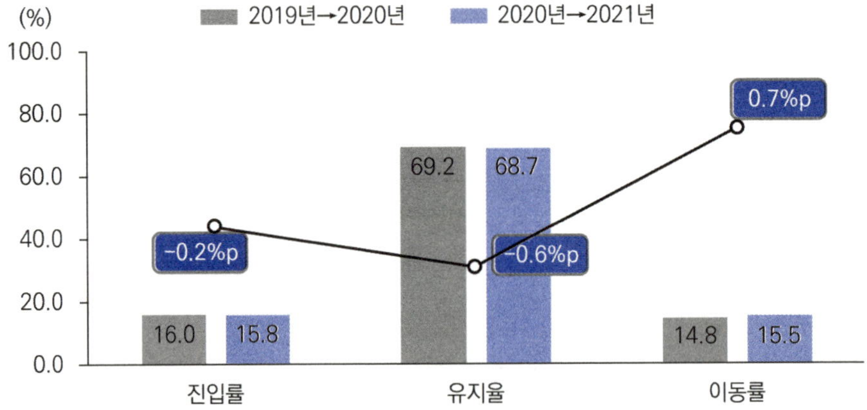

[그림 8-1] 주된 일자리 이동 유형별 비율 및 변동[3)]

이와 관련하여 청년층에서는 하나의 직업, 즉 생애 주요 경력이 유지되다가 나이가 들어 이직이나 전직을 생각한다는 인식도 오해의 하나이다. 청년층도 이직이나 전직을 적극적으로 고려하고 또 준비하고 있다. 2023년 한국고용정보원의 연구[4)]에 따르면 한국고용정보원의 청년패널조사 자료를 분석한 결과 첫 일자리 진입 이후 1년 또는 2년 내 이직자가 1,235명으로 전체 분석대상자 3,496명 중 35.3%였다. 이 자료는 청년패널조사 1차에서 14차까지의 응답자 중 이직 여부 판별 가능 대상자의 자료였다.

인간이 살아가면서 하나의 직업만 가지기보다는 여러 직업이나 직장을 경험하면서 경력을 형성하는 것이 현재 상황이다. 20~30대의 청년층에서도 35% 이상 이직하고 있으며, 동시에 2개 이상의 직업을 갖는 경우도 늘어나고 있다. 또한 장수사회에 접어들면서 한국은 일반적 퇴직 연령인 60세 또는 65세 이후에 직업생활을 해야 하는 부담이 늘어나며, 다수 연구의 주제가 이직이나 전직 등의 경력전환을 위한 역량 강화 프로그램 또는 경력전환지원 프로그램을 다루고 있다.[5)]

〈표 8-1〉 첫 일자리 진입 이후 1년 또는 2년 내 이직 여부[6)]

(단위: 명, %)

	빈도	퍼센트
비이직자	2,261	64.7
1~2년 내 이직자	1,235	35.3
1년 내 이직자	596	17.0
2년 내 이직자	639	18.3
전체	3.496	100.0

이런 변화와 현상은 10대나 20대의 학교를 중심으로 하는 직업진로교육을 벗어나 평생 직업 관련 역량을 강화하고 이직, 전직, 창직 등의 새로운 경력에 도전하려는 경향이 반영된 결과이다. 실제로 한국교육개발원이 발표한 2022년 한국 성인 평생학습실태조사 결과에 따르면, 성인 9,968명을 조사한 결과 직업능력향상교육에 참여하는 비율(수도권 10.3%, 비수도권 17.4%)이 가장 높았다. 그 외에 문화예술스포츠교육, 인문교양교육, 시민참여교육순이었다. 이런 결과는 성인이 되어서 더욱 직업 관련 역량을 강화하여 새로운 진로로 진출하기 위한 요구가 증가한다는 것을 보여주고 있다. 이에 대응하여 평생교육은 직업교육, 진로교육, 노동교육 등 직업진로교육과 관련된 영역으로 실천 영역을 확대하고 있으며 관련 연구도 증가하는 추세이다.

2. 주요 개념과 담론

본 절에서 다루는 직업진로 평생교육은 서로 혼동되는 유사 용어가 합쳐진 표현이다. 직업교육, 진로교육, 평생교육 그리고 직업훈련, 인적자원개발 등의 용어가 직·간접으로 연관되어 있다. 이에 직업진로 평생교육의 개념을 이해하기 위해서는 직업교육, 진로교육, 평생교육 그리고 직업훈련, 인적자원개발 각각의 개념과 관점을 이해하는 것이 선행되어야 한다.

20세기에 들어서 한국에서 직업교육은 학사학위 미만의 학력을 요구하는 일에 종사하기 위한 교육으로 평가 절하되었다. 실제로 1960년대 경제개발을 위해 산업계에서 요구되는 기술인력 육성은 실업계 고등학교와 전문대학 수를 확대함으로써 대응하려는 정책이 마련되었고 이는 1980년대 후반, 1990년대 초반까지지도 이어졌다.[7)8)]

그러나 1990년대 이후 대학교 이상의 교육기관에서 직업교육의 중요성이 확산되고, 2000년대 이후 평생교육 분야에서 직업교육의 실천이 강화되면서 직업교육의 개념은 빠른 속도로 확장되었다. 즉, 4년제 대학에서 취업을 위한 역량 또는 직무수행을 위한 역량을 키우는 교육을 강조하였다.

직업교육의 실천이나 제도적 영역의 다양성과 변화로 인해 한국뿐만 아니라 해외에서도 직업교육은 산업사회의 발달 정도나 학자에 따라서 다양하게 정의되고 있다. 예를 들어 국내외 직업교육 관련 일부 정의를 정리하면 〈표 8-2〉와 같다.

전통적으로 해외에서 직업교육을 학사학위 이하의 학위 수준을 요구하는 직업으로 제한하는 경향을 보였다. 국내에서도 1980년대까지지는 고등학교나 전문대학 수준에서 직업교육을 담당하는 정책이 운영되기도 하였다. 하지만 최근에는 학력을 제한하여 직업교육이라는 용어를 사용하기보다는 대학이나 대학원

〈표 8-2〉 직업교육의 정의[9)10)]

구분	정의
미국직업교육법(Vocational Education Act, 1971)	학사학위 미만을 요구하는 고용 또는 진로 준비를 위해 개인을 준비시키는 교육
미국교육통계센터(National Center for Educational Statistics, 2000)	학사학위 미만의 수준을 요구하는 직업이나 고용 준비에 필요한 지식과 기술을 개인들에게 제공하는 일련의 교육활동
호주교육연구위원회(Australian Council for Educational Research, 2003)	전문가 수준이 아닌 진로나 직업에 진출하기 위해 능력을 개발하기 위한 교육
UNESCO(2007)	숙련된 수준의 역량을 갖추기 위해 직업인으로서 준비하는 형식교육
교육기본법 제21조[11)]	모든 국민이 학교교육과 평생교육을 통하여 직업에 대한 소양과 능력을 계발하기 위한 교육
직업교육훈련 촉진법[12)]	학생과 근로자 등에게 취업 또는 직무수행에 필요한 지식·기술 및 태도를 습득·향상시키기 위하여 실시하는 교육 및 훈련
오승균, 김진수(2007)[13)]	한 인간이 삶의 수단으로서 생계를 유지하기 위하여 실용적인 기능·기술 습득과 자아실현을 위한 평생교육
정진철(2008)[14)]	고용 및 진로 준비를 위해 미래의 인력이나 재직자를 대상으로 직업 세계를 탐색하고 일을 선택하고 일에서 요구되는 능력을 개발하는 학교교육과 평생교육 등의 모든 형태의 교육
이무근, 이찬(2020)[15)]	개인이 일의 세계를 탐색하여 자신의 적성과 소질, 흥미, 능력, 성격, 가치관, 신체적 특징 등에 적합한 일을 선택하고 그 일을 수행하는 데 필요한 지식, 기술, 태도, 일에 대한 습관 등을 개발하거나 이미 현직에 종사하고 있는 근로자가 자기 일을 유지·개선할 수 있도록 학교교육, 사회교육, 그리고 일의 현장을 통해 능력을 개발하는 교육

이상 그리고 평생 직업 관련 역량을 강화하기 위한 교육으로 확대 정의되고 있다.

이상과 같은 직업교육의 정의를 종합하면, 광의의 개념과 협의의 개념으로 구분된다. 광의의 관점에서 보면 직업교육은 직업과 관련하여 운영되는 형식교육 또는 비형식교육을 모두 포함하는 교육이다.[16] 예를 들어, 어떤 직업을 취업하기 위해 준비하거나 현재의 직무를 유지 개선하기 위한 형식교육 또는 비형식 교육으로 정의된다.[17] 협의의 개념은 전통적인 관점 중에 하나로 직업교육을 직업세계로 진출하기 위해 특정 직업과 관련된 역량을 강화하기 위한 취업 준비 교육으로 제한하는 관점이다.[18][19][20] 이런 협의의 개념은 직업교육기관이나 국가기관, 또는 국제기구 등에서 사용하는 개념이기도 하다.

협의든 광의든 직업교육은 취업, 재취업, 경력전환 등 직업과 관련된 다양한 변화에 대응하기 위한 교육으로 설명된다. 이러다 보니 유사한 용어가 다양하게 등장하고 있다. 실업교육, 기술교육, 산업교육, 인적자원개발, 진로교육 등이 혼동되어 사용되거나 학술적 개념조차도 혼란스럽게 정의되고 있다. 대표적으로 진로교육은 직업교육의 개념이 광의의 개념으로 확장되면서 직업교육과 더욱 혼동되는 표현이다. 예를 들어, 앞서 살펴본 이무근과 이찬[21]의 직업교육 개념을 보면, "개인이 일의 세계를 탐색하여 자신의 적성과 소질, 흥미, 능력, 성격, 가치관, 신체적 특징 등에 적합한 일을 선택하고 그 일을 수행하는 데 필요한 지식, 기술, 태도, 일에 대한 습관 등을 개발하거나 이미 현직에 종사하고 있는 근로자가 자기 일을 유지·개선할 수 있도록 학교교육, 사회교육, 그리고 일의 현장을 통해 능력을 개발하는 교육"으로 설명되었다. 그런데 이는 평생 자신의 직업과 관련된 탐색과 준비 그리고 이를 통해 진로를 개발하는 진로교육과 구분되기 어렵다.

진로교육의 초기 이미지는 청소년과 같이 인생 초기 또는 성인 초기 시기에 자신의 주된 경력을 결정하기 위한 준비 교육이었다. 왜냐하면 진로가 인생에서 전반적인, 또는 주되게 수행한 일을 의미하기 때문이다. 진로는 영어로 '커리어(career)'로서 그 어원이 수레바퀴가 지나간 자국을 의미하였다. 즉, 마차나 자동차가 지나가고 남은 바퀴의 자국으로 어떤 방향으로 주요하게 진행하였는지를 보여주는 의미가 있다. 즉, 인간이 일생을 통해서 수행한 일을 총칭하는 것이 진로이다.[22] 과거에는 하나의 직업에 매진하여 평생을 살아가는 상황이었고, 그러다 보니 진로 준비는 노년기까지 또는 생을 마감할 때까지 하나의 직업을 준비하는 것이었고, 인생 초기에 주로 발생하는 것이었다.

하지만 최근 직업 세계는 하나의 직업으로 평생을 살아가기보다는 여러 개의 직업을 갖고 진로를 구성하는 경우가 많아지고 있다. 이런 관점에서 편종형 경력곡선(Carillon Career Curve: CCC)의 개념이 등장하였다. 편종형 경력은 최근에 와서 생애주기가 늘어나고 또 빠르게 변화하는 직업 세계의 상황에 따라 인생에서 다수의 경력, 즉 직업을 갖고 다시 그만두는 사이클이 여러 개 나타나는 것을 은유한 표현이다. 편종형 경력은 인생주기 전반에서 경력전환이 수시로 요구된다는 점을 시사한다.[23] 경력전환은 새로운 경력으로의 이동을 의미하는 것으로, 이직이나 창업, 또는 유사 업무 수행, 일하는 방식의 변화 등을 포괄한다. 예를 들어, 대기업에서 자동차 관련 일을 하던 사람이 1인 자동차 강의자로 전환할 경우, 편종형 경력을 진행하는 것이다. 그리고 이런 경력전환을 위해 새로운 경력에 대한 준비로서 학습, 특히 진로교육과 직업전환교육 등이 중요한 요소가 되고 있다.[24]

편종형 경력과 같이 전 생애에 걸쳐 직업생활을 해야 하는 상황에서 진로교육은 더는 인생 초기 또는 청소년을 위한 것만은 아니다. 이런 경향을 반영하듯이, 진로교육, 진로개발, 진로지원 등은 전 생애를 시간적 공간으로 받아들이고 있다. 광의의 진로교육 개념은 직업교육과 유사하게 개인이 가지고 있는 잠재성이나 가능성을 발현시켜서 개인에게 적합한 진로를 선택하게 하는 것이다. 최근에는 평생교육과 진로교육 그리고 직업교육이 가까워지면서 모든 성인 시기에 진로교육의 필요성이 강조되고 있다. 편종형 경력의 예와 같이 전 생애에 걸쳐 지속적인 진로 개발이 필요하기 때문이다.

이상과 같이 진로교육의 맥락이 다양화되면서 진로교육의 정의 역시 다양하게 제시되고 있다. 〈표 8-3〉을 보면, 공통적으로 진로교육은 청소년이든 성인이든 원하는 일에 진출하기 위하여 진로탐색, 진로선택, 진로계획, 진로관리 등과 같은 필요한 능력이나 활동을 위한 교육과정이나 학습 경험을 의미하였다.

〈표 8-3〉 진로교육의 정의

구분	정의
Moore(1973)[25]	성인과 청소년이 관심과 역량에 의해 사회적 활동과 생산과 관련된 직업 생활을 영위하기 위해 요구되는 지식, 기술, 태도를 얻기 위한 계획된 활동
Watts(2009)[26]	진로 개발 및 관리 역량을 개발하는 데 초점을 둔 교육과정
유럽평생지도정책 네트워크(ELGPN 2020)[27]	진로 관리 능력 개발을 지원하는 학습 프로그램과 가이드를 활용하는 활동
이영대 등(2004: 8)[28]	흥미, 적성, 능력에 적합한 일을 찾기 위해 스스로 인식하고 탐색하고 준비하고 유지 및 향상시킬 수 있는 평생 동안의 학교, 가정, 지역사회가 공동으로 제공하는 학습 경험의 총합
장석민(2014)[29]	현명한 진로선택과 진로발달을 통하여 생산적 사회 구성원으로서 그리고 행복한 개인으로서 삶을 살 수 있도록 성장을 돕는 교육의 과정
정지선(2013)[30]	진로인식, 진로탐색, 진로계획·실천·관리에 관련된 능력을 개인이 함양하게 하는 진로개발 역량 혹은 진로개발 학습 경험
이지연, 김재화, 이서정(2017)[31]	개인이 삶에 있어 필요한 생애역할, 평생학습, 일, 여가 등에 참여하는 것을 배우고 준비하는 학습경험의 총체
서유정, 이재열, 이윤진(2020)[32]	'계획된 교육과정 기반' 학습으로서 진로 관리 및 계획에 필요한 기술·역량 습득, 진로(학습, 일) 선택, 진로정보 활용 능력 등의 내용을 포함
이재열, 문찬주, 주인중(2022)[33]	진로관리와 계획에 필요한 기술 및 역량 습득, 진로(학습, 일) 선택, 진로정보 활용 능력 등의 내용을 포함하는 계획된 교육과정 하의 학습활동

따라서 진로교육은 청소년이나 인생 초기 단계에만 제한되는 개념이 아니다. 더불어 주로 일로 표현되는 직업이나 진로에 진출하기 위해 다양한 진로 능력이나 활동을 포함하는 것이 진로교육이다. 마지막으로 교육과정이나 학습 활동이라는 표현이 의미하듯이, 진로교육은 교육의 범주 안에서 실시되는 교육 프로그램이나 활동을 의미하는 것이다.

이상과 같은 진로교육 개념의 복잡성을 정지선[34)]은 벨과 호이트의 모형을 재구성한 이지연, 정윤경, 이종범[35)]의 모형을 수용하면서 8개의 요소가 진로교육에 포함된다고 설명하였다. 8개의 요소는 다음과 같다.

① 모든 사람을 대상
② 진학과 취업의 한 시점뿐 아니라 개인의 모든 생애주기 포함
③ 합리적인 개인의 선택과 결정이 이루어지도록 지원
④ 지속적인 진로발달 지향
⑤ 모든 활동, 즉 학습, 일, 여가, 취미활동 등 포괄
⑥ 다양한 직업분야와 일 가치 탐색 지원
⑦ 사회적 생산성 지향
⑧ 개인 차원에서는 진로개발 역량 및 평생 구직기술 습득과 취업 등의 성과 지향[36)]

진로교육의 8개 요소를 보면 역시 모든 생애주기의 모든 사람을 대상으로 함으로써 전 생애적 접근이며, 진로선택, 전로발달, 진로탐색 등의 다양한 진로 활동이나 능력과 연결되며, 취업, 구직기술 습득, 사회적 생산성 등을 주요한 성과로 지향하고 있다.

직업교육 및 진로교육과 함께 자주 등장하는 용어가 노동교육(labor education)이다. 그런데 노동교육은 정의하는 주체가 누구인가에 따라서 다양하게

정의되는 특성이 있다. 즉, 정의하는 주체가 고용주인지, 노동자인지, 정부인지 등에 따라서 다양한 입장을 갖게 된다. 일부 노동교육의 정의를 정리하면 〈표 8-4〉와 같다.

〈표 8-4〉 노동교육의 정의

구분	정의
Page & Thomas(1977)[37]	주로 노동조합에 의해 주도되거나 때로는 교육기관의 협력을 통해 근로자를 교육훈련시키는 것
Titmus(1979)[38]	조합원으로서의 개인적인 역할을 효과적으로 수행하는 데 필요한 태도와 지식/기술의 행동양식을 체계적으로 개발하는 것
서울대 교육연구소(1995)[39]	노동자들이 민주적 가치체계를 갖추도록 노력하며, 노동자의 사회의식을 발달시키고, 노동조합이 요구하는 지식과 기술의 다양한 형태를 제공하는 노동교육
김정일(2003)[40]	• 광의의 개념: 노사정을 비롯한 일반 국민을 대상으로 노동의 가치, 노동문제, 노사관계, 노동운동 등을 올바르게 이해 및 인식하게 함으로써 노동과 관련한 개인의 교육적 발달과업을 성취하게 하거나 노사 관련 조직과 단체의 바람직한 역할수행에 기여하며, 나아가 산업사회의 조화로운 발전을 도모하는 사회교육 • 협의의 개념: 노동조합의 목표실현을 위한 조합원의 역할과 활동을 돕고, 조합원의 교육적 요구를 충족하는 체계적 교육적 시도로 광의의 개념의 하위 요소
설규주, 옹진환, 정수진(2019)[41]	노동에 대해 인권의 관점에서 접근하는 교육 또는 인권 중에서 노동과 관련한 부문 영역(노동인권)에 대한 교육
서울특별시 노동인권교육 활성화 조례(국가법령정보센터, 2023d)[42]	노동인권과 관련된 지식을 습득하고 노동인권을 존중하는 태도와 감수성을 배양하여 노동인권과 관련한 합리적인 의사결정능력을 향상시키도록 하는 모든 교육
한국고용노동교육원법(국가법령정보센터, 2023c)[43]	노사관계 당사자, 고용노동 관련업무 종사자, 국민에 대한 고용노동교육을 실시함으로써 노동인권에 대한 인식을 폭넓게 하고 고용노동 관련업무 종사자의 전문성 및 노동관계 문제에 대한 해결능력을 제고하여 노사갈등을 예방하고 건전한 노사관계를 정립하는 데 기여하는 것

노동교육과 유사하게 사용되는 표현만 하더라도 노동자교육(workers' education), 노동자계급교육(worker class education), 노동인권교육(human rights education on labor), 노동조합교육(trade union education), 노사관계교육(industrial education) 등 다양하다.[44)45)] 이 중 가장 초기의 표현은 노동자교육과 노동조합교육이었다.[46)] 그리고 이 초기의 개념은 페이지와 토머스[47)]의 개념, 티트머스[48)]의 개념에서 볼 수 있듯이, 노동조합이나 회사가 노동자의 직무능력 향상을 위해 실시하는 교육훈련으로 정의되었다. 즉 현재의 인적자원개발 또는 산업교육과 유사한 내용을 포함하였다. 그리고 그 내용의 대다수는 직무교육이었다. 그러나 최근에는 설규주, 옹진환, 그리고 정수진[49)]의 개념처럼 노동인권교육, 한국고용노동교육원법[50)]의 노사관계교육과 같이 다양한 내용을 포함하고 있다. 이런 점에서 김정일[51)]의 개념처럼 노동교육도 광의의 개념과 협의의 개념으로 구분하는 것이 타당해 보인다. 김정일 이외에도 노동교육을 광의의 개념으로 보고 노동조합교육, 노사관계교육, 노동자교육, 정치교육 등을 모두 포괄하는 개념으로 보는 학자가 최근까지 등장하고 있다.[52)] 더불어 노동교육으로서만 끝나는 것이 아니라 더 광범위한 영역인 평생교육, 성인교육, 직업교육, 사회교육 등의 영역에 노동교육을 포함하는 관점도 함께 제기되고 있다. 이런 관점을 정리하면 [그림 8-2]와 같이 표현할 수 있다.

[그림 8-2]에서 볼 수 있듯이, 노동교육 하위에는 노동자교육, 노사관계교육, 노동인권교육, 노동조합교육 등의 다양한 협의의 영역 또는 개념을 포함한다. 이 협의의 개념은 서로 복잡하게 연결되어 있어서 명확하게 구분하기는 쉽지 않다. 그리고 이를 모두 포괄하는 노동교육은 다시 가장 큰 범위인 평생교육에 포함되어 있다.

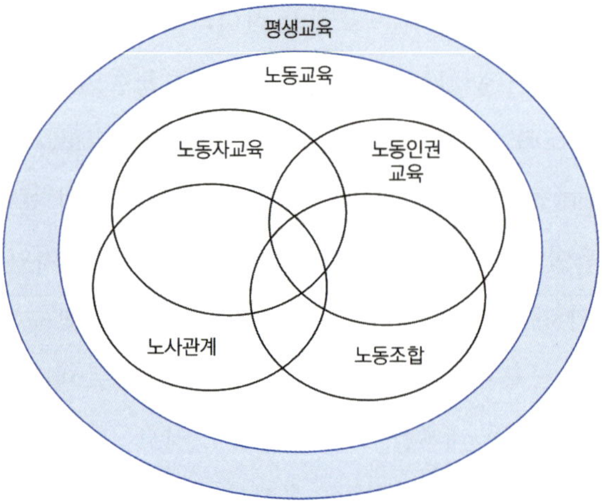

[그림 8-2] 노동교육의 개념 혼재[53)]

직업교육, 진로교육, 노동교육과 함께 학문 분야로까지 발전한 영역이 인적자원개발(Human Resource Development: HRD)이다. 일반적으로 인적자원개발은 기업교육, 산업교육 등과 유사 용어로 사용되며, 조직이 조직원의 직무수행과 조직의 문제해결을 위해 제공하는 조직화한 활동으로 교육프로그램이 주요 내용으로 포함된다. 예를 들어, 일부 학자이지만 인적자원개발의 개념을 살펴보면 〈표 8-5〉와 같다.

전통적으로 인적자원개발은 조직의 범위에 한정되는 교육활동이었다. 그래서 회사로 대표되는 조직과 조직원의 문제를 찾고 해결하는 과정으로서 교육적 방법을 활용하는 영역이 인적자원개발이었다. 그리고 이 문제는 대부분이 조직이나 개인의 성과 그리고 이 성과를 결정하는 직무수행에 대한 것이었다. 다만 권대봉[54)]의 정의에서 볼 수 있듯이 한국, 캐나다, 인도, 남아프리카공화국 등의 일부 국가는 인적자원개발을 국가 교육 정책에 접목하여 국가나 지역의 필요한 인재를 육성하는 방법이나 영역으로 정의하는 모습도 발견된다.

〈표 8-5〉 인적자원개발의 정의

구분	정의
Watkins (1989)[55]	HRD is the field of study and practice responsible for the fostering of a long-term, work-related learning capacity at the individual, group and organizational level of organizations. As such, it includes – but is not limited to – training, career development and organizational development (인적자원개발은 조직의 개인, 집단, 조직 수준에서 장기간이고 직무와 관련된 학습능력을 고양하기 위한 연구와 실천분야이다. 즉, 인적자원개발은 훈련, 경력개발, 조직개발을 포함한다.)
Gilley & Eggland (1989)[56]	HRD is organized learning activities arranged within an organization to improve performance and/or personal growth for the purpose of improving the job, the individual and/or the organization(인적자원개발은 직무, 개인, 조직을 향상시킬 목적으로 성과향상과 개인성장을 위해 조직에서 실행되는 조직화된 학습활동이다.)
Swanson & Holton (2001)[57]	HRD is a process for development and unleashing human expertise through organizational development and personnel training and development for the purpose of improving performance(인적자원개발은 성과향상을 위해서 조직개발과 개인훈련 및 개발을 통해서 인적자원의 전문성을 개발하고 발전시키는 과정이다.)
권대봉 (2003)[58]	인적자원개발은 학습이 중심이 되는 개인개발, 경력개발, 조직개발, 지역사회 및 국가 차원의 인적자원개발 풍토 조성 및 인프라 구축을 통해 개인의 성장과 개발, 조직의 성과향상, 지역사회의 개발과 발전, 국가의 발전과 국민복지의 향상을 달성하기 위한 조직화된 활동 또는 시스템

3. 직업진로 평생교육의 역사적 변천

1) 직업교육과 진로교육의 발전

직업교육의 역사는 진로교육이나 노동교육에 비해 비교적 오래전까지 거슬러 올라간다. 일부 학자들은 원시시대의 교육이 생존을 위한 생활기술에 집중되었다는 점에서 직업교육의 역사적 출발점으로 설명하기도 한다.[59] 하지만 직업교육은 사회적 시스템이 갖춰져서 직업교육 활동이 체계적으로 진행된 시점부터 제시되는 경우가 일반적이다. 예를 들어, 중세시기의 조합에서 운영한 도제제도(apprenticeship), 18세기 산업혁명시기에 공장에 취업한 노동자를 위한 교육 등은 직업교육의 출발점으로서 직업능력 향상 및 학력 보완을 위한 교육적 노력이었다. 한국의 경우 19세기 말에 농상공학교를 설립하고 통신교육기관을 만드는 등의 체계적인 노력이 있었다. 1910년 일본의 강제 점거가 시작되면서 조선교육령에 의해 농업학교, 공업학교 등의 실업계 학교가 설립되었으나, 이는 일본의 전쟁 수행을 위한 도구로서 직업교육을 활용한 것이라는 점에서 국민 개개인의 삶이나 국가의 발전과는 거리가 먼 직업교육이었다.[60)61)]

한국에서 본격적으로 직업교육이 시작된 것은 1960년대부터였다. 당시 박정희 정부는 경제개발 5개년계획을 수립하고 추진하기 위해 실업계 고등학교의 교육과정을 개편하고, 1962년에 산업교육진흥법을 제정하여 직업교육의 기틀을 마련하였다. 이후 1970년대에는 전문학교를 설립, 현장실습 강화, 국가자격제도 운영, 산업체부설학교 설립 근거 마련 등 다양한 제도와 법적 근간이 형성되었다. 그리고 1980년대에는 국제 경쟁력 확보를 위한 우수한 기술 인력을 확보하기 위해 실업계 고등학교 교육과정 개편, 전문대학 활성화 등의 적극적 정책이 운용되었다.[62)63)]

1960년대에서 1980년대까지 한국의 직업교육은 국가 주도의 기술 인력 확보에 초점을 둔 정책 및 제도의 마련 및 운용 시기였다. 이 시기에 직업교육은 고등학교, 특히 실업계고등학교와 전문대학에서 운영되는 기술 교육으로 한정되었다. 따라서 학사 이상의 학력이 필요하지 않은 영역 또는 수준에 특화된 교육이 직업교육이었다.

1990년대부터는 대학 등 고등교육 전체에서 직업교육의 적용 그리고 이를 더 확장하여 진로교육의 활성화로 연결되는 변화가 발생하였다.[64)] 특히 1990년

대부터는 직업교육을 독립된 교육정책 의제로 설정하고, 고등학교의 직업기술교육 체제를 새롭게 하는 「직업교육훈련촉진법」, 「자격기본법」, 「한국직업능력개발원법」 등 직업교육 3법이 제정되었다.

2000년대 들어서는 직업교육과 평생교육을 연계하는 방식이 도입되었고, 직업교육의 중요성은 정책적으로 더욱 커졌다. 특히 2007년 이후 학업·취업 병행 교육체제 구축 방안(2011년), 평생교육능력개발기본계획(2007년 이후), 평생직업교육훈련 혁신방안(2018년), 미래 환경변화에 대응한 국민 평생 직업능력개발 지원방안(2021), 디지털 인재양성 종합방안(2022) 등과 같이 직업교육과 평생교육을 연계하여 운영하기 위한 다양한 정책이 마련되었다.[65)]

한국이 1990년대부터 직업교육과 진로교육을 연계하기 시작하고 평생교육의 관점에서 정책을 수립한 것에 비해, 서양에서 진로교육의 역사는 앞서 시작되었다. 미국을 중심으로 진로교육의 관심이 증가한 것은 19세기 말부터였다. 당시 산업혁명의 여파로 미국은 많은 노동자가 필요하였고, 이에 대응하여 유럽으로부터 많은 이민자가 들어오게 되었다. 또 이민자들은 일자리가 많은 대도시에 집중적으로 거주하였다. 이런 상황에서 이민자 자녀를 위한 학교 설립, 성인의 취업 지원이 정책적 이슈로 등장하였다. 특히 이민자의 자녀를 위한 진로지도, 열악한 작업 환경에서 돈을 벌기 위해 학교를 그만두고 일터로 향하는 청소년을 위한 개선 방안이 필요하였다. 결국 일터로 가서 노동 착취를 당하는 어린이와 청소년을 다시 학교로 보내서 학교에서 일터로 수월하게 이행될 수 있도록 준비시키는 것이 필요하였다. 미국에서 본격적인 진로교육의 시작은 1908년 보스턴에 직업보도국이 설치되면서부터였다. 파슨스(Parsons)의 「직업의 선택(Choosing a Vocation)」이 발표된 후, 공립학교를 중심으로 직업지도 프로그램이 운영되었다. 그리고 점차 확대되어 1910년에는 35개 이상 공립학교에 진로지도 프로그램이 운영되었다. 이후 미국직업지도협회(National Vocational

Guidance Association: NVGA) 발족, 스미스-휴즈법(Smith-Huge Act) 제정, 대공황과 2차 세계대전으로 인한 진로검사와 상담 등 진로지도 프로그램의 중요성 확장 등이 20세기 전반 진로교육의 발전을 이끌었다.[66)]

20세기 후반에는 슈퍼(Super) 등을 필두로 생애발달단계와 진로발달단계 등의 단계 이론이 발표되면서 전 생애에 걸쳐 진로상담, 진로지도, 그리고 이를 통한 인생설계의 중요성이 커지고 실천되었다. 즉, 현재와 같이 인생의 모든 단계에 걸쳐 진로개발의 중요성이 커지면서 학교교육에서 진로상담의 중요성이 커졌다. 이를 뒷받침하기 위해 미국에서는 1970년대 이후 학교의 진로상담과 지도 등의 진로교육을 지원하기 위해 진로교육촉진법, 청소년고용법 등의 법률이 제정되었다.[67)] 1970년대 미국은 학교교육의 여러 문제점에 직면하게 되었다. 특히 학교교육의 계급성, 즉 학교교육이 기회균등이 아니라 계급불평등을 더욱 조장한다는 주장이 등장하였다.

1990년대와 2000년대 들어서는 장애인이나 낮은 학업성취도를 보이는 어린이와 청소년을 위한 진로교육으로 방향이 설정되면서, 다양한 법과 지원 정책이 마련되었다. 예를 들어 1990년 장애인 교육법(The individuals with Disabilities Education Act), 1992년 직업훈련개혁개정법(Job Training Reform Amendment), 1994년 학교-직업세계 이행기회법(School-to-Work Transition Opportunity Act), 2006년 퍼킨스법 IV(Carl D. Perkins Career and Technical Education Improvement Act) 등이 그런 예이다. 특히 학교-직업세계 이행기회법은 학교와 일터를 연계하여 직업준비교육과 직업계속교육의 연결을 촉진하기 위한 진로교육 강화법이었다. 더불어 2000년대 이후 미국의 진로교육은 진로기술교육이라는 표현을 사용하여 학업과 기술 습득을 중심으로 하는 진로교육 정책 방향을 설정하고 있다.[68)69)]

한국은 1980년대와 1990년대를 거치면서 고학력 인구의 실업 증가, 미취업 청소년 증가, 청소년 비행 증가 등에 대한 대응방법으로 진로교육에 대한 연구가 시작되었다. 최초의 진로교육 연구는 1982년 유니세프(UNICEF) 지원을 활용하여 수행되었고, 초등학교와 중등학교의 진로교육과정을 개발하는 연구가 주였다.

2000년대 이후에는 성인 진로교육에 대한 연구와 정책으로 확대되어 평생교육과 진로교육이 연계되는 모습도 발견되고 있다. 예를 들어, 국가평생학습포털(늘배움) 운영, 한국형 온라인 공개 강좌, 평생교육바우처, 대학 평생교육체제 지원 사업, 지역평생교육활성화 지원사업, 매치업 프로그램 등 상당한 규모의 정책 및 사업이 추진되었다.[70)]

2) 노동교육의 역사

앞서 살펴본 바와 같이 노동교육은 유사 용어가 다양하게 사용되어 때로는 직업교육이나 인적자원개발과도 중복성을 갖고 있을 정도로 복잡한 특성을 갖는다. 국가마다 차이가 있는데, 직업진로교육이 발전한 독일의 경우 노동교육은 바이마르공화국 이전 19세기 말까지 거슬러 올라간다. 당시 노동자는 교육을 받지 못한 농민이거나 서민이었다. 따라서 노동자로서의 교양, 사람이 일을 대하는 자세, 투표권 행사 등에 대한 교육이 필요하다는 지적이 증가하였다. 특히 바이마르공화국의 시민학교(Volkshochschule: VHS)가 시작되면서 노동자를 대상으로 하는 교육이 확대되었다. 즉, 독일 시민학교의 출발은 노동자의 평생교육을 위한 교육의 출발이었으며 100년의 역사를 갖고 있다.[71)]

영국은 산업혁명의 출발점답게 노동자 교육이 19세기 말부터 제도적으로 운영되었다. 영국 최초의 전문적 노동교육기관인 러스킨 대학(Ruskin College)이 1899년 설립되었고, 1905년에는 노동자교육협회(Workers' Education Association)가 만들어졌다.[72)] 즉, 영국은 노동교육을 위한 전문교육기관과 협회가 20세기 초에 형성 및 운영될 정도로 노동교육의 선진국이었다. 미국은 영국의 영향을 받아 1920년대가 돼서 노동교육을 실시하는 대학 및 유관기관이 형성되었다. 특히 미국은 다양한 사회기관이 노동교육을 위한 기부나 지원을 적극적으로 함으로써 지속성의 특징을 갖고 있었다.[73)]

한국의 노동교육은 인적자원개발 또는 훈련으로서 일제 강점기에 시작되었다. 사실 이 시기의 노동교육은 현재의 노동교육의 가치와는 달리 노동자를 탄압하고 전쟁자원으로 활용하기 위한 전략으로서 실시되었다. 반면에 독립운동 지사 등의 일제 강점기 노동교육도 의미 있게 진행되었다. 주로 문맹퇴치운동이나 국권회복운동을 통해 교육을 바탕으로 독립을 달성하려는 노력의 일환이 노동교육이었다. 즉, 계몽과 일제 강점에 대한 저항의식을 갖도록 하는 정치교육으로서 노동교육이 시작되었다.[74)]

일제 강점기가 끝나고 미군정기로 이어지는 해방 이후의 시기는 이념이 복잡하게 존재하는 사회로서 노동교육 역시 좌익과 우익의 갈등 양상을 보였다. 당시 노동교육은 주로 노조를 중심으로 노동자의 정치의식을 높이는 정치교육의 특성을 보였다. 특히 1947년 노동조합이 262개에서 1949년 683개로 늘어날 정도[75)]로 좌익과 우익은 경쟁적으로 노동조합을 결성하고 여기에서 정치교육을 실시하였다. 당시 대표적인 노동조합의 연합체인 대한노총은 반공주의, 애국주의 노사협력을 지향하여 아래와 같은 강령이 있었다.

1. 우리는 민주주의와 신민족주의의 원칙으로 건국을 기한다.
1. 우리는 완전독립을 기하고자 자유노동과 총력을 발휘로써 건국에 헌신한다.
1. 우리는 심신을 연마하여 진실한 노동자로서 국제수준의 질적 향상을 도모한다.
1. 우리는 혈한불석(血汗不惜, 피와 땀을 아끼지 않음)으로 노사 간 친선을 기한다.
1. 우리는 전국 노동전선의 통일을 기한다.[76)]

1960년대부터 70년대에는 국가가 주도하는 직업교육으로 노동교육은 사실상 직업훈련과 동일시되었다. 이 시기 민간기업의 역량이 매우 부족한 상태에서 국가가 주도하여 직업교육을 실시해야 했고 이로 인하여 정치교육의 자리는 거의 사라졌다. 이렇듯 정부의 노동교육은 경제성장을 위한 기술교육에 초점을 두었고, 노동조합이 운영하는 노동교육은 한국노총과 같이 어용 태도를 가진 노동조합에 의해 운영되면서 노동교육의 편향성이 발생하였다.[77] 다만 1970년대 불만이 누적되어 폭발하는 양상도 나타났다. 대표적으로 1970년 11월 전태일 분신자살, 이성찬 분신자살 기도, 1971년 아세아 자동차 노조간부 자살 위협 등 노동자의 자살 사건이 터지기 시작하였다. 이런 상황에서 노동조합에 대한 감시가 커지면서 종교집단(선교회 등), 노동야학 등의 형태로 단체가 결성되고 노동교육을 진행하였다.

1980년대 들어서는 경제고도화를 위한 기업의 직업훈련이 노동교육의 주요 내용으로 자리를 잡게 되었다. 하지만 1987년 노동자대투쟁 이후 노동교육의 핵심 주체로서 노동자와 노동조합이 등장하면서 기업의 연수원 중심의 노동교육을 넘어서서 민간교육기관, 대학, 노동조합 등의 다양한 주체가 정치교육을 중심으로 노동교육을 추진하였다. 2000년대 들어서는 노동자, 사용자, 정부 등의 각각의 주체에 따라 서로 다른 표현과 방향으로 노동교육이 진행되었다. 사용주는 인적자원개발로 대표되는 직업훈련을 중심으로 추진하였고, 정부의 기관은 주로 직업교육, 노사관계교육, 인적자원개발을 중심으로, 노동조합은 노동조합교육 등으로 세분화되었다.[78][79] 더불어 2000년대 이후에는 청소년 대상의 노동인권교육을 학교에서 실시하는 정책이 실행되면서, 학교교육과 노동교육이 결합하는 지점이 형성되었다. 최근에는 노동상담, 노동인문학, 노동단체의 역량 강화 교육, 퇴직 준비 교육 등 다양한 범주로 노동교육이 확대되고 있다.

지금까지 직업교육, 진로교육, 노동교육을 국내외의 역사적 변화나 정책 방향을 중심으로 살펴보았다. 지금까지도 계속되고 있는 직업교육, 진로교육, 노동교육은 서로 유사성이 있으면서도 차별성도 크게 존재하였다. 직업교육은 전통적인 방식의 직업기술을 익히는 교육을 의미하였으며, 진로교육은 청소년 대상의 진로 선택이나 결정을 지원하는 프로그램이었다. 또한 노동교육은 각각의 주체별로 다양한 요구를 반영한 교육이었다. 이런 복잡한 현상 속에서 공통적으로 나타나는 것은 직업교육, 진로교육, 노동교육 모두 평생교육의 범위에서 자리매김하려는 경향을 보인다는 것이다. 직업평생교육, 진로평생교육, 노동평생교육 등 평생교육과 불가분의 관계를 만들어 가고 있다.

4. 직업진로 평생교육의 쟁점

1) 직업진로 평생교육 대상의 특성

직업진로 평생교육은 인생 전체의 직업진로 교육을 포괄한다는 점에서 대상의 다양성이 강하고 이로 인한 정책적 쟁점 역시 다양하다. 우선 직업진로 평생교육 대상의 특성을 통계를 통해 살펴보면 다음과 같다.

인생 전체가 직업진로 평생교육의 대상이지만, 실제 실천에서는 초·중등학교, 대학교, 각종 직업훈련기관, 직장 등으로 구분되어 통계가 작성되고 있다. 이 중 초·중등학교는 매년 진로교육 현황을 정부가 파악하여 국가통계포털을 통해 보고하고 있다. 이 통계에 따르면 진로교육에 대한 만족 수준이 최근 4년 동안 저하되었다. 이는 코로나19의 영향으로 진로교육이 중지되거나 비대면으로 진행되는 등 적극적으로 실시되지 못한 영향도 있을 것으로 분석되었다. 다만 연도별 추이뿐만 아니라 학교급별 차이가 극명하게 나타났다. 초등학생의 만족도가 높은 반면, 중학생과 고등학생은 낮은 것으로 나타났다. 따라서 학교급이 상승할수록 진로교육의 만족도는 지속적으로 낮은 수준을 보였다. 이에 중학교와 고등학교의 진로교육에서 실질적 진로탐색이나 선택의 활동이 만족스럽게 진행되고 있는지 점검할 필요가 있다.

〈표 8-6〉 학교급 및 진로활동별 진로교육 참여율 및 만족도[80)]

학교급	진로활동	2015		2016		2017		2018		2019		2020		2021		2022	
		참여율	만족도	참여율	만족도	참여율	만족도	참여율	만족도	참여율	만족도	참여율	만족도	참여율	만족도	참여율	만족도
초등학생	교과 수업 중 진로탐색	76.9	4.12	78.6	4.17	80.3	4.16	88.5	4.15	90.3	4.13	84.0	3.89	83.5	3.90	91.6	4.01
	진로심리검사	-	-	77.8	4.24	76.7	4.25	84.1	4.17	82.5	4.18	78.7	4.03	76.4	4.04	69.6	4.00
	진로체험	64.7	4.22	68.9	4.25	74.0	4.25	77.7	4.27	80.6	4.27	65.5	4.07	60.8	4.10	62.6	4.35
	진로상담	59.6	4.16	52.2	4.19	58.7	4.21	52.7	4.20	54.5	4.19	36.7	3.98	38.6	3.97	34.8	3.92
	창업가정신 배우기	-	-	-	-	-	-	52.8	4.21	55.0	4.25	39.3	4.02	48.6	3.91	39.6	3.99
중학생	「진로와 직업」 수업	87.7	3.65	88.4	3.77	91.4	3.64	93.6	4.00	92.4	3.88	91.8	3.70	90.0	3.66	88.1	3.63
	교과 수업 중 진로탐색	-	-	80.6	3.80	79.3	3.73	91.3	4.01	89.0	3.90	86.7	3.72	87.0	3.67	84.4	3.67
	진로심리검사	78.1	3.77	79.9	3.89	85.3	3.81	89.9	4.12	86.5	4.01	84.1	3.89	84.5	3.83	83.8	3.81
	진로체험	74.2	3.81	79.8	3.87	87.0	3.85	91.4	4.12	90.0	4.03	82.2	3.88	80.7	3.86	75.6	3.84
	진로상담	59.7	3.77	64.8	3.90	63.3	3.85	78.1	4.12	71.2	4.02	59.5	3.86	58.0	3.81	57.5	3.80
	진로동아리	31.6	3.82	42.2	3.93	44.3	3.87	54.7	4.12	51.9	4.02	48.9	3.86	43.7	3.81	40.0	3.80
	창업가정신 함양 및 창업체험 교육	-	-	-	-	-	-	50.4	4.13	48.7	4.04	44.2	3.86	36.8	3.76	36.9	3.72
고등학생	「진로와 직업」 수업	84.3	3.58	83.7	3.61	84.6	3.55	85.2	3.79	84.0	3.78	84.1	3.71	81.2	3.64	82.4	3.62
	교과 수업 중 진로탐색	-	-	76.0	3.67	69.6	3.70	84.3	3.82	84.3	3.84	85.2	3.74	85.6	3.67	85.9	3.67
	진로심리검사	80.7	3.72	73.6	3.76	83.0	3.75	86.3	3.92	85.5	3.93	84.0	3.90	84.4	3.83	84.3	3.80
	진로체험	68.4	3.76	82.3	3.76	73.5	3.77	77.5	3.93	78.3	3.95	67.2	3.86	57.4	3.78	69.3	3.81
	진로상담	59.8	3.73	67.6	3.76	62.0	3.76	70.2	3.91	70.8	3.96	64.7	3.87	63.2	3.84	65.8	3.82
	진로동아리	38.7	3.81	51.0	3.82	46.9	3.89	57.6	3.94	60.1	3.98	57.5	3.91	53.5	3.81	56.8	3.80
	창업가정신 함양 및 창업체험 교육	-	-	-	-	-	-	42.4	3.94	41.8	4.01	35.9	3.89	30.4	3.77	37.8	3.77

다음으로 초·중등학교급과 진로교육 활동에 따라 참여율과 만족도를 분석한 결과이다(〈표 8-6〉 참조). 초등학교의 진로교육과정은 중학교 및 고등학교와는 약간의 차이가 있어서 직접적으로 비교하는 데 한계가 있다. 그렇지만 초·중등학생의 참여율과 만족도는 유사한 경향을 보였다. 즉, 교과 수업(중고등학교에서는 「진로와 직업」 수업)의 참여율과 만족도가 높았다. 반면에 실질적인 진로체험이나 활동으로 구성되는 교육과정에 대한 참여율과 만족도는 낮았다. 특히 진로체험, 진로상담, 진로동아리, 창업가정신 배우기 등의 활동으로 내려갈수록 참여율과 만족도는 급격하게 낮아졌다. 이는 교과 중심의 진로교육은 학교의 수업으로 진행되어 참여하게 되지만, 다양한 진로교육 활동은 선택적으로 참여하게 되고 또 만족스러운 활동으로 연결되지 못하는 상황이다. 더구나 최근에 올수록 이런 경향은 더욱 강화되고 있으며 코로나19 이전부터의 현상이었다.

직업진로 평생교육은 초·중등교육, 대학교육, 성인교육 등 다양한 단계 또는 상황에서 진행되고 있다. 따라서 직업진로 평생교육은 직업교육, 진로교육, 노동교육 등이 평생교육의 틀에서 통합적으로 이해되어야 한다. 이런 점에서 학교급이나 연령 등에 의해 구분되는 직업진로교육을 전 생애의 관점에서 봐야 한다. 이런 이유로 생애발달단계이론의 중요성이 강조된다.

생애발달단계이론의 전통적 모형은 에릭슨의 생애발달단계이론이다. 에릭슨은 프로이트의 이론을 승계하여 구강기, 항문기, 남근기, 잠복기, 성기기의 단계를 수용하고 또 단계별로 발달과제의 존재 역시 인정하였다. 여기에 성인의 시기를 추가하여 8단계의 생애발달단계를 제시하였다. 에릭슨의 생애발달단계이론은 직업진로교육뿐만 아니라 심리학과 교육학 전반에 영향을 주었다. 특히 직업진로교육에서는 직업진로에 대한 호기심, 특정 직업을 준비하기 위한 네트워크 확장, 성인단계 직업의 의미 등에 대한 학술적 기반을 제공하였다.

에릭슨이 생애발달단계이론을 발표한 지 20여 년 후에 레빈슨은 미국의 다인종 상황에서 일반화하여 적용할 수 있는 생애발달단계이론을 발표하였다. 레빈슨은 생애발달단계의 주기를 생애주기(life cycle)라고 부르고 5년마다 생애단계를 구분하는 4계절이론을 발표하였다.[81)82)83)] 레빈슨의 생애발달단계이론은 유아기나 청소년기는 상세하게 다루지 않고 성인 초기, 중기, 후기를 중심으로 진입, 전환, 안정의 단계를 거쳐 다음 단계로 진행되는 것으로 설명하였다. 따라서 생애 전체를 관통하는 발달단계가 서로 연관 지어 진행된다는 점을 이해할 수 있게 하였다.

직업진로 평생교육 대상의 다양성은 소외계층에 대한 지원을 중요한 이슈로 등장시켰다. 여성, 노인, 저소득층, 장애인 등 다양한 소외계층의 직업진로교육을 활성화하는 것이 소외계층의 노동시장진입을 돕고 소외상황에서 탈출할 수 있도록 돕는 행위가 된다. 이런 이유로 대다수 국가는 직업진로 평생교육 정책 대상으로 소외계층을 포함한다.

그러나 소외계층의 노동시장진입을 돕는 정책 장치나 방법은 시기나 국가마다 다양하였다. 소외계층 지원방식은 근로 연계 복지(workfare) 모형, 보수적(conservative) 모형, 사민주의적(social democratic) 모형으로 구분된다. 근로 연계 복지모형은 영국과 미국을 필두로 하는 신자유주의 관점에서 지지받았다. 이 모형은 복지 비용을 줄이기 위해 직업진로교육을 제공하고 기술을 익힌 후 노동시장에 진입시키는 데 방점을 둔다. 반면에 보수적 모형은 유럽 대륙 국가가 적용하는 모형으로 소외계층에게 형평성을 보장하기 위해 소득격차를 줄이는 복지 정책을 주로 사용한다. 하지만 이 경우 직업진로 평생교육을 소극적으로 추진하여 노동시장 진입을 어렵게 한다. 사민주의적 모형은 덴마크, 스웨덴, 네덜란드 등의 북유럽국가의 모형으로 전 국민을 대상으로 복지 정책을 추진하는 동시에 노동시장에 적극적으로 개입하여 실업률을 낮추려고 노력한

다.[84)85)86)]

직업진로 평생교육의 역할이 강조되는 접근은 근로 연계 복지 모형과 사민주의적 모형이 포함된다. 물론 근로 연계 복지 모형이 실질적으로는 직업진로 평생교육보다는 취업 자체에 초점을 둔다는 비판도 존재하지만, 보수적 모형에 비해 직업진로 평생교육을 정책적 수단으로 포함하는 것은 분명해 보인다. 이상과 같이 소외계층의 직업진로 평생교육을 제공하는 정책 목적은 노동시장에 진입하여 경제활동을 스스로 할 수 있도록 하는 데 있다.

5. 향후 과제

직업진로 평생교육의 중요성이 증가함에 따라 정책과 학술 두 측면에서 다양한 과제가 발생하고 있다. 우선 직업진로 평생교육이 의미하듯이 직업교육, 진로교육, 노동교육을 평생교육의 틀에서 융합하는 것이 정책적으로나 학술적으로 중요한 과제이다. 지금까지는 개념적 또는 선언적으로 직업교육, 진로교육, 노동교육이 평생교육의 틀에 있다는 논의가 부분적으로 진행되었다. 더불어 정책적으로는 여전히 어린이와 청소년, 대학, 성인이 구분되어 통합적 정책 수립 및 실행에 한계가 있다.[87)88)] 실질적으로 직업교육, 진로교육, 노동교육, 평생교육이 부처 및 기관에 따라 분절되어 진행되면서 학습자의 수요에 기반한 직업진로 평생교육 공급이 아니라 공급자의 편의적 서비스 제공의 문제가 존재한다.[89)] 이를 위해 부서 간 또는 중앙정부와 지방자치단체 간의 칸막이 대신 이를 통합하는 체계 구축이 진행되어야 한다.[90)]

위의 첫째 사항과 관련하여 제기되는 둘째 과제는 직업진로 평생교육의 공공성 강화이다. 직업진로교육은 그 자체로 고비용의 교육프로그램이다. 직업과 관련된 자격증을 하나 취득하려고 해도 교육비용, 시험비용, 그리고 자격증 취득 준비를 위한 시간 투자 등이 만만치 않다. 특히 인구감소 시대로 접어들면서 대학 재학 인구의 비율이 증가하는 상황에서 고등교육의 직업진로 평생교육을 공영화하는 방안을 고려할 수 있다.[91)92)] 일반 사립대학을 공영형으로 전환하는 방식과 함께 전문대학과 4년제 대학의 학생 이동 수단을 유연화하고 성인학습자를 위한 개방형 전형제도 및 학사운영 제도를 강화하는 등의 정책 실천이 요구된다.

셋째, 평생교육 체제가 직업진로교육과 연계되어야 한다. 한국의 평생교육 체계가 완벽한 것은 아니지만 기존의 평생교육 체계 또는 향후 발전할 평생교육 체계를 직업진로교육과 연계하여 시스템적 융합이 필요하다. 예를 들어, 선행학습인정체계는 직업진로 분야에서 특히 중요한 사항으로 생각된다. 특정 분야에 이미 직무경험이나 관련 자격증이 있는 경우 이를 학점 등으로 인정하는 제도가 선행학습인정제도이다. 이런 체계가 한국에서 완벽한 것은 아니지만, 성인학습자를 다수 수용하는 대학의 경우 이미 도입하고 있는 제도이다. 이를 직업진로교육 전 영역으로 확장하여 생애 모든 단계에서 누적되는 일 경험이나 자격이 직업진로 평생교육의 일부를 이수한 것으로 인정된다면, 생애 전체에서 자신의 진로를 위한 체계적인 준비와 학업 연계를 수월하게 하는 효과가 발생한다. 이를 위해서는 선행경험을 인정하기 위한 객관적 기준이 필요한데, 직업 영역마다 그 기준이 다를 수 있다는 점에서 전문가의 판단이 필요하다. 또한 다양한 경험과 이력을 관리할 수 있는 시스템 역시 필요하다. 물론 한국은 이미 평생학습계좌제를 운영하고 있어서 다양한 경험과 이력을 관리하는 시스템 운영 경험이 있다. 다만 학습계좌제가 아직 활성화되었다고 보기 어려워, 학습계좌제의 개선 방안을 마련하는 것도 함께 추진될 과제이다.

넷째, 고령화 시대의 퇴직자를 위한 직업진로 평생교육의 강화가 필요하다. 한국의 고령화 속도는 다른 국가에 비해 매우 빠르게 진행되고 있다. 더불어

고령화뿐만 아니라 인구 감소도 현실이 되고 있다. 이런 상황에서 베이비붐 세대를 필두로 퇴직자가 급격하게 증가하고 있다. 매년 수백만 명의 퇴직자가 발생하고 있다. 그런데 한국의 노동자는 퇴직하더라도 실질적인 퇴직 기간으로 진입하지 못한다. 법정 정년이 60세이지만, 실질 퇴직 연령은 72.3세로 보도되었다.[93] 법정 정년을 채우고 나서도 12년은 더 일해야 한다. 이런 상황에서 중·고령층의 직업진로 평생교육의 필요성은 더욱 커지고 있다. 이를 반영하듯이, 퇴직을 앞둔 연령의 성인은 새로운 취업처를 찾기 위해 자격증 취득, 취업역량 강화를 중심으로 다양한 교육프로그램에 대한 요구와 관심이 늘어나고 있다.[94] 하지만 평생교육 참여율을 50대, 60대부터 급격하게 낮아진다. 50대, 60대 퇴직예정자 또는 퇴직자는 생애 주요 경력을 전환하고 새로운 직업을 찾아야 한다는 필요성을 인식하고는 있지만 이는 평생교육 참여와 직업역량 강화로 이어지지 못하고 있다. 따라서 중·고령층이 인생 후기에 전직이나 이직을 할 수 있도록 경력전환지원 정책과 연구가 확대되어야 한다. 특히 생애경력전환의 관점에서 경력상담 서비스 확대, 퇴직자 특화 직업진로교육 제공 등을 중심으로 공적 서비스 확대가 필요하다.

---

1) 교육부(2017). 평생 한 직장? 2030년엔 1인당 30~40개 직업 가져야 한다. 〈https://if-blog.tistory.com/7206〉에서 2023년 9월 20일 검색.

2) 통계청(2023). 2021년 일자리이동통계 결과. 〈https://kostat.go.kr/board.es?mid=a10301010000&bid=11113&act=view&list_no=425845〉에서 2023년 10월 4일 검색.

3) 통계청(2023). 위 자료. 1.

4) 조민수(2022). 청년층의 노동시장 진입과 이직 과정 연구. 한국고용정보원.

5) 장성지·박보람(2020). 토픽모델링 분석을 활용한 중장년의 경력전환 연구 동향 분석. 진로교육연구, 33(4), 101-124.

6) 조민수(2022). 앞의 책. 29.

7) 정지선(2013). 한국의 직업교육훈련. 한국직업능력개발원.

8) 한국민족문화대백과사전(2001). 직업교육. 〈https://encykorea.aks.ac.kr/Article/E0054515〉에서 2024년 8월 11일 검색.

9) 정진철(2008). 직업교육학의 학문분류체계 개발. 직업교육연구, 29(2), 161-195.
10) 김은비 · 김종윤(2022). 평생직업교육. ㈜해맞이미디어. 19.
11) 국가법령정보센터(2023b). 「교육기본법」. 〈https://www.law.go.kr/LSW/lsSc.do?section=&menuId=1&subMenuId=15&tabMenuId=81&eventGubun=060101&query=%EA%B5%90%EC%9C%A1%EA%B8%B0%EB%B3%B8%EB%B2%95#〉에서 2023년 10월 4일 검색.
12) 국가법령정보센터(2023a). 직업교육훈련 촉진법. 〈https://www.law.go.kr/LSW/lsLinkProc.do?lsId=000864&chrClsCd=&mode=20#〉에서 2023년 10월 4일 검색.
13) 오승균 · 김진수(2007). 경기도 전문계고등학교 교사들의 국외체험 연수과정이 직업교육 인식 변화에 미치는 영향. 대한공업교육학회지, 32(1), 156-157.
14) 정진철(2008). 앞의 논문. 8.
15) 이무근 · 이찬(2020). 한국의 직업교육훈련정책. 박영스토리.
16) 한국민족문화대백과사전(2001). 앞의 자료.
17) 이무근 · 이찬(2020). 앞의 책. 24.
18) 김은비 · 김종윤(2022). 앞의 책.
19) 이무근 · 이찬(2020). 앞의 책.
20) 한국민족문화대백과사전(2001). 앞의 자료.
21) 이무근 · 이찬(2020). 앞의 책. 25-26.
22) 이무근 · 이찬(2020). 앞의 책. 9.
23) 린다 그래튼 지음. 조성숙 옮김(2012). 일의 미래. 생각연구소.
24) 이경아 · 김혜영 · 민병철 · 현영섭 · 김세희(2021). 서울시 평생직업교육 추진 방향 및 전략 수립 연구. 서울특별시평생교육진흥원.
25) Moore, Allen B. (1973). Career education: The role of adult education. State Univ., Columbus. Center for Vocational and Technical Education.
26) Watts, A. G.(2009). The relationship of career guidance to VET. National Institute for Careers Education and Counselling. 〈https://www.oecd.org/education/skills-Beyond-school/44246616.pdf〉에서 2023년 8월 10일 검색. 1.
27) ELGPN(2020). Career education. 〈http://www.elgpn.eu/elgpndb/search/metadata/view/189〉에서 2023년 8월 10일 검색.
28) 이영대 · 임언 · 이지연 · 최동선 · 김나라(2004). 생애단계별 진로교육의 목표 및 내용 체계 수립. 한국직업능력개발원. 8.
29) 장석민(2014). 진로교육의 기본개념과 철학 및 실천방향 탐색. 미래교육학연구, 27, 29.
30) 정지선(2013). 앞의 책. 119.
31) 이지연 · 김재화 · 이서정(2017). 해외 진로개발 정책과 우리나라 진로교육의 발전 방안. 한국직업능력개발원.
32) 서유정 · 이재열 · 이윤진(2020). 성인 진로교육 활성화를 위한 연구: 법령 개정을 중심으로. 한국직업능력개발원. 18.
33) 이재열 · 문찬주 · 주인중(2022). 성인 진로교육 수요 분석 및 정책 수립 방안 연구. 한국

직업능력개발원. 12.
34) 정지선(2013). 앞의 책. 4.
35) 이지연・정윤경・이종범(2010). 창의인재양성을 위한 진로교육 과제. 한국직업능력개발원.
36) 정지선(2013). 앞의 책. 119.
37) Page, G. T., & Thomas, J. B. (1977). International dictionary of education. Kogan.
38) 김정일(2006). 노동교육의 평생교육적 의의와 개념 정립에 대한 소고. 평생교육 · HRD연구, 2(1), 53-75.
39) 서울대 교육연구소(1995). 교육학용어사전. 〈https://terms.naver.com/entry.naver?docId=510323&cid=42126&categoryId=42126〉에서 2023년 10월 4일 검색.
40) 김정일(2003). 노동교육에서의 리더십 교육 프로그램, 노동교육/HRD, 37, 86-105.
41) 설규주・옹진환・정수진(2019). 노동인권교육의 원칙 및 내용체계에 관한 기초 연구, 시민교육연구, 51(4), 151-180.
42) 국가법령정보센터(2023d). 서울특별시 노동인권교육 활성화 조례. 〈https://www.law.go.kr/LSW/ordinInfoP.do?ordinSeq=1617667〉에서 2023년 10월 23일 검색.
43) 국가법령정보센터(2023c). 한국고용노동교육원법. 〈https://www.law.go.kr/LSW/lsSc.do?section=&menuId=1&subMenuId=15&tabMenuId=81&eventGubun=060101&query=%EC%A7%81%EC%97%85%EA%B5%90%EC%9C%A1#undefined〉에서 2023년 10월 4일 검색.
44) 김정일(2006). 앞의 논문. 59-60에서 재인용.
45) 설규주・옹진환・정수진(2019). 앞의 논문.
46) 김정일(2003). 앞의 논문.
47) Page, G. T., & Thomas, J. B. (1977). International dictionary of education. Kogan.
48) 김정일(2006). 앞의 논문. 53-75.
49) 설규주・옹진환・정수진(2019). 앞의 논문.
50) 국가법령정보센터(2023a). 직업교육훈련 촉진법. 〈https://www.law.go.kr/LSW/lsLinkProc.do?lsId=000864&chrClsCd=&mode=20#〉에서 2023년 10월 4일 검색.
51) 김정일(2003). 앞의 논문.
52) 권양이(2010). 한국노동교육의 실태와 정책적 함의. HRD연구, 12(3), 27-57.
53) 김정일(2003). 앞의 논문. 97.
54) 권대봉(2003). 인적자원개발의 개념 변천과 이론에 대한 종합적 고찰. 원미사. 8.
55) Watkins, K. (1989). Business and industry. In S. Merriam & P. Cunningham (Eds.), *Handbook of adult and continuing education*. Jossey-Bass. 427.
56) Gilley, J. W. & Eggland, S. A. (1989). *Principles of human resource development*. Addison-Wesley Publishing Company Inc. 5.
57) Swanson, R. A. & Holton, E. F. (2001). *Foundations of human resource development*. Berrett-Koehler Publishers, Inc. 4.
58) 권대봉(2003). 앞의 책.
59) Swanson, R. A. & Holton, E. F. (2001). 앞의 책.

60) 이무근 · 이찬(2020). 앞의 책.
61) 한국민족문화대백과사전(2001). 앞의 자료.
62) 권양이(2010). 앞의 논문.
63) 한국민족문화대백과사전(2001). 앞의 자료.
64) 설규주 · 옹진환 · 정수진(2019). 앞의 논문.
65) 이상훈 · 최동선 · 이정민 · 박미희 · 김의태(2022). 평생직업교육을 위한 고등교육기관의 미래 역할과 발전 방안. 한국직업능력연구원.
66) 김희대(2014). 미국 중등학교의 진로교육과 지역사회연계: 진로 체험 활용 사례. 세계교육정책 인포메이션 2호. 한국교육개발원.
67) 위의 책.
68) 위의 책.
69) 서유정 · 이재열 · 이윤진(2020). 앞의 책.
70) 이재열 · 문찬주 · 주인중(2022). 앞의 책.
71) Borinski, F. (2014). *The German Volkshochschule: An experiment in democratic adult education under the Weimar republic*. Verlag Julius Klinkhardt.
72) 김정일(2006). 앞의 논문.
73) 위의 논문.
74) 신태동 · 김금숙 · 이주환(2021). 서울지역 노동교육 현황과 서울노동센터 노동교육사업 개선 방안. 서울노동권익센터.
75) 위의 책.
76) 위의 책. 13.
77) 위의 책.
78) 권양이(2010). 앞의 논문.
79) 오정록(2013). 평생학습 관점에서 고찰한 한국 노동교육 법제의 현황과 발전 방향: 노동조합 부설 평생교육시설에 대한 입법론적 검토를 중심으로. 아시아교육연구, 14(1), 213-241.
80) 국가통계포털(2023). 학교 진로활동별 참여 현황 및 만족도, 향후 참여 희망. 〈https://kosis.kr/statHtml/statHtml.do?orgId=112&tblId=DT_11216N_30501&vw_cd=MT_ZTITLE&list_id=112_11216_001&scrId=&seqNo=&lang_mode=ko&obj_var_id=&itm_id=&conn_path=MT_ZTITLE&path=%252FstatisticsList%252FstatisticsListIndex.do〉에서 2024년 8월 10일 검색.
81) Levinson, D. J. (1978). *The seasons of a man's life*. Knopf Publishers.
82) Levinson, D. J. (1986). A conception of adult development. *American Psychologist, 41*(1), 3-13.
83) Levinson, D. J. (1996). *The seasons of a woman's life*. Knopf Publishers.
84) 이종선(2001). 한국의 신자유주의 구조개혁과 적극적 노동시장정책: 평가와 과제. 한국사회복지정책학회 논문집, 13, 253-278.

85) 이지혜 · 채재은(2006). 저소득층 평생학습을 위한 대안적 정책 접근방안 정책. 평생교육학연구. 12(1), 105-126.

86) 현영섭 · 신현석 · 오석영 · 강현주(2020). 취약계층을 위한 인적자원개발정책 기초 연구. 서울: 교육부, 고려대학교HRD정책연구소.

87) 김봄이 · 고혜원 · 이수경 · 정향진 · 정란(2022). 제4차 직업능력개발 기본계획 수립을 위한 과제발굴. 한국직업능력연구원.

88) 정윤경 · 정지은 · 김민경 · 박나실 · 황승록 · 김나라 · 방혜진 · 곽초롱 · 신주랑(2022). 제3차 진로교육 5개년 기본계획 수립을 위한 정책연구. 한국직업능력연구원.

89) 변기용 · 정진철 · 전수경 · 김희선(2021). 평생-직업교육훈련 내실화를 위한 추진방안 연구. 고려대학교 산학협력단, 교육부.

90) 김성남 · 고혜원 · 류지은 · 전승환 · 허영준 · 오혁제(2022). 직업교육훈련 정책의 중장기 추진 방향 연구. 한국직업능력연구원.

91) 위의 책.

92) 변기용 · 정진철 · 전수경 · 김희선(2021). 앞의 책.

93) 동아일보(2022. 3. 9), 국내 50, 60대의 평균 퇴직연령 '49세'. 〈https://www.donga.com/news/article/all/20220308/112236556/1〉에서 2023년 9월 10일 검색.

94) 김선주(2020). 중장년 퇴직자의 경력적응성에 관한 질적 연구. 교육치료연구, 12(3), 379-399.

제 9 장
시민참여교육

1. 시민참여교육의 배경

시민교육은 언제나 크든 작든 이해집단 간 정치적 긴장을 수반한다. 한 사회의 지배집단은 시민교육을 정치적 통제와 사회화의 수단으로 간주하는 반면에, 지배 논리에 저항하는 집단은 시민교육을 정치적 해방, 민주화의 수단으로 바라본다. 여기서는 우리나라 시민참여교육의 등장 배경을 국가 및 자본의 논리에 저항하여 사회적 약자를 옹호하고 공공성을 강화하고자 했던 시민사회(civil society)의 집단적 노력을 중심으로 살펴본다.

1) 국가, 시장으로부터 시민사회의 분화 · 발전

시민사회는 국가와 분리된 실체이다. 국가가 "주어진 영토 내에서 인민에 대한 물리적 힘의 사용을 정당하게 독점할 수 있는 강제적 조직"인 반면에, 시민사회는 "국가의 직접적 통제 바깥에서 개인들과 집단 간에 사적 또는 자발적 협정에 의해 조직되는 사회생활영역, 곧 가정생활, 경제영역, 문화활동, 정치적 상호작용 등"으로 이해된다. 국가가 "보편적 회원제와 강제력"을 특징으로 한다면, 시민사회는 "국가가 아닌 모든 영역을 골고루 포함하는 포괄적 개념"이다.[1)]

시민사회를 국가와 분리한다 하더라도, 정치사상에 따라 시민사회에 대한 해석이 다르다.[2)] 로크(Locke), 루소(Rousseau) 등과 같은 자유주의적 사회계약론자는 국가권력의 지배에 대항하는 시민사회의 해방적 성격을 강조했다. 그러나 헤겔(Hegel)은 시민사회가 사적 이익을 위해 권력을 자의적으로 전횡할 수 있는 위험을 지닌다고 보았고, 진정한 정치공동체는 중립적이고 공적인 국가를 통해 실현 가능하다고 보았다. 반면에 마르크스(Marx)는 시민사회, 곧 시장(market)의 보편적 이기주의를 국가라는 타자보다는 시민사회 내적 존재인 프롤레타리아트를 통해 극복하고자 했다.

로크와 루소, 헤겔 그리고 마르크스 등은 시민사회의 정치적, 경제적 성격에 주목한 반면에, 그람시(Gramsci)는 시민사회의 사회문화 재생산에 초점을 두었다. 종래 국가/시민사회의 이분모델과 달리 국가/생산양식/시민사회의 삼분모델을 제시했다. 그에 따르면, 자본주의가 고도로 발전한 서구사회에서 부르주아 지배가 지속되는 것은 국가에 의한 억압이나 부르주아적 생산양식만이 아니라 사회적 헤게모니(Hegemony)에 의한 노동자의 자발적 동의 때문이다. 시민사회에서는 교회, 노동조합, 학교뿐만 아니라 언론, 도서관, 서클, 클럽, 거리시설 및 이름 등 일반 여론에 영향을 미칠 수 있는 모든 것들이 관여하여 사회적 헤게모니를 형성한다.[3)]

한편 하버마스(Habermas)에 의하면 국가와 자본은 국민통제와 이윤 축적을 목적으로 형성된 '체계'로서 기능적 합리성 또는 도구적 합리성의 논리를 따르는 반면에, '생활세계(Lebenswelt)'는 의사소통적 합리성을 바탕으로 왜곡 없는 자유로운 의사소통을 추구한다. 근대 서구 시민사회는 생활세계 혹은 공론장(Öffentlichkeit)을 바탕으로 형성되었다.[4)] 그러나 생활세계가 자본과 권력에 의해 '식민화'되면서 공론장이 변형되었다. 따라서 오늘날 서구 시민사회의 최대 과제는 개인들의 정치적 자유를 보장하거나 계급모순을 해결하는 데 있기보다, 시민사회를 뒷받침하는 생활세계를 부활시키는 것이다.

2) 우리나라 시민사회의 압축적 성장

우리나라는 서구사회가 수백 년에 걸쳐 순차적으로 형성한 시민사회를 짧은 기간 동안에 압축적으로 겪어 왔다. 해방 직후 '형식적 민주주의'를 수용하여 민주공화국의 틀을 갖추었으나, 1960년대 초반 군사독재정권의 등장으로 국가는 권위주의 체제에 충성하는 '국민' 형성에 주력했다. 국가는 학교나 대중 매체, 사회단체 등의 시민교육을 정치적 통제의 수단으로 활용했고, 정작 시민의 자유권, 참정권, 사회권 등을 다루는 민주시민교육에는 많이 소홀했다. 그나마 1970년대 '지식인과 민중'의 저항이 민주시민의식 형성의 토대가 되었다. 대학생, 노동자, 농민, 그리고 종교계와 시민사회의 여러 세력들이 제도권 밖에서 민주화 운동의 일환으로 야학, 노동자·농민교육, 민족학교, 청년학교, 여성교실 등 여러 형태의 시민교육을 전개했다.

마침내 1987년 6월 민중항쟁을 계기로 시민사회의 문이 활짝 열렸다. 권위주의 체제로부터 정치적 민주화를 형식적으로 확보한 시민단체와 지역 주민들은 보다 공개적으로 다양한 형태의 민주화 운동과 시민교육을 실시했다. '참여'와 '연대' 등의 슬로건이 등장했다. 1990년대 중반 지방자치제 도입 이후에는 '분권'과 '자치'의 가치가 지역을 중심으로 확산되었다. 기초자치단체 혹은 아파트단지 단위의 '주민자치운동', 마을만들기, 협동조합의 조직화 등 '지역공동체운동', 지역 주민의 생존권, 건강권, 환경권, 인권 등을 지키기 위한 '지역개발 반대운동' 등이 전국 곳곳에서 전개되었고, 그 일환으로 다양한 형태의 지역시민 교육이 실시되었다.

2016년 가을부터 2017년 봄에 이르기까지 7개월 동안 전국에서 수백만 명이 참여했던 촛불 시위와 그에 따른 대통령의 탄핵은 '모든 권력은 국민으로부터 나온다'는 민주주의 헌법정신의 소중함을 전 국민에게 확산시켰다. 시민교육의 가치가 민주적 참여 활동을 통해 드러났고, 시민들은 참여 민주주의, 직접 민주주의의 중요성과 필요성을 각성하였다.

우리나라 시민사회는 중층적 성격을 띤다. 시민의 기본적 자유와 권리가 더욱 요구되면서 동시에 이기적 욕망의 관리, 시민참여 문화의 성숙 등 해결해야 할 과제가 많다. 소규모 집단을 구성하는 다양한 사람들이 지적으로 깨어 있고 도덕성과 공공성을 담보하며 능동적이고 자유로운 공론장의 확장을 위한 시민성 학습이 요구된다.[5)]

2. 시민성과 시민참여교육의 의미

시민참여교육의 핵심은 시민성(citizenship)의 올바른 실천에 있다. 시민성은 해당 정치공동체가 '좋은 시민'을 어떻게 규정하느냐에 따라 역사적으로 그 의미를 달리했다.[6)] 또한 '좋은 시민'에 대한 기대는 동시대, 동일 국가 안에서도 바라보는 관점에 따라 달랐다. 정치철학자인 킴리카와 노만은 시민성을 '법적 지위(legal status)'와 '바람직한 활동(desirable activity)'으로 구분했다.[7)] 법적 지위로서의 시민성은 시민이 되는 것이 무엇인지에 대한 물음과 관계가 있다. 시민의 권리와 의무, 국적 등을 내포한다. 바람직한 활동으로서의 시민성은 좋은 시민에게 요구되는 것이 무엇인지에 대한 물음과 관련된다. 헌신, 충성, 책임 등의 뜻을 내포한다. 전자를 '약한' 시민성, 후자를 '강한' 시민성이라 부르기도 한다.[8)]

'참여민주주의를 통한/위한 시민성 학습'이란 논문을 발표한 슈구렌스키에 따르면, 시민성은 네 가지 다층적 의미를 지닌다.[9)] 우선 시민성은 어떤 정치공동체의 완전한 구성원에게 부여된 지위(status)이다. 앞서 킴리카와 노만이 말한 법적 지위로서의 시민성과 같다. 원칙상 그 지위를 보유한 사람은 평등하나,

실제로 시민성의 실현은 어떤 사람의 시민적, 정치적, 사회적 권리에 대한 접근에 따라 다르다.[10] 그 결과 시민교육은 가장 전통적인 형태로서 국민국가에 대한 공식적 소속감을 강조하고, 국사, 지리, 정부제도와 법률, 국가발전의 '공식적 이야기', 무비판적 애국주의를 가르치고, 불평등한 사회관계를 중립화하는 경향이 있는가 하면, 피억압자의 입장에서 지금껏 당연시해온 포섭과 배제의 법칙에 의문을 제기하고, 법률을 권력과 투쟁의 사회적 맥락에서 해석하며, 인권의 틀로 시민권을 구현하는 시민성 학습을 추구하기도 한다. 시민참여교육에서는 "누구나 똑같은 시민이다"라는 지위에 대한 인식을 바탕으로 정치, 경제, 사회 및 문화 등 사회 제 영역에서 배제되어 온 지역의 개인이나 집단이 권력, 제도, 관행, 문화 등의 '차별과 폭력에 저항할 수 있는 주체적 자세'를 갖출 것을 요구한다. "뭐 나설 게 있어, 내 일만 잘하면 되지"와 같은 원자화한 개인주의적 태도, "나 아니어도 누군가 하겠지"와 같은 N-1의 무임승차적 태도를 벗어나는 것이다.

슈구렌스키는 킴리카와 노만이 '바람직한 활동'이라고 부른 시민성을 '정체성', '시민적 덕목', '사회적 행위자' 등으로 보다 구체화하였다. 정체성(identity)으로서의 시민성은 지역사회 구성원이 느끼는 감정을 강조한다. 공통의 역사, 언어, 종교, 가치, 전통과 문화 등에 뿌리를 두는데, 이는 민족국가의 임의적 영토 구분과 일치하지 않을 수 있다. 정체성을 기르는 시민교육에서는 국민형성, 소수집단의 동화(melting pot)를 강조해 왔다. 시민참여교육에서는 같은 영토 안에 존재하는 타 집단과 '서로의 차이를 인정하며 통합하고 공존하는' 다문화 시민교육, '보편성을 존중할 뿐만 아니라 이질성, 파편화, 탈중심화 등에 대해 타협과 변화가능성'을 열어 놓는 상호문화 시민교육, 세계시민교육 등에 주목한다.

시민적 덕목(civic virtue)으로서의 시민성은 시민적 가치, 태도 및 행위 등을 가리킨다. 어떤 때는 애국주의, 복종, 성실, 종교성이 강조되고 어떤 때는 박애, 열정, 관용, 연대 및 개별적 책임 등이 강조된다. 또 어떤 사람에겐 사회적 실체에 대한 비판적 분석 능력, 공동선과 시민참여에 대한 관심, 사회정의에 대한 지향성 등이 보다 중요하다. 시민적 덕목을 가르치는 시민교육에는 훈계와 권유를 통한 가치 주입형의 인성교육, 윤리적 딜레마의 검토를 통해 자신의 가치를 개발하도록 돕는 가치명료화 프로그램, 인지발달론에 근거한 도덕교육 외에도 참여자 관점의 다양성을 존중하는 논쟁적 주제 중심의 시민교육이 있다. 시민참여교육에서는 "우리 사회는 복잡하고, 불확정적이며, 다양하다"라는 성찰적 인식을 바탕으로 사회 구성원으로서의 책임을 강조한다.[11] 물질주의, 소비주의, 과학기술주의, 배타적 민족주의 등이 초래할 수 있는 비윤리적, 반인간적 현상을 벗어나 인간의 자발성을 회복하는 길로 나아간다. "과연 힘없는 내가 해낼 수 있을까"와 같은 숙명론적 태도, "모든 것을 절대자의 손에 맡겨야 하는 게 아닐까" 같은 신비주의적 태도, "윗사람에 우선권이 있지"와 같은 서열주의적 자세 등을 탈학습한다.

끝으로 사회적 행위자(agency)로서 시민성은 시민의 활동, 권력 발휘 능력을 포함한다. 여기서는 '시민이 되는 것'과 '시민으로 행동하는 것'을 구별한다.[12] 시민이 되는 것은 사회적 행위자에 필요한 권리, 사회적 정치적 참여를 즐기는 것인 반면에, 시민으로 행동하는 것은 지위의 완전한 잠재력을 발휘하는 것이다. 앞의 지위, 정체성, 덕목으로서의 시민성을 행동으로 통합한 '행동하는 시민성'이다.[13] 시민성은 개인적이든 집단적이든 권력에 의해 중재된 구체적인 사회적 관계 속에서 실천되므로, 권력 구조가 시민이 할 수 있는 것과 할 수 없는 것을 어느 정도 결정한다. 곧 시민성의 실천은 한계와 가능성의 지속적인 상호작용의 맥락에서 발생한다. 시민참여교육이 지향하는 행동하는 시민성은 개별적이고, 경제지향적이며, 통제된 평생학습에 대한 중요한 대안이 될 수 있다.

행동하는 시민성은 쓰레기 줍기부터 시작해서, 지역사회의 현안과 지역의 정치에 능동적으로 관여하기, 나아가 불평등의 구조를 비판하고 집단적 행동을 고려하며 사회문제의 근본적 원인에 다가가기 등 다양한 모습으로 나타난다.[14)]

한편 우리나라 학자들은 정치가 권위주의 체제를 넘어 민주적 지배 질서를 회복했으므로 하루속히 민주적 시민성을 창출해야 한다고 보고, 어떤 이들은 좋은 시민을 '민주시민성'을 지닌 사람으로 간주하여 종래 국민정신교육, 정치교육 혹은 시민교육 등의 개념보다는 '민주시민교육'이란 개념을 선호한다.[15)] 그러나 정치만이 아니라 경제 · 사회 · 문화 영역 등 사회 전반에 걸쳐 아직까지 실질적 민주화를 달성하지 못한 상황 판단에서는[16)] 신자유주의적 시장중심의 질서가 가져올 사회불평등 문제를 적극 제기하고, 국가와 시장중심의 헤게모니를 견제하며 시민사회 중심의 민주적 지배질서를 회복하는 '적극적 시민' 양성이 요구된다. 이러한 맥락에서 「평생교육법」은 '시민참여교육'을 평생교육의 일곱 개 범주 중의 하나로 명시하고 있다.

3. 시민참여교육의 유형 및 현황

시민참여교육은 교육내용이나 형식, 교육주체나 대상에 따라 다양하게 분류할 수 있다.[17)] 여기서는 시민참여교육을 시민성 함양 '방식'과 시민참여 '내용'에 따라 유형화한다.

1) 시민성 함양 방식에 따른 시민참여교육 유형과 현황

시민참여교육을 시민성 함양 방식에 따라 유형화하면 다음 〈표 9-1〉과 같다. 첫째, 정당, 선거관리위원회, 지자체, 시민단체, 평생교육기관 등이 지역주민들을 대상으로 시민성 함양 프로그램을 직접 운영하는 경우다. 둘째, 지역

주민의 사회참여가 일차적 목표이나, 이와 더불어 시민성을 자연스럽게 학습하는 경우다. 셋째, 학습자들이 어떤 특정한 교육 프로그램을 이수하면서 그 연장선상에서 시민성을 학습하는 경우다.

〈표 9-1〉 시민성 함양 방식에 따른 시민참여교육 유형

구분	시민성 함양 방식	사례
방식 1	시민성 함양을 일차적 목표로 삼는 교육 프로그램	헌법교육, 인권교육, 환경교육 등
방식 2	사회참여 결과로서 시민성을 함양하기	동아리, 시민사회단체, 집회 및 시위, 마을공동체 만들기 등에 참여
방식 3	다른 교육활동의 연장선상에서 시민성을 함양하기	문해교육, 종교교육, 인문학강좌 등

(1) 시민성 함양을 일차적 목표로 삼는 시민참여교육 현황

한국교육개발원의 교육통계 자료에 따르면, 다음 〈표 9-2〉처럼 2023년 5월 1일 현재 전국적으로 321개 시민참여교육 프로그램에 27,776명이 참가했다. 2016년 조사 결과(122개 프로그램, 13,735명 참석)에 비하면 프로그램 수는 2.6배 정도, 학습자 수는 2배로 크게 증가했다. 시민사회단체부설 평생교육시설과 시도 평생교육진흥원과 평생학습관 등 공공의 프로그램과 학습자가 크게 늘었다. 이는 민주시민교육에 관심을 보인 문재인 정부와 민주시민교육 조례 제정에 앞장섰던 지방자치단체의 노력의 결과이다. 하지만 2023년 현재 시민참여교육은 전체 165,485개의 평생교육 프로그램의 0.19%, 전체 18,381,954명 학습자의 0.15%로서 아직도 매우 적은 편이다.

경기도평생교육진흥원은 2018년 도민이 손쉽게 민주시민교육의 내용을 이해할 수 있도록 '선진국의 민주시민교육과 생각하는 시민' '민주시민사회와 인권' '민주적 의사결정 방법' '합리적 의사결정을 위한 자료분석' '독일의 선거제도'

등의 동영상 강의를 개발하여 지식(GSEEK)을 통해 제공하고 있다.[18]

〈표 9-2〉 평생교육시설별 '시민참여교육' 프로그램 증감 현황(2016~2023)

구분	연도	계	초중등 학교 부설	대학 부설	원격 형태	사업장 부설	시민사 회단체 부설	언론기 관부설	지식인력 개발형태	시도평 생교육 진흥원	평생 학습관
프로그램수 (개)	2016	122	-	23	4	2	18	6	10	-	59
	2023	321	-	34	2	0	20	1	8	49	207
학습자 수(명)	2016	13,735	-	1,361	197	1,335	1,694	398	378	-	8,372
	2023	27,776	-	2,044	65	0	5,084	15	1,986	2,630	15,952

출처: 한국교육개발원(2016, 2023). 교육통계서비스. (매년 5월 1일 기준)

세종특별자치시 인재육성평생교육진흥원은 「정책아카데미」를 운영하고 있다. 2019년의 경우 '동북아 정세와 남북관계 전망' '평화 지향적 통일교육' '3.1운동과 대한 임시정부 수립' '최근의 재난과 시사점' '인권, 과연 절대 가치인가?' '시민참여 정책-국민디자인단 이해하기' '시민의 삶과 질을 바꾸는 거버넌스' 등 총 40개 강좌를 운영했다.[19]

수원시 평생학습관은 시민기획단 '나침반'이 기획한 강좌 '먹고 사는 일'(생존의 갈림길에 서 있는 사람들의 아슬아슬한 일과 주거 이야기)을 2019년 10월 16일부터 11월 6일까지 2시간씩 4회에 걸쳐 30명을 대상으로 운영했다. '알지 못하는 어느 청소년 노동자의 죽음' '대리사회의 주체가 될 수 없는 대리 노동들' '영화 〈소공녀〉로 읽기: 신자유주의 시대 노동과 '집'의 의미' '이것은 왜 직업이 아니란 말인가: 알바, 플랫폼 노동, 최저임금' 등의 주제를 다뤘다.[20]

(2) 사회참여를 통한 시민성 함양

우리나라 국민은 다양한 사회참여를 통해 시민성을 함양하고 있다. 여기서는 비영리민간단체와 사회단체 참여, 자원봉사활동, 집회 및 시위, 마을만들기 참여 사례 등을 살펴보았다. 우선 2023년 현재 비영리민간단체는 〈표 9-3〉처럼 총 15,577개로 2007년에 비해 두 배 이상 증가했다. 비영리민간단체의 활동분야는 시민사회일반, 경제, 예산감시와 납세자운동, 사회적 경제, 소비자, 사회공헌, 여성, 환경, 문화, 사법개혁, 건강과 보건의료, 평화와 통일, 국제연대와 협력, 언론, 인권, 교육, 노동, 사회복지, 이주와 다문화, 자원봉사, 기부와 나눔, 풀뿌리자치, 노년소비자운동, 시니어문화 등 총 24개 분야로 매우 다양하다.[21]

〈표 9-3〉 비영리민간단체 증가 추이(2007~2023)

구분	2007	2012	2017	2020	2023
계	7,241	10,889	13,933	14,995	15,577
중앙 정부 등록	790	1,319	1,624	1,696	1,754
지방자치단체 등록	6,451	9,570	12,309	13,299	13,823

출처: 행정안전부(2018, 2023) 행정안전통계연보.

또한, 우리나라 13세 이상 인구 중 과거 1년간 사회단체에 참여하여 활동한 적이 있는 사람의 비율은 〈표 9-4〉처럼 2023년 현재 64.2%이다. 2009년에 비해 두 배 가까이 크게 늘었다. 하지만 대부분 친목 및 사교단체나 취미, 스포츠 및 여가활용단체, 종교단체의 참여가 많고, '시민사회단체' 참여는 상대적으로 적다. 코로나 19의 영향으로 2021년 8.2%까지 감소했던 참여율이 2023년부터 서서히 오르고 있다.

반면 13세 이상 인구 중 지난 1년간 자원봉사 활동에 참여한 적이 있는 사람은 〈표 9-5〉가 보여주듯이, 2013년 19.9%로 정점을 찍고 난 뒤 이후 감소하여 2023년 현재 8.4%를 나타낸다. 연령별로 보면 20세 미만이 27.2%로 높은 반면에 20, 30대와 60대 이상의 참여율은 낮은 편이다. 다만 2020년의 경우 코로나

19에 따라 20세 미만 학생들의 자원봉사 참여율이 크게 줄어든 반면, 30세 이상의 참여율은 늘었다.

〈표 9-4〉 사회단체 참여율 추이(2009~2023)

(단위 : %)

구분	2009	2011	2013	2015	2017	2019	2021	2023
참여율(%)	39.8	46.6	50.1	48.9	49.7	66.1	35.8	64.2
친목 및 사교단체	77.8	73.1	75.3	75.6	78.2	77.4	61.0	77.1
종교단체	28.9	28.7	26.4	27.2	28.2	28.7	26.6	25.0
취미, 스포츠 및 여가활용단체	30.0	34.0	32.8	35.2	43.6	47.3	49.4	54.9
시민사회단체	12.9	11.0	11.3	9.4	8.4	12.6	8.2	8.9
학술단체	5.1	4.7	4.6	5.3	5.6	7.6	5.6	7.2
이익단체	3.4	2.5	2.1	2.5	3.8	4.3	3.2	4.4
정치단체	0.9	1.0	0.7	0.6	1.3	1.7	1.8	2.1
지역사회모임	–	10.1	8.9	9.2	10.4	11.5	6.8	10.0
기타	0.5	0.7	0.3	0.1	0.1	0.0	-	0.3

출처: 통계청(2023). 사회조사.

〈표 9-5〉 연령별 자원봉사 참여율(2003~2023)

(단위: %)

구분		2003	2006	2009	2011	2013	2015	2017	2019	2020	2023
전체		14.6	14.3	19.3	19.8	19.9	18.2	17.8	16.1	4.3	8.4
연령집단	20세 미만	52.4	59.5	79.8	77.7	80.1	76.6	78.4	76.1	29.0	27.2
	20~29세	10.3	8.3	13.9	13.2	13.7	11.6	11.5	9.9	8.0	8.9
	30~39세	11.6	10.2	13.6	11.2	11.2	10.6	10.7	9.8	10.0	6.1
	40~49세	14.2	13.9	18.6	17	17.3	15.6	17	15.4	17.0	11.1
	50~59세	12.2	12.4	15.5	14.6	14.5	14.6	14.2	12.6	17.0	12.0
	60세 이상	6.7	6.5	7	7.2	7.8	7.8	7.8	8.1	12.0	8.6

출처: 통계청(2003~2023). 사회조사.

경찰통계연보에 따르면 집회 · 시위건수가 2022년 다소 줄었으나 2012년 이후 증가 추세에 있다.

〈표 9-6〉 집회시위 개최 현황(2012~2022)

연도	2012	2014	2016	2018	2020	2022
집회 · 시위건수	40,261	45,319	45,836	68,315	77,453	76,175

출처: 경찰청(2023). 2022 경찰통계연보.

한편 지역 주민들은 '마을공동체 만들기' 사업, '주민자치' 운동 등을 전개하면서, 주민자치 역량, 공동체 의식을 함양하였다.

> 마을의제를 발굴하기 위해 학교 앞, 전철역 등 거리에 나가서 금호1가동에 거주하는 일반 주민과 직장 등 생업활동을 하는 생활 주민의 다양한 의견을 많이 들었어요. 그렇게 현장에서 취합된 의견들을 다시 분과에 가지고 와서 회의나 워크숍을 거쳐 12개의 마을의제를 발굴한 거죠. 그중에서 분과별로 2개의 의제를 선정해 주민총회에 상정시켰어요. (중략) 누구나 자신의 의견을 말하고 자유롭게 참여하는 문화, 이러한 것들이 다시 마을에 긍정적인 영향을 미칠 수 있기를 바랍니다(홍○○, 서울시 성동구 금호1가동).[22]

(3) 인문학 강좌, 종교 등을 통한 시민성 함양

시민성은 인문학 강좌, 종교교육 등을 진행하면서도 기를 수 있다. 2013년 문을 연 서울자유시민대학의 졸업생 왕○○(40대)는 다양한 인문학 강좌를 통해 자아 존중감이 높아졌고, "앞으로도 지속적인 학습과 시민연구회 활동으로 시정참여, 정책연구 등 활동 범위를 넓히고 싶다"고 소감을 밝혔다.[23] 인문학 학습공동체인 '문탁네트워크'의 한 회원은 『맹자』를 읽으면서 자신과 자신을 둘러싼, 가깝게는 문탁 회원, 멀게는 밀양 송전탑 반대운동 참여 할머니들과의 관계 안에서 자신의 존재성을 성찰하였고, 자신이 거주하는 집 인근 전철역 앞에서 송전탑 건설 반대 피켓 시위를 하였다.[24)]

천주교 제주교구장은 코로나 19가 한국 사회에 나타난 지 1개월 정도 지난 2020년 2월 26일 사목서한을 통해 이웃에 대한 연대성을 고취했다.

> "최근 '코로나 19'의 감염 확산으로 인하여 여러 나라에서 많은 이들이 불안과 두려움으로 힘들어하고 있습니다. … 우리는 이번 '코로나 19' 사태를 대면하며 심리적 패닉 상태에 휩쓸려 우리 주변의 누군가를 표적으로 삼고 적대감을 드러내거나 비난하고 배척하는 어리석음은 범하지 말아야 하겠습니다. … 주님께서는 우리가 이 사순시기에 주변 이웃의 고통과 재앙에 대한 무관심과 무디어진 마음을 뉘우치고 새로운 복음적 결실을 거두도록 초대하고 계십니다. 이 사순절에 우리는 바이러스의 난동을 훨씬 능가하는 자비와 애덕의 씨앗을 뿌리고 고통받는 이들과의 연대를 활발히 펼쳐가도록 합시다."[25)]

2) 시민참여 내용에 따른 시민참여교육 유형과 현황

시민참여교육은 시민참여의 내용에 비추어 다음 〈표 9-7〉과 같이 분류할 수 있다. 첫째, 시민 상호 간 현안 해결에 초점을 둔 교육이다. 둘째, 시민이 정부 조직에 참여하도록 교육하는 경우다. 셋째, 시민이 정치적 과정에 참여하도록 교육하는 경우다.

여기서는 '정부 조직 참여를 위한 시민교육'과 '정치적 과정 참여를 위한 시민교육' 사례를 살펴보았다.

〈표 9-7〉 시민참여 내용에 따른 시민참여교육 유형

구분	시민참여교육 유형	시민참여 내용과 사례
내용 1	민간 현안 참여를 위한 시민교육	시민이 특정 조직 내 이해관계의 대립 및 해결(예, 노동조합의 단체협상), 특정 조직 간 분쟁 및 타협(예, 의사협회와 약사협회의 협상), 이웃 주민 간 갈등 및 해소(예, 아파트 층간 소음), 그 외 민사소송 등에 참여
내용 2	정부 조직 참여를 위한 시민교육	시민이 중앙정부, 지방정부, 공적 기관의 의사결정에 참여(예, 국민참여재판, 국민참여예산, 주민자치회, 주민투표제, 주민소환, 주민감사청구 및 주민소송, 주민조례발의제, 주민참여예산제도, 학교운영위원회나 학부모회 참여 등)
내용 3	정치적 과정 참여를 위한 시민교육	시민이 정당, 이해관계 집단(기업, 노동조합, 직능단체, 시민단체 등) 및 언론 등을 통해 정치적 과정에 참여

(1) 정부조직 참여를 위한 시민교육 사례

① 국민참여재판 교육

국민이 배심원으로서 형사재판에 직접 참여하는 국민참여재판 제도는 「국민의 형사재판 참여에 관한 법률」에 따라 2008년부터 실시되었다. 해마다 증가하여 2013년에는 345건까지 증가했다가 2021년 84건으로 감소하였다.[26] '사법참여기획단'이 2022년부터 활동을 재개해 국민참여재판의 증가와 함께 이에 대한 시민교육도 늘어나고 있다.

국민참여재판에 따른 시민교육은 일차적으로 배심원 교육에서 볼 수 있다. 배심원은 재판장으로부터 재판 절차의 흐름과 용어, '피고인의 무죄추정', '증거재판주의', '자유심증주의' 각 원칙, '피고인의 증거제출 거부나 법정에서의 진술거부가 피고인의 유죄를 뒷받침하는 것으로 해석될 수 없다는 점' '증거능력이 배제된 증거를 무시하여야 한다는 점' '재판장의 허락 없이 평의·평결 또는 토의 장소를 떠나서는 안 되고' '평의 및 평결의 방법'과 '비밀준수의 의무' '배심원 대표를 선출하여야 하는 취지 및 그 방법' 등을 배운다.[27] 그 외에도 현재 법무부 보호정책과와 범죄예방위원회, 한국사법교육원 등은 초・중・고뿐만 아니라 일반국민들에게 국민참여재판제도에 대한 교육을 시행하고 있다.

② 국민참여예산 교육

국민참여예산제도란 「국가재정법」에 따라 "국민이 예산사업의 제안, 심사, 우선순위 결정 과정에 참여하는 제도"이다. 기획재정부는 국민의 참여를 끌어내기 위해 홍보용 웹 포스터를 제작 보급하고, '예산학교'에서 '국가재정이란?', '예산 및 기금', '국가재정 현황 및 추이', '예산편성 과정의 이해', '예산국민참여단 활동 및 역할' 등 5편의 동영상으로 국민을 교육하고 있다. 한편 우리나라 국민은 국민참여예산 홈페이지를 통하여 사업을 제안하거나 주요 사회 현안 등에 대한 토론을 하면서 시민참여교육을 실시하고 있다.[28]

③ 주민자치회 교육

'주민자치회'란 「지방분권 및 지방행정체제 개편에 관한 특별법」에 의거 "풀뿌리자치의 활성화와 민주적 참여의식 고양을 위하여" "읍・면・동에 설치되고 주민의 대표로 구성되어 주민자치센터를 운영하는 등 주민의 자치활동 강화에 관한 사항을 수행하는 조직"을 말한다. 주민자치회 위원이 되려면 사전에 시장(또는 군수・구청장)이 주민자치회 위원 및 주민의 자질 함양과 역량 강화를 위하여 마련한 교육을 일정 시간 이수해야 한다. 경기도의 경우 '지방자치와 주민자치의 이해' '주민자치위원회와 주민자치회' '주민자치회에 대한 이해' '주민자치회 거버넌스와 지역사례' '충산동 주민자치회 사례' '매화동 주민자치회 사례' 등 6차시의 온라인 교육 이수를 요구한다.[29]

④ 주민참여예산제도 교육

주민참여예산제도는 「지방재정법」에 의거 지방예산 편성 등 예산 과정에 주민이 참여할 수 있게 함으로써 재정 운영의 투명성과 책임성을 높이고자 하는 제도이다. 이 제도는 1989년 브라질 포르투알레그레시에서부터 시작하였고 전 세계의 수많은 도시로 퍼졌다. 우리나라에서는 2003년 광주 북구에서 처음 시작했고, 2011년 지방재정법 개정을 통해 전국 243개 지자체의 의무 사항으로 확산하였다.[30)]

한편 「지방재정법시행령」에 따르면, 지방자치단체의 장(시・도지사와 교육감 포함)은 주민참여예산 제도를 지역주민에게 홍보, 교육해야 한다. 서울특별시 강동구는 2022년에 '주민참여예산제의 도입과 현재', '주민참여예산제의 법과 제도', '주민참여예산제의 의미와 발전방향', '강동구 재정현황과 조례', '강동구 주민참여예산제의 연혁', '주민참여예산사업 우수사례', '주민참여예산위원회의 역할', '주민참여예산위원 심사기법 및 협의 방법' 등의 동영상 자료를 가지고 '예산학교'를 운영했다.[31)]

⑤ 여타 지방정부조직 참여 교육

2004년 「주민투표법」이 제정되어 "주민에게 과도한 부담을 주거나 중대한 영향을 미치는 지방자치단체의 주요 결정사항"에 대해 지방자치단체장이나 지방의원만이 아니라 지역주민 역시 주민투표를 청구할 수 있게 되었다. 이 법 시행 이후 2005년 제주도 행정구조개편에 대한 주민투표가 처음 실행되었고, 2021년까지 모두 12건이 시행되었으나, 3건은 청구 각하되었다.[32)]

2007년 「주민소환에 관한 법률」을 시행하면서 지역주민이 지방자치단체의 장 및 지방의회의원을 소환할 수 있게 되었다. 관할선거관리위원회는 "문서・도화・시설물・신문・방송 등의 방법으로 주민소환투표 참여・투표방법 그 밖에 주민소환투표에 관하여 필요한 계도·홍보를 실시하여야 한다." 이 법 시행 후 2009년 김태환 제주도지사가 첫 번째로 소환되었고, 2021년까지 모두 11건이 투표 처리되었으며, 그중 2건이 소환처리되었고, 9건은 소환무산되었다. 소환청구 사안 중 115건은 미투표 종결되었다.[33)]

「지방자치법」은 '주민의 감사청구' 및 이와 관련한 '주민소송' 등을 명시하여 주민참여의 다양한 통로를 열어 놓았다. 2005년부터 2021년까지 전개, 종결된 주민소송은 45건이고, 이 중 경기도 안성시를 상대로 한 '하수시설 민간투자사업 협약내용 정보공개 거부처분 취소 청구'의 1건만이 주민 일부 승소했고, 나머지 44건의 대부분은 주민패소였고 일부가 소취하 혹은 각하였다.[34)]

2021년에는 「주민조례발안에 관한 법률」이 제정되어 시민의 지방정부조직 참여가 더욱 확대되었다. 도입 초기에는 조례안 청구 요건이 '100분의 1 이상'의 서명이었으나, 지금은 '350분의 1 이상'으로 대폭 완화되었다. 이제까지 주민청구로 조례가 제정된 사례는 서울(1건), 제주(4건), 충북(2건) 등이다.[35)]

(2) 정치적 과정 참여를 위한 시민교육

2022년 1월 21일 정당법 개정으로 만 16세 이상의 사람이면 누구나 정당에 가입할 수 있다. 정당 가입률의 변화를 살펴보면 다음 [그림 9-1]과 같다. 우선 이명박 대통령 집권 시기인 2012년에는 가입률이 9.4%에 불과했으나, 2017년 박근혜 대통령 임기 마지막 해이자 문재인 대통령 취임 첫해에는 14.5%로 크게 증가했고, 2022년 문재인 대통령 재임 마지막 해이자 윤석열 대통령 취임 첫해에는 정당 가입률이 20.7%로 더욱 증가했다. 지난 10년 사이에 정당 가입률이 10% 이상 증가한 것은 정당 민주주의, 대의 민주주의 발전에 청신호였다.

2024년 7월 현재 49개의 정당이 있고, 그중 6개가 국회의원이 1명이라도 있는 원내 정당이고, 나머지 43개는 국회의원이 한 명도 없는 원외 정당이다.

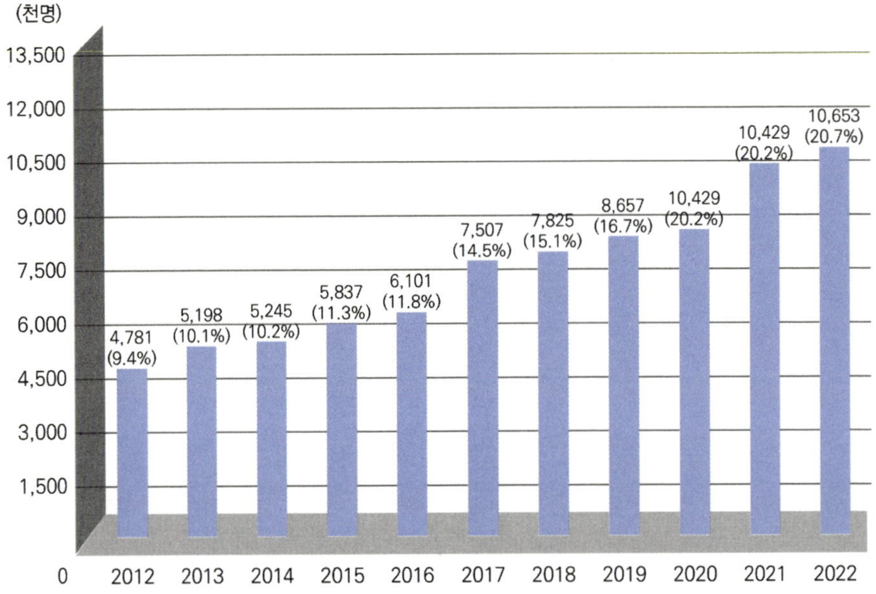

[그림 9-1] 연도별 정당 가입률 추이(2012~2022)

출처: 중앙선거관리위원회(2023). 2022년도 정당의 활동개황. p.23

원내 정당으로는 더불어민주당(175석), 국민의힘(108석), 조국혁신당(12석), 개혁신당(3석), 새로운미래(1석), 진보당(1석) 등이다.[36)]

우리나라 주요 정당의 당원 교육 프로그램 현황을 살펴보면 다음과 같다.

① 더불어민주당의 당원 교육

더불어민주당은 홈페이지에 "교육: 당원의 역량을 강화하는 프로그램입니다"라는 코너를 마련하여 당원 교육에 대한 관심을 보여주고 있다. 또한 온라인교육, 현장교육, 실시간 화상 교육 등으로 다양한 세부 프로그램을 구성했다.

〈표 9-8〉 더불어민주당 당원 교육 프로그램 현황

과정		프로그램명	세부 프로그램명
온라인 교육	필수	성평등과 정책	변영주 감독 박정훈 기자를 만나다. 성평등 정당을 위한 실천, 숫자로 보는 대한민국 여성, 패러다임 전환 돌봄 민주주의로 가자, 자원순환도시로 가는 길
		더불어한수다	더불어 한수다
		성평등교육	지금 우리에게 필요한 것 it's 성인지 감수성
		당원 교과서	나와 정당이 만났을 때, 나와 더불어민주당이 만났을 때, 내가 다른 동료 당원들과 활동할 때, 내가 시민에게 더불어민주당을 말할 때, 민주당의 역사는 대한민국 헌법을 지켜온 역사, 내가 더불어민주당 강령을 말할 때
		윤리규범	더불어민주당 당원윤리교육
		당역사 및 정강정책	당역사 및 정강정책
		다문화인식개선	다문화 인식개선(삶을 바꾸는 한마디 말)
		장애 인권 교육	선출직 공직자를 위한 장애 인권 교육, 더불어 살아가는 세상, 장애인과 비장애인의 함께 살기, 장애인과 더불어 함께
		청탁금지법 제대로 알기	사례로 배우는 청탁금지법
		판례로 만나는 정치 관계법	판례로 만나는 정치관계법
		당원이 알아야 할 정치관계법	당원이 알아야 할 정치관계법
		지방의원 길라잡이	예산결산심사 전략과 핵심기법, 자치분권과 균형발전 및 지방분권, 행정감사조사 무엇을 어떻게 해야 하는가
	선택	이해충돌방지법	알기 쉬운 이해충돌방지법
		교양과목	정부예산 편성과 지역정책예산, 인문학 속 청렴 이야기, 당의 혁신과 나아가야 할 방향
		정당의 시대	영국의 정당, 독일의 정당, 프랑스의 정당
		세계 민주주의를 만나다	미국의 민주주의, 독일의 민주주의

과정	프로그램명	세부 프로그램명
	대한민국 선거사	제헌국회의원선거~4, 5대정부통령선거, 5대국회의원선거~10대대통령선거, 11대대통령선거~14대대통령선거, 1회전국동시지방선거~16대대통령선거
	헌법의 역사	의회민주주의와 헌법정신
	온라인 투표	블록체인과 온라인선거, 스마트선거혁명 K-voting
현장교육	등록된 교육 없음	
실시간화상교육	등록된 교육 없음	

출처: 더불어민주당 홈페이지. https://theminjoo.kr/education/online/G013/1

② 국민의힘 당원 교육

국민의힘은 "아는 게 힘! 당원의 힘이 당을 승리로 이끕니다."라는 구호 아래 당원교육자료를 홈페이지에 탑재했고, 강의자료를 공개하고 있다. 또 "지식은 나누고 마음을 모으면 국민의힘이 커집니다"라는 구호 아래 국민의힘 산하 지식충전소에서 제작한 8개 동영상 프로그램과 중앙선거관리위원회 선거연수원의 30개 동영상 프로그램을 홈페이지에 탑재했다.

〈표 9-9〉 국민의힘 당원 교육 프로그램 현황

구분	과정	프로그램명
당원교육자료	공직후보자 역량강화	당헌당규, 대북정책, 공직선거법, 자료해석 및 상황판단, 외교안보, 안전과 사회(문제 추가), 지방자치, 청년정책
지식 충전소	국민의힘 지식충전소	이수정 교수의 성인지 감수성 교육 강화(1-2), 김웅의 사기예방법, 허은아의 호감을 주는 습관, 전병율의 코로나를 이기는 힘, 조두순을 막는 힘, 윤주경 의원 세상을 바꾼 한 청년의 힘, 유영만 교수 인공지능을 능가한 인간지성, 90년대생이 왔다

구분	과정	프로그램명
	중앙선거관리위원회 선거연수원 연수 동영상	선거 정치 미디어 리터러시, 선거여론조사 제대로 알기, 선거법특강 총칙, 선거권과 피선거권, 선거구역과 의원정수, 선거기간과 선거일, 선거인명부, 후보자, 당내경선, 선거운동, 선거비용, 선거와 관련 있는 정당활동 규제, 투표, 개표

출처: 국민의힘 홈페이지.
http://www.peoplepowerparty.kr/renewal/eknowledge/mainEknowledgeDataView.do

③ 중앙선거관리위원회 선거연수원의 교육 현황

우리나라의 헌법기구인 중앙선거관리위원회 산하의 선거연수원은 선거관리 업무 종사자의 직무교육만이 아니라, 일반 국민, 특히 새내기 유권자를 대상으로 민주시민교육과 사이버 교육에 힘썼다. 2019년에 선거권 연령이 만 19세에서 만 18세로 낮아졌고, 2021년은 다음 해 실시될 제20대 대통령 선거와 제8회 전국동시 지방선거를 앞두고 어느 때보다 직무교육을 강화했고, 2022년에는 민주시민교육 참여자를 더욱 확대하였다.

〈표 9-10〉 중앙선거관리위원회 선거연수원의 최근 3년의 교육 현황

구분	2020년			2021년			2022년		
	과정	횟수	인원	과정	횟수	인원	과정	횟수	인원
합계	71	8,582	251,898	79	10,772	699,540	69	13,102	750,479
직무교육	26	41	1,706	29	63	3,065	22	34	1,849
민주시민교육	17	1,297	64,025	18	3,149	450,191	15	4,529	594,243
사이버교육	28	7,244	186,167	32	7,560	246,284	32	8,539	154,387

출처: 중앙선거관리위원회 선거연수원(2023). 2023 선거연수원 연보. p.33

2022년 '민주시민교육'에는 선거 · 정당 관계자, 대학생, 여성, 시민사회단체 실무자 및 일반인, 초 · 중 · 고등학생 및 학교 밖 청소년, 다문화가족, 북한이탈

주민, 장애인, 선거정치교육강사 등 매우 폭넓은 대상의 교육프로그램과 유권자정치페스티벌, 강연콘테스트 등의 행사가 있다.

4. 시민참여교육의 한계와 과제[37)]

한국 사회의 평생교육 현장 실무자들은 시민참여교육을 기획하고 실천할 때 적지 않은 난관에 봉착함을 실토하였다. 자신이 몸담고 있는 평생교육기관이 시민교육에 대한 인식이 부족하거나(20.5%), 국가나 지자체의 도움만이 아니라, 평생교육기관의 시민교육에 대한 철학 및 가치 재정립(17.0%), 교육 담당자의 마인드 전환 및 역량 함양(10.6%)이 필요하다고 생각한다.[38)] 또 광명시평생학습원장 김미란은 "시민교육이 지역사회에 터하지 않을 경우 그 교육적 내용은 생활, 일, 여가, 배움 등과 인간의 생명과 삶을 구성하는 총체로부터 유리될 수밖에 없음을 인지"하고 있었고,[39)] 수원시평생학습관장 정성원 역시 시민교육의 핵심은 지식이나 기술을 넘어 가치관과 태도이고, 이를 전달하려면 평생교육기관이 '학습자의 변화를 중심으로 재구조화'되어야 한다고 보았다.[40)] 요컨대 평생교육기관장과 실무자들이 인식하는 시민교육의 어려움은 단지 프로그램 운영상의 문제를 넘어 '패러다임의 한계'에 맞닿아 있었다. 이 절에서는 우리나라 시민참여교육 패러다임의 한계와 과제를 교육적 인간상, 교육내용, 교육형식과 방법, 교육주체와 제도 등으로 나누어 논의하였다.

1) 교육적 인간상

시민성은 하루아침에 만들어지지 않는다. 우리나라에서는 갑오개혁을 통해 노비가 공식적으로 사라졌지만, 1950년대까지만 하더라도 시골엔 '머슴'이 존재했고 지금도 일부 사람들이 아파트 경비원을 머슴 취급하고 있다. 1970년대까지 '식모'라는 반예속적 성격의 가사노동자가 존재했다. 또 1975년부터 1987년까지 '형제복지원'에서 수천 명의 사람이 강제 노역을 했고, 2000년대에 와서도 신안 염전에서 노예처럼 일했던 장애인들이 있었다. 신분적으로 자유롭지만 위험한 환경에서 장시간, 저임금으로 일해야 했던 '공돌이' '공순이' 등의 노동자, 도시 외곽에서 판잣집을 짓고 살다가 재개발로 인해 하루아침에 삶의 터전을 잃어버리는 도시 빈민이 아직도 존재한다. 젊은 여성을 성적 대상으로 바라보는 가부장제 문화와 직장 내 여성의 능력을 인정하지 않는 사회구조가 존재한다. 이러한 상황에서도 우리나라 시민참여교육은 사회 각 부문에서 주권자시민, 주민자치시민, 노동자시민, 소비자시민, 여성시민, 장애인시민, 청년시민, 노인시민, 문화예술시민, 환경시민 등을 형성하였다.

하지만 평생교육 관점에서 바라볼 때 시민참여교육의 인간상에는 몇 가지 한계가 있고, 그 대안이 요구된다. 첫째, 바람직한 시민의 모습이 서구 '근대시민'이라는 추상적 수준에 머물고 한국의 역사적 맥락과 단절되었다. 남북 분단 현실 속에서 우리 사회에 적합한 시민상을 정립하지 못했다. 합리적 개인으로서의 시민, 국가 구성원으로서의 시민을 이상적 시민상으로 설정할 뿐이었고, 일상에서 구체적으로 느끼고 공유해 왔던 지역주민의 공동체성을 시민성으로 재구성하는 데 한계를 보였다.[41] 예컨대 우리 사회의 주류 집단은 제주도 강정주민이 국가 안보를 위해 '대한민국 국민'으로서 강정 해군기지 건설에 찬성하는 것이 당연하고, '마을 주민'으로서 마을공동체와 자연환경을 보존하기 위해 해군기지 건설에 반대하는 것은 옳지 않다는 견해를 견지하였다. 국가안보 이데올로기가 지역 주민의 '생활세계를 식민화'[42]한 것이다. 학교 안팎의 시민교육에서 마을공동체 전통에 기반한 '지역사회 시민'은 무시되었다.[43] 앞으로는 토지를 기반으로 생활세계 안에서 오랜 세월에 걸쳐 내면화한 '토착적 생활방식'을 지역주민에게 '진정으로 유용한 지식(really useful knowledge)'[44]으로 인정해야 한다. 그리고 토착지식을 학교에서 가르치는 '유용한 지식'과 통합하여 해당 지역에 적합하며 보다 구체적인 혼종의 시민성(hybrid citizenship)을 창출해야 할 것이다.

둘째, 우리는 이상적 시민상을 주권자시민, 주민자치시민, 노동자시민, 소비자시민, 여성시민, 장애인시민, 청년시민, 노인시민, 문화예술시민, 환경시민 등에서 부분적으로 찾았다. 그 결과 정치적으로 진보적이고 시민성을 갖춘 남성시민이 여성이나 청년 혹은 노인에 대해 가부장제적 태도를 보이는 경우가 있었다. 사회적 약자의 인권과 소비자 권리를 보호하고 옹호했던 시민이 자연환경이 지닌 '인격적 권리'에 대해 무관심할 때가 있었다. 이제 우리는 시민참여교육을 통해 시민운동의 역사적 발전에서 태어난 부문별 시민을 시민으로서 책임을 다하는 '총체적 시민(holistic citizen)'으로 통합, 승화시켜야 할 것이다. 자유권, 참정권, 사회권을 성인지 감수성 차원에서, 자연환경을 생태인지 감수성 차원에서 재인식하고 실천하는 것이다.

2) 교육내용

우리나라의 시민참여교육은 주민자치교육, 마을만들기교육, 노동자교육, 소비자교육, 여성교육, 장애이해교육, 청년교육, 노인교육, 문화예술교육, 환경교육, 평화교육 등으로 그 영역을 확장해 왔다. 하지만 확장성만이 아니라 혁신성과 통합성을 특징으로 하는 평생교육의 관점에서 볼 때, 우리나라 시민참여교육은 교육내용 면에서 몇 가지 한계와 그 대안이 요구된다.

첫째, 「헌법」 제1조는 우리나라의 정치체제가 '민주공화국'임을 밝혔음에도 불구하고, 학교는 '자유민주주의'가 민주주의의 유일한 모습인 양 '사회민주주의'나 '민주사회주의'와 같은 다른 정치이념을 교육하는 것을 금지하거나 방해하였다. 성장지상주의를 벗어나 조화와 균형, 국민의 민주적 참여로 방향을 전환하는 것이 쉽지 않았다.[45] 앞으로 우리는 「헌법」 제37조[46]에 비추어 국민의 학습권을 「교육기본법」에서 말하는 것보다 훨씬 넓게 보장하고, 시민교육의 내용을 학습자의 삶과 연계하여 더욱 혁신적이고 통합적으로 다뤄야 할 것이다. 학습활동의 자유, 교육선택의 권리, 교육에 관한 결정과정에의 참여권, 지식과 사상 창출의 자유 등 '시민의 학습 주권'을 실질적으로 보장하는 혁신이 필요하다.[47]

둘째, 우리는 대의 민주주의를 민주주의의 전형으로 간주했다. 그러나 전 세계적으로 2/3가 정부의 대표성에 불만을 느끼고 있고, 자유롭고 공정한 선거에 대한 동의가 50% 미만이며, 13%만이 정치인을 신뢰할 뿐이다.[48] 우리나라의 경우도 대통령 선거를 제외하고, 국회의원 선거나 지방선거의 투표율이 그다지 높지 않다. 최근 각종 시위와 집회의 증가로 광장 민주주의의 실효성이 높아가고 참여 민주주의의 제도화에 관심이 커졌다. 이제 시민참여교육에서는 참여 민주주의도 적극 다뤄야 할 것이다.

셋째, 시민운동 단체가 이념적 지향을 지나치게 강조함으로써 시민참여교육 내용이 분절적이고, 시민의 실천력을 충분히 담보하지 못했다.[49] 시민다운 가치관과 태도 형성에 실패했다. 미국의 평생교육 학자인 밥타이스트는 의식화 교육을 넘어 '시민적 책임감'을 강조했다.[50] 잉글리시와 티스델의 표현에 따르면 '사회적 가치와 사회 변혁에 대한 영성'을 키우는 것이다.[51] 신자유주의적 이데올로기와 함께 퍼져가는 '무관심의 세계화'[52]를 시민적 책임감, 사회변혁의 영성으로 전환하는 일이기도 하다.

넷째, 세계화와 기후 변화 등 지구촌이 직면한 도전 속에서 '세계 시민성'과 '지속 가능한 발전을 위한 교육'을 재해석할 필요가 있다. 세계 시민성을 내세워 우리나라 각 지역의 고유의 전통과 역사를 무시하지 말아야 한다. 해당 지역의 문화와 결합하여 '혼종의 시민성(hybrid citizenship)'을 만들 수 있어야 한다.

또 '지속 가능한 발전' 패러다임이 자연에 대한 과학주의적 태도, 기술에 대한 낙관주의, 소비의 정당화, 하나뿐인 지구의 환경수용력 인식 부족 등의 한계를 드러내므로,[53] 책임감 있는 소비와 생산하기, 지구의 다른 존재들과 친밀감 형성하기 등 '지속 가능한 생활방식(sustainable lifestyle)'을 살아가는 '생태시민성' 교육이 요청된다.[54]

3) 교육의 형식과 방법

시민참여교육의 양적 성장은 시민참여교육 형식과 방법에도 변화를 가져왔다. 강의 중심의 전달교육에서 토론, 동아리 활동, 사회조사와 참여연구, 지역사회 참여 등 다양한 형식으로 교육방법의 지평을 넓혔고, 학습자를 '계몽의 대상'에서 '인식의 주체'로 바라보게 되었다. 또 개인만이 아닌 학습동아리, 마을 등 집단 차원의 공동 학습도 등장하였다. 하지만 평생교육 관점에서 바라보면 시민참여교육의 형식과 방법에서 몇 가지 한계와 대안 모색이 필요하다.

첫째, 시민교육을 추진하는 시민사회단체들이 시민을 조직화의 대상으로 보는 경향이 있다. 김창엽과 성낙돈은 1990년대 중후반 '참여연대'의 시민교육 프로그램을 분석하면서, 참여연대가 조직의 목적 달성을 위해 시민들의 의식화보다 조직화를 보다 강조했다고 비판했다.[55] 반면에 평생교육 관점은 '자기주도적 학습자'를 강조한다.[56] 시민참여교육이 한 단계 발전하려면 학습자 시민의 삶과 학습에 대한 진지한 성찰이 요구된다.

둘째, 지방자치단체가 간간이 추진한 몇몇 시민교육 프로그램을 살펴보면, 강좌 중심 운영으로 참여자 개인의 소양 함양에 초점을 둔 경우가 많았다.[57] 하지만 시민성은 상호의존적 인간관계를 전제로 하므로, '나 홀로 학습'보다는 사회적 합의에 기초한 '공동학습'이 요구된다.[58] 〈문탁네트워크〉는 공동학습의 전형을 보여준다. '세미나 시간 칼같이 지키기, 천재지변에 준하는 게 아니라면

결석하면 안 된다. 이해 안 되면 이해될 때까지 읽어라. 세미나 시간에는 텍스트에 집중해야 한다. 반드시 후기와 에세이를 써야 한다' 등의 규칙을 강조하였고, 서로의 글을 읽고 고치는 가운데 '공부가 늘었고', '함께 공부한다'는 짜릿함을 몸으로 느끼고 있었다.[59)]

셋째, 우리나라 시민운동 내부에서 "학습을 통해 참여자 개개인이 성장하지 않는 시민조직은 정체되거나 도태한다."라는 자기반성이 나오기 시작했다.[60)] 시민참여교육에서 한 번 가르치고 중단하는 '일회적 교육'을 경계하고, 학습활동의 연계성과 학습 결과의 지속성을 추구하기 시작한 셈이다. 인간은 이전 활동과 유사한 것을 찾아 자신의 활동을 수평적으로 확장하거나, 자신의 활동체계 안에서 모순을 지양하기 위해 한 단계 높은 활동을 추구한다.[61)] 달리 말해 이전 학습과 현 학습, 미래 학습의 연계망(learning pathway)을 구축해 나간다.[62)]

넷째, 시민참여교육을 지역 내 다른 교육활동과 연계하려는 시도가 부족했다.[63)] 하지만 '일치가 갈등을 이긴다'는 원칙 아래[64)] 시민참여교육과 교양교육, 문화예술교육, 직업능력개발 등의 친교를 증진하여야 한다. 일찍이 황종건이 지역사회교육을 "교사-학생 간의 형식적이고 조직적인 교수-학습의 관계가 아니라 지역사회주민들의 토의, 계획, 실천, 평가 등이 포함되는 일종의 역동적 집단생활 과정"이고, "이와 같은 집단과정을 통하여 주민들은 그들의 새로운 지식과 태도와 기술을 발달시킬 기회를 갖는 동시에 이웃 간의 친교와 협동의 귀중한 경험을 쌓게 되는 것"이라 밝힌 것처럼,[65)] 시민참여교육은 '지역사회기반 시민교육'으로 발전해 나가야 한다.[66)]

4) 교육주체와 제도

시민참여교육에는 학교나 시민사회단체만이 아니라 정부, 기업, 대학 그리고 다양한 공공기관, 국가 조직, 민간단체 등이 관여한다. 특히 2014년 이후 서울을 비롯한 여러 광역 및 기초자치단체들이 민주시민교육 조례를 제정한 이래 민주시민교육, 여성교육, 인권교육, 평화교육, 환경교육, 자원봉사교육 등이 양적으로 크게 확대되었다. 정부와 공공기관 주도의 위로부터의 시민교육과 시민사회단체나 마을 단위의 아래로부터의 시민교육이 함께 성장할 수 있었다.

하지만 우리나라의 직업훈련이나 인문교양 혹은 문화예술교육 등에 비하면, 시민참여교육은 그 규모나 체계화 측면에서 아직도 미흡한 수준이다. 독일, 프랑스, 스웨덴, 미국, 영국 등 '시민교육 선행지역'에 비하면 국가적 차원의 제도화가 더딘 현실이다.[67] 1997년 15대 국회에서 발의된 민주시민교육지원법(안)이 아직까지 제정되지 못했다. 시민사회단체들은 '촛불혁명'의 여세를 몰아 2018년 전국민주시민교육네트워크(준)를 조직하였고, 전국적 민주시민교육 네트워크 구축 및 강화, 전국 단위 공동의 민주시민교육 및 프로그램 추진, 민주시민교육 제도화 확산, 민주시민교육 추진원칙에 대한 사회적 합의 도출, 민주시민교육 자료구축 및 정보공유, 콘텐츠 개발 등의 사업을 제안했다.[68] 2019년에는 민주화운동기념사업회, 바르게살기운동중앙협의회, 새마을운동중앙회, 전국민주시민교육네트워크, 한국자유총연맹 등 진보와 보수단체가 '2019 민주시민교육 사회적 합의문'을 발표했다. 합의문은 '민주시민교육의 필요성' '민주시민교육의 원칙'을 담아 한국형 보이텔스바흐 합의라 할 만하다.[69]

일부 지방자치단체가 민주시민교육 조례를 제정하고 다양한 시민교육 프로그램을 운영한 것은 매우 값진 것이었다. 다만 지역사회 안에서 보수와 진보, 좌와 우의 심각한 대립을 공론화하지 못한 채, 특정 정치세력이 민주시민교육을 일방적으로 주도하는 것은 위험하다. 지방자치단체의 리더십 교체에 대비하여, 시민사회단체는 정치세력에 대한 의존을 줄이고 독자적으로 혹은 민관 협치를 통해 시민교육을 지속할 수 있는 자생력을 키워야 할 것이다.

1) 임혁백(1993). 민주화 시대의 국가－시민사회 관계의 틀 모색－국가, 시장, 민주주의. 최장집·임현진(공편). 시민사회의 도전: 한국 민주화와 국가, 자본(pp. 77-106). 나남.
2) 오문환(1999). 시민사회의 사상: 시민정부, 부르조아, 공공영역. 이신행 외(편). 시민사회운동: 이론적 배경과 국제적 사례(pp.17-45). 법문사.
3) Gramsci, A. (Hoare, Q. & Smith, G. N. Eds. 1971). *Selections from the Prison Notebooks of Antonio Gramsci(SPN)*. International Publishers.
4) 위르겐 하버마스 지음. 한승완 옮김(2001). 공론장의 구조변동: 부르조아 사회의 한 범주에 관한 연구. 나남출판.
5) 김민호(2002). 시민사회 주도의 지역 평생학습문화 형성 방안. 평생교육학연구, 8(1), 21-40.
6) 데릭 히터 지음. 김해성 옮김(2007). 시민교육의 역사. 한울아카데미.
7) Kymlicka, W. & Norman, W.(1995). Return of the citizen: A survey of recent work on citizenship theory. *Ethics, 104*(2), 352-381.
8) 변종헌(2014). 시민교육의 성찰. 제주대학교출판부, 129.
9) Schugurensky, D. (2010). Citizenship learning for and through participatory democracy. In E. Pinnington, & D. Schugurensky (Eds.). *Learning citizenship by practicing democracy: International initiatives and perspectives*(pp.1-17). Cambridge Scholars Publishing.
10) Marshall, T. H. (1950). *Citizenship and social class and other essays*. Cambridge University Press.
11) Johnston, R.(2006). Adult learning for citizenship, In Jarvis, P.(Ed.). *From adult education to learning societies*(pp.408-428). Routledge,
12) Lister, R. (1998). Citizen in action: Citizenship and community development in a Nothern Ireland context. *Community Development Journal, 33*, 226-235.
13) Johnston, R.(2006). 앞의 글.
14) Westtheimer, J & Khane, J.(2004). What kind of citizen?: The politics of education for democracy, In K. Mundel and D. Schugruensky (Eds.). *Lifelong citizenship learning, participatory democracy and social change*(pp. 67-90). Transformative Learning Centre, OISE/UT.
15) 김항원(2009). 민주시민교육의 이해와 방법. 도서출판 온누리; 신두철·허영식(2008). 민주시민교육의 정석. 도서출판 오름; 유명철(2007). 민주시민교육론. 교육과학사.
16) 최장집(2010). 민주화 이후의 민주주의(개정 2판). 후마니타스.
17) 강대현(2006). 한국 시민사회와 시민교육. 한국학술정보; 김진화(2012). 평생교육 프로그램 개발론. 교육과학사; 신두철·허영식(2008). 앞의 책.
18) 경기도평생학습포털 GSEEK 온라인학습 홈페이지. https://www.gseek.kr/member/rl/main.do
19) 세종특별자치시 인재육성평생교육진흥원 홈페이지.

https://www.sjhle.or.kr/dms/contents/dms/header/02/content.02.01.motion?mnucd=MENU0100077

20) 수원시평생학습관 홈페이지 http://learning.suwon.go.kr
21) (사)시민운동정보센터, 경희대학교 공공대학원(2017). 한국시민사회연감 2017.
22) 서울시마을공동체종합지원센터 마을자치실 연구설계팀(2018). 마을을 움직이는 주민자치 이야기(2018년 서울형 주민자치회 사례집). 서울시마을공동체종합지원센터.
23) 서울특별시평생교육진흥원(2019). 보도자료. 서울자유시민대학, 지자체 최초 명예시민학사 381명 배출‥14일 학위수여식 (2019.3.14.)
24) 문탁네트워크(편)(2013). 공부, 요~물! 들었다, 놨다, 들었다, 놨다. (2013 문탁네트워크 인문학축제 자료집). 문탁네트워크.
25) 강우일 주교(2020). 2020년 사순절 사목서한 (2020.2.26.).
26) 대한민국 법원(2022). 2022 사법연감(2021.1~2021.12).
27) 김병수(2018). 배심원 교육을 통한 공정한 국민참여재판의 실현. 부산대학교 법학연구, 59(3), 35-63.
28) 기획재정부 국민참여예산 홈페이지. https://www.mybudget.go.kr
29) 경기도평생학습포털 GSEEK 온라인학습 홈페이지.
30) 기획재정부 국민참여예산 홈페이지. https://www.mybudget.go.kr
31) 서울특별시 평생학습포털 서울런 4050 홈페이지. https://sll.seoul.go.kr/main/MainView.do
32) 행정안전부 홈페이지. https://www.mois.go.kr/frt/bbs/type001/commonSelectBoardArticle.do?bbsId=BBSMSTR_000000000050&nttId=90750
33) 위 출처.
34) 위 출처.
35) 명종원(2023). 24년간 단 1건 제정---주민이 모르는 '주민조례청구제' "주민조례청구 활성화, 기준 완화보다 자치화 참여 유도를" (경인일보, 2023.3.1. 기사).
36) 중앙선거관리위원회 홈페이지. https://www.nec.go.kr/site/nec/main.do
37) 김민호(2021). 평생교육 관점에서 바라본 시민교육의 과제: 확장에서 혁신과 통합으로. 교육학연구, 59(5), 387-416에서 부분 발췌하여 수정함.
38) 박현규(2015). 현장의 목소리로 들어본 시민교육. 수원시평생학습관(편). 패러다임의 전환: 일상에 만나는 시민교육 (pp.27-42). 수원시평생학습관.
39) 김미란(2015). 시민교육, 어디까지 해봤니?: 시민교육의 다양한 스펙트럼. 수원시평생학습관(편). 패러다임의 전환: 일상에 만나는 시민교육 (pp.67-77). 수원시평생학습관.
40) 정성원(2015). 시민교육, 변화의 조건을 구축하자. 수원시평생학습관(편). 패러다임의 전환: 일상에 만나는 시민교육 (pp.81-97). 수원시평생학습관.
41) 설규주(2000). 세계화, 지방화 시대의 시민교육. 석사학위논문, 서울대학교. Whitman, R. (2007). Civic education in two worlds: Contestation and conflict over the civic in school

and community on the Spokane Indian Reservation. In E. D. Stevick & B. A. U. Levinson(Eds.). *Reimagining civic education: How diverse societies form democratic citizens* (pp.19-44). Rowman & Littlefield Publishers.

42) 위르겐 하버마스 지음. 한승완 옮김(2001). 앞의 책.

43) 김민호(2014). 지역개발 반대 운동에 참여한 지역주민의 시민성 학습: 밀양 송전탑과 강정 해군기지 반대 운동 사례. 평생교육학연구, 20(4), 1-30.

44) Johnson, R. (1983). 'Really useful knowledge': radical education and working-class culture, 1790-1848. In M. Tight(Eds.). *Education for adults. vol. II: educational opportunities for adults* (pp. 20-38). Croom Helm.

45) 황종건(1982). 한국의 사회교육. 교육과학사. 16.

46) 헌법 제37조 ① 국민의 자유와 권리는 「헌법」에 열거되지 아니한 이유로 경시되지 아니한다. ② 국민의 모든 자유와 권리는 국가안전보장・질서유지 또는 공공복리를 위하여 필요한 경우에 한하여 법률로써 제한할 수 있으며, 제한하는 경우에도 자유의 권리와 본질적인 내용을 침해할 수 없다.

47) 김신일(2020). 학습사회. 학이시습. 290.

48) Schugurensky(2010). 앞의 책. 6.

49) 김창엽, 성낙돈(2006). 시민단체 시민교육의 성격에 관한 연구: '참여연대' 사례(1995년~1999년)를 중심으로. 평생교육학연구, 12(3), 97-123.

50) Baptiste, I. (2006). Beyond lifelong learning: a call to civically responsible. In P. Jarvis(Ed.). *From adult education to the learning society* (pp.429-439). Routledge.

51) English, L. M. & Tisdell, E. (2010). Spirituality and adult education. In C. E. Kasworm, A. D. Rose & J. M. Ross-Gordon(Eds.). *Handbook of adult and continuing education (2010 edition)* (pp.285-293). SAGE Publications.

52) 프란치스코 교황(2014). 복음의 기쁨. 한국천주교중앙협의회.

53) Breidlid, A. (2013). *Education, Indigenous Knowledges, and Development in the Global South: Contesting Knowledges for a Sustainable Future.* Taylor & Francis; 헬레나 노르버그 호지 지음. 양희승 옮김(2007). 오래된 미래: 라다크로부터 배우다. 중앙books.

54) 토마스 베리 지음. 이영숙 옮김(2009). 토마스 베리의 위대한 과업; 대화문화아카데미・프란치스코 교황(2015). 찬미받으소서. 한국천주교주교회의.

55) 김창엽・성낙돈(2006). 앞의 논문.

56) 김신일(2020). 앞의 책. 109.

57) 성남시평생학습과(2019). 2019년 민주시민교육 운영 계획. 성남시 홈페이지에서 인출. 충청남도평생교육진흥원 홈페이지. 2018년 충남 평생학습 포럼 최종 운영 결과 보고.

58) 김신일(2020). 앞의 책; 진보교육연구소 비고츠키교육학실천연구모임(2015). 관계의 교육학. 살림터.

59) 이희경(2013). 문탁 네트워크와 공부. 문탁네트워크(편). 공부, 요~물! 들었다, 놨다, 들었다, 놨다. 2013 문탁네트워크 인문학축제 자료집 (pp.8-11). 문탁네트워크.

60) 이필구(2018). 민주시민교육과 영역별 교육. 민주화운동기념사업회(편). 광장에서 일상으로, 지역에서 전국으로. 전국민주시민교육네트워크 구성을 위한 전국 민주시민교육 토론회 자료집 (pp.7-12). (2018년 9월 4일. 청년문화공간 JU 동교동 3층 바실리홀).

61) Engeström, Y. (1999). Activity theory and individual and social transformation. In Y. Engeström, R. Miettinen, & R-L, Punamäki (Eds.). *Perspectives on activity theory* (pp.19-38). Cambridge University Press.

62) McGivney, V. (1999). *Informal learning in the community: a trigger for change and development*. NIACE.

63) 교육부국가평생교육진흥원(2020). 시민참여교육. 2019 평생교육백서 (pp.215-221). 교육부국가평생교육진흥원.

64) 프란치스코 교황(2014). 앞의 책. 176-177.

65) 황종건(1982). 앞의 책. 19.

66) 김민호(2011). 지역사회기반 시민교육의 필요성과 개념적 조건. 평생교육학연구, 17(3), 193-221.

67) 한국민주주의연구소(2016). 시민사회의 시민교육 체계 구축과정 연구: 독일, 프랑스, 스웨덴, 미국, 영국을 중심으로. 민주화운동기념사업회.

68) 전국민주시민교육네트워크(준)(2018). 전국민주시민교육네트워크 출범선언문(안). 더 나은 민주주의를 위한 큰 걸음. 전국민주시민교육네트워크 출범식 자료집 (pp.29-31) (2018년 11월 22일, 세종문화회관 예인홀).

69) 박정연(2019). 민주시민교육, 사회적 합의로 가는 길. 오마이뉴스 2019년 12월 18일 기사.

제10장

인문 · 예술교육

1. 평생학습의 토대로서 인문교양교육의 개념

인문교양교육(Liberal Arts Education) 전통은 자유교육적 정신을 바탕으로 서양의 교육사에 상당한 영향력을 가지면서 전개되어 왔다. 인문교양교육의 정신은 바로 이 '자유(liberal)'로부터 발원하는데, 여기서 자유(liberal)는 (1) 노동으로부터의 자유, 노동으로부터의 자유인, (2) 여가를 지닌 자유인에게 적합한 교육, (3) 일반교육, 교양교육(직업 전문교육이 아닌)의 의미이다.[1] 이에 토대한 자유로운 사고와 비판적 정신을 함양하는 교육에서 비롯된 인문교양교육은 고대 그리스 이후 중세기를 거치며 소위 7자유교과를 구성하는 3학(Trivium: 논리, 수사, 문법)과 4과(Quadrivium: 산술, 기하, 천문, 음악)를 통해 구체적인 지식체계로 정착되고, 르네상스 인문주의와 더불어 3학은 역사, 철학, 문학으로 개편되었다.[2] 이 교육과정은 인간이 인간다운 삶을 영위하기 위한 기본적이며 토대적인 필수 교육을 의미하는 것으로서, 이에 의하면 인문교양은 특수목적학문이나 응용학문이 아닌 기초학문 분야를 포괄하게 되는 동시에, 이것이 인문교양교육의 본원적 내용을 구성하게 된다. 이와 같은 7자유교과는 중세 대학 커리큘럼의 기초가 되어 근대 대학체제를 거쳐 오늘날 대학의 인문교양교육에까지 이어지고 있다.[3] 이와 같은 맥락에서 오늘날의 인문교양교육의 개념은 자유로운 탐구의 정신과 비판적 사고력을 함양하는 교육으로서 기술과 기능이 강조되는 전문교육이나 세속적 직업교육과는 구별되며, 인간의 정신을 자유롭게 하는 교육활동의 이상이 그 개념 안에 담겨 있다.[4)]

평생교육 부문에서도 초창기 성인교육은 주로 인문교양교육을 지칭하는 것이었으며, 직업 영역이나 전문가 교육은 그 중심 논의에서 제외되었다. 2023년 6월에 일부개정된 「평생교육법」에서는 평생교육 영역을 7가지로 구분하는데, 그중에서 인문교양교육은 평생교육의 중추적 역할을 수행하는 핵심영역이다. 「평생교육법」은 인문교양교육에 대한 공식적인 정의를 내리고 있지 않지만, 본 영역에 대한 정의는 국가평생교육진흥원 「평생교육프로그램 분류체계 연구」에 기반한다.[5)] 이 연구에서 인문교양교육은 교양 확장 및 소양개발을 목적으로 하는 영역으로, 특정 직업에 필요한 전문지식 및 기술 획득을 위한 학습보다는 교양을 갖춘 현대인으로서 전인적인 성품과 다양한 소양을 개발하고 신체적·정신적 건강을 겸비할 수 있도록 지원하는 평생교육을 의미한다.[6)] 교육부와 한국교육개발원에서 매년 실시하는 「평생교육통계조사」(통계청 승인 제334006호)도 본 정의를 적용하여 데이터를 수집·관리하고 있다. 구체적으로 인문교양교육 영역을 구성하는 하위 영역은 다음의 세 영역으로 구분된다.[7)] 첫째는 건강심성 프로그램 부문으로, 현대사회에서 건강한 삶과 생활을 위한 심리적 안정을 촉진하고, 신체 건강에 필요한 활동과 체험을 체계적으로 지원하고 인증하는 프로그램이다. 이 영역에는 상담치료, 종교교육, 식생활교육, 생활의료교육, 보건교육 등이 포함된다. 둘째는 기능적 소양 프로그램 부문으로, 일상생활의 적절한 역할수행과 현대인이 갖추어야 할 다양한 소양과 관련된 기능적 자질 및 능력을 개발하며 실천하도록 지원·인증하는 프로그램이다. 이 영역에는 역할수행교육, 예절교육, 정보인터넷활용, 생활외국어, 가정생활, 생활한자 등이 포함된다. 셋째는 인문학적 교양 프로그램 부문으로, 전인적 품성과 지혜를 갖춘 현대인으로서 인문학적 교양과 상식을 확장하며, 문학·역사·철학과 관련된 체험과 활동을 체계적으로 지원하고 인증하는 프로그램이다. 이 영역에는 일반문학강좌, 과학일반강좌, 역사 · 전통강좌, 철학 · 행복학강좌, 독서강좌 등이 포함된다.

2. 평생학습 맥락에서 인문교양교육의 새로운 맥락화

인문교양교육의 전통은 그간 성인교육, 사회교육 분야에서 중심적인 역할을 차지하였다. 서구에서의 인문교양교육이 대학의 성장과 궤적을 같이하면서 학문과 교육의 핵심으로 발전해 왔다고 한다면, 이와 함께 대학확장교육, 노동자대학, 리시움(Lyceum), 슈타쿠아(Chautauqua) 운동 등은 대중과 함께 인문교양교육의 전통을 만들어가는 중요한 기점이 되었다. 이를 계기로 인문교양(Liberal Arts)의 중심이 되는 문학, 역사, 철학, 예술 등의 전문적인 커리큘럼이 체계적으로 성인교육 영역 안에 들어오게 된다. 유럽과 북미의 성인교육의 발전사는 결국 대중에 의한 인문교양교육의 비형식적, 실천적 확장이라는 차원에서 이해될 수 있으며, 이 과정에서 성인교육에 터한 인문교양교육의 흐름이 학문적 헤게모니를 극복하고 사회 변혁의 단초를 제공했다.[8)] 이와 같은 인문교양교육의 전통은 2000년대 이후 한국사회 맥락에서 새로운 맥락과 흐름을 형성하며 재탄생한다. 시민의 자생적 열기를 대상으로 하는 시민아카데미부터 기업이 참여하는 인문학 프로그램, 교육기회로부터 소외된 계층(노숙인, 재소자, 저소득층, 장애인 등)을 위한 인문교육 및 지방자치단체 · 공공기관에서 진행하는 인문교양강좌까지, 여기에 정부가 주도하는 인문학 대중화 사업까지 더하면서 평생교육 맥락에서 대중을 대상으로 하는 인문교양교육의 현장은 중층적으로 전개되고 있다.[9)] 이와 관련해서 지금까지의 주요 맥락과 흐름을 구성하면 다음과 같다.

1) 대중인문교육의 부상과 조직화

평생학습 맥락에서 대중을 대상으로 하는 인문교양교육이 새로운 맥락에서 조명되기 시작한 기점은 2000년대 중반 실천인문학자들의 활동이 본격화되면서부터이다.[10] 당시 제도권을 벗어난 비형식교육 맥락에서 대학 수준의 전문적 연구와 교육을 수행하는 대안 인문공동체 공간들이 자생적으로 형성되기 시작하였다. 제도권 안의 인문학 교육에 한계를 느낀 실천인문학자들이 대중인문학교육 공간을 중심으로 연대하면서 대안적인 삶과 공동체를 지향하는 하나의 롤모델을 제시하였다. 초기 대중인문교육을 주도한 실천인문학자들은 기존의 전통적 인문학과 구분하는 의미에서 '실천인문학, 현장인문학, 시민인문학, 거리인문학, 평화인문학, 희망의 인문학' 등으로 불렀다.[11] 이 가운데 '실천인문학'은 이들이 추구하는 대중인문교육의 성격을 가장 잘 보여주는 용어라고 할 수 있다. 실천인문학 공간에서의 교육-학습을 분석한 초기 연구에 따르면, 실천인문학자들의 대안적인 교육실험은 학문적 전문성이 희생되는 것이 아니라 오히려 인문학이 가장 활발하게 작동할 수 있는 좋은 밭을 찾아간 것이고, 학문과 삶을 서로 엮어 직조해내는 과정이 다름 아닌 교육의 과정이라는 점을 분명히 했다. 그리고 그와 같은 활동을 전개해나가는 것이 실천인문학과 대중인문교육 간의 관계라고 설명했다.

이후 2007년을 전후하여 얼 쇼리스(Earl Shoris)의 『희망의 인문학』이 우리 사회에 소개되면서 다양한 '현장'과 접속하는 '현장인문학'이 등장했다. 2006년 클레멘트 코스(Clemente Course)를 처음으로 한국에 적용하여 시작된 성프란시스 대학은 노숙자를 대상으로 한 인문학 강좌라는 사실만으로도 많은 화제를 불러일으켰다.[12] 이러한 강좌들은 이후 전국 각지에 퍼져 나가기 시작했는데, 우리 사회의 다양한 사회적 약자 집단들(노숙인, 교도소 재소자, 북한이탈주민,

저소득층, 탈성매매 여성, 장애인 등)과의 소통을 시도하였다. 사회적 약자 집단의 인문학 학습에 주목한 몇몇 연구들은 이 같은 '현장'에서의 인문학 교육을 매개로 이들이 타자적, 수동적 위치에서 벗어나 주체성과 능동성을 발견하고 의미화하는 과정을 추적하였다.[13] 이들 연구를 매개로 대중인문교육의 소통공간은 다양한 주체들이 그들의 목소리를 가지고 한데 어울릴 수 있는 '광장'으로, 또한 새로운 실천의 판을 만들어나가는 '현장'으로 조명되었다. 이들에 대한 교육실천은 실제적인 삶터에서 '자발성'과 '현장성'을 토대로 하는 것이었고, 이는 민간 주도의 인문단체를 중심으로 한 대중적 소통과 실천방식이었다는 점에 주목할 필요가 있다.

2) 대중인문교육의 제도화

2010년을 전후하여 대중인문교육의 확산은 지금까지와는 그 결을 달리하는 방향에서 새롭게 재편되었다. 가장 큰 변화는 대학 밖에서 전개되는 대안인문학 운동이 활성화되면서 국가 주도의 인문학을 대중화하는 작업으로 이어졌다는 것이다. 2006년부터 국가가 주도하는 인문학 진흥정책의 일환으로 인문학 대중화 프로젝트가 본격화되면서, 사회 전반에 인문학 프로그램이 폭발적으로 증가하게 된다. 인문학 대중화 사업은 교육부와 문화체육관광부 주도로 진행되었다. 먼저 교육부는 2007년부터 〈인문학 대중화 사업〉을 본격화하였고, 문화체육관광부는 지역 공공도서관과 박물관을 중심으로 하는 〈길 위의 인문학〉 프로그램을 2013년부터 시행하였다. 국가와 공공기관이 주도하는 대중인문학 강좌는 사회 전반에 막강한 영향력을 행사하면서 다양한 효과를 발하였는데, 이에 대한 영향관계를 추적하는 연구들도 이즈음부터 생산되기 시작하였다.[14] 정부 주도의 인문학 대중화 사업이 확대되면서 2000년대 후반 지방자치단체 또한 대중인문학 강좌에 대한 지원사업을 활발히 추진하였다. 평생학습도시를 중심으로 하는 지역 평생교육 현장에서는 다양한 대상(청소년, 지역주민, 경력단절여성, 노인, 장애인, 직장인 등)과 소통하는 인문교양교육 사업을 지속적으로 전개하고 있다. 이에 따른 영향으로 지역 평생교육기관에서의 인문교양강좌 역시 2010년을 전후해서 크게 확대되었다.

이처럼 2000년대 이후 국가와 제도권 밖에서 전개되는 대안적인 대중인문교육이 등장하였지만, 여기에는 몇 가지 핵심적인 변화가 덧붙여졌다. 국가 및 지방자치단체는 시민을 대상으로 하는 인문교육에 대한 재정지원 사업들을 벌여 나가게 되었고, 공공영역에서의 열기와 함께 민간영역에서의 다양한 평생교육기관뿐 아니라 인문학의 자본적 가치, 즉 인문적 사유의 기술융합적이고 문화자본적인 가치 생산기제에 대한 관심이 증대하면서 대학 및 기업이 주체가 되는 CEO인문학, 기업인문학 강좌 등도 본격적으로 주목받기 시작했다. 적어도 이런 변화는 2000년대 이전 한국 사회에는 존재하지 않던 현상이며, 특히 대중인문교육이라는 차원에서는 매우 새로운 변화라고 말할 수 있다.[15)]

3) 대중인문교육의 비즈니스화

마지막으로 최근 부각되고 있는 현상 하나를 추가하자면, 텔레비전 방송을 포함하여 인문교양교육의 새로운 공급지형을 구축하고 있는 인포테인먼트(information+entertainment) 지식생태계로서의 미디어 영역이다. 대표적으로 TV 방송을 포함한 다양한 미디어 영역에서 인문교양 프로그램의 활발한 기획과 공급이 이루어지고 있으며, 그 영향력은 출판계, 문화계, 대중교육시장 전반으로 파급되고 있다.[16)] 이러한 흐름 가운데 가장 활발한 기획과 공급이 이루어지고 있는 곳 중의 하나가 바로 방송계인데, 인문교양적 소재와 시각을 선택적으로 녹여낸 이른바 “교양예능”, “인문예능”으로 혼종화된 장르는 하나의 트렌드로 자리 잡았을 뿐 아니라, 일시적인 유행을 넘어 하나의 문화·사회적 현상으로

자리매김했다.[17] 교양/시사적 요소와 오락/예능적 요소 간의 경계를 해체하고 등장한 소위 “예능인문학”을 중심으로, “실용인문학”, “소프트인문학”, “지식소매상”, “인포테이너(infotainer)”, “렉처테인먼트” 등과 같은 신조어를 탄생시키며 대중인문학 지형의 틈새를 확장하고 있다.[18]

인문 엔터테이닝의 한 부분으로 이와 같은 방송 매체가 대규모로 생산해내는 이른바 ‘교양예능’ 프로그램에 주목하는 이유는, 이것이 학교 밖 대중문화학습의 맥락에서 교양지식을 적극적으로 활용·매개하고 전유하는 교양·교육적 기능을 수행하고 있을 뿐 아니라, ‘교양’과 ‘교육’에 대한 대중의 의식, 성향 및 욕망 그리고 사회문화적인 상징과 의미를 특정한 교직으로 엮어내는 재현의 통로가 되고 있기 때문이다. 물론 그 전에도 TV 교양 프로그램이 없는 것은 아니었다. 하지만 최근의 양상은 이전과는 전혀 다른 구성의 ‘교양적 차원’을 보여주며, 그 안에는 혼성적·융합적·창발적 다양성을 보여주는 새로운 시도들이 접맥되고 있다. 기존 인문교양 프로그램이 주로 다수의 대중에게 인문교양 지식과 정보를 독점적으로 발신하는 공론장 구조의 형식을 이루었다면, 2000년대 들어서면서 정보의 전달에 오락 예능적 요소가 융복합된 인포테인먼트 프로그램을 다양한 형식으로 접합하고 있다. 다시 말해서, 대중문화의 한 특성을 표상하는 사회문화적인 기호로서 ‘교양’과 ‘교육’에 대한 대중적 의미와 사회적 담론을 적극 생산하고 있다. 특히 방송은 평생교육적 기능을 수행하는 중요한 매체일 뿐 아니라, 이를 통한 개인의 의식, 욕망, 관념, 성향, 이데올로기 등을 재생하는 통로가 될 수 있다.[19] 이와 같은 시점에서 한국사회의 평생학습 맥락에서 2000년대 이후 재편되고 있는 대중인문교양교육의 의미와 실체를 파악하고, 그것이 분화되는 메커니즘과 파급하는 영향력에 대해 주목할 필요가 있다.

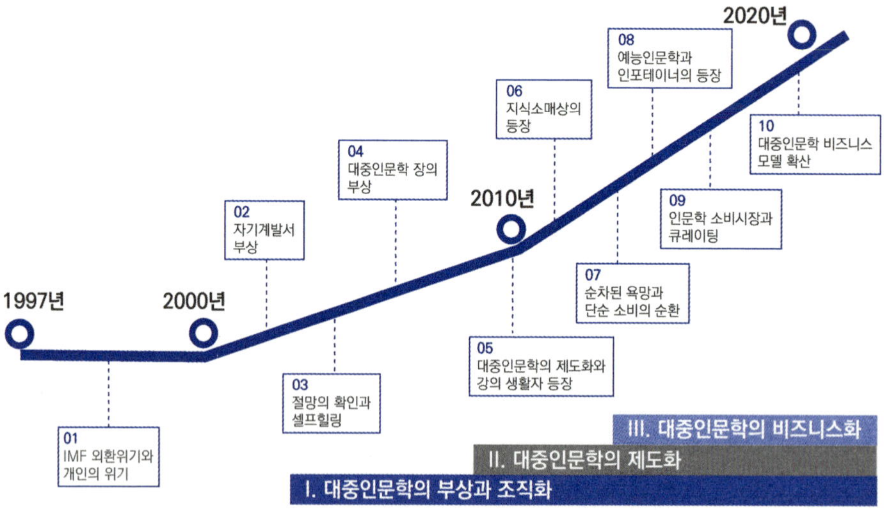

[그림 10-1] 대중인문교양교육의 전개과정에서 나타난 핵심 범주와 특징

출처: 양은아, 2020c: 59.

3. 평생학습 맥락에서 인문교양교육의 재설정

탈산업주의 지식기반사회라는 새로운 맥락에서 인문교양적 사유와 지식체계가 더 이상 가치 있는 지식체계이거나 사유의 방식이 아니라고 속단하기는 이르다. 지식경제와 학습사회로 접어들면서 성인 인문교양교육의 중요성은 줄어들기보다는 오히려 더 늘어나고 있는 추세이다. 최근 지식경제의 특성상 주어진 역할보다는 창의적 업무개발이 요청되고, 명시적 지식보다는 인간의 지성 속에서 구성되는 무한한 잠재 가능성의 가치화가 중시된다. 그런 점에서 인문교양학습은 인간 내면의 삶의 가치를 밖으로 형상화하는 한편, 그 가치를 사회적 생산가치와 연결될 수 있는 핵심역량(key competence)으로 전환하는 가능성을 가지고 있다는 점에 주목한다.

그런 점에서 2000년대 이후 한국사회에서 확산된 대중인문교양 운동은 대학 경계를 넘어 인문학 지식을 대중과 공유하는 다양한 대중화 실험이었고, 기성의 학문 간 경계에 따라 엄격히 구분되던 지식들을 다시 엮어내 새롭게 배치하는 실험이었다. 2000년대 들어 나타난 인문학의 위기 및 그에 대응한 실천적 인문학의 대두는 인문학이 독립적인 지식으로서가 아니라 당시의 IMF 사태를 거치며 경험한 사회적 위기, 예컨대 노숙자, 실업자, 자아상실, 사회정체성 위기 등을 치유할 수 있는 지식활동의 형태로 받아들여지기 시작했다. 이때 '인문학' 혹은 '인문성'은 기존의 철학, 문학 혹은 역사 등의 지식블록들과 전혀 다른 방식의 신선한 아이콘으로 사람들에게 인식되기 시작했다. 동일한 역사였지만 이전의 역사학이 팩트에 관한 것으로 받아들여졌다면, 이제 그것을 포괄하는 인문학이라는 아이콘은 그것이 단지 팩트로서의 역사가 아니라 나의 삶의 한가운데 살아 구성되는 역사로 드러났다.

2010년을 넘어서면서 이런 '인문성'의 아이콘은 이후 사회 온갖 지식체계의 형용사적 형태로 그 혼종성을 구축하면서 그런 각각의 지식체계의 기능과 활용성을 완전히 바꾸어 놓았다. 각박한 경쟁사회에서 경쟁력을 창출하는 자본으로서의 창의력을 신장하는 수단으로, '역량'으로서의 결핍된 지식으로, 지친 삶을 달래주는 '치유'와 '힐링'의 중재자로, '희망'과 '위로'를 상징하는 담지자로, 사회관계에서 필요한 '교양'과 '덕목'으로 수용되었다. 이 같은 실험은 2010년을 전후하여 대중인문학의 공급채널 또한 다양화되면서(정부지원사업 확대, 대중매체의 다각화 등), 지자체, 평생교육기관, 기업, 대학 등 각각의 환경에 맞게 윤색된 인문교양이 대중성을 획득하며 그 영역이 확장되었고, 이제는 방송 프로그램, 유튜브 등 다양한 미디어 영역 전반으로도 파급되고 있다. 대중인문학 열풍의 가세는 너도나도 인문학을 '공부'하는 시대를 조성했다. 하지만 그 이면에서 대중인문학 열풍 속에 가려진 인문학의 과잉소비를 비판하는 시각 또한 부상하고 있다.

인문교양은 인간의 삶의 가장 기초를 이루는 "능력"이다. 현상보다는 근본이 무엇인가를 탐구하는 과정을 통해 로고스를 추구하는 마음과 감각을 균형 있게 발휘할 수 있는 능력이다. 여기에서 '능력'이라고 말한 까닭은 결코 교양은 지식의 덩어리가 아니라는 점을 강조하기 위함이며, 교양은 어떠한 형태로든 인간의 아름다움과 품위, 인간미와 사랑 등으로 드러나는 행동적 차원의 인간성이라고 보기 때문이다. 대중을 대상으로 하는 인문교양교육은 단지 인문예술 '지식'을 공급하는 것을 목적으로 하지 않는다. 오히려 교양이란 그러한 지식을 소재로 하여 자신의 삶에 대한 새로운 관점과 의미를 규정하도록 하는 일련의 교육적 과정이라고 할 수 있다. 이러한 차원에서 본다면, 교양은 철학적 지식이기 이전에 교육적 과정이며 하나의 완결된 학습 프로세스이어야 한다. 그런 점에 비추어 볼 때, 자신의 경험과 결합되지 않는 인문교양 지식은 지식이라기보다는 단지 정보에 불과하며, 그런 정보는 이미 수많은 책 속에 담겨 있다. 그런 점에서 인문교양은 결코 취미나 시간 때우기를 위해 배우는 것이 아니다.

교육은 삶을 성찰하고 질문을 던지도록 하는 행위이다. 전문기술은 행위하는 일이고, 인문교양은 그에 대해 질문을 던지도록 하는 일이다. 이 두 가지가 결합하면서 교육이 완성된다. 자신은 자신이 만드는 생산물을 나로 포섭하고, 그렇게 확장된 나를 둘러싼 또 다른 차원의 환경과 마주한다. 교육은 지속적으로 자신을 확장함과 동시에 그런 자신을 성찰하면서 삶의 의미를 묻는다. 교육이 밥을 얻는 일에 그치지 않는 이유이다. 인문교양은 바로 그런 질문을 자신과 세계에 던지게 하는 일이며, 그런 점에서 교육 자체이다. 궁극적으로 인문교양은 '인간이란 누구이며 인간을 이롭게 한다는 것은 도대체 어떤 것인가'에 대한 답을 구하는 과정이다. 인간활동의 가장 종국적인 목적은 인간을 이롭게 하는 것이지만, 그 '인간이란 무엇인가'라는 문제에 답하기는 쉽지 않다. 교육의 상당 부분은 바로 이 질문에 유연하게 답할 수 있는 능력을 기름으로써 사회적 인간활동의 의미를 적합하게 부여하는 능력을 획득하는 것이다. 인문교양은 바로 인간이 인간으로서 존엄성을 느끼고 문명과 사회의 집합성을 개체 안에 담지해 내기 위해 인간 스스로를 규정하고 의미화하는 특별한 종류의 능력을 기르는 과정이라고 할 수 있다. 교양이 한편에서 역량인 건 맞지만, 그 역량은 무엇을 만드는 역량이기보다 본질적으로 삶을 성찰하고 성장하게 만드는 역량이다. 그 점에서 인문교양은 그저 단순한 일반교육 혹은 기초교육을 넘어 다양한 능력을 활성화하는 풀이며 역량의 저수지인 셈이다. 따라서 대중인문교양의 장에서 학습을 통해 교양을 추구하는 삶은 누군가에 의해 훈육되고 종속되는 삶이 아니라 재전유, 왜곡, 변형, 재가공하면서 자신의 삶을 만들어가는 적극적 창조성을 지향하는 것이어야 한다.

인문교양은 삶의 가장 기본이며 근본이 되는 과정이다. 그것은 곧 전문성의 뿌리이며 그 완성을 마감하는 최심급의 능력이라고 할 수 있다. 인문교양의 의미를 상징하는 '자유'와 '통합'은 모든 직무에서의 가장 최고 단계의 직급에게 부과되는 역량이다. 기술훈련은 학습의 목적지가 외적으로 정해진 학습이지만, 인문교양학습은 끝을 알 수 없는 열린 학습이다. 학습의 종착지가 어디가 될지, 그 결과 인간이 어떻게 변화될지 등에 대해 미리 결정할 수 없다. 인문교양은 다양한 교육 가운데 '자유로운 인간성'을 실현하는 과정임과 동시에 '모든 교육이 결국 돌아와야 할 근본'과도 같은 것이다. 인문교양은 끊임없이 나를 재규정하는 과정이며 나를 인간, 사회, 기술 등의 존재성 및 그 안에서 나의 삶이 가지는 의미 안에 재위치시키는 과정에 해당한다. 이것은 사회적 기능성을 증가시키는 과정은 아니지만, 반대로 내면에 대한 성찰 없이는 결코 사회적 기능성의 질적 발전을 기하기는 불가능하다는 기이한 관계성을 갖는다. 이와 같은 관점에서 인문교양은 학교교육만을 통해 완성되지 않는다. 인문교양은 태아에서 무덤까지 평생에 걸친 과제일뿐더러 한 사람의 생애를 적극적으로 의미화해 가는 행위이다. 인간의 인식은 외적으로 주어지거나 어떤 표상을 내면화하는 과정이 아니다. 그것은 환경에 대한 개체의 대응양식을 구성해가는 적극적인 의미화 과정이라고 볼 수 있다. 인문교양이란 자신이 처한 환경의 정체에 대해 의미를 부여하는 한편, 그것과 자신과의 관계를 구성하는 과정이다. 이러한 의식화 과정에서 인문교양은 필연적으로 세계를 묘사하고 패턴화하며 사유양식을 구성하는 필연적 과정이라고 할 수 있다. 환경과 자신에 대한 사유양식이 없다면 인간은 단지 생존을 위해 하루하루를 투쟁해 가는 단순 생명체에 불과하다. 그러나 세계와 자신에 대한 의미화로서의 사유양식이 교양을 통해 부여됨으로써 인간은 비로소 세계를 다양한 의미와 관계망 속에서 인지할 수 있게 된다. 이러한 과정은 생애 전반을 통해 지속적으로 반복된다. 어떤 학습을 우리가 인문교양이라고 이름 붙일 수 있기 위해서는 그 학습이 어떤 지식의 영역을 다루는가보다는 그것이 어떤 차원에서 '교육적 과정'을 만족시키면서 학습되는가에 보다 관심을 기울여야 하는 이유이다.

4. 문화예술교육과 평생학습

1) 문화예술교육의 의미와 평생학습 지향성

2007년에 「평생교육법」의 전부개정과 함께 문화예술교육 분야가 평생교육의 주요 영역으로 설정되면서 이에 대한 관심도 확산되었다. 문화예술교육은 그동안 거점을 두었던 학교, 지역 기반 문화시설을 넘어 평생교육의 포괄적 영역에서 접목되고 있으며, 그 대상도 노인, 장애인, 다문화가족, 북한이탈가족, 군장병, 재소자 등 문화복지라는 새로운 테제로서 인접분야로의 확장을 거듭하고 있다. 여기에 시민들의 문화적 욕구의 상승, 예술의 사회적 실천을 지향하는 공공예술 담론의 확산, 문화예술을 통한 삶의 고양 등 사회적 이슈 및 관심과 맞물리면서 국가적 차원의 문화예술교육 정책 또한 탄력을 받고 있다.

(1) 문화예술교육의 개념

「문화예술교육지원법」 제2조제1호에서는 문화예술교육이란 문화예술 및 문화산업, 문화재를 교육내용으로 하거나 교육과정에 활용하는 교육으로 정의하고 있다. '문화예술교육'이라는 용어는 엄밀히 말하자면, 정책적으로 형성된 개념이다. 문화예술교육은 기존 교육을 비판하고 그에 대한 대안적 형태로 출발했으나, 관련 정책이 비교적 짧은 시간에 수립・추진되면서 '문화', '예술', '교육'이라고 하는 각기 다른 외연과 내포를 지닌 단어들이 조합되었다. 이와 관련해서 각각의 개념이 단순히 합쳐진 의미로 보기보다는 새롭게 설정된 개념으로 보아야 하며, 궁극적으로 문화예술교육에서는 '문화'나 '예술'이 교육의 관점에서 연관되고 통합되어야 한다는 관점이 설득력을 얻고 있다.[20] 문화예술교육이란 문화예술의 내적 원리에 따른 예술적 체험을 통하여 자기를 형성해가는 교육으로 이해할 수 있다는 것이다. 즉, 문화와 예술의 문제가 아니라 문화, 예술과 교육과의 문제가 핵심 문제이며, 결국 교육을 어떻게 이해하고 문화예술과 관련지을 것인가가 가장 중요한 문제라는 것이다.[21] 이에 기반해볼 때 김세훈(2004)은 "문화예술교육은 미적 교육, 문화 다양성 교육, 여가 교육, 매체 교육, 문화적 문해교육 등을 병렬적으로 나열하는 교육이라기보다, 이러한 교육 영역들이 특정한 지향, 곧 개인의 미적, 창의적, 성찰적, 소통적 역량들을 북돋워줌으로써 개인 자신의 발전과 성숙은 물론, 사회적・문화적 성장과 성숙을 이끌어낼 수 있도록 하는 지향 속에 유기적으로 연계된 교육"이라고 규정했다.[22] 양현미(2004)의 설명도 유사하다. 문화예술교육은 장르 중심의 예술교육을 보다 확장하고, 예술을 넘어 문화적 리터러시(cultural literacy)를 길러주는 문화교육을 수용하고 있다는 것이다. 따라서 문화예술교육은 기존의 장르 중심적

예술 이해나 기술 중심의 교육 형태를 벗어나 보다 넓은 인문학적 지평을 확보해야 하며, 예술만을 위한 교육이 아닌 예술과 삶을 통합하는 교육이 되어야 한다는 점을 강조한다.[23] 이러한 맥락에서 문화예술교육은 지식이나 기술 습득에 치우친 교육에 대한 비판적 의지를 담고 있는 용어로서, 기존의 학교교육이나 일반 사교육에서 이루어졌던 예술교육의 한계를 넘어서고자 하는 새로운 문화예술교육 정책의 방향성을 설정하게 된다.

여러 연구들에서 정의한 문화예술교육에 나타나는 내적 원리를 종합해보면, 인문학적 기반에 대한 강조, 예술교육과 문화적 문해교육의 연계 필요성, 문화교육으로서의 예술교육에 대한 강조 등을 통해 자신에 대한 이해, 총체적 발달, 창의성 등 개인의 성장에 대한 원리뿐 아니라, 다양성, 소통, 사회성, 공동체 등 사회적 존재로서의 성장에도 그 목적을 두고 있다. 문화예술의 의미와 내적 특성에 의해 인간이 자신의 존재성을 형성하며 그렇게 형성된 존재성이 현재화되는 과정을 문화예술교육으로 이해하려는 것이다.

(2) 문화예술교육의 평생학습 지향성

문화예술 혹은 문화예술교육의 가치에 대해서는 대체적으로 이분법적 논리가 존재한다. 문화예술교육은 문화, 예술, 교육 간의 관계 설정에 따라 다양한 해석이 가능한 중층적 개념이지만 그 접근방법에 따라 크게 두 가지로 구분해 볼 수 있다. 그 하나는 '문화예술의 교육'이고, 다른 하나는 '문화예술을 통한 교육'이다. 전자의 관점에 따르면 문화예술교육에서의 중심은 '문화예술'에 있게 된다. 그것은 문화예술에 관한 교육활동들이 개별 문화예술의 이론과 실제에 기초하여 이루어지고, 그 결과 문화예술 자체가 교육의 목적이 된다는 의미이다. 후자의 의미로 읽게 되면 문화예술교육의 중심은 '교육'으로 넘어오게 된다. 문화예술을 가르치지만 이는 궁극적으로 문화예술의 내적 원리를 활용하여 교육의 의미와 목표를 구현하고자 하기 때문이다. 즉, 예술이 가지는 본질적인 속성에 대한 강조(내재적 가치)인가, 예술이 도구가 되어 다른 목표를 달성하게 하는 수단으로서의 가치(도구적 가치)인가에 따라 달라지는 것이다.[24] 이 논의는 결국 '문화의 민주화' 및 '문화민주주의'의 논쟁과 그 맥락이 닿아 있다. '문화의 민주화'는 클래식, 발레, 순수미술 등 소위 말하는 엘리트 중심의 고급문화를 대중들에게 확산하는 것이 목표였기 때문에 결과적으로 교양을 기르려는 이유와 그 수단을 가지고 있는 일부의 사람들을 지원하는 결과를 가져왔다. 반면, '문화민주주의'는 문화 다양성을 기반으로 대중들이 문화예술의 창작과 소비에 주체적으로 참여하는 것을 지향한다. 즉, 문화의 민주화가 전문가들에 의해 생산되는 문화예술에 중심을 두었다면, 문화민주주의는 문화시민이 소비뿐만 아니라 문화의 생산에도 직접 참여하는 데 초점을 두고 있다.[25] 그런 점에서 '문화민주주의'는 '단일한 고급문화'를 대중에게 광범위하게 전달하는 일방향의 엘리트주의적 문화정책인 '문화의 민주화'와 달리, 다양한 문화가 공존하는 '문화들의 민주주의'를 지향하는 정책적 접근 방식이라고 할 수 있다.[26]

이와 같은 관점에서 본다면, 평생교육의 맥락에서 문화예술교육을 실천한다고 할 때 한 가지 점은 분명하다. 문화예술교육은 문화예술의 기능 습득이나 지식 이해 그 자체가 일차적 목적이 아니라, 문화예술을 통한 인간의 자기성장을 지향한다는 점이다. 그런 점에서 다양한 문화적 토대를 가진 대중의 문화예술교육은 보다 인문학적 기초 위에 서 있어야 한다는 점이 강조된다. 인간의 자기성장, 자기이해의 틀을 문화라고 본다면, 예술은 이러한 과정으로서의 문화에 대한 체험과 의미를 밖으로 형상화하는 경험이고, 이러한 역사적, 집단적 궤적은 교육의 과정을 통해 학습되고 전승되면서 개인과 사회의 성장 및 발전에 기여한다는 인식에는 폭넓은 공감대가 형성되어 있다. 문화예술이 담지하고 있는 풍부한 경험과 삶의 원천은 인간의 중요한 삶의 양식으로서의 교육행위를 매개로 할 때 현재화될 수 있다.[27] 이러한 관점은 정책적으로도 반영되어 2000년대 이후부터 '문화민주주의'를 본격적으로 표방하게 되며, 평생교육의 맥락을 통해서 광범위하게 확산된다.

개념적으로는 여전히 불분명하지만 우리 삶 속에서는 다양한 경로를 통해 이미 문화예술교육과 평생교육의 장(場)이 만나고 있다. 문화예술교육 정책이 본격화되기 이전부터 문화예술 분야는 다양한 평생교육기관을 통해 많은 학습자들이 참여해 온 영역이다. 2022년 〈한국 성인의 평생학습실태〉 조사에 의하면, 한국 성인의 평생학습 참여율은 28.5%로서 25세 이상 79세 이하 10명 중 2.8명이 평생학습에 참여하고 있다. 이들의 주제 영역별 참여율을 살펴보면, 직업능력향상교육(13.8%) 다음으로 문화예술스포츠교육(11.3%)에 대한 참여가 높았다. 그러나 교육 참여시간으로 환산하면 문화예술스포츠교육이 102시간으로 가장 많았고, 그 다음으로 직업능력향상교육이 68시간으로 나타났다.[28] 실제 「문화예술교육지원법」 제3조 2항에서도 "모든 국민은 나이, 성별, 장애, 사회적 신분, 경제적 여건, 신체적 조건, 거주지역 등에 관계없이 자신의 관심과 적성에 따라 평생에 걸쳐 문화예술을 체계적으로 학습하고 교육받을 수 있는 기회를 균등하게 보장받는다"라고 정의하며 평생교육의 가치와 맥락을 직접적으로 추구하고 있다. 문화예술교육 연구자들 역시도 "모든 사람을 위한 문화예술의 평생교육"을 강조하며 전 생애에 걸쳐 사회의 다양한 부문에서 접속할 수 있어야 함을 강조하고 있다.[29] 2000년대 초반 시작되었던 문화예술교육이 복지적 성격에서 출발했다면, 2010년 이후부터는 평생교육의 가치를 전면화하며 누구나 문화예술을 일상에서 향유하는 능력과 함께 그러한 가치들을 삶 속에 통합할 수 있는 교육이 궁극적인 지향점으로 설정되고 있다.

5. 문화예술교육 정책기조의 변화: 시민문화권의 보장과 평생학습 가치의 확대

문화예술교육 정책은 대표적인 부처 협력사례로서 공급자, 즉 예술 창작자 중심에서 문화예술을 향유하는 수요자 중심으로 지원의 비중을 높인 대표적인 정책이다. 지난 10여 년 동안 문화예술교육정책은 법, 정책체계, 자원, 수혜자 규모 등의 측면에서 지속적으로 성장해왔다. 2000년대 중반 이후 중앙정부 차원에 문화예술교육을 전담하는 과가 신설되고(2004년, 문화관광부 '문화예술교육과' 설치), 문화예술교육 진흥을 담당할 기관이 설립되며(2005년 한국문화예술교육진흥원 설치), 같은 해에 이를 법적으로 지원할 「문화예술교육지원법」이 제정・시행되면서 법적, 제도적 기반을 갖추게 되었다. 문화예술교육에 대한 최근의 경향은 정부 영역을 중심으로 시작되었지만 점차 전 사회 영역으로 파급되고 있다. 다음은 평생학습 맥락에서 문화예술교육 확산에 크게 기여한 정책 흐름과 관련해서 특히 2000년 이후 전개된 주요 정책과 사업의 추진 및 성과, 관련 법규의 제정 및 시행 등을 중심으로 검토한다.

1) 문화예술교육 정책의 형성 및 기반 조성 단계(1980~2005)

우리나라에서 문화예술교육에 대한 정책적 관심은 1980년대 문화정책의 대상이 전문예술가에서 전 국민으로 확대되면서 나타나기 시작했다. 문화예술교육이 평생교육의 관점에서 국민들의 문화복지를 구성하는 주요 요소로 인식되었기 때문이다. 이에 따라 1987년부터 문화예술진흥기금 자원으로 문화예술 사회교육활동 지원 사업이 시행되었으며, 1991년 5월부터 '한국 문화학교' 사업이 시작되었다. 1995년 12월에는 「문화예술진흥법」 제14조에 문화강좌 설치에 관한 사항이 제정되어 문화학교 설치근거가 마련되었는데, 이 법에서는 문화교육의 목적을 국민이 높은 문화예술을 누리도록 지원하는 문화복지 차원에서 규정하고 있다. 1990년대는 국민들의 문화학습 욕구가 커지고, 공공문화시설의 문화교육 프로그램이 확대되면서 평생문화교육 사업이 추진되기 시작하였다. 1996년에는 문화복지가 중요한 문화정책 이념으로 부각되면서 '평생문화교육'에 대한 정책적 관심 또한 확대되었다.[30)]

그러나 무엇보다 지금처럼 문화예술교육 정책이 독립된 문화정책 영역으로 중요하게 부각된 기점은 2003년이다. 총리실 산하 인적자원개발회의에서 문화체육관광부(이하 문체부)는 교육부와 공동으로 〈문화예술교육 활성화 공동사업 추진계획〉을 상정하면서 본격적인 시동을 걸었다. 뒤이어 2004년에 〈문화예술교육 활성화 종합계획〉이 수립·추진되었고, 이를 토대로 2005년 2월에는 한국문화예술교육진흥원이 설립되었으며, 2005년 12월에는 「문화예술교육지원법」이 제정됨으로써 문화예술교육을 위한 제도적 기반이 갖추어졌다.[31)] 「문화예술교육지원법」은 문화예술교육의 목적과 관련 용어 및 기본 원칙을 규정하고 있고, 총 5장 34조와 부칙으로 구성되어 있다. 이 법에서 중요한 것은 모든 국민은 나이, 성별, 장애, 경제적 여건, 거주지역 등에 관계없이 평생에 걸쳐 문화예술을 학습하고 교육받을 기회를 균등하게 보장받는다는 기본권으로서의 학습권의 원칙을 명확히 하는 한편, 국가 및 지방자치단체가 문화예술교육을 지원하고 재정적 지원에 대한 시책을 마련하도록 규정하고 있다는 점이다. 이러한 기본 원칙은 평생학습의 철학을 토대로 하는 수요자 중심의 문화예술교육 정책의 지향점을 명확히 밝혀주는 것이다.[32)] 이를 기반으로 문체부는 '개인의 문화적 삶의 질 향상'과 '사회의 문화역량 강화'라는 정책적 비전하에 학교 및 사회 문화예술교육 활성화, 문화예술교육 전문인력 양성 등의 핵심과제를 체계화하였다. 특히 2005년에는 문예회관과 문화의 집을 통한 지역주민 대상 문화예술교육 지원사업에 더해 교정시설, 복지시설 등 지역 공공시설과 연계한 교육과 문화적 소외계층을 위한 프로그램이 강화되었고, 사회문화예술교육 분야에 처음으로 국고 지원이 되는 등 예산 또한 증가했다.[33] 이처럼 제도적 기반에 정부 주도의 정책이 더해지면서 문화예술교육은 급속히 성장할 수 있는 기반을 마련하게 되었다.

현재 「문화예술교육지원법」에서는 문화예술교육의 범주를 전달경로에 따라 학교문화예술교육과 사회문화예술교육으로 구분하고 있다. 학교문화예술교육은 "「영유아보육법」 제2조의 규정에 따른 어린이집, 「유아교육법」 제2조의 규정에 따른 유치원과 「초·중등교육법」 제2조의 규정에 따른 학교에서 교육과정의 일환으로 행하여지는 문화예술교육"으로, 사회문화예술교육은 "제2조제3호 및 제4호에서 규정하는 문화예술교육시설 및 문화예술교육단체와 제24조의 각종 시설 및 단체 등에서 행하는 학교문화예술교육 외의 모든 형태의 문화예술교육"으로 정의하고 있다. 다음은 특히 2005년 이후 평생학습의 가치를 추동한 주요 정책과 사업의 추진 및 성과, 관련 법규의 제정 및 시행 등을 중심으로 검토한다. 따라서 주로 학교 밖 '평생교육' 맥락에서 이루어지는 사회문화예술교육을 중점적으로 살펴본다.

2) 문화예술교육 정책의 발전 및 성숙 단계(2006~2012)

2005년을 기점으로 그 이전의 문화예술교육 정책이 주로 평생교육 프로그램 단위로 구현되었다면, 2005년 이후부터는 문화예술을 매개로 개인, 집단, 사회문제에 접근하는 것을 정책영역에 포함시키면서 교육의 맥락이 평생교육 전체 맥락으로 확대되는 계기가 되었다. 여기에는 문화예술교육의 사회적 가치가 중요하게 고려되어 있다고 할 수 있다. 이러한 인식의 전환은 문화예술교육의 가치를 사회통합, 공동체 문화, 창의성, 자존감, 사회적 관계 등 다양한 층위에서 바라보는 계기를 제공하였다.[34]

이를 토대로 2006년은 「문화예술교육지원법시행령」, 문화예술교육전문위원회 설립, 지역문화예술교육지원센터 시범운영 등 법·제도적 기반 구축이 완성된 시기이다. 사회취약계층에 대한 학교 밖의 교육지원도 확대되어서 소년원, 교정시설, 군인, 여성결혼이주자, 노인, 장애인 등에 대한 문화예술교육의 기회 확장, 문화기반시설(문예회관, 문화의 집)에서의 프로그램 활성화 지원 등 다양한 사업이 시행되었다.[35] 특히 2007년에는 정책사업 실행 초기 3년의 경험과 시행착오, 정책 현장의 반응을 종합적으로 검토한 후, 「문화예술교육 활성화 중장기 전략(2007-2011년)」을 수립해서 장기적인 비전과 목표를 제시하였다. 이 전략을 통해 사회구성원 모두가 문화의 생산자이자 소비자로서 문화를 향유하고 생활 속의 문화예술을 접목하는 방향성에 중점을 두게 되었다. 또한 2008년부터 문화예술교육 정책이 주요 국정과제로 선정되면서 사회문화예술교육 사업의 경우 사업예산을 복권기금으로부터 국고로 전환해서 안정적인 사업추진이 가능하게 되었다.[36]

그러나 문화예술 관련 다양한 사업이 전개되었음에도 그동안 문화예술교육 정책 사업은 주로 학교 안에서의 문화예술교육을 강화하는 '학교문화예술교육'과 사회취약계층 대상 문화예술교육 혜택을 제공하는 '사회문화예술교육'으로 양분화되어 전개되어 왔다. 이러한 사회문화예술교육은 정부 주도의 지원에도 불구하고 문화 소외계층 및 소외지역을 주요 정책 대상으로 설정함으로써 오히려 문화예술 경험률이 높고 향유 욕구가 강한 일반 국민이 상대적으로 소외되고, 특정 기관·시설 연계 지원에 치중하고 있어서 정책 접촉면이 협소하다는 지적을 받았다.[37] 이러한 정책적 한계는 2010년을 기점으로 문화예술교육 정책의 방향을 전 국민 평생 문화예술교육으로 전면적으로 전환하는 계기로 이어진다. 2010년부터 문화예술교육의 정책대상이 취약계층에서 일반시민으로 확대되었고, 기존 소외계층 대상 프로그램 중심의 지원정책을 넘어 지역주민이 지속성을 가지고 문화예술교육 사업에 참여할 수 있는 지역밀착형 문화예술교육 사업을 추진하게 되었다. 문체부는 2010년 6월에 문화예술교육 발전방안을 발표하였다. 여기에는 문화예술교육의 질적 수준을 높이기 위한 정책방향으로서 '전 국민 평생 문화예술교육 환경 구축'이 선정되었고, 이를 구현하기 위한 세 가지의 중점과제가 마련되었다. 그 중심 내용을 살펴보면 첫째, 정책대상을 학교, 취약계층 등 소수자 정책에서 전 국민으로 확대하고, 둘째, 학교-지역사회가 연계된 문화예술교육 지원체제를 강화하며, 셋째, 예술강사의 전문역량 강화를 위한 상시 연수체제를 도입한다는 것이었다.[38]

이 시기의 주요한 정책이념은 "교육에서 평생학습으로"의 전환이었다. 이를 통해 문화예술교육 정책의 발전동력이 갖춰지게 되면서 2013년부터는 정책 환경에 새로운 변화가 나타나게 되는데, 관련 법령 및 체제, 제도 등도 더욱 체계화되는 방향으로 전개되었다.

3) 문화예술교육의 확산 및 분권 단계(2013~2018)

2013년 이후 시기는 새로운 정부 출범 이후 「문화기본법」(2013) 및 「지역문화진흥법」(2014), 「국민여가활성화기본법」(2015) 등 지역 수준에서 국민 문화여가 활동 관련 주요 법안의 제정으로 인해 문화정책의 분권화와 수요자 중심의 패러다임이 강화되는, 문화정책 환경에 변화가 나타난 시기이다. 이를 계기로 생활문화 수요의 증대, 맞춤형 지역문화서비스 제공, 문화공간의 유연성 확대 등 지역 문화예술 영역의 자율성 및 지속성에 대한 관심이 제고되고, 지역밀착형 지역문화 사업이 전개되는 계기를 맞았다.[39] 이와 함께, 2012년 2월에는 「문화예술교육지원법」이 개정됨으로써 문화예술교육 전문인력인 '문화예술교육사' 제도가 전면적으로 도입되었고, 8월부터는 공식적으로 시행되었다. 문화예술교육사는 '문화예술교육 관련 교원 외에 국공립 교육시설(학교, 국공립 공연장, 국공립 박물관과 미술관, 공립 공공도서관, 문화의 집, 전수회관 등) 등에서 문화예술교육에 관한 기획, 진행, 분석, 평가 및 교수 등의 업무를 수행하는 문화예술교육 전문인력'을 의미한다.[40)41)]

이와 더불어 2013년을 기점으로 평생교육 맥락에서 문화예술교육 분야의 전면적 확대가 이루어졌다. 무엇보다 2013년 이후 일련의 변화를 추동했던 중심에는 앞서 언급한 중요한 법률 제정(문화기본법/지역문화진흥법)이 이루어졌기에 가능한 것이었다. 우선 「문화기본법」은 문화정책의 방향과 추진에 필요한 기본적인 사항을 정하고 국민의 문화권을 기본법으로 정하였다는 데 그 의의가 있다. 동법에서는 문화 표현과 활동의 자유권과 평등권, 문화, 문화가치의 사회영역 전반에의 확산, 국가와 지방자치단체의 문화진흥정책 시행, 지역 간 문화격차의 해소, 문화향유 기회의 확대, 문화인력의 양성, 문화진흥기본계획의 수립 등에 대해 규정하고 있다. 또한 「지역문화진흥법」은 지역문화 진흥에 관한 종합적이고도 기본적인 법률을 제정함으로써 중앙 중심의 문화적 획일성을 탈피하고, 지역의 독자적인 문화 진흥의 기초를 제공하는 것을 그 목적으로 한다.[42)] 정리하면, 2013년 이후는 중요한 두 가지의 법, 즉 「문화기본법(2013. 12.30.)」 및 「지역문화진흥법(2014. 1.28.)」이 제정되고 '문화융성'이라는 국정과제 아래 모든 국민의 문화예술 향유 경험을 확대하는 문화정책의 흐름을 체계화하였으며, 이를 바탕으로 문화예술교육 부문에서도 사회문화예술교육 사업과 규모가 이전 시기에 비해 확대되었다. 대표적으로 2010년에 신규사업으로 추진된 시민문화예술교육 지원사업이 2013년 들어 사회적 기업과 시민 문화공간을 대상으로 한 사업으로 확대되었다. 예비 사회적 기업, 마을 도서관이나 카페 같은 시민문화공간을 지원해서 생활권을 기반으로 주체적인 시민문화를 형성할 수 있는 문화환경을 조성하는 데 중점을 두게 되었다.

특히 2014년에 들어서며 주목해야 할 사안은 「문화예술교육 중장기 발전계획(2014-2017)」이다. 여기에서는 ① 문화예술교육의 일상화(생애주기별 문화예술교육 지원, 문화예술교육을 통한 문화사각지대 해소, 문화복지 구현을 위한 생활밀착형 교육), ② 문화예술교육의 지역화(지역 중심의 프로그램 확충, 문화예술교육 전달체계 개선), ③ 문화예술교육의 내실화(문화예술교육 전문인력 양성 및 활용, 문화예술교육 연구기능 확충, 국제교류·협력 활성화)라는 3대 추진전략과 8대 핵심과제가 제시되었다. 기존에 학생 및 젊은 층에 집중되었던 문화예술교육의 대상을 유아 및 고령층을 포함한 전 연령대로 확대하고, 생애주기에 따른 문화예술교육을 받을 수 있도록 지원하는 내용이 담겨 있다. 과거 중앙집중 공급주도형이던 예술교육의 방식도 지역특화·수요맞춤형으로 변화를 꾀하고, 문화사각지대로 불리는 계층에 대한 예술교육의 향유 기회도 늘린다는 기획이었다. 이러한 정책 기조 속에 문화예술교육지원법의 개정(2015. 5.)으로 5년 주기의 종합계획 수립이 법적 의무화되면서 제1차 문화예술교육 종합계획(2018-2022)이 발표되었는데, 지역기반 생태계 구축, 수요자 중심 교육 다각화, 문화예술교육 고도화를 통해 문화예술교육의 지속 성장과 질적 제고를 목표로 '삶과 함께하는 문화예술교육'이 제시되었다.[43)]

4) 문화예술교육의 지역화 및 다각화 단계(2019~)

2019년 이후 시기는 무엇보다 최초로 수립된 문화예술교육 종합계획(2018~2022)의 몇 가지 주요 성과가 가시적으로 도출된 시기이다. 첫째는, 문화예술교육 경험이 양적으로 확대되는 성과를 도출했다. 특히 코로나19라는 정책적 제약 상황에도 불구하고 문화예술교육 사업의 수혜자 수가 확대되고, 취약계층 대상 문화예술교육 정책과 사업이 강화되었다. 둘째는, 문화예술교육 프로그램이 다각화되는 계기를 이루었다. 대표적으로 수요자 맞춤형 문화예술교육 실행의 토대로서 생애주기별 맞춤형 교육 대상 확대, 코로나19 대응을 위한 온라인

문화예술교육 사업 추진, 기술변화 흐름을 주도하는 융·복합 콘텐츠 개발 등 사회변화를 적극 반영한 문화예술교육 신규 사업들이 추진되었다. 셋째는, 문화예술교육의 지역화 및 다각화를 현실화하는 기반으로서 지역 단위 문화예술교육 추진을 위한 정책 협력체계와 인프라 토대 구축에 중점을 두었다.[44)]

반면, 평생학습 맥락에서 문화예술교육 확산의 제약과 과제가 지속적으로 제기되는 한계도 노출되었다. 첫째는, 아동·청소년 등 특정 대상의 지원은 크게 확대되었으나, 문화 사각지대의 참여율은 여전히 저조하다는 점이다. 예컨대, 아동 문화예술교육 참여율(63.6%)은 노년(7.0%)의 9배로 나타났다. 둘째는, 정책의 지속가능성을 담보하는 문화예술교육 관련 전문인력의 양성 및 관리, 지원 체계의 부족을 드러냈다. 셋째는, 평생학습 맥락에서 무엇보다 중요한 문제로서 관련 영역(다양한 부처·기관)과의 적극적인 연계 및 문화예술교육 외연 확장을 위한 타 영역과의 협력 체계가 미비하다는 점이다. 특히 현장에서 평생교육·생활문화 영역과의 연계 수요가 많음에도 불구하고, 종합적인 정책 방향에서 연계·협업이 부족하다는 점이 제기되었다.[45)] 이와 같은 결과를 바탕으로 제2차 문화예술교육 종합계획(2023~2027)에서는 문화예술교육의 지역화 및 다각화를 보다 강화하는 방향에서 ① 누구나: 일상에서 참여하는 문화예술교육, ② 더 가까이: 지역에서 즐기는 문화예술교육, ③ 더 깊게: 문화예술교육 기반 고도화라는 세 가지의 정책 추진 전략이 설정되었으며, 이에 따른 국민 체감형 문화예술교육 지원 강화, 문화예술교육 가치 확산, 문화예술교육으로 살리는 지방시대, 디지털 문화예술교육 환경 조성 등 일곱 가지의 주요 추진과제가 수립되었다.[46)]

이처럼 2013년 이후 문화예술교육의 미래정책 방향성으로는 개인가치에서 사회가치로의 변화, 공급주도형의 양적 성장에서 수요맞춤형의 질적 성장, 학교/취약계층 중심대상에서 전 국민으로의 확산, 단기적·도구적 문화예술교육에서 중장기적 · 본질적 문화예술교육으로의 전환 등이 있다. 지난 15여 년간 양적으로 급속한 성장을 보인 문화예술교육 정책은 그동안 고착되어 있던 학교 안팎의 예술교육에 자극을 주어 보다 확장된 문화예술교육으로의 인식전환 및 변화의 계기를 만들었다는 점에서 긍정적으로 평가될 수 있다. 하지만 대부분의 정책 사업이 중앙정부 차원에서 기획되어 지역에 전달되다 보니 지역별 특성과 현실이 반영된 문화예술교육의 다양성 확보나 자생적인 문화예술교육 생태계 조성에는 미흡하였다는 한계 또한 지적된다.

6. 평생학습 맥락에서 문화예술교육의 의미와 과제

앞서 제시했듯이, 2010년 6월에 문체부는 국민의 '평생 문화예술교육 환경 구축'을 위한 〈문화예술교육발전방안〉을 발표하였다. 문화예술교육의 향후 정책적 방향을 '전 국민 평생 문화예술교육 환경 구축'으로 정하고 이를 구현하는 세 가지의 중점과제를 마련한 것이다.[47] 이는 문화예술교육 정책의 대상이 학교 및 취약계층 등 소수자 정책에서 전 국민으로 확대되는 전환점이 되었고, 시민의 문화권을 실현하는 맥락으로서 평생학습 맥락이 전면화되는 계기가 되었다.[48] 이후 2014년에 발표된 〈문화예술교육 중장기 발전계획(2014-2017)〉에서는 '문화예술교육의 일상화 · 지역화 · 내실화'의 비전하에 일상화가 뿌리내리는 공간적 차원에서의 지역화가 문화예술교육 추진체계의 중심단위로 설정되면서, 지역사회 기반 다양한 평생교육기관이 주목받게 되었다.[49] 2018년 3월에는 제1차 문화예술교육 5개년 종합계획(2018-2022)이 발표되고, 지역기반 생태계 구축, 수요자 중심 교육 다각화, 문화예술교육 고도화 과제가 전면화되면서, 평생학습 맥락에서의 시민의 문화적 권리는 한층 강조되었다.[50] 이제 문화예술교육은 특정 계층, 특정 범역을 넘어서는 전 생애 평생학습의 맥락과 관점이 정책적으로 중요한 토대가 되고 있다.

이러한 토대에서 「문화기본법」, 「문화예술교육지원법」에서 명시하는 모든 국민의 문화적 접근의 기회를 제공하고, '문화권'을 실현하기 위한 공간으로서의 '지역'은 수요자 중심의 문화예술교육 생태계를 구축하는 기본 단위이자 필수 단위로 설정되고 있다. 이는 "시민 문화권이 보장되는 일반 시민의 문화예술교육 관련 권리가 '지역화'와 직결"되어 있기 때문이다.[51] 그 점에서 '지역'은 문화예술교육 프로그램이 운영되고 있는 현장이면서 동시에 문화예술교육 정책의 가치가 실현되는 현장이다.[52] 이러한 맥락에서 백선혜(2016)는 현재의 공급 중심 문화예술교육체계가 안고 있는 문제점을 극복하기 위해서는 근본적인 교육체계의 개편이 요구되는데, 그 개편방향으로서 지역사회 기반의 '평생학습체계' 관점에서 정책과 제도를 새롭게 설계할 것을 제안한다.[53] 특히 문화예술교육에 대한 수요 역시 매우 다양화되고 있다는 점은 '평생학습' 기반의 문화예술교육 방향성 정립 과정에서 주목해서 들여다봐야 할 지점이라는 것이다.[54] 또한 문화예술교육에서 평생학습 관점의 적용이 필요한데 "개인이 전 생애에 걸쳐서"라는 통생애(lifelong) 관점에서, 교육의 형식성을 고려한 범생애(lifewide) 관점에서, 또한 평생학습의 목적이 무엇이냐는 관점에서 총체적으로 재점검해야 할 필요성이 있음을 직접적으로 제시하였다.

지역을 중심으로 할 때 문화예술교육이 뿌리내리는 가장 핵심적이고 효과적인 지반이 평생교육 맥락일 뿐더러,[55] 문화예술교육은 곧 평생학습을 지향한다는 점에서 문화예술교육이 제공되는 모든 기관은 거시적 관점에서 평생교육기관이라는 점에 주목할 필요가 있다.[56] 이제 '평생학습'으로의 흐름은 문화예술교육 정책을 추동하는 주요 동력이면서 문화예술활동이 전개되는 교육적 맥락으로 설정되고 있다. 이와 같은 토대에서 평생교육 맥락을 통해서 어떤 유형의 문화예술교육 프로그램이 어떤 기관을 통해 공급되고 소비되는지에 관한 거시적 패턴을 파악하는 일은 문화예술교육 정책의 추진 기반을 파악하는 매우 핵심적인 지표일 뿐더러, 문화예술교육의 전체 지형을 그려보는 기초자료가 된다. 이와 관련해서 평생교육통계에 기반하여 분석을 추진한 양은아(2012, 2018)의 연구에 따르면, 평생교육전담시설은 그간 문화예술교육 프로그램의 공급통로로서 매우 중요한 매개적 역할을 해왔다.[57] 특히 평생교육기관을 통해 공급되는 프로그램의 상당수는 이전에는 주로 전문학원이나 전문기관 등을 통해 공급되었던 영역으로서 지금처럼 다양하지도 않았을 뿐더러 대중적이지도 않았으며, 수강료 등에 있어서도 접근성이 높은 분야였다. 그러나 다양한 평생교육기관이 확산되면서 사적 부문에서 제공되던 전문과정이 평생교육기관을 통해서도 개방되어 양적 · 질적인 수준을 끌어올리는 계기가 되었고, 수강료 등에 있어서도 대중적 수준을 제시할 수 있게 되었다. 이를 매개로 문화예술 분야에 관심 있는 사람이면 "언제 어느 곳에서든" 참여할 수 있는 다양한 경로를 확장하였다.

평생교육 맥락은 문화예술교육이 뿌리내리는 데 핵심적인 지반이 되었으며, 평생교육전담시설은 교육기반시설이면서 지역거점시설로서 그동안 다양한 지역네트워크를 구축하고 연계해온 허브기관으로서의 역량을 보유하고 있다. 그에 비한다면 문화기반시설은 전문 '공간'이라는 물리적 환경과 내용적 전문성을 연결하는 특화된 교육적 기반을 확보하고 있다.[58] 앞으로 평생교육전담시설과 문화기반시설 각 맥락에서 보유한 교육적 경험과 노하우는 상호 연계와 협력체제를 통해 보다 미래지향적인 문화예술교육의 비전과 운영모델로 진화시켜 나가야 한다. 전술했듯이, 시민 문화권이 실현되는 맥락으로서 지역사회 기반 문화예술교육 생태계가 활성화되기 위해서는 혁신적인 문화예술교육 프로그램이 일상적으로 수행될 수 있는 교육공간의 확보가 필수적일뿐더러, 지역별 · 계층별로 다변화하고 있는 문화예술교육의 수요를 섬세하게 담아낼 수 있는 관련

기관들과의 협력적・공생적 관계가 구축되어야 한다. 이는 제2차 문화예술교육 종합계획(2023~2027)에서 핵심적 과제로 제시하고 있는 부분이다. 문화예술교육이 지역 자원들 간의 소통과 융・복합 플랫폼으로서 기능할 수 있을 때 문화예술교육의 지속 가능한 성장과 질적 제고를 담보할 수 있는 창조적 협업 환경 또한 체계화될 수 있다. 그 점에서 다양한 시민이 원하는 문화예술교육을 현재화하고, 실제 지역 안에 구현할 수 있는 실행력을 갖춘 평생교육기관과의 다각적인 협업체계를 연계하는 것이 중요한 과제가 된다. 이와 같은 점에서 예술의 사회적 가치를 확산하기 위한 전략으로서 평생교육 영역과의 긴밀한 연대 및 파트너십 구축은 필수적으로 요구되는 쟁점이다.

현재 문화예술교육은 다양한 활동들을 아우르고 북돋워가는 과정 속에서 사회적으로 지속적으로 구성되고 성장하는 개념이라고 볼 수 있다. 앞으로 그 터전은 사회적이면서도 철학적이고 교육적인 담론의 바탕 위에서 형성되어야 하며, 이에 대한 접근으로서 평생교육의 관점에서 다양한 실천적 주체들의 역량과 영역을 확장하며 문화예술교육의 지평을 확장해나가는 미래적 관점이 필요하다. 그러나 이렇게 다양한 채널을 통해 각 단위에서 공급되고 있는 문화예술교육은 궁극적으로 문화예술교육이 지향하는 이념과 방향성이라는 총체적인 구도 속에서 공유하면서 통합적인 성장모델로 만들어갈 수 있어야 한다. 특히 코로나19 이후 재편되고 있는 거시적 환경 및 문화예술교육의 사회문화 환경 변화에 따른 문화예술교육 정책체계의 분권과 다원, 자율성의 문제, 그리고 사회적 측면에서는 생활밀착형 문화예술교육 정책의 필요성이 주요 이슈로 제기되고 있다. 따라서 향후 일상적 삶의 변화를 반영한 생애주기별 문화 향유 기회 확대와 문화예술교육 접근의 다각화, 미래 기술을 활용한 창의적 융・복합 콘텐츠의 개발과 교육방법, 소통의 전략화 등이 핵심 과제로 제기된다.

1) 최선영(1992). 자유인문교육의 원천: 고대희랍. 연구논문집, 44(1), 335-354.
2) 손승남(2008). 인문교양교육의 원형과 변용. 교육과학사. 48.
3) 한수영(2020). 인문교양교육의 서구적 전통과 변용. 교양교육연구, 14(2), 11-22.
4) 손승남(2020). 엔그램 뷰어를 활용한 교양교육 개념 분석. 교양교육연구, 14(2), 23-34.
5) 김진화 외(2009). 평생교육 프로그램 분류체계 연구. 국가평생교육진흥원.
6) 위의 책. 63.
7) 김진화 · 고영화 · 권재현 · 정민주(2010). 한국 평생교육 프로그램 분류체제 개발 연구. 평생교육학연구, 16(3), 211-236.
8) 양은아(2009a). 성인 인문학습과정에 나타난 삶과 학습의 선순환적 경험구조에 관한 연구. 박사학위논문. 서울대학교. 41-54.
9) 양은아(2010c). 인문학과 평생학습. 교육과학사. 9-10.
10) 고병헌(2007). 실천인문학의 다양한 가능성과 효과성 고찰: 실천 사례를 중심으로. 수행인문학, 37(1), 59-84; 양은아(2009b). '실천인문학'과 결합된 인문교육의 성격변화와 대중인문교육의 새로운 맥락화. 평생교육학연구, 15(3), 51-84; 양은아(2010a). 왜 인문학에 끌리는가?: 문화 · 학습 · 실존의 끌개경험으로서 인문학습의 의미. 교육인류학연구, 13(1), 31-68; 양은아(2010b). 삶과 학습의 선순환적 관계에서 나타나는 인문학습경험에 대한 생애사적 분석. 열린교육연구, 18(2), 143-172.
11) 양은아(2009c). 대중인문학교실 참여 학습자의 학습활동과 경험적 변화에 관한 연구. 평생교육학연구, 15(4), 35-74; 양은아(2010c). 인문학과 평생학습. 교육과학사. 43-44.
12) 얼 쇼리스 지음. 고병헌 · 이병곤 · 임정아 옮김(2006). 희망의 인문학. 이매진.
13) 김미정 · 이정희 · 안영식(2013). 성인학습자의 인문교양교육 학습경험 유형화에 관한 질적 연구. 水産海洋教育研究, 25(2), 510-525; 김의태 · 강대중(2012). 노숙인 자립을 위한 인문교양교육의 가능성. 평생교육학연구, 18(3), 197-226; 박상옥(2014). 인문학 교육에서 북한이탈주민의 학습경험. *Andragogy Today, 14*(1), 143-179; 양은아(2011). 인문학적 사유방식과 교육적 질문방식: 성인인문교실에서의 문제제기와 질문방식의 전환. 평생교육학연구, 17(1), 53-90; 이영환 · 상종열(2013). 자활참여자의 인문교육 수용과정 연구: '서울시, 희망의 인문학 과정' 이수자의 체험을 중심으로. 사회서비스연구, 4(1), 97-143.
14) 우응순(2014). 공공도서관과 인문학의 만남: 공공도서관과 시민 인문학, 도서관문화, 55(4), 14-19; 장덕현(2017). 공공도서관 기반 인문학 프로그램에 대한 현상적 연구, 한국도서관정보학회지, 48(1), 99-116; 정창우 · 손경원 · 박영하(2015). 인문학 교육 프로그램의 효과성 분석 연구. 도덕윤리과교육, 46, 23-58.
15) 양은아 · 한숭희 · 김민수(2018). 인문교양 평생교육 프로그램 분석을 통한 '시민인문교육복합체' 형성의 실증적 탐구. 평생학습사회, 14(3), 1-36.
16) 양은아(2020a). 예능인문학: 'TV 인문학 프로그램'의 위상전이. 평생교육학연구, 26(2), 207-247; 양은아(2020b). 예능인문학의 성격과 기호소비적 특성에 관한 연구. 평생교육학연구, 26(3), 1-38; 양은아(2021). TV 교양예능 프로그램은 '교양'과 '교육'을 어떻게 재현하

는가. 교육학연구, 59(6), 87-127.

17) 양은아(2021). TV 교양예능 프로그램은 '교양'과 '교육'을 어떻게 재현하는가. 교육학연구, 59(6), 87-127; 정다함(2018). 역사학은 어떻게 "예능"이 되었나: 2000년대 이후 한국사의 대중화와 TV 미디어의 여러 문제들. 한국사연구, 183, 105-148.

18) 양은아(2020b). 앞의 글.

19) 양은아(2021). 앞의 글.

20) 김세훈 외(2004). 문화예술교육 중장기 발전 방안. 한국문화관광정책연구원; 신승환(2007). 문화예술교육론연구. 한국문화예술교육진흥원; 양은아(2012). 평생교육 맥락에서의 문화예술교육 프로그램 공급과 유형 분석: 2010년 평생교육통계조사자료를 중심으로. 예술경영연구, 22, 195-237; 황연주(2005). 문화교육과 예술교육의 관계 고찰. 예술교육연구, 3, 83-96.

21) 신승환(2007). 위의 책. 39.

22) 김세훈 외(2004). 앞의 책.

23) 김문환(1999). 문화교육론. 서울대학교출판부; 고경화(2003). 예술교육의 역사와 이론. 학지사.

24) 신승환(2007). 문화예술교육론연구. 한국문화예술교육진흥원. 35; 최현묵(2008). 평생교육으로서 문화예술교육의 의미. 모드니 예술, 1(1), 169-184.

25) 최미세(2014). 문화예술의 공적가치와 문화민주주의. 독일어문학, 64, 395-415.

26) 박영정(2012). 시민문화예술교육 활성화를 위한 시론. 디지털콘텐츠와 문화정책, 6, 5-32.

27) 양은아 · 석지혜(2010). 교육으로 다시 쓰는 예술: "가르치는 예술가"로 거듭나는 과정에 나타난 예술가들의 학습경험을 중심으로. 평생교육학연구, 16(3), 65-99.

28) 교육부 · 한국교육개발원(2022). 2022 한국 성인의 평생학습 실태조사.

29) 양은아(2012). 평생교육 맥락에서의 문화예술교육 프로그램 공급과 유형 분석: 2010년 평생교육통계조사자료를 중심으로. 예술경영연구 22, 195-237; 임학순 외(2009), 사회문화예술교육 체계화 연구. 한국문화예술교육진흥원.

30) 임학순(2015). "지역문화정책과 문화예술교육". 2015 문화예술교육 포럼: 지역과 함께하는 문화예술교육의 현재와 미래. 한국문화예술진흥원. 12.

31) 문화체육관광부(2005). 문화정책백서; 문화체육관광부(2007). 문화정책백서.

32) 김애령(2013). 문화예술 평생교육의 실천적 교수모형에 관한 소고, 교육학논총, 34(2), 25-47.

33) 문화체육관광부(2005). 앞의 책.

34) 임학순(2015). "지역문화정책과 문화예술교육". 2015 문화예술교육 포럼: 지역과 함께하는 문화예술교육의 현재와 미래. 한국문화예술진흥원. 13.

35) 문화체육관광부(2006). 문화정책백서.

36) 문화체육관광부(2008). 문화정책백서.

37) 박영정 · 김보성 · 임학순(2010). 지역문화예술교육 활성화방안 연구: 시민문화예술교육을 중심으로. 한국문화관광연구원. 21; 양혜원 · 김세훈 · 박영정 · 임학순(2016). 2015 사회문화예술교육 중장기 사업전략 연구. 한국문화예술교육진흥원.

38) 문화체육관광부(2012). 문화정책백서.
39) 서우석 · 조재현 · 박성만(2018). 2017 지역문화예술교육 현황 조사연구. 한국문화예술교육진흥원.
40) 문화체육관광부(2013). 문화정책백서; 문화체육관광부(2014). 문화정책백서.
41) 문화체육관광부(2014). 위의 책.
42) 위의 책.
43) 문화체육관광부(2018). 문화예술교육 종합계획(2018-2022).
44) 한국문화예술교육진흥원(2021). 문화예술교육 종합계획(2018-2022) 이행현황 분석 연구. 한국문화예술교육진흥원(2022). 한국한국문화예술교육진흥원 연차보고서.
45) 문화체육관광부(2023). 제2차 문화예술교육 종합계획(2023~2027).
46) 위의 자료.
47) 문화체육관광부(2012). 문화정책백서.
48) 양현미 · 김세훈 · 박영정 · 홍기원(2010). 사회문화예술교육 정책 분석 연구. 한국문화예술교육진흥원; 임학순 외(2009). 사회문화예술교육 체계화 연구. 한국문화예술교육진흥원.
49) 백선혜(2016). 서울시 문화예술교육 4대 개선방안 수립; 서울연구원 · 윤종현 · 홍성준 · 조은주 · 박주만(2017). 2016 문화예술교육 현황조사 체계 구축 연구; 한국문화예술교육진흥원 · 조현성(2016). 문화예술교육 정책 중장기 추진방향. 한국문화관광연구원.
50) 문화체육관광부(2018). 문화예술교육 종합계획(2018-2022).
51) 백선혜(2016). 앞의 글. 21.
52) 임학순(2015). 앞의 글.
53) 백선혜(2016). 앞의 글.
54) 위의 글. 21; 양현미 · 김세훈 · 박영정 · 홍기원(2010). 사회문화예술교육 정책 분석 연구. 한국문화예술교육진흥원. 70.
55) 김애령(2013). 문화예술 평생교육의 실천적 교수모형에 관한 소고, 교육학논총, 34(2), 25-47.
56) 양은아(2012). 평생교육 맥락에서의 문화예술교육 프로그램 공급과 유형 분석: 2010년 평생교육통계조사자료를 중심으로. 예술경영연구, 22, 195-237.
57) 양은아(2019). 지역사회 평생교육 맥락에서 문화예술교육 프로그램 총 공급 및 참여 패턴 연구: 10년간(2008-2017) 평생교육통계 조사 자료를 중심으로. 예술교육연구, 17(1), 107-137.
58) 여기서 평생교육전담시설은 「평생교육법」 제5장의 규정에 따른 평생교육기관을 의미하며, 문화기반시설은 「문화예술진흥법」 제1장 제2조제1항제3호의 규정에 따른 문화시설을 의미한다.

제11장

장애인 평생교육

교육은 생애의 특정한 순간, 특정한 장소에서 한시적으로 이루어지는 의례가 아니라 인간이 태어나서 죽는 순간까지 시간(수직적 환경)과 장소(수평적 환경)에 구애받지 않고 상황의 변화와 개인의 욕구에 따라 지속적으로 이루어지는 것이며, 또 그렇게 이루어져야만 한다. 개인이 평생에 걸쳐 이렇게 교육을 받고자 하는 욕구는 수준 높은 양질의 삶과 행복 추구에 기인한다.[1] 질 높은 삶과 행복 추구는 그 목표점이 개인에 따라, 즉 각 개인의 연령이나 재산, 성별, 종교적 신념, 국적, 그리고 신체적·정신적 조건에 따라 얼마든지 다를 수 있다. 그 말은 개인이 설정한 삶의 질과 행복의 가치에 따라 교육의 내용이나 방법이나 장소 또한 얼마든지 다를 수 있음을 의미한다. 즉, 존엄한 삶과 행복을 위한 교육이 개인의 조건에 따라 달라야 한다는 것이다. 그 가운데 신체적·정신적 조건이 열악한 것으로 알려진 장애인이 있다. 평생교육이 한 개인이 언제 어디서나 필요할 때 자신의 학습욕구를 충족하는 교육활동이라면, 신체적·정신적 조건이 열악한 장애인의 평생교육이 특별해야 할 이유가 없다. 장애인 또한 한 개인이며 여느 사람들과 다름없는 사회 구성원이기 때문이다. 그러므로 장애인 평생교육은 그 개념을 별도로 설정할 아무런 이유가 없다. 장애인은 국민이며, 국가가 최고 법으로 정한 존엄한 인간으로서의 가치와 행복추구권을 가진 존재로서 국가가 이를 확인하고 보장해야 할 여러 대상 가운데 하나이다.

1. 장애인과 평생교육

1) 장애인 평생교육의 개념

장애인의 평생교육은 일반적인 평생교육의 개념을 전혀 벗어나지 않는다. 오늘날 대부분의 민주주의 국가에서는 최고 법에 인간으로서의 존엄과 가치, 행복추구권과 교육권을 제시하고 이를 확인하고 보장하는 것을 국가의 의무로 규정하고 있다. 「헌법」 제10조에서는 "모든 국민은 인간으로서의 존엄과 가치를 가지며, 행복을 추구할 권리를 가진다. 국가는 개인이 가지는 불가침의 기본적 인권을 확인하고 이를 보장할 의무를 진다."라고 밝히고, 제31조제1항에 "모든 국민은 능력에 따라 균등하게 교육을 받을 권리를 가진다."라고 규정함으로써 국민에 대해 인간으로서의 존엄과 행복추구권, 교육권을 보장하고 있다. 특히, 제31조제1항에서 밝히고 있는 교육권 보장의 의미는 매우 구체적이다. 이는 국가가 개인이 가진 능력에 따라 균등한 교육을 받을 수 있도록 보장한다는 뜻으로, 개인의 능력이라 함은 개인이 가진 조건에 따라 달리 나타나는 능력을 의미하며, 균등한 교육이라 함은 저마다 가진 능력의 차이에도 불구하고 개인이 만족할 만한 존엄한 가치와 행복에 도달할 수 있게 제공되는 교육의 양과 질을 의미한다고 볼 수 있다. 교육에 대한 이러한 권리와 국가의 책임은 평생교육에 대해서도 예외일 수 없다. 이는 「교육기본법」 제3조에서 "모든 국민은 평생에 걸쳐 학습하고 능력과 적성에 따라 교육받을 권리를 갖는다."라고 명시한 대목에서 확인할 수 있다. 모든 국민은 당연히 장애인을 포함한다. 양질의 삶과 행복 추구에 대한 열망은 개인의 조건과 관계없이 누구에게나 깃들인 보편적 특성이다. 그 가운데 신체적·정신적 조건이 열악한 것으로 알려진 장애인이 있다.

2) 장애인 평생교육의 성립 요건

장애인 평생교육의 요건에 대한 논의는 많지 않다. 2014년 「발달장애인 권리보장 및 지원에 관한 법률」 제정에 따라 그 시행 방안에 관한 연구에서는 발달장애인 평생교육 지원의 세 가지 요건을 제시한 바가 있다.[2)] 그것은 성인 발달장애인 학습자를 위한 평생교육 시설, 평생교육 과정, 평생교육 제공인력이다([그림 11-1] 참조). 물론 발달장애인이 장애인 전체를 포괄할 수 없음은 분명하다. 그러나 현재 발달장애인의 평생교육 참여율이 71.1%에 이를 만큼 매우 높다는 사실을 감안한다면,[3)] 이러한 요건을 받아들이는 것도 무리가 없어 보인다.

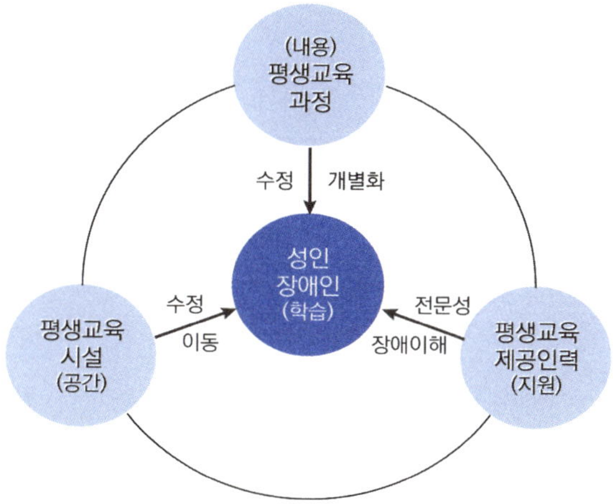

[그림 11-1] 장애인 평생교육의 요건

출처: 김주영 외(2016). 장애인 평생교육권 증진을 위한 실태조사 연구. 20.

학습자로서 성인 장애인은 장애의 유형이나 정도에 따라 매우 다양한 특성을 가지고 있다. 공간으로서 평생교육 시설은 장애인이라는 학습자 특성을 반영하여 최소한의 물리적인 이동과 정보의 접근이 보장되어야 한다. 프로그램으로서 평생교육과정은 학습자 특성에 맞게 재구성(수정, 개별화)되어야 한다. 마지막으로 프로그램 제공자로서 평생교육 제공인력은 그 기능과 역할에 따라 학습자의 요구 특성을 반영하여 배치하여야 한다. 즉, 장애인 평생교육 코디네이터로서의 교육 관리자(평생교육사), 프로그램 제공자로서의 교수자(교사 또는 강사), 프로그램 운영을 돕고 지원하는 교육지원자들로 세분화되어야 한다. 무엇보다 평생교육 제공인력은 학습자 특성을 분명히 이해하고 평생교육과정 운영에 대한 전문성을 가져야 한다.[4)]

3) 장애인 평생교육의 대상

(1) 학습자로서 장애인

교육에서 학습자가 누구인지를 아는 것은 매우 중요하다. 가장 쉽게 접근할 수 있는 방법은 법률의 규정을 따르는 것이다. 「장애인복지법」 제2조에서는 장애인을 명확히 규정하고 있다. “장애인”이란 신체적·정신적 장애로 오랫동안 일상생활이나 사회생활에서 상당한 제약을 받는 사람으로, 장애의 종류와 기준에 따라 ‘지체장애인’, ‘뇌병변장애인’, ‘시각장애인’, ‘청각장애인’, ‘언어장애인’, ‘지적장애인’, ‘자폐성장애인’, ‘정신장애인’, ‘신장장애인’, ‘심장장애인’, ‘호흡기장애인’, ‘간장애인’, ‘안면장애인’, ‘장루·요루장애인’, ‘뇌전증장애인’이라고 규정하고 있다(「장애인복지법시행령」 제2조 [별표 1]). 그리고 「평생교육법」 제2조에 의하면, 평생교육이란 학교의 정규교육과정을 제외한 학력보완교육, 성인 문해교육, 직업능력 향상교육, 성인 진로개발역량 향상교육, 인문교양교육, 문화예술교육, 시민참여교육 등을 포함하는 모든 형태의 조직적인 교육활동으로 규정하고 있다. 그러므로 장애인 평생교육은 「평생교육법」이 나열하고 있는 모든 형태의 조직적인 교육활동에 참여하고자 하는 장애인을 대상으로 한다고 보는 것이 원칙일 것이다.

그렇지만 교육의 관점에서 장애를 지녔다고 해서 모두 장애인 평생교육의 대상인가는 좀 더 검토해 볼 필요가 있다. 「장애인 등에 대한 특수교육법」 제15조 제1항에 따르면, 시각장애, 청각장애, 지적장애, 지체장애, 정서행동장애, 자폐성장애, 의사소통장애, 학습장애, 건강장애, 발달지체의 어느 하나에 해당하는 사람 가운데 특수교육을 필요로 하는 사람으로 진단·평가된 사람만을 특수교육대상자로 선정한다. '특수교육'이 장애인을 포함한 특별한 교육적 지원을 필요로 하는 사람을 대상으로 한 교육이라는 점을 고려한다면, 장애가 있다고 해도 특별한 교육적 지원이 필요치 않은 사람은 특수교육대상자가 아니라는 의미이다.

이러한 개념을 확대해 보면, 「장애인복지법」 제2조에 의한 장애인을 모두 장애인 평생교육의 대상자로 규정하기는 어렵다. 따라서 장애인 평생교육의 대상은 「장애인 등에 대한 특수교육법시행령」 제10조 [별표]에서 그 근거를 마련하여 〈표 11-1〉과 같이 규정할 수 있을 것이다.

〈표 11-1〉 장애인 평생교육의 대상자

대상자 구분	대상의 교육적 특성	비고
시각장애를 지닌 학습자	시각계의 손상이 심하여 시각기능을 전혀 이용하지 못하거나 보조공학기기의 지원을 받아야 시각적 과제를 수행할 수 있는 사람으로서 시각에 의한 학습이 곤란하여 특정의 광학기구·학습매체 등을 통하여 학습하거나 촉각 또는 청각을 학습의 주요 수단으로 사용하는 사람	
청각장애를 지닌 학습자	청력 손실이 심하여 보청기를 착용해도 청각을 통한 의사소통이 불가능 또는 곤란한 상태이거나, 청력이 남아 있어도 보청기를 착용해야 청각을 통한 의사소통이 가능하여 청각에 의한 교육적 성취가 어려운 사람	
지적장애를 지닌 학습자	지적 기능과 적응행동상의 어려움이 함께 존재하여 교육적 성취에 어려움이 있는 사람	

대상자 구분	대상의 교육적 특성	비고
지체장애를 지닌 학습자	기능・형태상 장애를 가지고 있거나 몸통을 지탱하거나 팔다리의 움직임 등에 어려움을 겪는 신체적 조건이나 상태로 인해 교육적 성취에 어려움이 있는 사람	「장애인복지법」상의 안면장애, 뇌병변장애 포함
정서・행동 장애를 지닌 학습자	장기간에 걸쳐 다음 각 목의 어느 하나에 해당하여, 특별한 교육적 조치가 필요한 사람 가. 지적・감각적・건강상의 이유로 설명할 수 없는 학습상의 어려움을 지닌 사람 나. 또래나 교사와의 대인관계에 어려움이 있어 학습에 어려움을 겪는 사람 다. 일반적인 상황에서 부적절한 행동이나 감정을 나타내어 학습에 어려움이 있는 사람 라. 전반적인 불행감이나 우울증을 나타내어 학습에 어려움이 있는 사람 마. 학교나 개인 문제에 관련된 신체적인 통증이나 공포를 나타내어 학습에 어려움이 있는 사람	
자폐성장애를 지닌 학습자	사회적 상호작용과 의사소통에 결함이 있고, 제한적이고 반복적인 관심과 활동을 보임으로써 교육적 성취 및 일상생활 적응에 도움이 필요한 사람	
의사소통 장애를 지닌 학습자	다음 각 목의 어느 하나에 해당하여 특별한 교육적 조치가 필요한 사람 가. 언어의 수용 및 표현 능력이 인지능력에 비하여 현저하게 부족한 사람 나. 조음능력이 현저히 부족하여 의사소통이 어려운 사람 다. 말 유창성이 현저히 부족하여 의사소통이 어려운 사람 라. 기능적 음성장애가 있어 의사소통이 어려운 사람	「장애인복지법」상의 언어장애 포함
학습장애를 지닌 학습자	개인의 내적 요인으로 인하여 듣기, 말하기, 주의집중, 지각(知覺), 기억, 문제 해결 등의 학습기능이나 읽기, 쓰기, 수학 등 학업 성취 영역에서 현저하게 어려움이 있는 사람	
건강장애를 지닌 학습자	만성질환으로 인하여 3개월 이상의 장기입원 또는 통원치료 등 계속적인 의료적 지원이 필요하여 학교생활 및 학업 수행에 어려움이 있는 사람	「장애인복지법」상의 신장, 심장, 호흡기, 간, 장루・요루장애 및 뇌전증을 포함

출처: 김주영 외(2016). 장애인 평생교육권 증진을 위한 실태조사 연구. 22~23.

(2) 사회적 관점에서의 장애인

일반적으로 장애의 정의는 세계보건기구(WHO)의 분류에 의존해 왔다. 1980년 세계보건기구에서는 국제장애분류(International Classification of Impairment, Disability and Handicap, ICIDH) 시안을 발표했다. 이 시안에 따르면, 장애란 크게 다음 세 가지로 분류하여 생각할 수 있다.[5)]

- 심신의 기질적 손상(Impairment): 의학적 모델의 한 요소로서 심신의 구조적 기능적 손상 자체를 의미한다. 여기에는 지적 손상, 정신적 손상, 언어 손상, 청각 손상, 시각 손상, 내장 손상, 골격 손상, 기형 등 지적, 정신적, 신체적인 손상이 그 예라 할 수 있다.
- 능력의 제한(Disability): 개인적 차원에서 일상생활의 활동에 나타나는 장애를 의미한다. 여기에는 행동장애(자기결정 또는 사회관계에서의 인식곤란), 의사소통장애(언어, 청각, 시각, 또는 기타 쓰기 등 의사소통의 곤란), 자기신변보호장애(용변, 위생, 의복, 식사 등), 운동장애(보행, 이동, 기타), 자세유지곤란(disposition), 숙련된 조절 곤란, 상황적응 곤란(의지, 참을성, 특별한 환경 적응 곤란) 등 다양한 능력에 나타나는 제한이 있다.
- 사회적 불리(Handicap): 사회적 차원, 즉 다른 사람과의 관계에서 비롯되는 것으로 장애인이 경험하는 불이익, 편견, 차별 등을 의미한다. 여기에는 길 찾기(orientation), 신체자립, 이동, 직업, 사회통합, 경제적 자립 등에서의 곤란이나 차별적 상황이 있다.

일반적으로 심신의 기질적 손상(I)은 개인의 능력에 제한(D)을 가져와 자연적으로 조성된 환경에서는 사회적 불리(H)를 겪게 된다. 결국 능력의 제한은 심신의 기질적 손상에서 비롯되는 것이지만, 사회적 불리의 정도에 따라 가변적인 관계를 띠고 있다 하겠다. 그 관계는 [그림 11-2]와 같다.

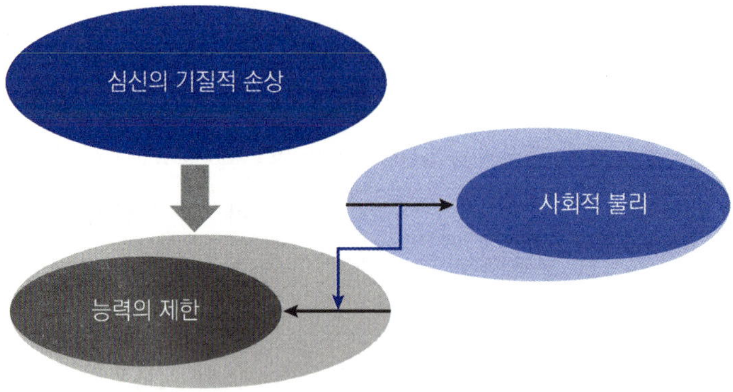

[그림 11-2] 심신의 기질적 손상과 능력의 제한, 사회적 불리의 상호 관계

한편, 2001년 세계보건기구(WHO)에서는 국제질병분류의 보조분류로 발표되었던 국제장애분류와는 다른 독자적인 분류체계로서 국제기능장애건강분류(International Classification of Functioning, Disability and Health, ICF)를 발표했다. 기존의 국제장애분류가 단순히 신체 기능에 치중해 장애를 바라본 것과는 달리 국제기능장애건강분류는 사회적·물리적 환경의 정비에 의해 장애인의 활동적 측면과 참여의 수위가 확대될 수 있다는 관점을 취하고 있다.[6)]

국제기능장애건강분류에 의하면, 장애(disability)란 손상(impairment), 활동 제한(activity limitation), 참여 제약(participation restriction)을 포괄하는 전문용어다. 이것은 개인(건강 조건을 포함한)과 개인의 배경 요인(contextual factor, 환경적 요인과 개인적 요인) 간 상호작용의 부정적인 측면을 가리킨다. 국제기능장애건강분류의 견해는 장애를 크게 기능(Functioning)과 환경(Environment)이라는 두 가지 측면의 상호작용의 결과로 바라본다. 다시 말해 기능이란 개인의 신체(body)를 중심으로 한 그 기능과 구조라고 한다면, 환경이란 개인을 포함해서 그를 둘러싸고 있는 사회의 상태(condition)를 뜻하는 것으로 이 둘 사이의 상호관계의 결과가 부정적일 때 그 개인의 상태를 장애라고 한다는 것

이다. 이를 관련 용어들의 이해를 통해 좀 더 살펴보기로 한다.

신체(body)는 크게 기능과 구조로 파악할 수 있다. 신체 기능(body functions)은 신체계통의 생리학적 기능을 의미한다. 여기엔 심리학적 기능도 당연히 포함된다. 반면에 신체 구조(body structures)는 장기, 사지 및 그 구성요소와 같은 신체의 해부학적 부분을 가리킨다. 따라서 신체 기능과 구조는 두 개의 상이한 부분으로 분류되는데, 예를 들어 '보는 것'이 신체의 기능이라면, '눈'은 그 기능을 담당하는 신체의 구조라 할 수 있다.

손상(impairments)은 신체 일부의 심각한 변형 혹은 손실 같은 신체의 기능 혹은 구조상의 이상을 의미한다. 여기서 중요한 것은 손상은 신체 및 신체 기능의 생물의학적 차원에서 일반적으로 용인되고 있는 집단적 기준으로부터 벗어난 상태를 뜻한다는 것이다. 그리고 손상은 원인에 따라 특정한 결과가 나타나는 것은 아니다. 즉, 반드시 눈의 구조적 이상 때문에 '시 기능의 이상'(볼 수 없음)이 오는 것은 아니다. 그 원인은 매우 복합적이기 때문에 손상은 원인보다는 상태에 초점을 두어 말해야 할 것이다. 따라서 손상을 기술할 때는 "그는 볼 수 없다."(기능적 손상)라든지, "그는 망막이 박리되었다."(구조적 손상)라고 하는 것이 옳을 것이다. 이러한 상태(손상)는 일시적이거나 영구적일 수도 있고, 진행하거나 퇴화할 수도 있다. 또 간헐적일 수도 있고 지속적일 수도 있다. 그 정도가 심할 수도 있고 경미할 수도 있는가 하면 시간이 지남에 따라 정도의 차이를 보일 수도 있다. 그러므로 절대 장애를 손상의 유무나 정도만으로 판단하는 것은 금물이다.

활동(activity)은 개인적 행동을 의미하며, 참여(participation)는 사회적 행동을 의미한다. 즉, 개인적 행동인 활동은 손 씻기, 운전하기, 학습과 같이 삶을 위해 지극히 개인이 수행해야 할 것들이라면, 사회적 행동인 참여는 대인관계나 고용과 같이 다른 사람과의 관계 속에서 수행해야 할 것들이다.

그런데 활동은 개인에 따라 제한될 수 있다. 이것을 활동 제한(activity limitation)이라 한다. 즉, 어떤 사람은 혼자서 손을 제대로 씻을 수 없거나 아예 씻지 못한다. 이것은 손 씻기라는 활동에 제한을 갖고 있기 때문이다. 이러한 활동의 제한은 주로 손상에 의해 발생하게 된다. 한편, 참여도 개인이 처한 상황에 따라 제약을 받을 수 있다. 이것을 참여 제약(participation restriction)이라 한다. 즉, 어떤 사람은 회계사무소에서 일을 하고 싶어 하지만, 그리고 그러한 능력도 갖고 있지만, 좀처럼 그 일을 얻지 못한다. 이것은 회계사무소 일에 참여하는 데 어떤 제약을 받고 있기 때문이다. 이러한 참여의 제약은 주로 그 사람이 속한 배경(context)에 의해 주어지게 된다.

배경(context)이란 사전적으로 볼 때, 전후 관계, 맥락, 문맥, 경위, 상황 등을 가리키는 말이다. 이러한 관점에서 한 개인에게 배경은 그를 둘러싸고 있는 총체적 상황이라 할 수 있다. 이를 국제기능장애건강분류에서는 이러한 상황이 개인의 상태(특히, 신체 기능과 구조적 상태)에 영향을 미칠 수 있다는 측면에서 두 가지 요인(factor)으로 설명하고 있다. 그것은 바로 환경적 요인(environmental factor)과 개인적 요인(personal factor)이다.

환경적 요인은 사람들이 삶을 영위하는 물리적, 사회적, 태도적 환경을 구성한다. 이러한 요소들은 개인의 활동이나 참여에 영향을 미칠 수 있다. 환경적 요인은 다시 개인적 측면과 사회적 측면으로 나누어 바라볼 수 있다. 개인적 측면은 주로 가정이나 직장, 학교 같은 장소를 포함하여 개인의 직접적인 환경을 의미한다. 여기에는 가족, 친지, 동료, 처음 만나는 사람과 같이 사람들과 직접 접촉할 뿐만 아니라, 직접적으로 대면하는 환경의 물리적, 물질적 측면이 포함된다.[7] 반면에 사회적 측면은 사회구조, 서비스, 제도, 이념, 교통 통신 등의 체계와 네트워크, 시민들의 의식수준 등 개인과 직접적인 접촉은 없더라도 그들의 삶에 강력한 영향을 미치는 요소들이다.

개인적 요인은 한 개인의 생활과 생활방식의 독특한 배경으로, 성별, 인종, 연령, 생활방식, 습관, 양육, 상황 대처 스타일, 사회적 배경, 교육, 직업, 과거와 현재의 경험, 전체적인 행동 유형 및 성격 유형, 개인의 심리적 특성 등이 포함된다. 따라서 개인적 요인은 객관화하여 제시하기에는 다소 무리가 있는 배경 요인이라 할 수 있다. 그러나 개인적 요인은 환경적 요인과 함께 장애와 관련하여 개인의 상태를 파악하는 데 고려해야 할 배경 요인임에는 틀림이 없다. 배경 요인은 개인의 신체 조건(기능과 구조)과 끊임없이 상호작용한다. 그 작용이 개인의 수행(performance)과 능력(capacity)을 촉진하는가(facilitate) 아니면 저해하는가(barrier)에 따라 장애를 정의할 수 있다. 결론적으로 말해서, 장애란 손상, 활동 제한, 참여 제약, 배경의 저해 요인을 포괄하는 전문용어다. 다시 말해, 장애는 개인(건강 조건을 포함한)과 개인의 배경 요인(환경적 요인과 개인적 요인) 간 상호작용의 부정적인 측면을 가리키는 것이다.

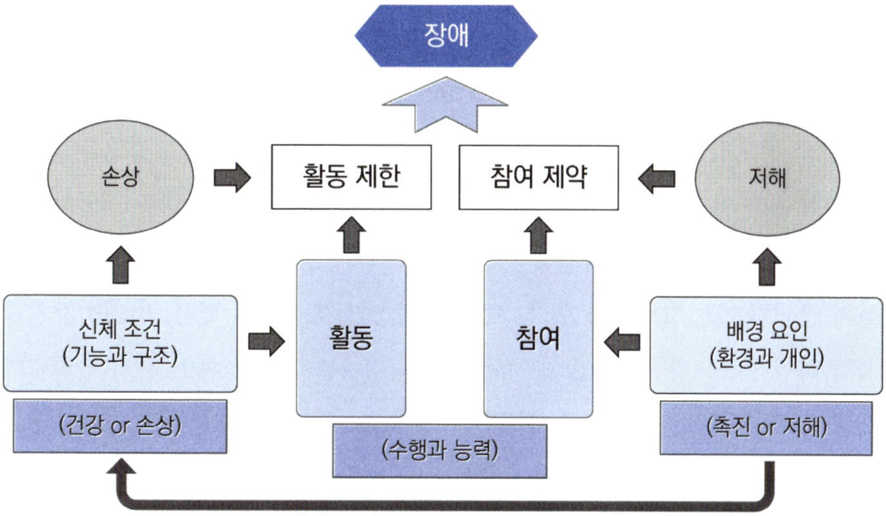

[그림 11-3] 국제기능장애건강분류의 장애 개념

4) 장애인 평생교육의 배경과 추진 방향

우리나라에서 '장애인 평생교육'이라는 용어가 사용되기 시작한 것은 비교적 최근의 일이다.[8] 1999년 5월 국립특수교육원 개원 5주년 기념 세미나 기조 강연인 '장애인 통합교육을 위한 평생교육체제 구축'에서 김도수는 장애인 교육의 평생교육적 접근을 위하여 체제화가 시급하다고 강조하면서 처음으로 '장애인 평생교육'을 사용했다.[9] 그는 장애인 평생교육의 체제화 과제로 행정의 통합과 연계, 성인이 된 장애인들이 그들의 교육을 계속할 수 있는 기관의 존재, 장애인이 평생학습 활동에 참여하는 데 있어서 존재하는 사회적 불편을 제거할 수 있는 다양한 조치, 자원봉사의 다양화와 활성화를 강조했다. 국가 차원에서의 장애인 평생교육 논의는 2001년 국립특수교육원의 '장애인 평생교육 협력체제 구축방안 연구' 추진과정에서 정책포럼을 개최한 것이 시작이다.[10]

장애인의 평생교육이 최초로 법제화된 것은 「장애인 등에 대한 특수교육법」의 제정으로부터이다. 2007년 제정된 「장애인 등에 대한 특수교육법」 제33조에서는 각급학교의 장에게 장애인의 계속교육을 위한 장애인 평생교육과정을 설치·운영할 수 있도록 했다. 또 평생교육기관은 장애인의 평생교육 기회 확대를 위해 별도의 장애인 평생교육과정을 설치·운영하고, 국가평생교육진흥원은 장애인 평생교육 확대 방안 마련과 장애인 평생교육 프로그램을 개발하도록 하는 한편, 시·도평생교육진흥원은 평생교육기관들이 장애인 평생교육과정을 설치 운영하도록 지원하게 했다. 또한 동법 제34조에서는 국가 및 지방자치단체로 하여금 초·중등교육을 받지 못하고 학령기를 지난 장애인을 위해 학교형태의 장애인 평생교육시설을 설치·운영할 수 있도록 했다. 이를 위해 국가 및 지방자치단체는 학교형태의 장애인 평생교육시설에 필요한 운영 경비를 지원하도록 했다. 법률 시행에 따라 현재 전국적으로 장애성인 평생교육시설(야학)이 운영되고 있다.

하지만 「장애인 등에 대한 특수교육법」 제33조는 장애인야학에 대한 지원에만 일부 기여하였을 뿐, 학령기 이후 장애인의 계속교육을 위해 각급학교 및 평생교육기관의 장애인 평생교육과정 설치・운영을 활성화하는 데는 그다지 기여하지 못했다. 이에 따라 학령기 이후 상대적으로 교육 기회를 갖기 힘들었던 지적장애인과 자폐성장애인을 포함한 발달장애인계에서는 독자적인 노력을 통해 지방자치단체의 조례 등을 마련하여 발달장애인평생교육센터 설립과 운영이 이루어졌다. 2014년에는 「발달장애인 권리보장 및 지원에 관한 법률」이 제정되어 동법 제26조에 발달장애인 평생교육기관 지정 및 발달장애인 평생교육과정 개발, 발달장애인 평생교육 제공인력을 규정함으로써 법률적 토대를 마련했다.

2016년 5월에는 「평생교육법」이 대폭 개정되었다. 앞서 제정된 「발달장애인 권리보장 및 지원에 관한 법률」에 따라 교육부장관은 발달장애인의 의사소통도구 개발・지원과, 평생교육을 지원할 의무가 있으며, 「장애인 등에 대한 특수교육법」은 국가평생교육진흥원이 장애인의 평생교육 프로그램을 개발하고 장애인평생교육기관을 지원하도록 규정하고는 있으나, 실제 운영되고 있는 장애인 평생교육기관은 극소수로 교육 내용도 문자해득교육에 머물러 있다는 것이 이 법의 개정이유였다. 이에 따라 국가와 지방자치단체가 장애인 평생교육에 대한 정책을 수립・시행하도록 하고, 국가장애인평생교육진흥센터를 두도록 하는 등 장애인에 대한 평생교육을 체계적으로 지원하는 한편, 「장애인 등에 대한 특수교육법」상의 장애인 평생교육 관련 규정을 「평생교육법」에 이관함으로써 일원화된 장애인평생교육진흥 체계를 갖추었다.

이로써 한국에서는 1949년 「교육법」 제정과 1977년 「특수교육진흥법」 제정, 1994년 「특수교육진흥법」 전부 개정으로 장애인의 교육권이 보장되었으며, 2007

년 「장애인 등에 대한 특수교육법」 제정과 2014년 「발달장애인 권리보장 및 지원에 관한 법률」 제정으로 장애인 및 발달장애인 평생교육이 제도적 근거를 마련하였고, 2016년 「평생교육법」의 획기적인 개정에 따라 장애인이 「헌법」과 「교육기본법」에서 규정한 평생교육의 기회를 동등하게 누릴 수 있는 지위를 갖게 되었다.

장애인 평생교육은 장애인의 사회참여 확대 및 삶의 질 향상에 목적을 두고 있다.[11] 이러한 목적은 장애인의 완전한 사회 참여와 평등을 이룩함으로써 통합사회를 실현하는 데 기여할 것이다. 2016년 「평생교육법」 개정 이후 국가는 전문적이고 체계적인 장애인 평생교육 정책 개발과 시행을 위해 국립특수교육원 내에 '국가장애인평생교육진흥센터'를 설치하고 장애인 평생교육진흥계획을 수립하는 등 다양한 계획을 지속적으로 수립·추진해 오고 있다. 사회적으로 장애인 평생교육이 늦게 출발한 만큼 이러한 노력과 시도는 본질이나 이념보다는 실천적인 방향에 초점을 맞추어 추진되고 있다.

첫째, 장애인 평생교육 활성화 기반을 조성한다. 이를 위해 장애인 평생학습도시 확대를 꾀하고 있다. 이는 지역단위의 활성화 기반을 조성하는 것으로, 단계적 시행을 통해 양적으로는 일반 평생학습도시 수준(2022년 현재 83.2%)을 목표로 추진하고 있다.

둘째, 장애인의 학습 자율성과 선택권을 강화한다. 장애인 학습자가 자기 주도적으로 원하는 평생교육 프로그램을 이수할 수 있도록 평생교육이용권을 지원한다. 또한 평생교육이용권을 사용할 수 있는 기관을 확대하고 이용과 정산 절차에 대한 매뉴얼을 제작·배포함으로써 장애인 학습자들의 능동적이고 적극적인 프로그램 참여를 유도한다.

셋째, 다양한 평생교육 프로그램 모델을 개발하여 확산한다. 장애유형과 장애정도를 고려한 평생교육 프로그램 및 온라인 콘텐츠를 개발·보급한다. 특히, 발달장애인 학습자를 위한 생애주기별 적응 기술 프로그램이나 6대 영역의 평생교육 활동 프로그램의 개발은 매우 중요하다. 또한 학력보완의 일환으로 장애인 문해교육 증진과 학력인정 지원체계 구축을 위한 반응형 온라인 콘텐츠를 개발·보급한다. 뿐만 아니라, 여성장애인은 물론 학습자의 특성을 고려한 생애주기별 맞춤형 평생교육과정을 개발·보급한다.

넷째, 장애인 평생교육 통계기반을 강화한다. 그동안 장애인 평생교육의 통계가 지표나 조사 방법의 미비(예: 기관의 자율적 응답방식)로 결과의 신뢰도를 확보하기 어려운 점이 있었다면, 전수조사나 표본조사 등 보다 과학적이고 정교한 조사방식을 적용하여 정책의 평가와 수립에 정확성을 기한다.

2. 장애인 평생교육의 참여 현황과 정책

1) 장애인구와 평생교육 참여 현황

(1) 장애인구와 평생교육 참여율

우리나라의 장애 인구는 전체 인구의 5.1% 수준인 264만여 명이다. 이 가운데 지체장애인이 43.7%로 가장 많으며, 청각장애인 16.4%, 시각장애인 9.4%, 뇌병변장애인 9.1%, 지적장애와 자폐성 장애를 포함한 발달장애인이 10.3%의 비중을 차지하고 있다.[12)]

21세 이상의 성인장애인 가운데 평생교육에 참여하는 장애유형별 학습자는 지적장애인이 61.8%, 자폐성 장애인이 9.3%로 전체 장애인 가운데 발달장애인의 참여율이 71.1%에 달하고 있으며, 그 다음이 지체장애인으로 15.4%, 뇌병변장애인 5.5% 순이다. 이 결과에서 나타나고 있듯이 한국의 장애인 평생교육은 대부분 발달장애인이 주도하고 있는 것으로 파악된다.[13)]

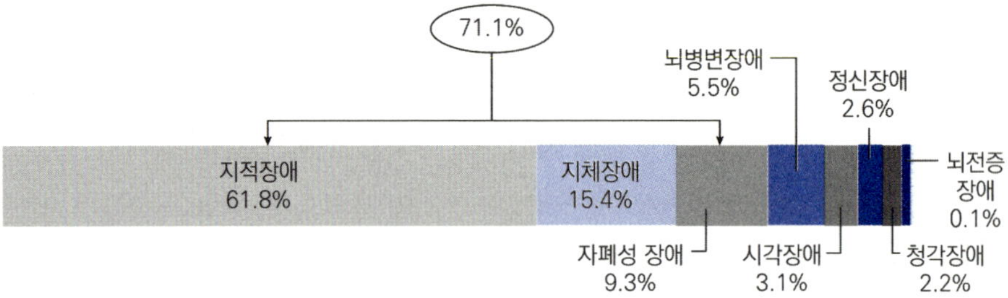

[그림 11-4] 평생교육에 참여하고 있는 유형별 장애인구

자료: 국립특수교육원 · 국가장애인평생교육진흥센터(2022). 2022 장애인 평생교육 현황조사(통계자료집). 발췌.

(2) 장애인 평생교육기관

장애인들이 이용하고 있는 평생교육기관은 크게 장애인 평생교육시설(발달장애인평생교육센터 등 「평생교육법」 제20조의2의 규정에 의해 설립된 시설)과 일반 평생교육기관(시도평생교육진흥원, 평생학습관, 대학원 부설 등), 장애인복지시설(장애인복지관 등), 장애인직업고용시설(보호작업장, 직업적응훈련시설, 발달장애인훈련센터 등), 기타(특수교육기관 등)로 구분된다. 장애인 평

〈표 11-2〉 장애인 평생교육기관별 수와 프로그램, 학습자, 교 · 강사 및 행정사무직원 현황

(단위: 개, 명)

구분	기관 수	프로그램 수	학습자 수	교 · 강사 수	행정사무직원 수
전체	282	2,705	11,921	3,041	1,051
장애인 평생교육시설	116	1,460	3,744	1,438	189
일반 평생교육시설	26	203	1,677	493	182
장애인 복지시설	37	595	4,214	642	377
장애인 직업 · 고용시설	89	382	2,028	377	216
기타(특수교육기관 등)	14	65	266	92	89

자료: 국립특수교육원 · 국가장애인평생교육진흥센터(2022). 2022 장애인 평생교육 현황조사(통계자료집). 발췌.

생교육기관은 매년 늘어나고 있으며, 2022년 장애인 평생교육 현황조사(통계자료집)에 따르면, 기관별 프로그램 수와 학습자 수, 교·강사 및 행정사무직원 수는 〈표 11-2〉와 같다.

(3) 장애인 평생학습도시

2019년 국민 참여 예산제도를 통해 학령기 이후 장애인들이 평생교육에 참여할 수 있도록 장애인 평생교육 기반을 확충해 달라는 국민적 요구를 반영하고자 장애인 평생학습도시 사업이 추진되었다. 이듬해 10개 도시에 대한 시범·선정 운영을 시작으로 2021년에는 법적 근거(「평생교육법」 제15조의2)를 마련하였으며, 2027년 100개 지역 지정·운영을 목표로 활발히 추진되고 있다. 장애인 평생학습도시는 모두가 함께 성장할 수 있는 장애 친화적 평생학습 여건을 마련하는 데 그 목적이 있으며, 지역의 공공 및 민간기관, 장애인 복지시설, 교육기관 간 장애인 평생교육 지원 협의체를 구성하여 장애인과 비장애인의 통합프로그램, 장애인 평생교육시설 등을 통한 중증 장애인 평생교육 프로그램 등 다양한 장애인 맞춤형 프로그램을 운영하고 있다.[14)]

2) 장애인 평생교육 체계

평생교육 추진체계는 중앙정부와 지방자치단체가 구축 및 운영하는 평생교육 정책 및 사업 관련 기구 및 단체의 체계를 의미한다.[15)] 「평생교육법령」 및 유관법령에 의한 평생교육 추진체계는 행정기구, 전담기구, 심의·협의기구로 구분된다. 이들 3개 기구체계는 국가-시·도-시·군·구의 단계별 기구로 구성되어 있다. 장애인 평생교육 추진체계도 그 개념상 동일하다. 다만, 장애인 평생교육의 상위 전담기구는 '국가장애인평생교육진흥센터'로 '국가평생교육진흥원'과는 별도로 분리·설치되어 있다.

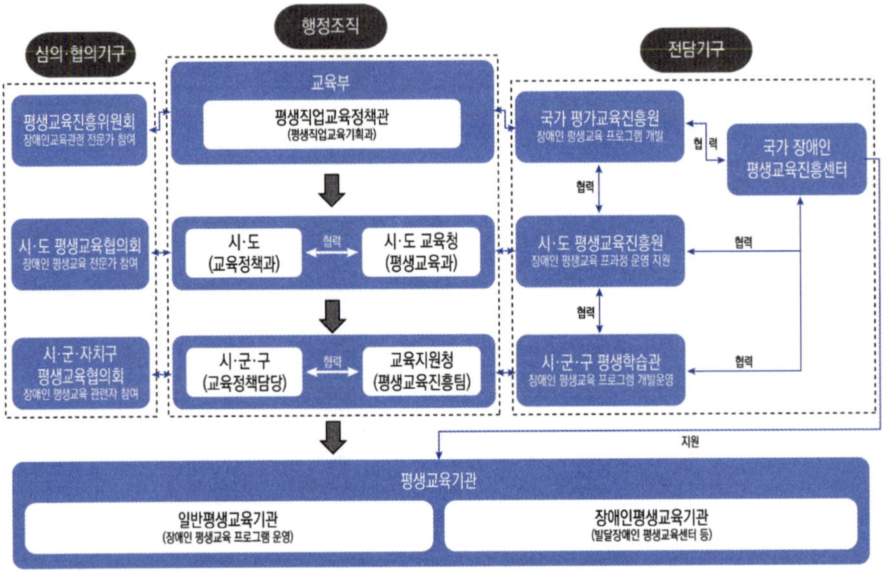

[그림 11-5] 장애인 평생교육 추진체계

3) 「평생교육법」 개정과 장애인 평생교육 정책

2016년 장애인 학습자의 평생교육 규정을 새롭게 담아 「평생교육법」이 개정됨에 따라 2018년에는 장애인 평생교육진흥 계획을 포함한 '평생교육진흥기본계획(2018~2022)'이 발표되었으며, 같은 해 '국가장애인평생교육진흥센터'가 출범했다. 2019년 관계부처 합동으로 정부의 '장애인 평생교육 활성화 방안'을 발표했다. 이 방안에 따르면, 평생교육에 대한 장애인의 접근성이 고려되지 않아 장애인 학습자의 참여율이 낮고, 장애인이 참여할 만한 프로그램도 다양하지 못하며, 장애인을 위한 맞춤형 문해교육 지원도 부족하고, 평생교육 지원체계 또한 미비할 뿐만 아니라, 장애인 학습자에 대한 관리도 체계적으로 이루어지지 않고 있는 것으로 밝혀졌다. 이러한 현실 인식을 토대로 정부는 장애인 평생학습도시 지정을 통해 장애 친화적 평생학습 환경을 구축하고, 장애인 맞춤형 평생교육 지원을 강화하며, 장애인 평생교육 지원 기반을 강화할 뿐 아니라, 장애인 평생교육의 체계적 관리 및 정보 제공을 강화하는 정책 방안을 추진했다.[16)]

정부는 2023년 제5차 평생교육진흥기본계획을 발표했다. 이에 따른 장애인 평생교육 정책으로, 지역사회 내 장애인 평생학습 인프라 확충을 위해 장애인 평생학습도시를 지속적으로 확대해 나가고, 장애인의 생애주기별 특성별 학습 설계를 제공하며, 저소득 장애인에게 학습비 지원을 강화하는 등 학습지원 및 맞춤형 프로그램 개발을 확대하기로 했다.

장애인 평생학습 추진기반을 강화하기 위해 법적 근거 확충과 장애 유형·정도별 평생학습 참여 실태 등 관련 데이터 구축에도 주력하고 있다.[17)] 현실적으로 장애인의 평생교육 참여율은 전체 성인에 비해 현저하게 낮으며, 장애인 평생교육 참여 기반 조성의 요구가 지속되고 있어 장애인 평생교육 참여 확대를 위한 평생학습도시 및 평생교육이용권 지원을 확대하는 정책이 우선시된다. 이에 따라 장애인 평생교육 활성화 기반 조성을 위해 지속적으로 장애인 평생학습도시를 구축하는 것이 주요 정책의 하나로 자리 잡고 있다.[18)]

또한 최근의 신입생 자원의 급감 등으로 대학 입학환경이 변화함에 따라 장애인의 고등·평생교육 욕구도 증가하고 있으며, 문화·예술이나 생활체육, 관광 등 여가활동 수요가 지속적으로 확대되고 있다. 따라서 장애인에 대한 고등·평생교육 기회를 확대하는 한편, 장애인 체육 이용환경 지원 확대, 장애인 관광 향유 증진 기반 확충, 장애인 문화·예술 접근성 제고, 장애인 예술 활동 지원 강화, ICT 기반 정보격차 해소 및 사회참여 확대 등 평생교육을 기반으로 한 다양한 정책을 마련함으로써 장애인의 자유롭고 평등한 삶을 실현하는 행복사

회를 추구하고 있다.[19)]

이에 따라 시·군·구 단위의 장애인 평생학습도시를 전국적으로 확대하여 지역별 장애인 평생학습 기반을 조성하도록 지원하고, 자기 주도적으로 원하는 평생교육 프로그램을 이수할 수 있도록 장애인 학습자에게 평생교육 이용권을 지원하는가 하면, 장애유형 및 정도를 고려한 장애인 평생교육 프로그램을 개발·운영하며, K-MOOC 등 장애유형별 온라인 콘텐츠의 접근성(수어·자막·화면해설 등)을 확대해 나가는 정책 방안을 시도하고 있다. 또한 장애인 학습자의 생애주기를 고려한 장애인 맞춤형 평생교육과정을 개발·보급하여 연령대별로 평생교육 프로그램 참여를 촉진하고 있다.

3. 장애인의 요구 특성과 평생교육 방안

현재 평생교육에 참여하는 장애인 학습자 가운데 지체장애(뇌병변 장애를 포함)와 시각장애·청각장애를 갖고 있는 학습자는 뇌전증장애나 정신장애를 포함하여 30%를 넘지 못하고 있다. 오히려 인구수만으로 보면 불과 10%에도 미치지 않는 발달장애 학습자의 참여율이 70%를 넘는다([그림 11-4] 참조). 이렇게 장애 유형에 따라 편중된 참여율을 보이는 것은 전통적으로 비장애학습자 중심으로 조성되어 있는 평생교육 환경에 그 이유가 있다. 따라서 장애인 학습자들이 평생교육에 대해 갖고 있는 유형별 요구 특성을 이해하고 그 요구에 맞게 교육환경을 개선한다면 학습 참여의 불균형을 해소하고 평생교육 참여율을 높이는 데 이바지할 것이다.

1) 지체 · 시각 · 청각 장애인

(1) 장애에 따른 요구 특성

지체 · 시각 · 청각 장애인은 일반 성인들과 마찬가지로 평생학습을 통해 개인의 흥미와 필요에 따른 다양한 기술과 정보 습득을 기대한다. 그러나 장애로 인해 이동과 접근의 어려움 때문에 학습 참여가 어려워 이러한 요구를 쉽게 성취할 수 없는 것이 현실이다. 따라서 이들의 평생교육 참여율을 높이기 위해서는 현재의 평생교육 환경을 이동과 접근이 가능하도록 개선할 필요가 있다. 이동이란 '서로 다른 두 지점 사이의 움직임(movement)'이며, 접근이란 '정보의 수용과 전달(communication)'을 의미한다. 즉, 이동이란 학습이 이루어지는 장소까지 갈 수 있느냐 하는 것이며, 접근이란 학습내용을 수용할 수 있느냐의 문제이다.

예를 들어, 휠체어를 사용하는 지체장애인 학습자가 집에서 두 정거장 거리에 있는 평생학습관을 이용하려면, 시간 내에 교통수단을 이용할 수 있는지, 평생학습관에 장애인 주차장이 있는지, 출입구에 계단이나 단차는 없는지, 현관의 주출입구는 휠체어에 탄 채로 진입할 수 있을 만큼 문이 부드럽거나 자동으로 열리는 것인지, 강의실까지의 경로에 장애물(바닥의 턱이나 계단 등)은 없는지, 강의실이 2층 이상일 경우 승강기가 있는지, 강의실 출입구는 휠체어가 드나들 수 있을 만큼의 충분한 폭이 되는지, 휠체어가 드나들 수 있는 화장실이 있는지 등 이동과 관련한 요구가 발생한다. 만약 이 가운데 어느 하나라도 충족되지 않는 것이 있다면, 그는 교육에 참여하기 어려울 것이다. 이동에 대한 이러한 요구는 지체장애를 가진 대부분의 학습자들이 공통적으로 갖고 있다.

시각장애를 가진 학습자들은 앞을 전혀 보지 못하거나(맹, 교정시력 0~0.04 미만) 어느 정도의 지형지물을 식별할 수 있는(저시력, 약시, 교정시력 0.04~0.2)

경우로 나누어 볼 수 있다. 앞을 전혀 볼 수 없거나 지형지물의 식별이 어려운 학습자의 경우에는 이동에도 어려움이 있어 점자 블록이나 유도 신호, 안내 등과 같은 지원이 필요하다. 그러나 시각장애를 가진 학습자들은 학습 자료에 접근하는 것이 가장 큰 요구이다. 다른 학습자들은 주로 교재를 보거나 강의자가 띄워놓은 영상자료(프레젠테이션 자료)로 학습하지만, 이들은 순전히 강의자의 음성 설명에만 의존하므로 학습 정보의 양이나 질이 떨어질 수밖에 없다. 따라서 이들은 학습에 있어서 점자나 음성 변환이 가능한 문자 파일, 읽기가 가능한 확대 자료를 요구한다.

한편, 청각장애를 가진 학습자들은 소리를 전혀 들을 수 없는 농(80~100dB 이하의 소리를 들을 수 없음)과 소리를 듣긴 하지만 잘 들을 수 없는 난청(60dB 이하의 소리는 들을 수 없음)으로 나누어 볼 수 있다. 청각장애인 학습자는 강의 내용을 음성보다는 수어나 문자를 통해 주고받아야 하므로 강의실 내에서 수어통역사나 속기사의 지원이 이루어져야 한다.

(2) 지체・시각・청각장애인의 평생교육 방안

전체 장애인의 90%에 이르는 지체・시각・청각장애인의 평생교육 참여율을 높이기 위해서는 이동과 접근성 제고를 통해 평생교육의 환경을 개선해야 한다. 이를 위해서는 관련 법령에 따른 시설 기준(〈표 11-3〉 참조)을 마련하고 교육에서의 정당한 편의 제공 의무(〈표 11-3〉 참조)를 준수해 나가야 한다.

평생교육기관은 「장애인・노인・임산부 등의 편의증진 보장에 관한 법률」 제7조에 의한 공공건물 및 공중이용시설로서 동법 시행령 제4조 [별표 2]의 편의시설 설치 의무를 준수하여야 한다. 편의시설의 종류와 설치기준은 〈표 11-3〉과 같다.

〈표 11-3〉 공공건물 및 공중이용시설의 일반 사항

편의시설의 종류	설치기준
장애인 등의 통행이 가능한 접근로	(가) 대상시설 외부에서 건축물의 주출입구에 이르는 접근로는 장애인 등이 안전하고 편리하게 통행할 수 있도록 유효 폭·기울기와 바닥의 재질 및 마감 등을 고려하여 설치하여야 한다. (나) 접근로를 (가)의 주출입구에 연결하여 시공하는 것이 구조적으로 곤란하거나 주출입구보다 부출입구가 장애인 등의 이용에 편리하고 안전한 경우에는 주출입구 대신 부출입구에 연결하여 접근로를 설치할 수 있다.
장애인전용 주차구역	(가) 부설주차장에는 장애인전용 주차구역을 주차장법령이 정하는 설치비율에 따라 장애인의 이용이 편리한 위치에 구분·설치하여야 한다. 다만, 부설주차장의 주차대수가 10대 미만인 경우를 제외하며, 산정된 장애인전용 주차구역의 주차대수 중 소수점 이하의 끝수는 이를 1대로 본다. (나) 자동차관련시설 중 특별시장·광역시장·시장·군수 또는 구청장이 설치하는 노외주차장에는 장애인전용 주차구역을 주차장법령이 정하는 설치기준에 따라 장애인의 이용이 편리한 위치에 구분·설치하여야 한다.
높이 차이가 제거된 건축물 출입구	(가) 건축물의 주출입구와 통로에 높이 차이가 있는 경우에는 턱 낮추기를 하거나 휠체어리프트 또는 경사로를 설치하여야 한다. (나) (가)의 주출입구의 높이 차이를 없애는 것이 구조적으로 곤란하거나 주출입구보다 부출입구가 장애인 등의 이용에 편리하고 안전한 경우에는 주출입구 대신 부출입구의 높이 차이를 없앨 수 있다.
장애인 등의 출입이 가능한 출입구 등	(가) 건축물의 주출입구와 건축물 안의 공중의 이용을 주목적으로 하는 사무실 등의 출입구(문) 중 적어도 하나는 장애인 등의 출입이 가능하도록 유효 폭·형태 및 부착물 등을 고려하여 설치하여야 한다. 이 경우 제7조의2 제6호에 따른 국가 또는 지방자치단체의 청사(공중이 직접 이용하는 시설만 해당한다) 중 「건축법시행령」 별표 1 제3호에 따른 제1종 근린생활시설에 해당하지 아니하는 시설의 경우에는 장애인 등의 출입이 가능하도록 설치하는 출입구를 자동문 형태로 하여야 한다. (나) 교통시설의 승강장에 이르는 개찰구 중 적어도 하나는 장애인 등의 출입이 가능하도록 너비 등을 고려하여 편리한 구조로 설치하여야 한다.

편의시설의 종류	설치기준
장애인 등의 통행이 가능한 복도 등	(가) 복도는 장애인 등의 통행이 가능하도록 유효 폭, 바닥의 재질 및 마감과 부착물 등을 고려하여 설치하여야 한다. (나) 교통시설의 주출입구로부터 대합실 및 승강장에 이르는 통로는 유효 폭, 바닥의 재질 및 마감과 부착물 등을 고려하여 설치하여야 한다.
장애인 등의 통행이 가능한 계단, 장애인용 승강기, 에스컬레이터, 휠체어 리프트, 경사로 또는 승강장	(가) 장애인 등이 건축물의 1개 층에서 다른 층으로 편리하게 이동할 수 있도록 그 이용에 편리한 구조로 계단을 설치하거나 장애인용 승강기, 장애인용 에스컬레이터, 휠체어리프트 또는 경사로를 1대 또는 1곳 이상 설치하여야 한다. 다만, 장애인 등이 이용하는 시설이 1층에만 있는 경우에는 그러하지 아니하다. (나) (가)의 건축물 중 6층 이상의 연면적이 2천 제곱미터 이상인 건축물(층수가 6층인 건축물로서 각 층 거실의 바닥면적 300제곱미터 이내마다 1개소 이상의 직통계단을 설치한 경우를 제외한다)에 근린공공시설, 노유자 시설 중 노인복지시설 및 장애인복지시설, 의료시설, 교육연구시설 중 학교 및 도서관, 공공업무시설, 숙박시설, 판매시설, 문화 및 집회시설 중 공연장·관람장·전시장, 방송통신시설 중 방송국, 수련시설이 있는 경우에는 장애인용 승강기, 장애인용 에스컬레이터, 휠체어리프트 또는 경사로를 1대 또는 1곳 이상 설치하여야 한다. (다) 층수가 2층 이상인 교통시설에는 장애인 등이 주출입구로부터 대합실 및 승강장이 있는 층까지 편리하게 이동할 수 있도록 장애인용 승강기, 장애인용 에스컬레이터, 휠체어리프트 또는 경사로를 1대 또는 1곳 이상 설치하여야 한다. (라) 교통시설의 승강장은 장애인 등이 안전하게 승·하차할 수 있도록 기울기, 바닥의 재질 및 마감과 차량과의 간격 등을 고려하여 설치하여야 한다. (마) 교통시설 중 택시 승강장과 차도의 경계에 높이 차이가 있는 때에는 턱 낮추기를 하거나 연석경사로를 설치하여야 한다.
장애인 등의 이용이 가능한 화장실	장애인 등이 편리하게 이용할 수 있도록 구조, 바닥의 재질 및 마감과 부착물 등을 고려하여 설치하되, 장애인용 대변기는 남자용 및 여자용 각 1개 이상을 설치하여야 하며, 영유아용 거치대 등 임산부 및 영유아가 안전하고 편리하게 이용할 수 있는 시설을 구비하여 설치하여야 한다.
장애인 등의 이용이 가능한 욕실	욕실은 1개실 이상을 장애인 등이 편리하게 이용할 수 있도록 구조, 바닥의 재질 및 마감과 부착물 등을 고려하여 설치하여야 한다.

편의시설의 종류	설치기준
장애인 등의 이용이 가능한 샤워실 및 탈의실	샤워실 및 탈의실은 1개 이상을 장애인 등이 편리하게 이용할 수 있도록 구조, 바닥의 재질 및 마감과 부착물 등을 고려하여 설치하여야 한다.
점자블록	건축물의 주출입구와 도로 또는 교통시설을 연결하는 보도에는 점자블록을 설치하여야 한다.
시각 및 청각장애인 유도·안내 설비	(가) 시각장애인의 시설이용 편의를 위하여 건축물의 주출입구 부근에 점자안내판, 촉지도식 안내판, 음성안내장치 또는 그 밖의 유도신호장치를 점자블록과 연계하여 1개 이상 설치하여야 한다. (나) 삭제〈2007.2.12〉 (다) 공원·근린공공시설·장애인복지시설·교육연구시설·공공업무시설, 시각장애인 밀집거주지역 등 시각장애인의 이용이 많거나 타당성이 있는 설치요구가 있는 곳에는 교통신호기가 설치되어 있는 횡단보도에 시각장애인을 위한 음향신호기를 설치하여야 한다. (라) 청각장애인의 시설이용 편의를 위하여 청각장애인 등의 이용이 많은 곳에는 전자문자안내판 또는 기타 전자문자안내설비를 설치하여야 한다.
시각 및 청각장애인 경보·피난설비	(가) 시각 및 청각장애인 등이 위급한 상황에 대피할 수 있도록 청각장애인용 피난구유도등·통로유도등 및 시각장애인용 경보설비 등을 설치하여야 한다. (나) 교통시설의 승강장에서 장애인 등이 추락할 우려가 있는 경우에는 난간 등 추락방지설비를 갖추어야 한다.
장애인 등의 이용이 가능한 객실 또는 침실	기숙사 및 숙박시설 등의 전체 침실 수 또는 객실의 1퍼센트 이상(숙박시설은 0.5퍼센트 이상)은 장애인 등이 편리하게 이용할 수 있도록 구조, 바닥의 재질 및 마감과 부착물 등을 고려하여 설치하되, 산정된 객실 또는 침실 수 중 소수점 이하의 끝수는 이를 1실로 본다.
장애인 등의 이용이 가능한 관람석 또는 열람석	관람장 및 도서관 등의 전체 관람석 또는 열람석 수의 1퍼센트 이상(전체 관람석 또는 열람석 수가 2천 석 이상인 경우에는 20석 이상)은 장애인 등이 편리하게 이용할 수 있도록 구조 등을 고려하여 설치하되, 산정된 관람석 또는 열람석 수 중 소수점 이하의 끝수는 이를 1석으로 본다.
장애인 등의 이용이 가능한 접수대 또는 작업대	지역자치센터 및 장애인복지시설 등의 접수대 또는 작업대는 장애인 등이 편리하게 이용할 수 있도록 형태·규격 등을 고려하여 설치하여야 한다. 다만, 동일한 장소에 각각 2대 이상을 설치하는 경우에는 그 중 1대만을 장애인 등의 이용을 고려하여 설치할 수 있다.

편의시설의 종류	설치기준
장애인 등의 이용이 가능한 매표소 · 판매기 · 음료대	교통시설 등의 매표소(장애인 등의 이용이 가능한 자동발매기를 설치한 경우와 시설관리자 등으로부터 별도의 상시서비스가 제공되는 경우를 제외한다) · 판매기 및 음료대는 장애인 등이 편리하게 이용할 수 있도록 형태 · 규격 및 부착물 등을 고려하여 설치하여야 한다. 다만, 동일한 장소에 2곳 또는 2대 이상을 각각 설치하는 경우에는 그중 1곳 또는 1대만을 장애인 등의 이용을 고려하여 설치할 수 있다.
임산부 등을 위한 휴게시설 등	임산부와 영유아가 편리하고 안전하게 휴식을 취할 수 있도록 구조와 재질 등을 고려하여 휴게시설을 설치하고, 휴게시설 내에는 모유수유를 위한 별도의 장소를 마련하여야 한다. 다만, 「문화재보호법」 제2조에 따른 지정문화재(보호구역을 포함한다)에 설치하는 시설물은 제외한다.

출처: 법제처 국가법령정보센터(www.moleg.go.kr)

또한 평생교육기관은 「장애인 차별금지 및 권리구제 등에 관한 법률」 제2조 제6호에 따른 교육기관으로서 장애인 학습자를 위하여 동법 제14조제1항과 동법 시행령 제8조에 따른 정당한 편의를 제공하여야 한다. 정당한 편의란 장애인이 장애가 없는 사람과 동등하게 같은 활동에 참여할 수 있도록 장애인의 성별, 장애의 유형 및 정도, 특성 등을 고려한 편의시설 · 설비 · 도구 · 서비스 등 인적 · 물적 제반 수단과 조치를 말하는 것으로, 〈표 11－4〉에 제시한 바와 같다.

〈표 11-4〉 평생교육기관에서의 정당한 편의 제공

정당한 편의	제공 내용
이동용 보장구 대여 · 수리	• 장애인의 통학 및 교육기관 내에서의 이동 및 접근에 불이익이 없도록 하기 위한 각종 이동용 보장구의 대여 및 수리
보조인력의 배치	• 장애인 및 장애인 관련자가 필요로 하는 경우 교육 보조인력의 배치
보조공학기기 제공	• 장애로 인한 학습 참여의 불이익을 해소하기 위한 확대 독서기, 보청기기, 높낮이 조절용 책상, 각종 보완 · 대체 의사소통 도구 등의 대여 • 시 · 청각장애인의 교육에 필요한 한국수어 통역, 문자통역(속기), 점자자료, 점자 · 음성 변환용 코드가 삽입된 자료, 자막, 큰 문자자료,

정당한 편의	제공 내용
	화면낭독·확대프로그램, 보청기기, 무지점자단말기, 인쇄물 음성변환 출력기를 포함한 각종 장애인보조기구 등 의사소통 수단
여유 공간 확보	• 보조견의 배치나 휠체어의 접근을 위한 여유 공간 확보
교육과정 적용 유의	• 교육과정을 적용함에 있어서 학습 진단을 통한 적절한 교육 및 평가 방법의 제공 • 원활한 교수 또는 학습 수행을 위한 지도자료 등
이동·접근 시설·설비	• 교육기관 내 교실 등 학습시설 및 화장실, 식당 등 교육활동에 필요한 모든 공간에서 이동하거나 그에 접근하기 위하여 필요한 시설·설비 및 이동수단
교통편의	• 통학과 관련된 교통편의

출처: 법제처 국가법령정보센터(www.moleg.go.kr)

앞에서 제시한 '공공건물 및 공공이용시설의 편의시설'이나 '교육기관의 정당한 편의 제공'은 평생교육기관의 이동·접근 환경을 개선함으로써 장애인의 평생교육 참여율을 높이는 데 기여할 수 있는 지표이기도 하다. 특히, 정당한 편의 제공에는 물적 지원과 함께 인적 지원도 포함되어 있어, 지역사회 관련 기관(장애인 보조공학센터, 수어통역센터, 장애인 복지관 등)과의 연계·협력도 매우 중요하다.

2) 발달장애인

(1) 장애에 따른 요구 특성

인간은 태어나서 죽음에 이르는 순간까지 각 생애주기에 따라 개인으로서, 가족의 일원으로서, 또한 지역사회 구성원의 한 사람으로서 필요한 기술들을 익혀 사회에 적응하며 살아간다. 일반적으로 개인은 학령기까지 배운 지식과 기술을 기반으로 남은 생에 필요한 기술들을 스스로 터득해 생존한다.

발달장애인들 역시 일반 성인들이나 다른 장애인들과 마찬가지로 평생교육을 통해 개인의 흥미와 필요에 따른 다양한 기술과 정보 습득을 기대한다. 그러나 발달장애인들은 그들의 장애 특성상 이러한 보편적 요구보다 더 절실한 요구를 지니고 있다. 성인들은 일반적으로 학령기 동안 배우고 익힌 지식과 기술만으로 이후의 삶에 대해 적절히 대처할 수 있는 능력을 갖추고 있지만, '인지'와 '적응' 능력에 어려움을 갖고 있는 발달장애인들은 학령기까지의 교육만으로는 남은 생에 필요한 기술들을 스스로 익혀 살아가기가 어렵다.

따라서 발달장애인들은 평생교육을 통해 학령기 이후 학교교육의 단절로 더 이상 배울 수 없게 된 성인기에서 노년기에 이르기까지의 생애주기에 필요한 기술들을 계속 배우고자 하는 요구를 지닌다. 발달장애인 학습자를 일반 성인 학습자나 다른 장애인 학습자와 비교해 보면 그 요구 특성에 차이가 있음을 보다 분명히 알 수 있다.

〈표 11-5〉 평생교육에 대한 발달장애인의 요구 특성

구분	학습자의 요구 특성	
	일반 성인 및 비발달장애인	발달장애인
개인 특성	• 스스로 상황을 파악하여 필요한 기술을 습득함으로써 새로운 환경 적응에 큰 어려움이 없음	• '인지' 및 '적응행동' 특성으로 인해 새로운 환경에 적응이 늦거나 어려움
학습자의 능력과 사회적 여건	• 학령기 이후 생애주기에 따른 적응기술을 스스로 습득 • 대학, 훈련기관, 평생교육기관 등 학령기 이후 더 배울 수 있는 교육기관이 다양함	• 스스로 학령기 이후 생애주기 적응기술 습득 곤란 • 학령기 이후 배울 수 있는 교육기관이 매우 제한되어 있음
평생교육에 대한 요구	• 개인의 흥미와 필요에 따른 다양한 기술과 정보 습득을 위한 학습	• 개인의 흥미와 필요에 따른 다양한 기술과 정보 습득을 위한 학습 • 학령기 이후의 생애주기에 따라 필요한 일상생활기술 습득을 위한 교육

(2) 발달장애인의 평생교육 방안

일반 성인이나 다른 장애인 학습자와 달리 발달장애인이 갖고 있는 요구가 매우 절실하고 강력하다는 것은 이미 평생교육 참여율([그림 11-4] 참조)에 잘 드러나 있다. 이러한 발달장애인의 요구를 반영하기 위해서는 다음과 같은 변화가 필요하다.

첫째, 평생교육기관에서 발달장애인 평생교육과정을 운영해야 한다. 특히, 국가·지방자치단체 및 시·도교육감이 설립하는 장애인 평생교육기관이나 국가·지방자치단체 및 시·도교육감 이외의 자가 설립하는 장애인 평생교육기관, 장애인 평생교육기관으로 지정된 평생교육기관은 발달장애인 평생교육과정 또는 장애인 평생교육 프로그램을 운영해야 한다.

'발달장애인 평생교육과정'은 「발달장애인 권리보장 및 지원에 관한 법률」 시행령 제12조에 정한 기준에 따라 '발달장애인 개인의 특성'과 '자기결정 및 자립생활 역량의 함양', '의사소통 및 인지적 특성'을 고려하여 성인기의 개인·가정·지역사회 생활 기술을 내용으로 하는 '기본교육과정'과 「평생교육법」 제2조제1호에서 정하고 있는 학력보완교육, 성인 문해교육, 직업능력 향상교육, 인문교양교육, 문화예술교육, 시민참여교육 등을 포함한 모든 형태의 조직적인 교육활동을 포함하는 '각과교육과정'으로 구성된 교육과정이다.[20]

그러나 아직 발달장애인의 평생교육과정이 최복천 등이 제시한 기본교육과정과 각과교육과정으로 구분하여 개발된 것은 없다. 다만, 한경근 등(2019a)은 평생교육의 보편성을 강조하면서 발달장애인의 교육적 특성에 맞추어 평생교육의 6대 영역별 활동에 따른 '발달장애인 평생교육과정'을 제안하고 있다. 그 밖에도 발달장애인의 평생교육과정에 대한 연구는 국가장애인평생교육진흥센터를 중심으로 활발히 이루어지고 있다.[21]

〈표 11-6〉 발달장애인 교육과정의 구성

구분	정의	과목
기본 교육과정	발달장애인들이 성인으로서 갖추어야 할 기초생활 자립에 초점을 맞추어 성인생활에 꼭 필요한 기술을 익히도록 지원하는 과정으로 신변처리 기술, 일상생활기술, 사회성 기술, 지역사회적응기술 등을 내용으로 한다.	• 개인생활, 가정생활, 지역사회생활
각과 교육과정	「평생교육법」 제2조제1호의 내용을 교과로 하여 편성된 교육과정으로 발달장애인의 요구와 교육적 특성을 고려하여 개발한 교육과정이다.	• 기초문해, 학력보완, 직업능력향상, 인문교양, 문화예술, 시민참여

출처: 최복천 등(2015). 발달장애인법 시행에 따른 신규서비스 실행방안 연구. 58~61쪽에서 발췌.

4. 장애인 평생교육의 발전 과제

2006년 UN이 제정한 「국제장애인권리협약」에서는 장애인은 다른 사람들과 동일한 환경 조건하에서는 여러 가지 장벽들로 인해 완전하고 만족스러운 참여를 곤란하게 하는 신체적, 정신적, 지적, 또는 감각적 손상을 지닌 사람들이라고 정의하고, 장애인의 완전하고 효과적인 사회 참여와 통합을 일반원칙의 하나로 제시하고 있다. 특히, 이 협약에서는 모든 수준에서의 통합적인 교육제도와 평생교육을 보장할 것을 규정하고 있다.[22)]

장애인의 '완전하고 효과적인 사회 참여와 통합'은 우리나라의 「장애인복지법」이나 「장애인 차별금지 및 권리구제 등에 관한 법률」, 「장애인 등에 대한 특수교육법」의 목적에도 명시되어 있을 만큼 보편적 원칙이다. 그러므로 '완전한 사회 참여와 통합' 원칙은 개인인 장애인에게 있어서는 자유롭고 평등한 시민으로서의 삶을 위해 반드시 누려야 할 권리인 동시에 장애인인 시민에 대해 국가·사회가 보장해야 할 당연한 책무이기도 하다. 장애인에게 부여된 권리이자 국가・사회의 책무인 이 원칙이 실현되는 곳은 바로 우리가 매일 숨쉬며 살아가고 있는 지역사회이다.

그러므로 현재 평생교육 활성화 기반 조성을 위해 지역 단위로 추진하고 있는 장애인 평생학습도시 확대 정책은 장애인의 완전하고 효과적인 사회 참여와 통합에 직접적으로 기여할 것이다.

장애인 평생학습도시를 확대하기 위해서는 이미 수십 년 동안 기초자치단체를 지역단위로 구축해 온 평생학습도시와의 연계・협력이 필수적이다. 그동안 지역사회 중심의 평생교육 기반을 구축하면서 쌓아온 평생학습도시의 선경험(노하우)을 공유함으로써 시행착오를 줄일 수 있으며, 이미 구축되어 작동되고 있는 지역사회 평생학습 자원을 함께 나눔으로써 시간적・경제적 효율성을 기할 수 있다는 것이다. 또한 이 과정에서 장애인 학습자들이 지역사회 구성원들과 소통하면서 자연스럽게 완전한 참여와 통합 환경으로 사회 구조를 전환할 수 있다는 것이다.

가장 이상적인 방안은 기존의 평생학습도시에 지정을 추가하여 장애인 학습자의 완전한 참여를 보장할 수 있는 구조로 거듭나는 것이다. 이를 위해서는 시민의식의 개선과 장애인 학습자의 요구 우선 반영, 다른 지역사회와의 정책・제도・프로그램 교류, 단계별 전략 수립 등 다음과 같은 몇 가지 노력을 바탕으로 추진해 나갈 필요가 있다.

첫째, 시민의식의 개선이 이루어져야 한다. 평생학습도시를 기반으로 장애인 평생교육을 활성화하기 위해서는 평생학습도시 단위인 지역사회 구성원과 평생교육 종사자들의 다음과 같은 노력이 병행되어야 한다. 무엇보다 지역사회 구성원과 평생교육 종사자들이 장애인을 시민의 한 사람이자 학습자의 일원으로 인식하고 받아들여야 한다. 장애인은 특별하므로 평생교육 또한 장애인복지관 등 장애인이 이용하기 편리한 시설에서만 학습해야 한다는 고정관념을 버려야 한다. 지역주민들이 이용하는 평생교육시설은 어디나 장애인 주민이 함께 학습할 수 있도록 자치단체장은 물론 관련 행정가, 지역사회 평생교육기관장을 비롯한 종사자 모두가 인식을 바꾸어야 한다. 이를 위해서는 자치단체장은 행정가, 평생교육 종사자, 지역사회 주민의 인식 전환에 힘써야 한다.

둘째, 장애인 학습자의 요구를 우선 반영하여야 한다. 또한 장애를 지닌 학습자들이 지역 주민의 한 사람으로 평생교육에 참여하려면 자치단체는 경제적으로 어려운 학습자에게 수강료를 지원하듯이 이들의 요구도 파악하여 행정과 운영에 반영해야 한다. 지체장애로 이동에 어려움을 지닌 학습자들은 학습이 이루어지는 장소까지 오가기가 어렵고 출입구의 턱이나 폭, 계단, 화장실 사용 등 시설 내 활동도 곤란하다. 청각장애를 지닌 학습자들은 청각정보로 이루어진 학습자료에, 시각장애를 지닌 학습자들은 시각정보로 이루어진 학습자료에 접근하는 데 한계가 있다. 인지나 적응에 어려움을 겪는 발달장애를 지닌 학습자들은 일반 학습자들이 갖고 있는 요구는 물론 또 다른 개인별 요구들을 갖고 있다. 따라서 장애인 학습자의 평생교육 참여를 높이기 위해서는 먼저 장애인 학습자의 교육적 요구를 우선 반영하는 지역사회의 제도와 정책 실행이 필요하다.

셋째, 무엇보다 중요한 것은 단계별 추진이다. 현재 이루어지고 있는 장애인 평생학습도시 사업은 첫 시행부터 프로그램과 운영기관을 결정하고 학습자를 모집하고 프로그램 강사를 섭외하여 실적 올리기에만 더 급급한 양상이다. 이는 성공적이지 못하다. 이렇게 해서는 지역사회 구성원들의 협조를 이끌어내기 어렵다.

지역사회에서 장애인의 평생교육을 활성화시키기 위해서는 [그림 11-6]에서와 같이 먼저 지역 내 장애인구와 그들의 평생교육 욕구를 조사하고 동시에 지역 내 평생학습시설, 인력, 학습 관련 자원들을 세밀하게 파악하여야 한다. 다음으로, 파악된 평생학습자원이 지역 내 장애인의 평생교육 욕구에 부합하는 자원인지의 여부를 분석하여 장애인 평생교육 활성화 방안을 마련해 나가야 한다.

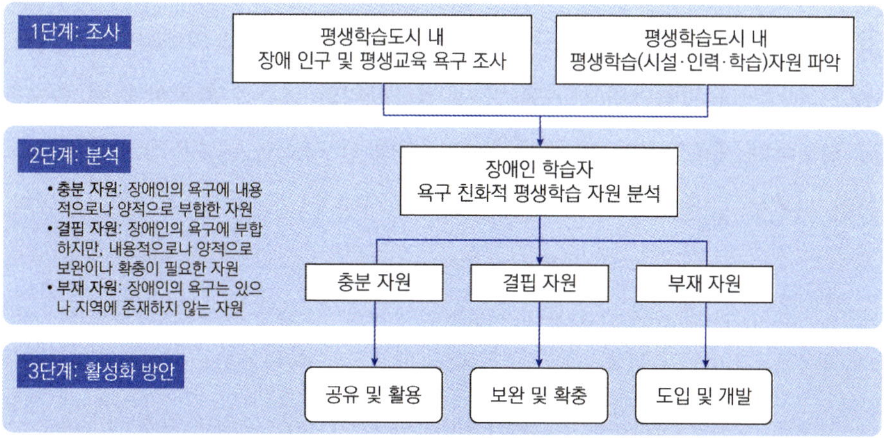

[그림 11-6] 장애인 평생교육 활성화 방안 마련을 위한 단계적 추진 과정
출처: 권인탁, 강대중(2022). 미래사회와 평생교육. 경기: 교육과학사. 169.

단계별 과정을 좀 더 자세히 제시하면 다음과 같다.

- 1단계(조사): 지역사회(평생학습도시) 내 장애 인구 및 장애인의 평생교육 욕구조사를 실시하는 한편, 평생학습 자원을 분야별(시설, 인력, 학습 등)로 세밀하게 파악함
- 2단계(분석): 파악된 평생학습 자원들이 조사된 장애인의 욕구에 부합하는지의 여부를 충분 자원과 결핍 자원, 부재 자원으로 구분하여 분석함
- 3단계(활성화 방안): 장애인 평생교육 욕구를 충족하는 평생학습 자원의 경우 공유 및 활용 방안을 수립하여 실행하며, 장애인의 욕구에 맞기는 하지만 그대로 공유 및 활용하기 어렵거나 충분치 않은 자원의 경우 보완 또는 확충 방안을 마련하여 해소한다. 장애인의 욕구는 있으나 지역사회 내 그에 맞는 자원이 없을 경우 도입 및 개발 방안을 수립하여 추진함

마지막으로, 지역사회 간의 정책・제도・프로그램을 교류하여야 한다. 지역사회 단위에서 장애인 학습자의 요구를 반영하여 환경을 개선하고 평생교육 참여를 높이려면, 많은 시간과 인력, 예산이 소요될 수 있다. 처음 추진하는 사업에는 시행착오도 따른다. 이러한 어려움을 최소화하기 위해서는 개별단위(시・군・구)나 광역단위(시・도) 또는 전국단위의 교류를 활발히 하여 선진화된 정책이나 제도, 프로그램을 발굴하고, 지역 간 상호협력을 통해 필요한 정책이나 자원을 공동개발 또는 교환함으로써 시행착오를 줄일 수 있을 것이다.

---

1) 한준상(2002). 호모 에루디티오. 학지사.
2) 최복천・기미옥・김주영・성명진・전혜인・제철웅・오다은(2015). 발달장애인법 시행에 따른 신규서비스 실행방안 연구. 보건복지부・한국보건사회연구원.
3) 국립특수교육원・국가장애인평생교육진흥센터(2022). 2022 장애인 평생교육 현황조사.
4) 김주영・이미정・박지현・허선주・전지혜(2016). 장애인 평생교육권 증진을 위한 실태조사 연구. 국가인권위원회.
5) 정재은(2012). 장애인의 소득보장에 관한 연구. 고려대학교대학원 석사학위 청구논문.
6) 세계보건기구(WHO)・보건복지부(2004). 국제 기능・장애・건강 분류. 보건복지부.
7) 위의 자료.
8) 정경태(2012). 장애인 평생교육의 실태 및 지원요구. 석사학위논문. 대구대학교 교육대학원.
9) 김도수(1999). 장애인 통합교육을 위한 평생교육체제 구축. 국립특수교육원 개원 5주년 기념세미나. Vol. 6. 1-27.
10) 정동영・정동일・정인숙(2001). 장애인 평생교육 협력체제 구축 방안 연구. 국립특수교육원.
11) 교육부・국가평생교육진흥원(2023). 2022 평생교육 백서. 국가평생교육진흥원.
12) 보건복지부(2022). 2023년 등록장애인 현황 통계 발표 보도자료. 4월 18일.
13) 국립특수교육원・국가장애인평생교육진흥센터(2022). 앞의 자료.
14) 교육부・국가평생교육진흥원(2023). 앞의 자료.
15) 교육부(2022). 제6차 특수교육발전 5개년 계획(2023~2027).
16) 관계부처합동(2019). 장애인 평생교육 활성화 방안('20~'22).
17) 관계부처합동(2022). 제5차 평생교육진흥기본계획('23~'27) 평생학습 진흥방안.
18) 교육부(2022). 제6차 특수교육발전 5개년 계획(2023~2027).
19) 관계부처합동(2023). 제6차 장애인정책종합계획(2023~2027).
20) 최복천 외(2015). 앞의 보고서.
21) 홍성두・김도현・김수현・김원호・주교영・지은(2018). 발달장애인 평생교육과정 개발 기

초연구. 국립특수교육원; 김주영・정연수・권명숙(2018). 발달장애인 평생교육기관 지정 기준 등에 대한 연구. 국립특수교육원; 한경근・김동일・김원호・이윤우・주교영・최승숙(2019a). 발달장애인 평생교육과정. 국립특수교육원; 한경근・김동일・김원호・이윤우・주교영・최승숙(2019b). 발달장애인 평생교육과정 학습활동 차시계획 작성 안내서. 국립특수교육원; 한경근・김동일・김원호・이윤우・주교영・최승숙(2019c). 발달장애인 평생교육과정 개발을 위한 실태파악 및 요구분석. 국립특수교육원; 신현기・한경근・김원호・이주영・이윤우・주교영・엄주익・장철승・권준(2020). 발달장애인 평생교육과정 해설 및 운영자료: 배움을 잇다 즐거움이 있다. 국가장애인평생교육진흥센터; 한경근・김원호・김동일・이준재・신성희・장하림(2021). 발달장애인 평생교육과정 개발 연구(문화예술교육). 국가장애인평생교육진흥센터; 김동일・한경근・안예지・김은삼・김은혜(2021). 발달장애인 시민참여교육 프로그램. 국가장애인평생교육진흥센터; 박미진・김기룡・김재정・주영하(2021a). 발달장애인 평생교육과정 · 프로그램 운영 사례집 발간 연구. 국가장애인평생교육진흥센터; 박미진・김기룡・김재정・주영하(2021b). 발달장애인 평생교육과정 · 프로그램 운영 우수 사례집. 국가장애인평생교육진흥센터; 박미진・김기룡・김재정・주영하(2021c). 해외 발달장애인 평생교육과정 · 프로그램 운영 사례집. 국가장애인평생교육진흥센터.

22) United Nations(2023). Convention on the Rights of Persons with Disabilities(CRPD).

제12장

이주배경자와 평생교육

1. 서론: 왜 '이주배경자'이고 왜 '평생학습'인가?

21세기 한국 사회는 국제결혼 증가, 외국인 노동자 유입 등으로 인해 급격한 변화를 맞이하고 있다. 2023년 말 기준, 국내 체류외국인은 250만 명을 넘어서며 전체 인구의 4.9%를 차지하고 있으며,[1] 다양한 문화적 배경을 가진 이주배경자들이 한국 사회의 중요한 구성원으로 자리매김하고 있다. 이는 단순히 한국 사회 구성원 비율의 변화를 넘어, 과거 단일민족 국가라는 정체성이 강했던 한국 사회가 '이민사회'로 이행하는 필수불가결한 흐름을 보여준다. 2017년 기준 OECD 회원국 또는 EU 국가의 이주배경 인구 비중 평균이 약 18%인 것과 비교하면 한국은 아직 낮은 수준이지만, 최근 몇 년간 꾸준히 증가해 왔으며, 앞으로도 더욱 증가할 것으로 예상된다는 점에서 한국 사회가 이미 다문화·다인종으로 구성된 이민사회 국면에 진입했음을 알 수 있다.[2]

그러나 이러한 변화는 단순히 '다문화'라는 수식어로 설명하기에는 복잡한 이면을 가지고 있다. 초국가 자본주의와 신자유주의 세계화 흐름 속에서, 한국 사회는 저숙련 노동자, 결혼 이주 여성, 난민 등 다양한 배경을 가진 이주배경자들을 필요로 하게 되었다. 이들의 유입은 저출산, 고령화로 인한 노동력 부족, 국제결혼 증가 등 한국 사회의 구조적인 문제와 맞물려 있으며, 단순히 개인의 선택이나 우연한 결과로만 볼 수 없다. 이주배경자들은 한국 사회의 필요에 의해 유입되었고, 지금도 제조업, 건설업, 농수산업 등 다양한 분야에서 핵심 노동력으로서, 그리고 국민의 배우자로서, 자신의 역할을 묵묵히 수행하고 있다.

하지만 이들이 한국 사회 구성원으로서 온전히 인정받고 있는가에 대한 의문은 여전히 남는다. 대한민국 정부의 외국인 정책은 이주배경자를 '관리'와 '통제'의 대상으로 여기는 경향이 있으며, 이는 이주배경자들을 사회 변두리로 내몰고 소외시키는 결과를 낳을 수 있다.[3] 이주배경자들이 단일한 집단이 아니라는 점도 간과해서는 안 된다. 이주노동자, 결혼이주자, 유학생, 이주배경 청소년, 북한 이탈 주민 등 다양한 유형으로 구성되며, 각 유형별로 출신 국가, 문화적 배경, 한국어 능력, 교육 수준, 사회경제적 지위, 한국 사회 적응 정도, 그리고 학습에 대한 요구 또한 다르게 나타난다.

이주배경자 평생교육의 패러다임은 단순한 사회적응과 통합의 도구적 관점에서 벗어나 더욱 포괄적이고 역량 강화적인 방향으로 전환되어야 한다. 평생교육은 이주배경자들이 글로벌 맥락에서 자신의 위치를 인식하고, 한국 사회 내에서 권리를 주장하며 자기 주도적 삶을 영위할 수 있는 역량을 함양하는 데 중점을 두어야 한다. 이는 이주배경자들이 한국 사회의 평등한 구성원으로서 참여하고 발전할 수 있는 기반을 조성하는 것이며, 한국 사회가 진정한 의미의 다문화 사회로 진화하기 위한 필수적 과정이다.

평생학습의 중요성은 이주배경자에게만 국한되지 않는다. 급변하는 사회 환경 속에서 '공존의 기술'을 습득하는 것은 비이주배경자(정주민)에게도 중요한 과제이다. 다양한 문화적 배경을 가진 구성원들이 차이를 넘어 공존과 상생을 실현하기 위해서는 상호 이해와 존중, 효과적인 소통 능력, 다문화 감수성 함양을 위한 지속적인 학습이 요구된다. 따라서 평생교육은 이주배경자와 비이주배경자 모두가 상호 이해와 존중을 바탕으로 공생할 수 있는 성숙한 다문화 사회 구축에 핵심적 역할을 수행할 수 있다.

2. 초국가 자본주의와 이주의 다층적 풍경

한국 사회는 과거 지배적이었던 단일민족, 단일문화 이데올로기에서 벗어나 다양한 문화적 배경을 가진 구성원들이 공존하는 다문화 사회로 변화하고 있다. 증가하는 국제 이주 및 다문화 가정 형성 추세는 한국 사회의 인구 구조와 문화적 지형을 변화시키는 주요 요인으로 작용하고 있다. 이러한 변화는 평생교육 영역에도 영향을 미쳐, '이주배경자'라는 새로운 학습자 집단의 등장을 촉진하였다. '이주배경자'는 국적, 출신 국가, 문화적 배경, 한국 사회 진입 시기 및 경로가 다양한 사람들을 포괄하는 용어로, '출생 국가 혹은 부모의 출신 국가가 한국이 아닌 사람'으로 정의된다. 이주 경험으로 인해 이들은 한국어 능력, 문화적 배경, 학습 경험, 평생교육에 대한 요구 등 다양한 측면에서 기존 한국 사회 학습자들과는 구별되는 특징을 보인다.

1) 세계화와 이주: 누구를 위한 이동인가?

세계화는 국경을 넘어선 사람, 자본, 정보의 흐름을 가속화하며 이주의 양상을 복잡화하고 다변화시켰다. 특히 신자유주의적 세계화는 자본의 자유로운 이동과 규제 완화를 추구하면서 국가 간 경제적 격차를 심화시키고, 이주 흐름에 큰 영향을 미쳤다. 선진국들은 저렴한 노동력을 찾아 개발도상국 출신 이주배경자를 적극적으로 받아들이는 반면, 개발도상국들은 자본 및 기술 부족, 일자리 감소 등으로 인해 더 많은 사람들이 선진국으로 이주하게 되는 구조적인 문제에 직면하게 되었다.

세계 체제론[4)5)]은 이러한 세계화와 이주의 관계를 잘 보여주는 이론적 틀을 제공한다. 월러스타인이 주창한 이 이론은 현대 세계 체제를 중심부(core), 준주변부(semi-periphery), 주변부(periphery)로 구분하고, 이들 간의 불평등한 권력 관계가 자본주의적 세계 경제 시스템을 형성하고 유지한다고 설명한다. 중심부 국가들은 자본과 기술을 독점하고 주변부 국가들을 착취하며 경제적 이익을 추구한다. 이 과정에서 주변부 국가의 사람들은 더 나은 삶을 찾아 중심부 국가로 이주하게 되지만, 흔히 저임금, 열악한 노동 환경, 사회적 차별에 직면하게 된다. 세계체제론은 주변부 국가 출신 이주민들이 핵심부 국가의 저임금 노동 시장으로 유입되는 현상을 설명하는 데 유용하며, 이주는 개인의 선택이 아닌, 세계 체제 구조에 따른 필연적인 결과로 볼 수 있음을 시사한다.

초국적 페미니즘 이론[6)7)]은 젠더 관점에서 세계화와 이주의 관계를 분석한다. 가사 노동, 돌봄 노동 등 여성에게 전통적으로 부여된 역할이 세계화 과정에서 국제적으로 분업화되면서, 개발도상국 여성들이 선진국으로 이주하여 저임금 돌봄 노동에 종사하는 경우가 증가하고 있다. 결혼 이주 역시 젠더 불평등과 빈곤 문제와 연결되어 있으며, 이주 여성들은 흔히 가부장적인 가족 구조, 문화적 차이, 언어 장벽 등으로 인해 어려움을 겪는다.

이처럼 세계화는 이주의 복잡한 원인을 제공하며, 다양한 유형의 이주 경험을 만들어낸다. 이러한 맥락을 이해하는 것은 이주배경자 평생교육 정책 수립 및 프로그램 개발에 있어 매우 중요하다고 볼 수 있다.

2) 이주배경 유형과 평생학습 요구

한국 사회에 유입되는 이주배경자들은 단일한 집단이 아니다. 이들의 이주 배경과 목적, 사회경제적 지위, 한국 사회 적응 과정, 그리고 평생학습에 대한 요구는 매우 다양하게 나타난다. 하지만 이러한 다양성은 단순히 개별적인 특성으로만 이해하기보다는 개인이 처한 복잡한 구조적 맥락 안에서 파악하는 것이 필요한데, 이는 젠더, 계급, 인종, 국적, 출신 국가, 체류 자격 등 다양한 사회적 범주들이 서로 얽히고 교차하면서 이주배경자들은 복합적인 차별과 불평등에 직면하게 된다. 흑인 여성학자 콜린스[8]는 이러한 복합적인 차별과 불평등을 설명하기 위해 교차성(intersectionality)의 개념을 제안하였다. 교차성이란 "서로 다른 사회적 불평등이 상호작용하여 특정 집단의 삶에 미치는 복합적이고 누적적인 영향"으로, 이주배경자들은 단순히 '이주민'이라는 하나의 정체성만을 가진 것이 아니라, 젠더, 계급, 인종, 국적 등 다양한 정체성이 교차하는 지점에서 서로 다른 경험을 하게 된다는 것이다. 이러한 '교차성'의 관점에서 각 이주 유형별 경험, 어려움, 차별, 그리고 평생학습 요구를 살펴보면 다음과 같다.

- 이주노동자: '외국인근로자의 고용 등에 관한 법률'에 따라 합법적으로 국내에 체류하며 경제활동을 하는 외국인을 말한다. 1980년대 후반, 한국 사회에서 제조업, 건설업, 농업 등 '3D' 업종으로 심각한 인력 부족 문제가 나타나기 시작했으며 이에 대한 해결책으로 정부는 1991년 산업연수생 제도를 도입하여 저임금의 외국인 노동력을 합법적으로 활용하기 시작했다. 그러나 산업연수생 제도는 외국인 노동자에 대한 인권 침해, 저임금 착취, 불법체류 문제 등 여러 사회 문제를 낳았고, 대안으로 2004년 고용허가제가 도입되었다. 이후, 외국인 노동자의 법적 지위는 향상되었지만, 여전히 낮은 임금, 불안정한 고용, 장기간 노동, 열악한 근무 환경 등 많은 어려움에 직면하고 있다. 고용허가제는 외국인 노동자에게 더 긴 근무 기간과 더 나은 법적 지위를 허용하였지만 해당 사증을 최대 4년 10개월로 제한함으로써 한국 국적이나 영주권을 취득하는 것을 사실상 막았으며, 재취업이 가능하지만 출국 후 재입국을 통해서만 가능하기 때문에 정부가 이들을 외국인으로서 계속 통제할 수 있는 근거가 된다. 고용허가제로 인해 사업장 이동의 자유가 제한되어 사용자의 부당 대우에 취약하며, 임금 체불, 폭행, 폭언 등 인권 침해를 경험하는 경우도 빈번하다. 이들은 출신 국가,

인종, 피부색에 따라 차별적인 대우를 받는 경우가 많으며, 한국어 능력이 부족하다는 이유로 정보 접근 및 사회 참여에 제약을 받는다. 특히 여성 이주노동자들은 젠더 차별과 성폭력에 노출될 위험이 높다. 따라서 이주노동자들을 위한 평생학습은 한국어 교육, 노동 관련 법률 및 권리 교육, 직업 안전 교육, 직무 능력 향상 교육, 인권 옹호 교육, 문화 적응 프로그램 등을 포괄적으로 담아내야 한다.

- 결혼이주자: 한국인과 결혼하여 한국에 거주하는 외국인을 말한다. 1990년대 이후 농촌 지역의 결혼 및 출산 문제, 그리고 도시 지역 국제결혼 증가와 맞물려 결혼이주자 수는 꾸준히 증가하였다. 이는 농촌 지역 인구 감소 및 고령화, 그리고 저출산 문제에 대한 해결책으로 등장되었으며, 결혼 중개업체를 통한 국제결혼이 활성화되면서 중국과 동남아시아 국가 출신 여성의 한국 이주가 크게 늘었다. 2023년 말 기준 17.5만 명으로, 전체 외국인의 약 7%를 차지한다.[9] 이들은 이주의 과정에서 언어 장벽, 문화적 차이, 시댁과의 갈등, 육아 부담, 경제적 어려움, 사회적 고립 등의 어려움을 경험한다. 한국 국적 취득 과정이 복잡하고, 이혼 및 가정폭력 피해 시 법적 보호를 받기 어려운 경우도 있다. 출신 국가에 따라 '선호도'가 나뉘고, 피부색, 외모 등으로 인해 차별적인 시선을 받기도 한다. 한국 사회의 가부장적 문화 속에서 여성 결혼이주자들은 가사 노동, 육아 부담, 경제적 의존 등으로 인해 더욱 취약한 상황에 놓인다. 이들을 위한 평생학습은 한국어 교육, 가족 관계 및 자녀 양육 교육, 취업 및 창업 교육, 금융 및 법률 교육, 여성 리더십 교육, 심리 상담, 지역사회 적응 프로그램 등 다양한 측면을 고려하여 개발되어야 한다.
- 유학생: 학위 취득 또는 한국어 학습을 목적으로 한국에 체류하는 외국인으로, 중국 및 동남아시아 국가 출신이 많다. 1990년대 이후 한국 대학의

국제화, 그리고 한국어 및 한국 문화에 대한 관심 증가와 더불어 유학생 수가 꾸준히 증가해 왔다. 2023년 말 기준 22.7만 명으로, 전체 외국인의 약 4%를 차지한다.[10] 이들은 학업 및 언어 적응, 문화적 차이, 경제적 부담, 취업 어려움, 비자 문제 등을 경험한다. 한국 사회 정보 및 지원 체계에 대한 접근성이 낮고, 사회적 네트워크 형성에 어려움을 겪는 경우도 있다. 출신 국가, 인종, 피부색에 따라 차별적인 대우를 받을 수 있으며, 학업 능력 및 경쟁력에 대한 압박을 경험하기도 한다. 유학생들을 위한 평생학습은 한국어 교육, 학업 및 진로 상담, 취업 지원, 한국 문화 및 사회 이해 교육, 문화 교류 프로그램 등을 통해 이들의 성공적인 학업 및 한국 사회 적응을 지원해야 한다.

- 북한이탈주민: 북한을 떠나 한국에 정착한 사람들로, 하나원에서 사회적응 교육(12주)을 받고 정착 지원을 받는다. 1990년대 후반 북한의 경제난 심화, 그리고 2000년대 이후 정보 유입 및 탈북 경로 다변화 등으로 인해 북한이탈주민 수가 증가했다. 2003~2011년에는 연간 입국 인원이 2,000~3,000명 수준에 이르렀으나, 2012년 이후 연간 평균 1,300명대로 감소, 2021년에는 63명 입국, 2022년에는 67명 입국하였다.[11] 현재 거주 중인 북한이탈주민은 약 3만 명으로 보고되고 있다. 북한이탈주민은 언어, 문화, 가치관의 큰 차이로 인해 한국 사회 적응에 어려움을 겪는다. 탈북 과정에서 겪은 트라우마, 사회적 편견, 경제적 어려움, 정체성 혼란 등으로 고통받는 경우가 많다. '북한 출신'이라는 낙인으로 인해 취업, 결혼, 사회생활에서 차별을 경험할 수 있으며, 탈북 여성들은 성 착취, 인신매매 등 범죄 피해에 취약하다. 이들을 위한 평생학습은 한국어 교육, 사회 적응 교육, 직업 훈련, 심리 상담, 트라우마 치유 프로그램, 남북 관계 이해 교육, 지역사회 적응 지원 등을 통해 한국 사회 정착과 심리적 안정, 경제적 자립을

지원해야 한다.

- 이주배경아동 · 청소년: 본인 또는 부모가 이주의 경험을 가진 아동・청소년으로, 이주의 범위는 외국뿐 아니라 북한도 포함한다. 결혼이주자의 전혼 관계에서 출생한 자녀, 외국인 근로자의 자녀, 제3국 출생 북한이탈주민 자녀 등 다양한 유형이 존재하지만, 이주의 맥락과 상황이 매우 상이하기 때문에 정책적으로는 이들을 모두 포괄하지 못하고 있다. 부처별로 이주배경 아동・청소년에 대한 정의가 다르고, 통계 자료 역시 제한적이어서 정확한 현황 파악이 어렵다. 교육부의 교육기본통계의 이주배경학생 통계에 근거하면 2023년 기준으로 약 18.2만 명으로 보고되며, 여성가족부의 전국다문화가족실태조사 결과를 활용하여 다문화 가정 자녀를 추정해보면 2018년 자료를 근거로 약 16.5만 명으로 추정된다.[12] 통일부의 북한이탈주민 현황은 입국 당시 연령만을 기준으로 하기 때문에 해당 연도의 청소년 규모를 파악하는 데에 어려움이 있고, 교육부의 탈북학생 통계에 따르면 2020년 기준 2,437명 규모이다. 이들은 한국어 능력 부족, 한국 교육 시스템 및 문화에 대한 이해 부족, 사회적 네트워크 부족 등으로 인해 학교 및 사회 적응에 어려움을 겪는 경우가 많다.[13] 이주배경 청소년이 성인이 되는 과정에서는 이러한 어려움들이 심화될 수 있다.[14] 특히, 한국어 능력 부족으로 인한 취업 및 사회 적응 어려움, 사회적 편견 및 차별, 사회적 네트워크 부족 등은 이들이 한국 사회에 독립된 성인으로서 안정적으로 정착하고 자립하는 데 큰 장애물로 작용할 수 있다. 이들이 겪는 중요한 문제 중의 하나는 정체성 발달이다. 한국어와 부모 나라의 언어 및 문화 사이에서 갈등을 겪으며 정체성 혼란을 경험할 수 있다. 학교 및 사회에서 차별이나 따돌림을 경험하기도 하며, 진로 선택, 대학 진학, 취업 과정에서 어려움을 겪는 경우도 많다. 부모의 출신 국가, 인종, 피부색에 따라 차별

적인 대우를 받을 수 있으며, 경제적인 어려움이 학업 및 사회 적응에 영향을 미치기도 한다. 따라서 이주배경 청소년을 위한 평생학습은 한국어 및 모국어 교육, 다문화 이해 교육, 진로 상담, 학습 지원, 정체성 확립 프로그램, 또래 관계 증진 프로그램, 사회 참여 기회 제공 등 다양한 영역을 포괄해야 하며, 이들이 자신의 다문화적 배경을 긍정적으로 인식하고 사회 구성원으로서 자신감을 가질 수 있도록 지원하는 것이 중요하다.

- 난민: 난민은 인종, 종교, 국적, 특정 사회집단의 구성원 신분 또는 정치적 의견을 이유로 박해를 받을 우려가 있어 국적국 밖에 있는 자로서, 국적국의 보호를 받을 수 없거나 받기를 원하지 않는 사람을 말한다. 최근 국제 분쟁과 인권 탄압 심화로 인해 난민 신청이 급증하고 있는 추세다. 법무부 통계[15)]에 따르면, 2023년 1차 난민 신청 건수는 17,227건으로 전년 동기 대비 크게 증가했다. 하지만 한국의 난민 인정은 1.53% 수준으로 매우 제한적이다. 1994년부터 2023년까지 누적 난민 인정자는 총 1,439명, 인도적 체류 허가자는 2,613명으로, 국제적인 기준에 비해 매우 낮은 수치다. 국적별 난민신청자 현황을 보면, 2023년 난민신청 상위 3개국은 러시아, 카자흐스탄, 중국 순인 반면, 난민인정자 누적 현황을 보면, 미얀마(31.27%), 에티오피아(11.19%), 방글라데시(8.55%), 파키스탄(12.03%), 이집트(7.99%)이다. 법적 지위 불안정으로 인해 난민들은 취업, 주거, 의료, 교육 등 다양한 영역에서 어려움을 겪으며, 사회적 편견과 차별에도 직면한다. 난민들은 국제 인구 이동에서 중요한 부분을 차지하며, 증가하는 난민 신청 추세 속 한국 사회의 인식 개선과 포용적인 정책 마련이 시급하다. 이들을 위한 평생학습 지원 역시 한국어 교육, 한국 사회 이해 교육, 트라우마 치유 프로그램, 직업 훈련, 심리 상담 등 다양한 측면을 포괄해야 한다.

이주배경자의 지역별 분포를 살펴보면, 2023년 말을 기준으로 전체 체류외국인 주민의 약 47%가 서울, 경기, 인천 등 수도권에 거주하고 있으며,[16] 특히 경기도 안산시, 시흥시, 그리고 서울시 구로구, 영등포구 등 특정 지역에 외국인 주민이 밀집 거주하는 경향을 보인다. 이는 산업단지 분포, 일자리 및 주거 환경, 기존 이주배경자 커뮤니티 형성 등이 복합적으로 작용한 결과이다. 이주노동자의 경우 경기도 안산, 시흥, 화성, 그리고 경상남도 창원, 김해 등 공업도시에 집중되어 있으며, 결혼이주자는 전국적으로 분포하고 있지만, 농촌 지역 비율이 상대적으로 높다. 이주배경 아동·청소년 역시 부모의 거주 지역을 따라 분포하는 경향을 보이는데, 다문화 밀집학교 현황을 살펴보면 서울시 구로구(5개교), 영등포구(4개교), 경기도 안산시(8개교), 시흥시(7개교) 등에 집중되어 있다.[17] 유학생은 서울 및 수도권 지역에 소재한 대학에 집중되어 있고, 북한이탈주민의 경우 경기도 거주 비율이 가장 높으며, 65% 정도가 수도권에 거주하고 있다.

3) '우리' 안의 '그들': 한국사회 이주민 담론

다문화 사회로의 이행이 자연스럽고 필수불가결한 국제적 변화임에도 불구하고 한국 사회는 여전히 이주배경자를 '우리'와 구분되는 '그들'로 인식하는 경향이 강하다. 이러한 타자화[18]는 미디어, 정치권, 일반 시민들의 담론 속에서 다양한 방식으로 재생산되며, 이주배경자에 대한 편견과 차별을 정당화하는 근거로 작용하기도 한다. 하지만 한국인의 이주배경자에 대한 인식은 단순히 부정적이라고만 볼 수는 없다. 2023년 사회통합실태조사[19]에 따르면 한국인의 이주배경자에 대한 인식은 긍정적 측면과 부정적 측면이 공존하며, 다문화 사회로 이행하는 과정에서 복잡하고 역동적인 양상을 보이고 있다. 이주배경자에 대한 수용성이 점차 높아지고 있지만, 특정 집단에 대한 편견과 차별은 여전히 존재하며, 이는 이주배경자의 사회 통합을 어렵게 만드는 요인으로 작용할 수 있다.

국회미래연구원 보고서[20]는 한국 사회의 외국인 정책이 관리와 통제 중심적인 경향을 보인다고 지적하며, 이는 미디어의 이주배경자 보도에도 영향을 미친다고 분석한다. 특히 한국 언론은 동남아 이주민을 '우리'와 다른 '그들'로 타자화하는 방식을 보여주는 대표적인 사례이다. 연구[21][22][23]에 따르면, 한국 언론은 긍정적 자기 제시와 부정적 타인 제시 전략을 통해 이주민을 '도움이 필요한 존재', '잠재적 위험 요소', '동화의 대상'으로 묘사하는 경향을 보였다. 특히 보수 언론은 이주민을 '우리' 사회에 동화되어야 할 대상으로 보는 시각이 강했으며, 진보 언론은 이주민의 인권 문제에 주목하면서도 '우리'와 '그들'의 구분을 명확히 하는 경향을 보였다.

이주배경자 관련 정책 역시 정치 권력에 의해 자주 선거 전략이나 정치적 이익을 위한 도구로 활용되어 왔다. 이주배경자의 권익을 보호하고 사회 통합을 촉진하는 정책보다는, 국내 여론의 눈치를 보며 이주배경자를 '통제'하고 '관리'하는 데 초점을 맞춘 정책들이 주를 이루었다. 이는 이주배경자에 대한 사회적 편견과 차별을 심화시키고, 이들을 정치적 논쟁의 대상으로 만드는 결과를 낳았다. 이러한 미디어의 선별적 보도와 정치권의 이민 정책 활용은 결국 일반 시민들의 인식에도 영향을 미쳐, 이주배경자에 대해 막연한 불안감과 두려움을 느끼는 경우가 많아졌다. 특히 유튜브 등 온라인 공간에서 확산되는 혐오 표현은 이러한 불안감을 증폭시키고 이주배경자에 대한 차별적인 인식과 태도를 강화할 수 있다. 유튜브 동영상 콘텐츠 분석 결과, 이주배경자와 관련하여 '일자리 경쟁자', '잠재적 범죄자', '문화적 위협' 등의 프레임이 재생산되고 있으며 이 과정에서 이주배경자에 대한 혐오 정서가 확산되고 있기도 하다.[24] 특히, 특정 세대의 특정 국가 출신 이민배경자들에 대한 혐오가 온라인 공간에서 재생산되는 과정은 그 자체가 혐오를 학습하는 과정이라고 볼 수 있다.

한국 사회의 이주배경자에 대한 편견과 차별은 사회 전반에 뿌리 깊게 자리 잡고 있다고 할 수도 있지만 최근 실태조사 결과에 근거해보자면 이주배경자에 대한 수용성이 점차 높아지고 있는 것으로 파악할 수 있으며 이는 긍정적인 신호이다. 외국인 이민자 · 노동자에 대한 배제 인식이 감소 추세를 보이고, 절반에 가까운 한국인들이 외국인을 한국 국민으로 받아들이는 것에 동의한다는 사실은 한국 사회가 건강한 이민사회로 나아갈 수 있는 긍정적인 가능성을 보여준다.[25] 앞서 제시한 현실의 문제들을 개선하고 더 나은 이민사회로 나아가기 위해서는 정주민을 위한 이민사회 평생교육의 역할이 매우 중요하다. 정주민을 위한 이민사회 평생교육은 이주배경자에 대한 정확한 정보 제공과 함께 다양한 문화에 대한 이해와 존중, 소통 및 공감 능력 향상, 비판적 사고 능력 함양, 사회 참여 및 연대 의식의 고취에 초점을 맞춰야 한다. 이를 통해 단순히 다름을 인정하는 것을 넘어, '다름'을 통해 서로 배우고 성장하며 공존(共存)과 상생(相生)의 가치를 배우고 실천하는 데 기여할 수 있을 것이다.

3. 이민사회 평생교육: '적응'을 넘어 '공존'으로

1) '적응'과 '통합': 이주민 통합 패러다임에 대한 비판적 검토

한국 사회에서 이주배경자의 적응과 통합은 오랫동안 주요한 정책 목표이자 사회적 담론의 중심에 있었다. 하지만 이러한 개념들은 종종 이주배경자를 '우리' 사회에 맞춰 변화해야 하는 '대상'으로 바라보는 시각을 담고 있으며, 이는 곧 이주배경자의 다양성과 주체성을 간과하는 결과로 이어질 수 있다. 한국 사회의 이주민 통합 패러다임을 지배해 온 대표적인 관점은 동화주의이다.

동화주의(assimilationism)는 이주민들이 정착 국가의 주류 문화에 동화되어 '우리'와 같아져야 한다는 관점이다. 이는 이주민에게 주류 사회의 언어, 문화, 가치관을 일방적으로 따르도록 강요하며, 자신의 문화적 정체성을 버리도록 압박한다. 한국 사회의 동화주의적 다문화 정책은 결국 획일적인 '한국인' 만들기를 목표로 하는 것이며, 다양한 문화적 정체성을 인정하고 존중하는 진정한 다문화 사회 구현과는 거리가 멀다고 지적받았다.[26)]

동화주의는 이주배경자의 문화적 차이를 '극복해야 할 문제'로 규정하고, 이들이 주류 사회에 '적응'하지 못하는 것을 개인의 책임으로 돌린다. 이는 이주배경자들이 겪는 어려움을 개인적인 '부적응' 문제로 치부하고, 사회 구조적인 차별이나 불평등에 대한 비판적인 성찰은 회피하게 만든다. 또한 획일적인 '한국어 교육'과 '한국 문화 교육'을 강조하면서 이주배경자의 다양한 언어적, 문화적 배경을 고려한 맞춤형 교육 프로그램 개발은 소홀히 한다. 결국 동화주의적 관점은 이주배경자의 '동화'를 통해 사회 통합을 이루겠다는 '환상'을 심어줄 뿐, 현실적으로 이주배경자들이 자신의 정체성을 유지하면서 한국 사회 구성원으로서 존중받고 참여할 수 있는 방안을 제시하지 못한다.

이주배경자를 바라보는 한국사회의 또 하나의 시각은 인적자본론(human capital theory)적 관점이다. 이 관점에서 이주배경자는 '경제적 효용성'이라는 좁은 틀 안에 갇히게 된다. 이주배경자는 단순히 생산을 위한 도구로 취급되며, 노동 시장의 수요에 부합하는 인적 자본으로서의 가치만 인정된다. 이 관점은 이주배경자의 다양한 잠재력과 가치를 경제적 측면으로만 제한하고, 사회 문화적 통합을 위한 노력을 소홀히 할 위험성이 있다. 이주배경자의 교육적 요구 역시 '한국어 능력 향상' 및 '직업 기술 습득' 등 즉각적인 경제 활동 참여를 위한 내용에 치중되어 있으며, 이들의 문화적 배경, 학습 경험, 개인적 특성을 고려한 다양하고 창의적인 교육 프로그램은 찾아보기 어렵다.

동화주의와 인적자본론적 관점은 이주배경자를 '우리'와 다른 '타자'로 규정하고, 이들을 '우리' 사회에 '적응'시키고 '활용'하기 위한 대상으로만 바라본다는 점에서 한계를 가진다. 이러한 관점에서 벗어나 이주배경자의 다양성과 주체성을 인정하고, 이들이 한국 사회의 동등한 구성원으로서 참여하고 성장할 수 있도록 지원하는 새로운 패러다임이 필요하다.

2) 이민사회에 대한 오래된 미래: 공존을 위한 접근

새로운 패러다임을 모색하기 위해서는 다문화주의와 상호문화주의라는 두 가지 주요 개념을 살펴볼 필요가 있다. 다문화주의(multiculturalism)는 다양한 문화가 한 사회 내에 '공존'하는 것을 중시하며, 문화적 차이를 인정하고 포용하는 것을 목표로 한다. 하지만 다양한 문화가 단순히 '섞여 있는' 상태를 지향할 뿐, 문화 간의 상호작용 및 융합을 간과할 수 있다는 한계가 있다. 반면, 상호문화주의(interculturalism)는 다양한 문화가 단순히 '공존'하는 것을 넘어, 서로 소통하고 교류하며 상호 영향을 주고받는 역동적인 과정을 강조한다. 즉, 다문화주의가 문화적 '다양성'을 인정하고 소수 문화 보호에 초점을 맞추는 반면, 상호문화주의는 문화 간의 '상호작용'과 '융합'을 통해 새로운 가치 창출을 목표로 한다.

이러한 상호문화주의적 관점은 이주배경자 개인의 적응을 넘어, 이주배경자와 정주민 모두가 함께 만들어가는 새로운 '관계'에 초점을 맞춘다. 이러한 맥락에서 이주배경자의 적응 과정을 이해하는 데 널리 활용되는 베리의 문화적응모델(acculturation model)[27]은 흥미로운 시각을 제공한다. 문화적응을 동화로 보았던 초기 관점과는 달리, 베리는 다차원적인 문화적응 모델을 개발하여 통합, 동화, 분리/격리, 주변화 등 다양한 형태로 문화적응을 설명하였다. 그는 이민자가 출신국가의 정체성을 유지하는지 여부와 이주국가와 어떤 관계를 구축하는지에 따라 이주민의 적응 전략을 '동화', '분리', '통합', '주변화' 네 가지 유형으로 구분하였다. 동화란 이주민이 자신의 문화를 포기하고 주류 문화에 완전히 동화되는 전략으로, 이주민 집단의 정체성 상실과 문화적 단절을 초래할 수 있다는 비판을 받는다. 반면 분리 전략은 이주민이 자신의 문화를 유지하며 주류 사회와 분리되어 살아가는 전략으로, 사회 통합을 저해하고 갈등을 유발할 수 있다. 통합은 이주민이 자신의 문화적 정체성을 유지하면서 주류 사회에도 적극적으로 참여하는 전략으로, 다문화 사회에서 서로 다른 문화가 조화롭게 공존하는 것을 가능하게 한다. 마지막으로 주변화는 이주민이 자신의 문화도 포기하고 주류 사회에도 적응하지 못하는 전략으로, 이주민 개인의 정체성 혼란과 사회 부적응을 초래하며, 사회 전체의 불안정성을 높일 수 있다.

베리는 여러 전략들 중에서 '통합'이 가장 바람직한 모델이라고 주장하였는데, 이 모델에서의 통합은 동화주의적 접근이 아니라, 이주민이 자신의 출신국가의 문화적 정체성을 유지하면서 이민사회에도 적극적으로 참여하는 전략으로 이해해야 한다. 즉, 이주배경자와 정주민 모두가 서로의 문화를 존중하고 이해하며 평등한 관계를 맺고 함께 살아가는 상호문화적 통합 관계 전략으로 이해해야 한다.

3) 이주배경자 평생교육의 개념과 방향

이주배경자 평생교육은 이주배경자들이 한국 사회에 안정적으로 정착하고 삶의 질을 향상시키는 것을 넘어, 자신의 잠재력과 역량을 발휘하여 사회 구성원으로서 주체적으로 참여할 수 있도록 지원하는 모든 형태의 학습 활동을 의미한다. 이는 단순히 한국어 교육이나 직업 훈련에 국한되는 것이 아니라, 한국 문화 이해, 사회 적응, 인권 교육, 건강 및 복지 증진, 자녀 양육 등 이주배경자들의 다양한 필요를 충족하는 포괄적인 교육을 포괄한다.[28] 즉, 이주배경자들이 한국 사회의 일원으로서 필요한 지식과 기술을 습득하고, 한국 문화를 이해하며, 사회 규범과 가치관에 적응할 수 있도록 지원하는 것을 목표로 한다.

하지만 변화하는 한국 사회에서 이주배경자 평생교육은 단순히 적응과 통합을 넘어, 이들이 한국 사회의 불평등과 차별에 맞서 싸우고 자신의 권리를 찾아 주체적인 삶을 살아갈 수 있도록 지원하는 변혁적 평생학습을 지향해야 한다는 목소리가 높아지고 있다. 이러한 맥락에서 이주배경자 평생교육의 목적은 크게 세 가지로 나누어 살펴볼 수 있다.

- 사회 통합: 이주배경자가 한국 사회 구성원으로서 동등하게 참여하고 기여할 수 있도록 지원하는 것을 목표로 한다. 단순히 한국 사회에 머무는 것을 넘어, 한국 사회 구성원들과 상호 작용하고 소통하며 함께 살아가는 것을 의미한다. 한국어 능력 향상은 물론 한국 문화 이해 교육, 사회 규범, 법, 제도 등에 대한 교육을 통해 이주배경자가 한국 사회에 원활하게 적응하고, 다른 구성원들과 조화롭게 살아갈 수 있도록 돕는 것이 중요하다.[29] 또한, 지역사회 참여, 봉사 활동, 시민 교육 등을 통해 이주배경자들이 한국 사회에 적극적으로 참여하고 소속감을 느낄 수 있도록 지원해야 한다.
- 개인의 성장: 이주배경자가 자신의 잠재력을 개발하고 자아실현을 추구할 수 있도록 지원하는 것을 목표로 한다. 이주 과정에서 겪는 어려움 및 새로운 환경 적응으로 인해 자존감이 낮아지거나, 자신감을 잃는 경우가 있다. 평생교육은 이들이 긍정적인 자아상을 확립하고, 자신의 강점과 재능을 발휘하여 한국 사회에서 주체적인 삶을 살아갈 수 있도록 지원해야 한다. 직업 능력 개발, 학력 인정, 자격증 취득 등을 통해 경제적 자립을 돕고, 문화 예술 활동 참여, 취미 활동 지원 등을 통해 여가 활동 및 사회 참여 기회를 확대하여 삶의 만족도를 높이고 풍요로운 삶을 누릴 수 있도록 지원해야 한다.

- 사회 발전: 다문화 사회의 긍정적인 측면을 극대화하고 사회 발전에 기여할 수 있도록 지원하는 것을 목표로 한다. 다양한 문화적 배경을 가진 이주배경자들이 한국 사회에 새로운 시각과 아이디어를 제공하고, 국제적인 감각을 갖춘 인재로 성장하여 한국 사회의 다양성을 증진하고 국제 경쟁력을 강화하는 데 기여할 수 있다. 이주배경자의 다양한 문화적 배경 및 경험을 활용하여 한국 사회의 다양성을 증진하고, 국제 교류 협력을 활성화하며, 새로운 성장 동력을 창출하는 데 기여할 수 있도록 지원해야 한다.

이러한 목적을 달성하기 위해 이주배경자 평생교육은 다음과 같은 구체적인 목표를 설정할 수 있다.

이주배경자들이 한국 사회에 잘 적응하고 만족스러운 삶을 살아가기 위해서는 다양한 교육적 지원이 필요하다. 첫째로, 무엇보다 한국어 능력 향상은 가장 기본적이고 중요한 과제이다. 일상생활에서 자유롭게 소통하고, 정보를 얻고, 사회생활에 참여하기 위해서는 한국어를 구사할 수 있어야 하기 때문이다. 이를 위해 다양한 수준과 목적에 맞는 한국어 교육 프로그램을 제공하고, 학습 자료를 개발하며, 효과적인 교수법을 연구하는 노력이 필요하다.

두 번째로, 한국 문화에 대한 이해도 높여야 한다. 한국 사회의 문화, 관습, 가치관 등을 배우고 익힘으로써 문화적 차이로 인한 오해나 갈등을 줄이고, 한국 사회 구성원으로서 자연스럽게 어울릴 수 있다. 특히, 서로 다른 문화를 존중하고 배려하는 태도를 가지는 것은 다문화 사회에서 매우 중요하며, 이를 위한 교육 및 홍보 활동이 필요하다.

셋째, 이주배경자들이 한국 사회에 적극적으로 참여하고 소속감을 느낄 수 있도록 지역사회 활동 참여, 자원봉사, 시민 교육 등의 기회를 제공해야 한다. 지역사회 활동은 한국인들과 교류하고 소통하는 경험을 제공하며, 한국 사회에 대한 이해를 높이고 적응력을 향상하는 데 도움을 준다.

넷째, 직업 능력 개발 및 경제적 자립을 위한 지원이다. 이주배경자를 위한 평생교육은 직업 교육 및 훈련, 취업 지원, 창업 지원 등을 통해 이주배경자들이 한국 노동 시장에서 경쟁력을 갖추고 경제적으로 자립할 수 있도록 지원해야 한다. 경제적인 어려움은 삶의 질을 떨어뜨리고 사회 적응에 어려움을 가져올 수 있으므로, 이들이 안정적인 직업을 찾고 경제적으로 안정된 삶을 살 수 있도록 지원하는 것이 중요하다.

마지막으로, 평생교육은 이주배경자들이 자신의 권리를 인식하고, 차별과 불평등에 맞서 목소리를 낼 수 있도록 지원해야 한다. 노동 권익, 법률, 인권, 시민 참여, 리더십 등에 대한 교육을 통해 이들이 자신의 권익을 옹호하고 사회 변화에 참여할 수 있는 역량을 강화해야 한다. 개인의 적응뿐만 아니라, 사회 구조적인 차별과 불평등을 개선하기 위해 이주배경자들이 다른 소수 집단과 연대하고 행동할 수 있도록 지원해야 한다. 사회 운동, 시민 참여, 정책 옹호 등에 대한 교육을 통해 이들이 사회 변혁을 위한 주체적인 행동가로 성장하도록 지원해야 한다.

4) 이민사회 정주민을 위한 평생교육

이주배경자들을 위한 평생교육 못지않게 중요한 것은 정주민을 위한 평생교육이다. 이주배경자들이 한국 사회에 잘 적응하고 만족스러운 삶을 살아가도록 돕는 것만큼, 정주민들이 다문화 사회에 대한 이해를 높이고 이주배경자와 더불어 살아가는 자세를 갖추는 것 역시 중요하다.

더 나은 이민사회를 위한 평생교육은 정주민들이 다양한 문화에 대한 이해를 넓히고, 이주배경자에 대한 긍정적인 인식을 형성하도록 하는 데에 기여하여야 한다. '다문화 이해 교육', '세계 시민 교육', '이주배경자 역사 및 문화 교육',

'인권 교육' 등을 통해 정주민들이 다양한 문화적 배경을 가진 사람들의 가치관과 삶의 방식을 이해하고 존중하는 태도를 가질 수 있도록 지원해야 한다.

특히 온라인 공간에서 이주배경자에 대한 혐오 표현이 확산되는 것을 막고, 건강한 온라인 문화를 조성하기 위한 교육이 시급하다. 한희정[30]의 연구에서 밝혀진 것처럼 온라인에서의 혐오 표현 확산은 이주배경자 개인에게 정신적 고통을 줄 뿐만 아니라, 사회 전체의 통합을 저해하고 갈등을 심화시키는 심각한 사회 문제이다. '미디어 리터러시 교육', '비판적 사고 교육', '디지털 시민성 교육' 등을 통해 정주민들이 온라인에서 접하는 다양한 정보들을 비판적으로 분석하고, 타인에 대한 공감 능력을 바탕으로 책임감 있게 행동할 수 있도록 지원해야 한다.

직접적인 차별이나 배제, 온라인에서의 혐오 표현뿐만 아니라, 일상생활에서 무의식적으로 행해지는 미세한 차별 및 편견에 대한 인식을 높이는 것도 중요하다. 마이크로어그레션(미세공격, microaggression)[31]은 의도적이든 아니든, 특정 집단에 대한 부정적인 고정관념이나 편견을 담고 있는 미묘하고 일상적인 언행을 말한다. 마이크로어그레션은, 동남아 출신 아동에게 '너 진짜 새까맣구나'라든지 부모가 이주배경을 가진 국내출생 친구에게 '한국말 잘하네'라고 말하는 것처럼, 정주민에게는 가벼운 농담 혹은 경우에 따라서는 칭찬인 경우도 있으나 이주배경자에게는 해당 행위나 언어가 차별적 언행으로 느껴지는 경우들이 여기에 속하며, 성차별이나 인종차별과 같은 미묘하고 정교화된 차별을 포착하는 데에 유용한 개념이다. 먼지차별이라고 번역하기도 하며 겉으로 드러나지 않아 피해자가 직접적으로 항의하거나 문제 제기를 하기 어렵고, 가해자 역시 자신의 행동이 문제라는 것을 인지하지 못하는 경우가 많다. 따라서 미세공격을 감지하고 대처할 수 있는 다문화 감수성을 키우는 교육 프로그램이 필요하다.

4. 한국 이주배경자 평생교육: 현실진단과 발전 과제

1) 이주배경자를 위한 평생교육 지원체제 및 프로그램 현황

한국 정부는 이주배경자의 증가와 다문화 사회로의 변화에 발맞춰 이들의 사회 적응과 통합을 지원하기 위한 다양한 정책을 시행하고 있다. 중앙 정부 부처에서는 이주배경자의 한국어 능력 향상, 한국 사회 이해 증진, 직업 능력 개발, 사회 적응 등을 지원하는 프로그램을 운영하고 있으며, 지방자치단체 및 시민사회단체에서도 지역 특성과 이주배경자의 요구를 반영한 다양한 프로그램을 제공하고 있다. 여기에서는 각 정부, 지자체, 시민사회에서 운영하고 있는 대표적인 이주배경자를 위한 평생교육 지원체제와 프로그램을 소개하고자 한다.

(1) 법무부: 체류 자격과 연계된 한국 사회 적응 지원

법무부는 이민자의 한국 사회 적응 및 법적 지위 획득을 지원하는 정책을 중심으로 다음과 같은 프로그램을 운영하고 있다. 이는 이민자의 장기적인 체류 및 정착을 장려하는 동시에, 한국 사회 구성원으로서의 기본적인 소양을 갖추도록 유도하기 위한 것이다.

- 사회통합프로그램(KIIP): 이민자가 한국 사회 구성원으로서 안정적으로 정착하고 자립할 수 있도록 한국어 교육, 한국 사회 이해 교육, 한국 문화 체험 등을 지원하는 대표적인 프로그램이다. 2009년 도입 이후 참여자 수가 꾸준히 증가하여 2018년에는 5만 명을 넘어섰지만, 전체 등록 외국인 대비 참여율은 여전히 낮은 편이다.[32] 이는 프로그램 참여가 의무가 아닌 선택 사항이며, 일부 이주배경자에게는 교육 참여에 필요한 시간과 자원이

부족하기 때문으로 풀이된다. 2022년 기준, 사회통합프로그램은 총 6단계로 구성되어 있으며, 처음 5단계는 한국어와 한국문화 교육(총 415시간)을 제공하고, 마지막 6단계에서는 한국사회이해 교육(영주자격 취득 시 70시간, 국적 취득 시 100시간)을 다룬다. 학습자는 사전평가(레벨테스트)를 거쳐 자신의 한국어 능력 수준에 맞는 단계에 배정된다. 프로그램 이수 시 귀화 신청을 위한 필기 및 면접 시험 면제, 영주 자격 및 전문직 취업 비자 신청 시 한국어 능력 입증 면제 등 다양한 혜택을 제공하여 참여를 장려하고 있다. 다문화가족지원센터를 포함한 약 300개의 지정 교육기관에서 운영되고 있으며, 프로그램 및 교재는 무료로 제공된다.

- 조기적응프로그램: 2015년부터 시행되고 있는 프로그램으로, 국내 입국 초기 이주민들에게 한국 사회 및 문화에 대한 기본적인 정보를 제공하고, 필요한 지원 제도를 안내한다. 3시간 교육으로 구성되며(2022년 기준), 결혼이민자, 유학생, 외국인 근로자 등 모든 체류 자격 대상자가 참여할 수 있다. 한국 생활 정보 제공, 긴급 상황 발생 시 대처 방안 안내, 선배 이주민과의 멘토링 등을 통해 이주민의 한국 사회 초기 적응을 돕는다. 그러나 참여 대상 및 다국어 교육 확대, 그리고 지역사회 구성원과의 유대 관계 형성 등 개선 과제가 남아 있다.[33]

(2) 교육부: 이주배경학생의 학교 적응과 학업 성취 지원

교육부는 이주배경학생의 교육 기회 확대 및 교육 격차 해소를 위해 다양한 정책을 추진하고 있다. 2024년 4월 개정된 「초·중등교육법 시행령」에 따라 교육부장관은 체계적인 다문화교육 정책 수립을 위해 매 3년마다 이주배경학생의 국적 등 기본 현황 및 교육 프로그램, 시설, 인력 등 현황, 진학 및 진로에 관한 사항 등 실태조사를 실시해야 한다.

- 다문화 학생 교육 지원: 다문화 학생의 학교 적응과 학업 성취를 위해 한국어 교육, 심리 상담, 진로 상담, 학습 지원 등을 제공한다. 이는 다문화 학생들이 일반 학생들과 동등한 교육 기회를 누리고, 학업 성취도를 높일 수 있도록 지원하기 위한 것이다.
- 다문화 예비학교 운영: 한국어가 서툰 중도입국·외국인 학생들이 한국어와 한국 문화를 집중적으로 배우고 한국 학교 교육에 적응하도록 지원하는 프로그램이다. 이 프로그램은 중도입국 학생들이 정규 학교에 진입하기 전에 한국어 능력을 향상시키고, 한국 학교 시스템에 적응할 수 있도록 돕는 역할을 한다.

(3) 통일부: 북한이탈주민의 한국 사회 정착 및 자립 지원

통일부는 북한이탈주민의 한국 사회 적응과 정착을 위해 다음과 같은 지원을 제공한다. 이는 탈북민들이 한국 사회의 구성원으로서 새로운 삶을 시작하고, 안정적으로 정착할 수 있도록 돕는 것을 목표로 한다.

- 하나원 적응교육: 탈북민에게 한국 사회 적응에 필요한 교육과 지원을 제공하는 기관인 하나원에서 약 12주 동안 한국어 교육, 사회 문화 교육, 직업 훈련, 취업 지원, 심리 상담 등을 포괄적으로 제공한다. 이는 탈북민들이 한국 사회에 대한 기본적인 이해를 높이고, 일상생활에 필요한 지식 및 기술을 습득하며, 심리적인 안정을 찾을 수 있도록 돕는 데 초점을 맞춘다.
- 북한이탈주민지원센터(하나센터): 하나원 수료 후 지역사회에 정착한 탈북민들을 위해 전국 31개 센터에서 장기적인 지원을 제공한다(2023년 기준). 한국어 교육, 직업 훈련, 취업 지원, 지역사회 적응 지원 등을 통해 탈북민의 자립 및 사회 통합을 돕는다.

(4) 여성가족부: 결혼이민자와 다문화가족의 안정적인 정착 지원

여성가족부는 다문화가족지원센터를 중심으로 다문화가족의 안정적인 정착 및 사회 통합을 위한 다양한 서비스를 제공한다.

- 다문화가족 한국어교육: 결혼이민자와 중도입국 자녀를 대상으로 한국어 능력 향상, 한국 문화 이해, 의사소통 능력 개발을 위한 프로그램을 제공한다. 전국 217개 다문화가족지원센터에서 실시되며(2023년 기준), 초급, 중급, 고급 수준별 교육과 정규반, 특별반, 방문교육 등 다양한 형태의 교육 기회를 제공한다.
- 가족 상담 및 교육: 부부 상담, 고부 갈등 상담, 자녀 양육 상담, 가족 관계 개선 교육 등을 통해 다문화가족의 안정적인 가족 관계 형성을 돕는다. 이는 문화적 차이, 언어 장벽, 경제적 어려움 등으로 인해 발생할 수 있는 가족 갈등을 해소하고, 건강한 가족 관계를 유지할 수 있도록 지원하는 데 초점을 맞춘다.
- 자녀 양육 지원: 육아 정보 제공, 돌봄 서비스 연계, 자녀 교육 상담 등을 통해 다문화가족 자녀의 건강한 성장을 지원한다. 이는 다문화가족 자녀들이 한국 사회에서 차별 없이 건강하게 성장하고, 학업에 성공할 수 있도록 지원하는 데 목적을 둔다.
- 취업 지원: 직업 상담, 직업 교육 및 훈련 프로그램 안내, 취업 알선 등을 통해 결혼이민자의 경제적 자립을 지원한다. 이는 결혼이민자들이 한국 사회에서 경제적으로 자립하여 자신의 능력을 발휘하고, 사회 구성원으로서 당당하게 살아갈 수 있도록 지원하기 위한 것이다.

(5) 고용노동부: 외국인 근로자를 위한 직업교육

고용노동부 산하 한국산업인력공단에서 운영하며, 외국인 근로자의 안정적인 본국 귀환 및 재정착을 지원하는 것을 목표로 한다. 즉, 출신국가로의 귀국을 전제로 하는 직업교육과정이라 할 수 있다.

- 귀국예정자 재정착지원 교육 · 훈련: 입국 후 3년 이상 체류한 외국인근로자(E-9) 및 재입국특례 · 특별 재입국 외국인근로자를 대상으로 하며, 한국어능력시험(TOPIK) 3급 이상 취득을 위한 한국어교육과 취 · 창업 직업훈련과정으로 구성된다. 한국어교육과정은 총 60시간(1일 8시간 운영)으로 주말에 개설되는 것이 원칙이며, 취 · 창업 직업훈련과정은 자동차정비, 한식조리, 제과제빵 등의 직업훈련으로 구성되며, 총 60시간(1일 6시간) 교육으로 주말에 개설된다.
- 재직 외국인근로자 직업능력개발훈련: 고용허가제를 통해 입국하여 재직 중인 외국인근로자(E-9)를 대상으로 하며, 기초기능 중심의 5개 직종(중장비운전, 자동차정비, 용접, 전기 · 전자, 기계절삭가공) 훈련을 제공한다. 두 프로그램 모두 주말(토 · 일요일)에 운영되며, 교육 시간은 총 48시간으로, 1일 4시간 이상 주말에 운영한다는 특징을 지닌다.

(6) 지방자치단체의 이주배경자를 위한 지원체제

경기도 안산시와 서울시 구로구는 각각 2020년 2월 및 2018년에 유럽평의회(Council of Europe)로부터 '상호문화도시(ICC)'로 지정되었다. 이는 이 두 지방자치단체가 이주민 포용 및 사회 통합을 위한 선도적인 정책들을 추진하고 있음을 보여주는 성과라 할 수 있다. 두 지방자치단체는 다문화 특구 마을, 외국인주민 지원센터 등 이주배경자들을 위한 다양한 정책들을 시행하고 있으며, 내 · 외국인이 함께 살아가는 상호문화적 공동체 형성을 목표로 적극적으로 노력하고 있다.

- 안산시청: 한국 대표적인 이주배경자 밀집 도시인 안산시는 2020년 유럽평

의회(COE)로부터 '상호문화도시'로 지정되었으며, 내 · 외국인이 더불어 잘 사는 다문화 공동체 형성을 목표로 다양한 정책들을 추진하고 있다. '외국인주민센터', '다문화 특구 마을' 등 체류외국인에게 세분화된 행정 서비스를 제공하기 위한 정책들을 운영하고 있다.

- 구로구청: 구로구는 서울시 자치구 중 처음으로 외국인과 다문화 전담부서를 설치하는 등 이주배경자 정책에 적극적으로 나서고 있는 구청이다. 문화 명예통장 등의 제도를 도입하여 외국인 주민의 사회 참여를 촉진하고 있으며 중도입국 청소년과 내국인 학생의 상생을 위한 지원체계를 구축하고자 노력하고 있다. '지구촌학교'를 개교하여 다문화 교육을 적극 지원하고 있다.

(7) 이주배경자를 위한 시민사회 평생교육

한국 사회의 다문화 이행 과정에서 정부보다 발 빠르게 이주배경자의 한국사회 적응을 위한 학습 수요에 부응했던 것은 시민사회단체들이었다. 천주교 이주사목위원회와 한국여성이주인권센터는 1990년대 이주배경자를 위한 '사회적 안전망'으로 기능하였으며, 레인보우 스쿨은 이주배경 청소년들을 위한 대안 공간으로서 맞춤형 프로그램을 제공하고 있다.

- 천주교 이주사목위원회: 1990년대 후반 외국인 노동자들이 급증하면서 이들의 인권 보호와 지원을 위해 설립된 천주교 서울대교구 산하 기관이다. '모든 인간의 존엄성과 평등'을 핵심 가치로 종교적 지원과 함께 이주배경자 인권보호와 사회참여를 위한 지원을 적극적으로 실천하고 있다. 직업한국어 프로그램, 생활한국어 프로그램, 문화체험 활동, 무료 법률 상담, 인권교육 및 이주배경자 권익옹호 활동들을 펼치고 있으며, 이주배경자 커뮤니티 형성을 통해 공동체 의식 함양 등에 기여하고 있다.

- 한국여성이주인권센터: 1994년 설립된 여성 이주배경자 인권 단체로, '이주여성의 인권 보호'와 '사회적 통합'을 목표로 활동하며, 특히 결혼이주여성의 인권 침해 사례를 조사하고 공론화하는 데 앞장서고 있다. 결혼이주여성의 인권 보호, 가정폭력 피해 지원, 사회 적응 지원, 역량 강화 프로그램 운영, 다문화 인식 개선 교육 등 다양한 활동을 통해 이주여성들이 한국 사회에서 안전하고 자립적인 삶을 살 수 있도록 지원하는 단체이다.
- 레인보우 스쿨: 여성가족부 산하 이주배경청소년지원재단에서 운영하는 중도입국 청소년 지원 기관이다. 2023년 기준 전국에 25개 센터가 운영되고 있으며, 한국어 교육, 학업 지원, 진로 상담, 심리·정서 지원 등 다양한 프로그램을 제공한다. 이 프로그램은 중도입국 청소년들이 한국어 능력과 한국 문화에 대한 이해를 높여 학교생활에 적응하고, 한국 사회에 안정적으로 정착할 수 있도록 지원하는 것을 목표로 한다. 특히, 학교 밖 청소년 지원 강화, 진로 및 직업 교육 프로그램 확대, 심리·정서적 어려움을 겪는 청소년들을 위한 전문적인 상담 프로그램 제공 등이 주요 과제로 꼽힌다.

지금까지 살펴본 바와 같이, 이주배경자를 위한 다양한 평생교육 프로그램들이 정부 부처, 지방자치단체, 시민사회에서 운영되고 있다. 이는 이주배경자의 한국 사회 적응과 자립을 지원하고, 다문화 사회로의 변화에 대응하기 위한 노력으로 볼 수 있다. 그러나 이러한 프로그램들은 대부분 한국어 교육이나 초기 사회 적응 지원에 집중되어 있으며, 이주배경자들의 다양한 학습 욕구를 충족하기에는 여전히 미흡한 측면이 많다. 특히, 장기적인 관점에서 이들의 사회 참여 및 자립을 지원하는 프로그램, 그리고 비이주배경자를 위한 다문화 감수성을 갖춘 교육 환경 조성은 여전히 과제로 남아 있다. 또한, 대부분의 프로그램이 결혼이민자 및 다문화가족 자녀를 중심으로 설계되어 있어, 이주노동자, 중도입국 청소년, 동포 비자 입국자와 같은 다른 유형의 이주배경자들을 위한 맞춤형 지원은 부족한 실정이다. 따라서 이주배경자 평생교육은 단순히 한국 사회 적응 지원을 넘어, 다양한 맥락의 이주배경자들이 한국 사회의 구성원으로서 주체적으로 참여하고 역량을 발휘하며 더불어 살아가는 사회를 만들어나갈 수 있도록 지원하는 방향으로 발전해야 한다.

2) 평생교육법과 이주배경자

한국 사회의 다양성이 확대되면서 이주배경자에 대한 평생교육의 중요성이 부각되고 있지만, 관련 법과 정책은 아직 이들의 특수성을 충분히 반영하지 못하고 있다. 우리나라 평생교육은 모든 국민에게 평생에 걸쳐 학습할 권리를 보장하고, 평생교육 진흥을 위한 국가 및 지방자치단체의 책무를 규정한 「평생교육법」을 기반으로 한다. 아쉽지만 「평생교육법」은 국민이 아닌 사람의 평생학습 기회 보장을 명시적으로 언급하고 있지 않다. 「평생교육법」 제1조는 모든 국민에게 평생학습 기회를 보장하고 삶의 질 향상에 이바지하는 것을 목표로 제시한다. 결혼 이주민, 외국인 근로자, 중도입국 청소년, 그리고 동포 비자 입국자 등 이주배경자에게 평생학습 기회를 적극적으로 보장하는 관련 정책을 활성화하기 위해서는 「평생교육법」에 이주배경자를 위한 평생교육 조항을 신설하는 「평생교육법」 정비가 필요하다. 국적 취득 이전의 이주배경자도 한국 사회에 꼭 필요한 구성원이며, 삶의 질을 높이고 행복을 추구하는 평생교육에 참여할 기회가 충분히 보장되어야 하기 때문이다.

이주배경자에 대한 언급은 제5차 평생교육진흥 기본계획(2023~2027)에서 '사각지대 없는 따뜻한 평생학습사회'를 구현하기 위한 핵심과제 중 하나로 '북한이탈주민, 재외동포, 다문화가족의 평생학습 지원 강화'를 명시하고 있는 부분에서 찾아볼 수 있다.[34] 해당 계획은 이주배경자들이 한국 사회에 적응하고 자립할 수 있도록 평생학습을 지원해야 한다는 필요성을 인정하고 있다. 이를 위해 한국어 교육, 직업능력 향상 교육, 인문교양 교육 등 다양한 프로그램 제공을 강조하고 있으며, 특히, 이들의 한국 사회 적응을 돕고 직업 능력을 개발하여 경제적 자립을 이루도록 지원하는 데 초점을 맞추고 있다. 또한, K-MOOC 등 온라인 콘텐츠에 외국어 자막 및 더빙 서비스 제공을 확대하여 접근성을 높이고, 읍면동 평생학습센터, 도서관 등을 통해 이주배경자 맞춤형 평생학습 정보 제공을 강화하는 계획을 제시하고 있다.

그러나 「평생교육법」 내에서 이주배경자에 대한 구체적인 정의나 지원 방안은 명확히 제시되지 않고 있으며, '북한이탈주민, 재외동포, 다문화가족'으로 분류함으로써 국민 중심의 접근이라는 한계에 머물러 있다. 이는 다양한 맥락의 이주배경자를 위한 평생교육 정책 추진에 걸림돌로 작용할 수 있다. 이주배경자는 출신 국가, 문화, 입국 목적, 체류 자격, 한국어 능력 등에서 매우 다양한 특성을 보이기 때문에, 이들의 평생학습 요구 또한 다층적이고 복합적인 양상을 띤다. 따라서 이들의 특수성을 고려한 맞춤형 지원을 제공하기 위해서는 「평생교육법」 내에 이주배경자에 대한 명확한 정의와 지원 근거를 마련해야 한다.

3) 연대와 공존을 위한 발전 과제

이주배경자들이 한국 사회에서 성공적으로 적응하고 자립하며, 더불어 살아가는 사회를 만들기 위한 노력은 지속적인 관심과 지원을 필요로 한다. 이를 위해 앞서 논의된 내용들을 바탕으로 이주배경자 평생교육의 미래 발전을 위한 과제들을 제시하고자 한다.

(1) 이주배경자의 '주체성' 존중

단순히 '적응'과 '통합'을 위한 도구적인 관점에서 벗어나, 이주배경자의 '주체성'을 존중하는 새로운 패러다임을 구축해야 한다. 이주배경자의 다양한 문화적 배경, 삶의 경험, 잠재력을 인정하고, 이들이 한국 사회의 동등한 구성원으로서 자신의 목소리를 낼 수 있도록 지원해야 한다. 이러한 변화는 이주배경자 자신의 자기결정권 강화와 사회 참여 확대를 통해 지속 가능한 이민사회를 만드는 데 기여할 것이다. 최근 22대 국회에서 재발의된 「이민사회기본법안」은 이러한 변화의 필요성을 보여주는 대표적인 사례이다.

(2) 포용적인 평생교육 시스템 구축

이주배경자들이 겪는 다양한 어려움을 해결하고 자립을 돕기 위해서는 '맞춤형' 평생교육 시스템을 구축하는 것이 필수적이다. 기존 획일적인 한국어 교육 및 직업 훈련 프로그램 중심에서 벗어나, 이주배경자의 다양한 요구와 특성을 고려한 다양한 교육 프로그램을 개발하고, 이들의 접근성을 높여야 한다. 특히 한국어 능력, 문화 이해, 취업, 가족 관계, 심리 상담, 정체성 확립, 사회 참여, 권익 옹호 등 이주배경자들이 겪는 어려움을 지원하고 자신의 잠재력을 발휘할 수 있도록 돕는 다양한 교육 콘텐츠와 지원 체계를 마련해야 한다.

(3) 다문화 감수성 함양

이주배경자에 대한 사회적 편견과 차별을 해소하고, 더 나아가 공존(共存)하는 사회를 만들기 위해서는 비이주배경자를 위한 다문화 감수성 교육이 중요하다. 온라인 혐오 표현 확산 등으로 인해 이주배경자에 대한 막연한 불안감과 두려움이 증폭되고 있는 현실을 고려할 때, 평생교육은 사회 전반에 걸쳐 다문화 감수성을 높이고 이주배경자에 대한 긍정적인 인식을 확산하는 데 중점을 둬야 한다. 미디어 리터러시 교육을 통해 이주배경자에 대한 왜곡된 정보와 편견에 대한 비판적 사고 능력을 키우고, 다문화 이해 교육을 통해 다양한 문화적 배경을 가진 사람들에 대한 존중과 이해를 증진하는 것이 중요하다. '차이'를 넘어 '공존'하고 '상생'하는 사회를 만들기 위해 모두가 함께 노력해야 한다.

(4) 연대와 협력: 이민사회 거버넌스 구축

정부뿐만 아니라 시민사회 단체, 지역사회 주민들 등 다양한 주체들이 협력하고 연대하는 거버넌스 시스템 구축 및 활성화를 통해 이주배경자 평생교육을 더욱 효과적으로 추진해야 한다. 특히 이주배경자 자신들이 평생교육 과정 설계 및 운영에 참여하고, 자신들의 목소리를 낼 수 있는 체계를 구축하는 것이 중요하다. 이를 위해 이주배경자 단체와 지역사회 주민들이 함께 참여하는 평생교육 협의체 구성, 이주배경자 리더 양성, 그리고 이주배경자들이 자신의 권익을 옹호하고 사회 변화에 참여할 수 있는 플랫폼 구축 등이 필요하다.

1) 출입국・외국인정책본부(2024). 2023년 출입국・외국인정책 통계연보. 법무부.
2) OECD/EU (2018). *Settling In 2018: Indicators of Immigrant Integration*. OECD Publishing & European Union.
3) 이상직(2023). 한국사회는 외국인과 어떻게 관계 맺고 있는가: 이민 정책 방향 모색을 위한 시론. 국가미래전략 Insight, 76호.
4) Wallerstein, I. (1974). *The Modern World-System I: Capitalist Agriculture and the Origins of the European World-Economy in the Sixteenth Century*. Academic Press.
5) Wallerstein, I. (1989). *The Modern World-System III: The Second Era of Great Expansion of the Capitalist World-Economy, 1730-1840s*. Academic Press.
6) Mohanty, C. T. (2003). *Feminism without borders: Decolonizing theory, practicing solidarity*. Duke University Press.
7) Grewal, I., & Kaplan, C. (2002). *Scattered hegemonies: Postmodernity and transnational feminist practices*. University of Minnesota Press.
8) Collins, P. H. (2019). *Intersectionality as critical social theory*. Duke University Press.
9) 출입국・외국인정책본부(2024). 앞의 책.

10) 위의 책.
11) 통일부(2024). 2023 북한이탈주민 입국 현황.
12) 최윤정 · 박경은 · 김영란 · 정유경 · 이혜경 · 김이선 · 장주영 · 조영주 · 허오영숙 · 원종욱(2019). 2018 전국다문화가족 실태조사. 여성가족부.
13) 권오영 · 양계민 · 이영신 · 장윤선 · 장인숙(2023). 사회통합을 위한 후기청소년기 이주배경청소년 정책방안연구 I. 한국청소년정책연구원.
14) 김진희 · 김경애 · 한효정 · 김태준 · 공석기 · 권진희 · 김자영 · 이로미(2020). 다문화배경 청년의 평생교육 실태 및 지원방안. 한국교육개발원.
15) 출입국 · 외국인정책본부(2024). 앞의 책.
16) 관계부처합동(2022). 제5차 평생교육진흥 기본계획('23~'27년) 평생학습 진흥방안. 교육부.
17) 관계부처 합동(2023). 이주배경학생 인재양성 지원방안 (2023~2027년). 사회관계장관회의. 교육부.
18) 미셸 푸코 지음. 허경 옮김(2018). 광기의 역사. 세창 미디어.
19) 한국행정연구원(2024). 2023년 사회통합실태조사. 한국행정연구원.
20) 이상직(2023). 앞의 책.
21) 서경희 · 김규현(2019). 미디어 담화의 비판적 담화분석: 동남아 이주민 기사를 중심으로. 담화와 인지, 26(3), 101-128.
22) 양명철 · 한혜경(2014). 한국미디어의 이주민보도 프레임 분석:조선일보와 한겨레신문 기사에 대한 언어네트워크분석을 중심으로. 동북아 문화연구, 1(41), 71-89.
23) 이인희 · 황경아(2013). 다문화 관련 미디어 보도 프레임 연구에 대한 메타분석. 다문화사회연구, 6(2), 83-108.
24) 한희정(2023). 이주민 혐오 표현 확산과 유형 연구: 유튜브를 중심으로. 한국콘텐츠학회논문지, 23(6), 170-189.
25) 한국행정연구원(2024). 앞의 책.
26) 윤인진(2008). 한국적 다문화주의의 전개와 특성: 국가와 시민사회의 관계를 중심으로. 한국사회학, 42(2), 72-103.
27) Berry, J. W. (1997). Immigration, acculturation, and adaptation. *Applied Psychology: An International Review, 46*(1), 5-68.
28) 김진희(2011). 다문화가족의 경제활동과 사회적응 실태 및 지원방안. 한국여성정책연구원.
29) 허숙(2023). 이주민 사회통합 프로그램의 현황과 개선 방안: 결혼이민자를 중심으로. 한국사회정책, 30(1), 45-73.
30) 한희정(2023). 이주민 혐오 표현 확산과 유형 연구: 유튜브를 중심으로. 한국콘텐츠학회논문지, 23(6), 170-189.
31) Sue, D. W. (2010). *Microaggressions in Everyday Life: Race, Gender, and Sexual* Orientation. John Wiley & Sons.
32) 임동진(2019). 이민자 사회통합프로그램의 참여요인과 교육성과 분석: 프로그램 참여자

와 비참여자 비교를 중심으로. 행정논총, 57(4), 283-317.

33) 허숙(2023). 앞의 책.

34) 관계부처합동(2022). 앞의 책.

제13장

노년기 평생교육

1. 노인교육[1])의 등장

노인교육이 정책과 연구의 주제로 등장한 배경으로 인구 고령화를 들 수 있다. 고령화는 노인 인구의 양적 증가라는 특징만이 아니라 이들이 이전 세대에 비해 건강하고 학력 수준이 높다는 질적 특징을 보인다. 노인의 건강과 관련하여 한국보건사회연구원의 노인실태조사에 따르면 한국의 65세 이상의 노인 중 평소 자신의 건강상태가 좋다고 평가하는 노인이 2014년에 32.3%에서 2020년에 49.3%로 증가했다.[2)] 학력과 관련하여 노인의 취학률 자료를 분석해 보면 2020년부터 노년기에 진입하기 시작한 베이비붐 세대의 경우 중등학교 취학률이 50%에 도달한 최초의 세대로서 이전 세대에 비해 학력이 아주 높다.[3)] 이러한 특징을 수반한 고령화는 국가마다 다른 시기에 다른 속도로 나타나고 있지만 최근 세계 각국의 고령화 대응 정책의 초점에 평생학습이 포함되어 있다는 점에서는 유사하다. 즉 노인의 은퇴와 돌봄을 중심으로 하는 기존의 고령화 대응 정책은 이들의 사회적 참여와 활동을 강조하는 방향으로 변화하였으며, 세계보건기구(WHO)는 고령화 시대의 사회정책 담론으로 활동적 노화(active ageing)를 제시하고 활동적 노화의 핵심 요소로 평생학습을 강조한 바 있다. 건강하고 학력이 높은 노인들이 은퇴 후에도 다양한 활동에 참여하게 되는데 그중에서 대표적인 활동으로 평생학습이 등장하게 된 것이다. 실제로 지난 50여 년간 유럽을 중심으로 전 세계적으로 노인의 학습 참여가 증가하였으며, 한국보건사회연구원의 조사에 따르면 우리나라의 경우 65세 이상 노인의 평생학습 참여율이 지난 10년간 약 두 배 증가하였다.[4)]

노인교육의 등장에는 노년담론의 변화도 큰 영향을 끼쳤다. 전통적인 노년담론은 노인을 소극적이고 수동적인 존재로 간주하고 정책적인 면에서는 복지서비스의 수혜자로 간주하였다. 기존의 노인교육이 여가, 취미, 오락 프로그램을 중심으로 운영된 이유도 이런 전통적인 노년담론의 영향이라고 할 수 있다. 그러나 종전 후 노인 인구의 증가와 노인의 권리에 대한 인식이 확산되면서 점차 부정적인 노년담론은 약화되었다. 이와 더불어 1970년대 오일쇼크 이후 전 세계의 주기적인 경제위기는 정부의 공공지출을 축소하는 방향으로 정책을 변화시켰고, 노인에게 제공할 복지재정이 부족해지자 노인을 무기력하고 의존적인 존재 또는 복지 비용으로 인해 사회에 부담이 되는 존재로 보는 부정적 관점을 버리고 노년을 긍정적으로 보자는 성공적 노화, 생산적 노화, 활동적 노화 등의 대안적 노년담론이 등장하였다. 각각의 노년담론이 등장하게 된 배경과 논리는 다양하고 서로 상충하는 면도 있지만, 대안적 노년담론들은 노년기의 삶의 수준을 유지하기 위한 필수적인 요소로 노인교육을 강조하고 있다는 점에서는 공통점을 갖고 있다. 즉, 성공적 노화의 핵심요소인 '노년기의 인지적 신체적 기능의 유지', 생산적 노화가 강조하는 '개인적 성장과 사회적 공헌', 그리고 활동적 노화를 위한 '사회·경제·문화·시민 문제 등에 대한 지속적 참여'를 위해서는 노인교육이 필수적이라고 강조하고 있다.[5)6)7)8)]

한편, 노인교육 연구와 실천의 이론적 바탕이 된 것은 전생애발달론과 노년학의 융합이라고 할 수 있다.[9)] 전생애발달론은 인간의 발달이 청년기에 완료되는 것이 아니라 노년기에도 계속된다는 이론이다. 평생에 걸친 자기수양과 인간형성이라는 생각은 동양에서는 오래전부터 퍼져 있었기 때문에 전 생애에 걸친 발달이라는 생각이 특별히 새롭지 않았으나 서양에서 이런 사고방식은 별로 없었다. 서양에서는 20세기 초까지도 “인간의 성격은 유아기에 결정된다”라는 프로이트(Sigmund Freud)의 발달론이 지배적이었다. 이런 발달론에 따른다면 노년기의 학습은커녕 성인기의 학습도 의미가 없는 일이 될 수 있다. 하지만 프로이트의 제자인 융(Carl Jung)이 성인기 이후에도 인간은 계속 발달하며 그 과정은 ‘개성화’와 ‘자기실현’의 과정이라고 주장하여 전생애발달론의 이론적 토대를 만들었다. 융의 문제 제기 이후 해비거스트(Robert Havighurst)의 ‘생애에 걸친 발달과업’론과 에릭슨(Erik Erikson)의 8단계 ‘심리-사회발달이론’이 제시되어 전생애발달론이 체계화되었다. 전생애발달론과 1960년대 이후 활발해진 노년학의 성인발달 및 노화에 관한 연구는 1970년대 평생학습론으로 합류한다. 이 시기 노인학습자에 대한 대학 개방, 엘더호스텔 설립, 삼세대대학(U3A)의 보급 등으로 전생애발달론과 노년학 연구는 평생학습 연구와 실천으로 이어진다.

한편 국가 정책으로서 노인교육은 1970년대의 근대적 평생교육과 함께 등장하였다. 평생교육이라는 아이디어는 서양에서는 이미 플라톤의 저작에서부터 나타나고 있으며 동양에서도 유가(儒家)의 교육활동에서 전제로 하고 있어 교육 행위와 시작을 함께했다고 할 만큼 오래된 것이라고 할 수 있으나, 근대적 평생교육은 1968년의 프랑스 68운동이 촉발한 고등교육개혁의 과정에서 등장했다.[10] 이 당시 정책으로서의 평생교육은 노인교육의 모습으로 구현되었다고 할 수 있다. 왜냐하면, 68운동에서 분출된 교육개혁 요구를 수습하는 방안으로 대학이 지역사회에 더 많은 교육기회를 제공해야 한다는 내용을 담은 프랑스 「평생교육법」이 제정되었는데, 이 법에 따라 1973년에 국립대학인 툴루즈대학교가 지역 주민이 공개강의, 대학강의청강, 계약코스, 워크숍 등을 참여할 수 있는 프로그램으로 시작한 것이 현재 국제적으로 대표적인 노인교육기관인 삼세대대학(U3A, University of the 3rd Age)이기 때문이다. 이후 삼세대대학이 프랑스 전역으로 그리고 이어서 전 세계로 확산하는 모습은 가히 'U3A 운동'이라고 칭할 수 있을 정도이다.[11)]

2. 노인학습자의 특징과 학습 참여

1) 신체의 노화와 학습능력의 변화

노인학습자의 특징은 '노인'이라는 말에 담겨있는 신체의 노화를 중심으로 이해할 수 있다. 노년교육연구회[12)]에 따르면 신체적 노화에 따른 학습 능력의 변화에 대하여 학습의 1차적 과정인 정보의 습득과 처리를 중심으로 살펴본다면, 정보 습득의 대부분을 차지하는 시각의 노화, 그다음으로 중요한 정보 습득 기관인 청각의 노화, 그리고 습득한 정보 처리를 담당하는 뇌 기능의 노화에 대한 이해가 중요하다. 우선, 눈의 노화로 인한 시각 기능의 약화는 인간의 학습에 필요한 대부분의 정보인 글자, 그림, 영상정보의 습득을 결정적으로 방해한다. 문제의 심각성은 눈이 노화의 영향을 가장 심하게 받는 장기라는 점이다. 즉 인체의 다른 장기가 건강한 상태를 유지하고 있는 40대부터 노안 증상이 나타날 정도로 눈은 인체 장기 중에서 가장 빨리 노화한다. 반면 청각의 노화는 늦게 일어난다. 이렇게 청각의 노화가 늦은 것은 끝까지라도 예수의 복음을 듣게 하려는 하나님 뜻이 아니냐는 오래된 기독교인들의 해석이 있을 정도로 상식적인 경험으로, 평균적으로는 65~70세에서는 25% 정도만 청력장애가 나타나고 75세 이상이 되어야 40% 정도의 청력장애가 나타난다. 한편 인간의 뇌는 20대까지 왕성히 발달하지만 40대 이후에는 서서히 노화한다. 뇌의 노화에 관한 이론은 매우 다양하고 뇌의 정상적 노화와 병적 노화는 쉽게 구분되지 않기 때문에 설명이 어렵다. 그나마 어느 정도 밝혀진 구조적인 뇌의 노화로는 신경세포의 감소에 따른 뇌의 부피 감소, 기능상의 노화로는 기억력의 저하나 적절한 행동을 선택하는 실행기능의 저하 등이 나타난다고 알려졌다.

뇌의 기능인 지능에 관한 연구는 아동의 지능에 대한 연구에서 시작하여 20세기 중반에 성인의 지능에 대한 연구로 그 영역이 확대되어 노년기 지능 변화에 대한 단서를 제공하였다. 혼과 카텔(Horn & Cattell)[13]은 지능을 일반적인 지적 능력으로 간주하는 전통적인 이론의 한계를 지적하고 인간의 지능은 유동성 지능과 결정성 지능으로 구별된다고 제시하여 아동의 지능과 비교되는 성인의 지능의 특징을 이해할 수 있는 틀을 제시하였다. 이 이론에 따르면 유동성 지능은 생물학적으로 결정되는 경험이나 학습과는 무관한 능력을 지칭하고 결정성 지능은 교육과 생애 경험을 통하여 얻게 되는 지식과 능력을 지칭한다. 따라서 결정성 지능은 경험으로 형성되는 성인의 지능을 설명할 수 있는 개념이 되었다.

혼과 카텔이 제시한 지능 이론에 근거하여 수행된 여러 노인지능측정 연구는 노년기에 유동성 지능은 감소하지만, 결정성 지능은 유지됨을 밝혔다. 대표적인 성인 지능 측정의 도구는 결정성 지능을 측정하는 언어점수와 유동성 지능을 측정하는 수행점수로 구성된 WAIS(Wechsler Adult Intelligence Scale)이다. WAIS를 사용한 다수의 성인 지능 측정의 결과는 지능의 '고전적 노화 패턴', 즉 노화에 따라 수행점수는 감소하지만, 언어점수는 유지된다는 것을 밝혔다. 고전적 노화 패턴에 따르면 학습에 중요한 언어정보 기억의 활용과 추상적 사고 능력은 노년기에도 일정하게 유지된다는 것이고, 치매와 같은 병리적인 인지기능의 손상이 없다면 결정성 지능의 쇠퇴는 후기 노년기에야 나타난다.[14]

우리나라 노인의 건강상태에 대한 조사 결과[15]에 따르면 70대 중반까지 전반적인 건강상태가 정상이며 인지기능의 경우도 70대 후반이 되어야 저하하는 것으로 나타났다. 노인의 주관적 건강상태에 대한 답변 자료를 분석한 이 연구에 따르면 60대와 70대 모두 건강상태를 보통으로 평가하는 비율은 48.9~54.2% 사이로 크게 차이가 나타나지 않으나 건강상태를 좋다고 평가하는 비율은 60대 전반(38.6%)에서 70대 후반(14.7%)으로 가면서 뚜렷하게 감소하는 것으로 나타났으며, 건강상태가 나쁘다고 평가하는 비율은 60대 전반(9.2%)에서 70대 후반(36.4%)으로 가면서 4배 정도 증가하는 것으로 나타났다. 인지기능 상태를 보기 위한 치매 선별 검사 도구인 MMSE의 평균점수는 60대 전반 및 후반은 각각 27.6점, 26.9점으로 양호하지만, 70대 전반은 25.6점까지 낮아지고, 70대 후반에는 23.8점까지 소폭 하락하고, 70대 후반에도 58.4%는 정상의 인지기능을 유지하는 것으로 나타났다.

〈표 13-1〉 인지기능(MMSE) 점수 분포

(단위: %)

	60대		70대	
	60대 전반	60대 후반	70대 전반	70대 후반
정상(24~30점)	89.7	85.2	73.1	58.4
인지기능저하(18~23점)	9.4	12.5	22.0	30.3
치매의심(17점 이하)	0.9	2.3	4.9	11.3

출처: 김경희 외(2022). 2020 고령화연구패널(KLoSA) 기초분석보고서에서 재구성

2) 노인의 학습요구

학습자를 이해하기 위해서는 그들의 학습요구가 무엇인지를 파악하는 것이 중요하지만 피터슨(David Peterson)[16]과 런더너(Carroll Londoner)[17]가 지적하고 있는 것처럼 노인학습자의 학습요구는 파악하기 쉽지 않다. 연구자료가 많이 축적되어 있는 60대 베이비붐 세대도 교육 수준이 높고 자신들의 부모 세대와 다른 사고방식 및 삶의 방식을 추구하는 것으로 조사되고 있으나, 이들은

새롭게 대규모로 형성된 세대로서 아직 노년기 삶의 모델이 부재하여 자신의 학습요구를 인지하기 어렵다. 김도균과 유보배[18]에 따르면 베이비붐 세대는 활동적 노년기를 보내려는 욕구는 강하지만 그러한 준비와 경험은 미흡하다고 분석한 바 있다. 이렇게 노인의 학습요구를 파악하기 어렵고 노인학습자 자신의 요구가 무엇인지도 인지하기 어렵기 때문에 피터슨[19]은 노인이 선호하고 원하는 욕구(wants)와 전문가가 생각하기에 노인에게 필요하다고 생각하는 요구(needs)를 구분하고 있으며 노인학습자를 이해하기 위해서는 이 두 가지 모두 고려해야 함을 강조하고 있다.

노인의 학습요구에 대해 매클러스키(Howard McClusky)[20]가 다섯 가지 범주, 즉 대처의 요구, 표현의 요구, 공헌의 요구, 영향력의 요구, 초월의 요구로 설명한 바 있다. 대처의 요구(coping needs)는 노년기의 신체적, 경제적, 사회적 변화 등 여러 변화에 적응하고 대처하기 위한 요구로서 이 요구가 충족되어야 더 높은 단계의 요구를 충족할 여유를 가질 수 있게 하는 가장 우선적인 요구이다. 표현의 요구(expressive needs)는 활동 자체가 목적이 되는 요구로서 음악이나 미술 활동과 같은 자신을 표현하는 활동에 대한 요구이다. 노년기는 일과 자녀양육 때문에 유예해 온 욕망을 충족시킬 수 있는 시기라는 점에서 중요한 요구이다. 공헌의 요구(contributive needs)는 타인이나 지역사회에 무언가를 기여하고자 하는 요구로서 노인에게는 사회에 유용하고 필요한 존재가 되고자 하는 욕구에 기반한 요구이다. 영향력의 요구(influence needs)는 사회적 영역에서 변화의 주체로서 영향력을 발휘하고자 하는 요구로서 자신과 사회 공동체를 위해 영향력을 발휘할 수 있도록 지원하는 교육과 관련된 요구이다. 초월의 요구(transcendence needs)는 노년기 특유의 요구로서 신체적 쇠약과 죽음이라는 한계를 인지하고 이를 넘어설 수 있도록 지원하는 교육에 관한 요구이다.[21]

매클러스키의 노인교육 요구 범주는 노인을 복지서비스의 대상으로 보는 관점을 넘어서서 노인의 성장에 초점을 둔 교육학적 관점에 기초하고 있으나 노년기 학습요구 이론으로서는 학습 참여를 촉발하는 내적 욕구만을 설명하는 한계를 가진 심리학적 이론이라고 할 수 있다. 반면에 사회학적 관점에서 사회적 요인과 관련하여 성인의 학습요구를 설명하는 블로드코프스키(Raymond Wlodkowski)는 실업(失業)이나 학교교육과 같은 사회적인 요인이 성인의 학습 참여 여부를 고려하는 데 있어서 강한 영향을 미친다고 설명한다. 한편 런더너(Carroll Londoner)는 심리학적 관점과 사회학적 관점을 통합한 '성인 학습 참여의 심리-사회적 해석' 모델을 제시하였다. 이 모델은 노인학습자의 요구는 표현적 학습요구와 도구적 학습요구로 범주화할 수 있으며 이 요구는 사회체제 내의 요구로 나타나고 사회적 행동의 참여를 통해 충족된다고 설명한다.[22)]

베이비부머 종단연구,[23)24)] 서울시 중장년 지원정책 요구조사,[25)] 신노년층 역량 요구 연구[26)]를 중심으로 60대의 노인교육 요구를 발췌하여 분석한 최일선 외[27)]에 따르면 대처의 요구와 표현의 요구에 해당하는 교육요구의 비중이 크다. 60대는 노년기로의 진입이라는 생애전환기의 경제적, 인지적, 정서적, 신체적인 측면의 다양한 위기에 직면하여 이에 대처하기 위해 건강, 재무, 일자리, 디지털 소양 등에 대한 교육을 요구하고 있다. 또한 이들은 일과 좋아하는 활동이 통합되거나 병행할 수 있는 삶을 추구하며 일과 가정에 우선순위를 두고 그동안 미뤄 놓았던 예술활동과 같은 표현의 요구를 가지고 있다. 하지만 중년기를 일 중심으로 살아온 노년층은 자신의 취미나 관심사가 무엇인지를 잘 알지 못하고 일 중심으로 교류하던 관계가 퇴직으로 인해 단절되면서 표현적 요구를 충족할 수 있는 기회와 관계를 찾는 데 어려움을 겪는다. 이들은 공헌의 요구도 가지고 있으나 실제 참여는 저조하며, 봉사 활동 등 사회적 기여에 대한 계획이 있다고 응답하지만 실제로 사회공헌에 참여하는 사례는 적은 것으로 나타났다.

매클러스키의 노인교육 요구 범주는 전생애발달이라는 평생교육의 관점에서 노인의 학습요구를 분석하는 준거틀로서 의미를 지니고 있으며 여러 국가에서 노인교육 프로그램 운영을 위한 이론적 기반으로 활용되고 있으나, 이 범주가 1970년대 초에 제안된 이후 시간이 많이 지났고 그사이에 고령화와 세계적 경제위기 등 사회적 변화가 컸기 때문에 유용성을 재평가할 필요가 있다. 이에 최수연 외[28]는 성공적 노화, 활동적 노화, 비판적 노년학 등 주요 노년담론에 의거하여 매클러스키의 노인교육 요구 범주를 재평가하고 이 재평가 결과를 기초로 각각의 범주에 해당하는 노인교육 프로그램의 유형과 각 유형의 내용을 설정한 후 우리나라의 대표적인 노인교육기관인 노인복지관에서 운영 중인 프로그램의 분포와 참여 현황을 분석하였다. 그 결과는 기존의 연구[29][30]와 마찬가지로 노인복지관에서 제공하는 노인교육 프로그램은 주로 대처의 요구와 표현의 요구를 충족하기 위한 프로그램에 집중되었으며 공헌의 요구, 영향력의 요구, 초월의 요구에 대응하는 프로그램은 소수에 불과했다. 하지만 노인학습자들의 프로그램별 필요수준과 교육 실행수준에 대한 응답에 기초하여 교육요구의 우선순위를 분석한 최수연의 연구[31]에 따르면 노인교육은 다섯 가지 범주의 요구를 균형 있게 반영하여야 하며 변화된 사회적 관점과 노년세대의 수준을 고려하여 공헌의 요구, 영향력의 요구, 초월의 요구에 해당하는 프로그램의 제공이 필요하다.

3) 노인의 학습참여

교육부와 한국교육개발원의 '한국 성인의 평생학습 실태'는 조사 대상의 연령이 25세부터 79세까지이고 60대와 70대가 구별되어 있어 노인의 평생학습실태를 파악할 수 있는 기초 자료이다. 2023년 한국 성인의 평생학습 실태에 따르면 연령이 높을수록 형식교육과 비형식교육을 포함한 모든 평생학습 참여율이 낮아진다.[32] 25~29세의 평생학습 참여율이 44.8%로 가장 높았지만, 70~79세의 평생학습참여율은 23%로 가장 낮았다(표 13-2). 하지만 60대와 70대를 비교하면 타 연령대 간 차이보다 큰 편이 아니고 차이를 유발하는 요인은 주로 직업 관련 목적의 비형식교육이라는 점을 고려하면 60대에 비해 70대의 평생학습 참여율은 감소하지만 아주 작은 폭의 감소라는 점을 알 수 있고 이런 추세는 40대와 50대를 지나면서 유사한 패턴을 보인다.

〈표 13-2〉 연령별 평생학습 참여율(2022)

(단위: %)

연령	전체 (형식 · 비형식)	영역		
		형식교육	비형식교육	비형식교육 (직업 관련 목적)
전체	32.3	0.6	31.9	15.0
25~29세	44.8	3.7	42.2	23.2
30~39세	39.6	0.4	39.3	20.3
40~49세	32.6	0.3*	32.4	17.0
50~59세	30.7	0.2	30.5	14.3
60~69세	25.9	0.2*	25.8	9.8
70~79세	23.0	0.1*	22.8	5.4

주) *: 신뢰도가 다소 낮아 해석 시 주의 필요함

출처: 교육부 · 한국교육개발원(2023). 2023년(2022.12.31. 기준) 한국 성인의 평생학습 실태.

〈표 13-3〉에는 형식교육과 비형식교육에 참여하는 성인의 참여 목적을 조사한 결과가 제시되었다. 형식 교육의 경우 전체 응답자의 45%가 직업 관련 목적으로 참여한다고 응답했지만, 50대와 60대는 직업 관련 목적으로 참여한다는 응답의 비중이 각각 27.1%, 31.4%로 낮은 것으로 나타났다. 비형식교육도

유사한 경향을 나타내었는데, 직업 관련 목적으로 참여한다는 응답자는 46.0%였으나 직업 관련 목적 참여자가 50대 46.3%, 60대 38.1%, 70대 23.2%로 완만하게 감소하는 경향을 보였다. 고령층(55~79세)의 68.5%가 계속 일하기를 원한다는 점을[33] 감안하면 60대와 70대의 직업 관련 목적 참여자의 비율은 앞으로도 크게 변하지 않으리라고 예상할 수 있다.

〈표 13-3〉 연령별 형식 및 비형식교육 참여 목적(2022)

(단위: %)

연령	형식교육		비형식교육	
	직업 관련 목적	직업과 무관한 목적	직업 관련 목적	직업과 무관한 목적
전체	45.0	55.0	46.0	54.0
25~29세	44.7	55.3	52.4	47.6
30~39세	60.7	39.3	49.4	50.6
40~49세	52.9	47.1*	51.4	48.6
50~59세	27.1*	72.9	46.3	53.7
60~69세	31.4*	68.6*	38.1	61.9
70~79세	n	74.1*	23.2	76.8

주) n: 신뢰도가 낮아 공표하지 않음 / *: 신뢰도가 다소 낮아 해석 시 주의 필요함
출처: 교육부 · 한국교육개발원(2023). 2023년(2022.12.31. 기준) 한국 성인의 평생학습 실태.

60대의 평생학습 참여 현황을 구분하여 살펴보면 비형식교육 참여 목적으로는 직업과 무관한 목적으로 교육에 참여하는 비율(61.9%)이 직업 관련 목적 참여 비율(38.1%)보다 높고 이 비율의 차이는 70대에 더 커진다. 〈표 13-4〉를 보면 60대의 직업과 무관한 목적 중 가장 비율이 높았던 것은 '건강관리'와 '심리적 만족 및 행복감 증대'이고 직업과 관련된 목적 중 가장 비율이 높았던 것은 '일자리에 필요한 기능 습득'으로 나타났다. 비형식교육 참여 목적에서 직업과 무관한 경우 '건강관리'가 가장 높게 나타났는데 이는 문화예술스포츠교육에

대한 높은 참여율과 어느 정도 관련이 있을 것으로 이해할 수 있다. 70대는 직업과 무관한 목적 중 '심리적 만족 및 행복감 증대'가 더 높아지고 60대와 달리 두 번째로 높은 분야가 '건강관리'에서 '교양 함양이나 지식 습득 등 자기계발'로 바뀌는 것을 볼 수 있다.

〈표 13-4〉 연령별 비형식교육 참여 목적(2022)

(단위: %)

연령	직업 관련 목적				직업과 무관한 목적				
	취업, 이직, 창업에 도움	일하는 데 필요한 기능 습득	성과급, 연봉 등 소득 증대	고용 안정 (일자리 유지)	건강 관리	심리적 만족 및 행복감 증대	교양 함양이나 지식 습득 등 자기계발	사회 참여	친목 도모 증진
전체	5.9	24.4	0.8	15.0	29.2	10.5	11.8	1.1	1.4
25~29세	15.2	21.6	n	15.1	28.6	5.6	12.4	0.6*	0.4*
30~39세	6.2	25.6	1.1	16.5	28.6	6.0	14.8	0.3*	0.8
40~49세	5.3	27.6	1.1	17.4	17.4	7.5	11.7	0.8*	1.1
50~59세	5.2	24.5	0.6*	16.0	16.0	10.7	9.3	1.4	2.1
60~69세	2.9	23.8	0.3*	11.1	11.1	17.0	10.2	2.3	2.0
70~79세	0.4*	15.7	n	6.7	6.7	28.7	11.3	2.1*	2.7

주) n: 신뢰도가 낮아 공표하지 않음 / *: 신뢰도가 다소 낮아 해석 시 주의 필요함
출처: 교육부·한국교육개발원(2023). 2023년(2022.12.31. 기준) 한국 성인의 평생학습 실태.

60대와 70대의 평생학습의 성과에 있어서는 평생학습 참여를 통한 성과는 직업적 영역보다 비직업적 영역에서 더 높은 결과를 나타내고 있다(표 13-5). 즉, 평생학습 참여를 통해 '심리적 만족 및 행복감 증대'(60대 80.3점, 70대 82.2점), '건강관리'(74.2점, 76.2점), '교양함양, 지식습득 등 자기계발'(74.1점, 71.4점), '친목 도모 증진'(71.5점, 75.5점) 등 비직업적 영역은 70점 이상의 비교적 높은 성과를 보여주고 있다. 반면 직업적 영역과 관련된 '일하는 데 필요한 기능 습득'(66.2점, 55.3점), '취업, 이직, 창업에 도움'(59.4점, 48.2점), '고용안정'(61.3

점, 51.4점), '성과급, 연봉 등 소득 증대'(53.5점, 46.0점)는 비직업적 영역에 비해 낮은 성과를 보이고 있어 참여목적과 현실의 차이를 보여주고 있다.

〈표 13-5〉 연령별 평생학습 성과(2022)

(단위: 점/100점)

연령	건강 관리	심리적 만족 및 행복감 증대	교양함양, 지식습득 등 자기계발	취업, 이직, 창업에 도움	일하는 데 필요한 기능 습득	성과급, 연봉 등 소득증대	고용안정 (일자리 유지)	사회참여 (자원봉사 및 지역·사회적 활동)	친목 도모 증진
전체	73.2	79.2	74.6	64.2	69.3	57.9	65.8	62.8	67.3
25~29세	70.2	78.6	76.2	69.7	72.3	59.6	67.9	59.4	61.6
30~39세	73.2	78.4	75.0	67.1	71.6	61.9	68.6	61.9	65.0
40~49세	72.5	78.5	74.6	65.3	71.1	59.4	68.5	62.0	65.5
50~59세	73.9	79.5	74.4	63.6	68.6	56.6	65.0	63.8	69.2
60~69세	74.2	80.3	74.1	59.4	66.2	53.7	61.3	64.9	71.5
70~79세	76.2	82.2	71.4	48.2	55.3	46.0	51.4	65.7	75.5

출처: 교육부·한국교육개발원(2023). 2023년(2022.12.31. 기준) 한국 성인의 평생학습 실태.

3. 노인교육 정책과 제도

1) 노인교육 정책의 시작과 전개

정부의 정책으로서 노인교육은 1978년에 시작되었다. 당시 문교부에서 초등학교 학군 단위로 노인교실을 재편하고 운영비를 지원하는 「노인교실설치요강」을 발표하고 이 정책에 따른 노인교육 지원사업을 1986년까지 실시하였다. 1981년에는 「노인복지법」 제정과 정부 부처 간 업무 조정에 따라 노인교실이 노인여가복지시설로 편입되었고 1987년에 노인 관련 업무는 당시 보건사회부로 이전됨에 따라 노인교육 정책은 복지정책의 한 분야로 변하였다. 이후 1996년에 교육부는 평생학습정책과를 신설하고 노인교육정책 조정기능을 부서의 업무로 추가하면서 노인교육 업무를 재개하였으며 1997년 '노인교육체제 확립방안'을 발표하였고 이후 2002년까지 다수의 노인교육 정책연구를 수행하였다.

2000년부터 5년간 교육부는 대학부설 평생교육원을 통하여 노인교육 관련 전공자와 관련 자격증 소지자를 위한 '노인교육전문가 양성과정'을 운영하였다. 이 사업에 매년 16개 대학이 선정되어 참여하였고 수료자는 총 4,488명이었다. 2002년부터는 3년간 대학명예학생제도, 세대 간 이해증진 프로그램, 직업프로그램 등 대학의 우수 노인교육과정을 지원하는 '노인교육과정 시범 운영 사업'을 추진하였다. 이 사업을 포함하여 기획된 '소외계층 평생교육 활성화 사업'은 2001년부터 9년간 저소득자, 저학력자, 장애인, 노인 등 소외계층의 학습참여 활성화를 위한 프로그램의 운영비와 수강비 지원 사업으로 추진되었다. 2009년에는 197개 과제에 9억 9천만 원을 지원하였는데 이 중에서 노인 관련 프로그램은 점차 증가하여 40%에 달했다.

이러한 정부의 정책과는 별도로 민간의 노인교육도 전개되었다. 우리나라 최초의 노인교실이라고 할 수 있는 서울평생교육원이 1972년에 설립되었고, 그 후 노인 단체, 사회봉사 단체, 종교 단체 또는 개인들에 의해 노인교육 기관이 설립되었다. 한국노인문제연구소의 조사에 따르면 1980년 당시 전국에 402개의 노인교실이 설립되었다. 이러한 노인교육기관을 운영 주체에 따라 구분하면 대한노인회 등 노인 단체들이 운영하는 경우, 종교기관이 운영하는 노인교실, 앞서 언급한 노인교실설치요강에 따라 초등학교 단위로 설치되어 운영되는 노인교실, YMCA 등 사회단체가 운영하는 노인교실, 그리고 기타 기업이나 재단에서 복지사업의 일환으로 운영하는 노인교육기관으로 구분할 수 있다.[34)]

2) 노인교육 정책연구

앞서 서술한 노인교육의 전개과정에서 정부 정책은 주관부처가 교육부에서

복지부로 변경되었다가 현재는 양 부처에서 각각 평생교육정책과 복지정책의 일환으로 추진되고 있다. 이러한 양상은 정책연구에도 반영되었다. 대표적인 정책연구로는 보건복지가족부의 지원으로 2008년에 수행된 '노인교육 체계화 및 활성화 방안 연구'(이하 '체계화연구')와 교육부의 지원으로 2021년에 수행된 '초고령사회 대응 노인 평생교육 활성화 방안 연구'(이하 '초고령사회대응연구')가 있다. 두 연구의 수행 시점을 보면 체계화연구가 13년 먼저 수행되었고 체계화연구의 내용을 보면 현재에도 유효한 중장기 방안을 이미 담고 있었다는 점에서, 1987년에 노인 관련 업무는 복지정책의 한 분야로 자리 잡은 이후 복지부가 노인교육을 주도했다는 점을 상징적으로 보여주고 있다. 물론 연구 결과의 내용에 있어서, 예를 들면 법적·제도적 기반 조성 과제와 같이 체계화연구에서 제시된 과제가 동일하게 초고령사회대응연구에서도 제안되고 있는 것을 보면 지난 20여 년 간 노인교육 정책이 더디게 추진되고 있다는 점도 알 수 있다.

두 정책연구를 요약하면 다음과 같다. 체계화연구는 노인교육 활성화의 기본 방향으로 노년층을 위한 교육복지의 실현, 학습권 실현을 위한 노인교육의 다양성 확대, 노인교육의 수준 향상을 위한 노인교육의 전문성 강화, 활동적 고령화를 위한 임파워먼트 강화로 설정하였다. 이 기본 방향을 토대로 한 노인교육 체계화 및 활성화를 위한 단기 방안으로 노인교육시설의 체계적 관리, 노인교육 분야별 실시방안, 노인교육 전문인력 양성체계 구축, 지역 노인교육시설 지원체계 정비, 노인교육 프로그램의 다양화 기반 구축, 노인교육 관리 및 감독 체계 정비 방안을 제시하였다. 또한 중장기 방안으로는 국가 수준의 정책조정 기구 및 고령화 포럼 설치, 노인교육 관련 법인 「노인교육법」과 「평생교육법」 정비, 노인교육 관련 연구의 활성화 방안을 제시하였다.

다음으로, 초고령사회대응연구는 제목이 시사하는 바와 같이 다가오는 초고령사회에 대비한 노인교육의 체계화 및 활성화를 위한 정책 방향과 실천 방안을 마련하는 것을 목적으로 하고 있다. 연구 결과로 제시하는 정책 추진 방향으로 노인교육 인프라 개선, 초고령사회에 대응한 노인교육 체계 구축, 노인교육을 통한 노년기 사회참여 확대, 전 세대가 함께 배우고 소통하는 세대공동체 교육 지원을 제시하였다. 실천 방안은 네 개의 전략에 따른 추진과제로 제시하였다. 첫 번째 추진전략인 '초고령사회 대응 노인 평생교육 인프라 정비'를 위한 과제로는 노인교육의 법적 기반 개선, 제도적 기반 개선, 전문성 제고를 제시하였다. 두 번째 추진전략인 '초고령사회 대응 노인 평생교육의 체계 구축'을 위한 과제로는 역량 기반 노인교육 모델 개발, 노인교육의 접근성 제고, 학교시설을 활용한 노인교육 확대를 제시하였다. 세 번째 추진전략인 '평생교육을 통한 노인 사회참여 활성화'를 위한 과제로는 선배시민역량 교육 확대, 노인 취창업 평생교육 확대, 노인교육 봉사활동 활성화를 제시하였다. 네 번째 추진전략인 '세대공존 초고령사회를 위한 세대공동체 교육 활성화'를 위한 과제로는 고령친화적인 지역사회 평생학습 환경 조성, 세대공동체 교육 활성화, 전 세대에 대한 노인에 관한 교육 강화를 제시하였다.

3) 노인교육 관련 법령

(1) 「평생교육법」

평생교육이 사전적인 의미로는 요람에서 무덤까지 평생에 걸친 교육을 지칭하고 역사적으로는 학교교육 중심의 협소한 교육관에 도전하는 대안적인 포괄적 교육 개념으로 제시되었지만, 「평생교육법」은 평생교육을 "학교의 정규교육과정을 제외한" 교육으로 제한하고 있을뿐더러 그 영역을 여섯 가지로 명시하고 있어 노년기를 포함한 생애의 여러 시기의 교육과 사회의 다양한 분야에서 새롭게 등장하는 평생교육 활동을 포괄하기에는 한계가 있다. 또한, 평생교육에 대한 전 생애적 관점의 부재와 영역 설정으로 인하여 노인교육의 중요성이 희석되었고, 80년대 중반 노인교육 정책이 보건복지부로 이관됨에 따라 노인교육이 복지정책으로 오해되는 상황도 초래하였다. 앞서 소개한 두 정책연구에서 「평생교육법」을 개정하여 노인교육 개념을 명문화하자고 제안했지만 이러한 정책적, 제도적 상황으로 인하여 늦어지다가 2023년에 「평생교육법」의 관련 조항 개정으로 노인교육 개념은 명문화되었다.

평생교육법 개정으로 신설된 20조의3(노인평생교육시설 설치 등)에 따르면 국가, 지방자치단체 및 시·도교육감이 노인평생교육시설을 설치 또는 지정·운영할 수 있고 평생교육기관이 별도의 노인평생교육과정을 설치·운영할 수 있게 되었다. 따라서 그동안 평생교육 접근성이 낮았던 노인에 대한 평생교육의 질적 개선을 기대할 수 있게 되었고, 이런 기대를 실현하기 위해서는 노인평생교육시설을 설치 또는 지정할 수 있기 위한 기준 설정 및 노인평생교육과정의 개발, 편성, 운영에 대한 후속 보완이 필요하다.

〈표 13-6〉「평생교육법」의 노인평생교육 조항

조항	내용
제20조의3 (노인평생교육시설 설치 등)	① 국가·지방자치단체 및 시·도교육감은 관할 구역 안의 노인을 대상으로 평생교육프로그램 운영과 평생교육 기회를 제공하기 위하여 노인평생교육시설을 설치 또는 지정·운영할 수 있다. ② 평생교육기관은 노인의 평생교육 기회의 확대를 위하여 별도의 노인평생교육과정을 설치·운영할 수 있다. ③ 지방자치단체는 노인평생교육시설의 운영에 필요한 경비를 예산의 범위에서 지원할 수 있다.

(2) 노인복지법

노인복지법은 시설을 중심으로 노인교육 관련 사항을 규정하고 있다. 노인교육 관련 시설은 노인복지시설 중 '노인여가복지시설'로 분류된다(제31조제3항). 동법 제36조에 따르면 노인여가복지시설은 노인복지관, 경로당, 노인교실로 구분된다. 이 중에서 대표적인 시설인 노인복지관은 노인의 교양·취미생활 및 사회참여활동 등에 대한 각종 정보와 서비스 제공 등을 목적으로 하고 있으며, 다음으로 경로당은 노인들의 자율적인 친목도모·취미활동·공동작업장 등을 목적으로 하고 있고, 노인교실은 취미생활·노인건강유지·소득보장, 기타 일상생활과 관련한 학습 프로그램을 제공함을 목적으로 하는 시설이다. 노인여가복지시설의 설치 및 운영의 기준에 대해서는 동법 시행규칙에 명시하고 있으나 노인교육 교육과정에 관련된 규정은 빈약하다.

〈표 13-7〉『노인복지법』의 노인교육 조항

조항	내용
第36조 (노인여가복지 시설)	① 노인여가복지시설은 다음 각 호의 시설로 한다. 1. 노인복지관: 노인의 교양·취미생활 및 사회참여활동 등에 대한 각종 정보와 서비스를 제공하고, 건강증진 및 질병예방과 소득보장·재가복지, 그 밖에 노인의 복지증진에 필요한 서비스를 제공함을 목적으로 하는 시설 2. 경로당: 지역노인들이 자율적으로 친목도모·취미활동·공동작업장 운영 및 각종 정보교환과 기타 여가활동을 할 수 있도록 하는 장소를 제공함을 목적으로 하는 시설 3. 노인교실: 노인들에 대하여 사회활동 참여욕구를 충족시키기 위하여 건전한 취미생활·노인건강유지·소득보장 기타 일상생활과 관련한 학습프로그램을 제공함을 목적으로 하는 시설 ② 노인여가복지시설의 이용대상 및 이용절차 등에 관하여 필요한 사항은 보건복지부령으로 정한다.

(3) 「저출산·고령사회기본법」과 「노후준비지원법」

기타 유관 법령으로는 저출산·고령사회기본법과 노후준비지원법이 있다.

저출산·고령사회기본법은 여가, 문화, 사회활동 및 평생교육, 정보화교육에 대해 포괄적으로 규정하고 있다. 이 법은 고령사회정책의 일환으로 여가·문화 및 사회활동의 장려(제14조), 평생교육과 정보화(제15조), 노후생활 설계(제15조의2) 영역에서 적절한 교육을 받을 수 있도록 기회를 제공하고 시책을 강구해야 함을 규정하고 있다. 한편, 노후준비지원법은 국민의 건강하고 안정된 노후생활을 위하여 노후준비 지원에 관한 사항을 정하는 법률로 2015년에 제정되었다. 이 법은 제2조(정의)에서 노후준비서비스를 재무, 건강, 여가, 대인관계 등 분야별로 적절한 노후준비를 위하여 제공하는 진단, 상담, 교육, 관계기관 연계 및 사후관리로 정의하여, 교육을 노후준비서비스의 일환으로 규정하고 있다.

4) 노인교육 정책

평생교육법의 노인교육 조항 명문화는 늦었지만 동법의 다른 조항에 근거한 노인교육 관련 정책의 수립은 「평생교육법」 제정 이후 계속되어 왔다. 대표적인 것은 「평생교육법」 9조에 근거한 평생교육진흥기본계획이다. 이 계획은 교육부장관이 5년마다 수립하는 계획으로서 평생교육의 중장기 정책목표와 기본방향을 비롯하여 평생교육의 기반구축 및 활성화에 관한 사항, 평생교육진흥을 위한 투자확대 및 소요재원에 관한 사항 등으로 구성되어 있으며 세부 정책에는 노인교육 관련 정책이 포함되어 있다. 제5차 평생교육진흥기본계획(2023~2027년)을 예로 들면 이 계획에는 노인교육 정책으로 고령층 특화형 평생학습 정책, 고령층 특화형 대학 전담과정 개설·운영, 고령층 특화형 평생학습도시 지정·운영, 마을 단위 고령층 평생학습 프로그램의 강화 방안 등이 포함되어 있다.

〈표 13-8〉 제5차 평생교육진흥기본계획 중 노인교육 관련 정책 과제

추진 과제	주요 내용
고령층 특화형 대학 전담과정 개설 운영	• 대학 등(평생교육원 포함)에 고령층의 사회활동 참여를 위한 일자리, 자격증 등 관련 '**액티브 시니어 트랙**'(가칭) 신설 – 연금공단 등에서 추진 중인 고령층 지원 프로그램 등과 연계 • 인문, 자연, 건강, 문화예술 등 분야의 **대학강좌를 고령층 눈높이에 맞게 재구성**하여 제공 • 고령층의 지식과 기술을 기부·공유하고 고령층의 일자리 확대를 위해, **고령층의 평생학습 강사 활동을 지원**
고령층 특화형 평생학습도시 지정운영	• 지자체 중심으로 고령층 학습인프라 구축, 일자리 지원 등을 추진하는 **고령층 특화형 평생학습도시 지정·운영**(2027년까지 최소 30개 목표) – 평생학습 → 사회참여 → 경제활동 → 세대 간 교류 등으로 이어지는 지역 내 선순환구조 모델 개발에 주력 • 교육부-국가평생교육진흥원-시도평생교육진흥원의 거버넌스를 통해 세계적인 우수 평생학습도시 모델 창출 노력
마을 단위 고령층 평생학습 프로그램 강화	• 고령층 맞춤형 **학습컨설팅 프로그램**을 개발, 읍면동 평생학습센터와 지역 도서관 등에서 운영 – 새 일자리 찾기, 평생학습 참여, 건강관리 등 지역 고령층 수요에 맞는 프로그램 개발·제공 • 찾아가는 고령층 평생학습 프로그램 확대·활성화 – 특히 독거노인 대상 찾아가는 프로그램 개발, 확산

출처: 관계부처 합동(2022). 제5차 평생교육진흥 기본계획('23~'27년)

한편 노인복지법에 따른 대표적인 노인교육정책은 노인복지관의 평생교육 프로그램 운영이다. 노인복지관의 여러 사업 중에서 '노년사회화교육'으로 불리는 평생교육 관련 사업의 비중이 가장 크고, 노인복지관은 노인들이 가장 많이 이용하는 노인교육시설이기도 하다. 보건복지부 지침에 따르면 〈노인복지법 시행규칙〉 제26조제2항에 의거 사업을 실시하되 이용 노인의 요구와 지역 특성을 반영하여 기본사업과 선택사업으로 구분하여 실시하도록 하고 있다. 기본사업은 종합복지센터로서 기능과 역할을 수행하기 위해 기본적으로 제공해야 하는

사업으로, 상담, 사례관리 및 지역사회돌봄, 건강생활지원, 노년사회화교육, 지역자원 및 조직화, 사회참여 및 권익증진의 6가지로 구성하여 운영하고 있다.

〈표 13-9〉 노인복지관 사업구분 중 노년사회화교육

사업 구분		프로그램(예시)
IV. 노년 사회화 교육	9. 평생교육 지원	• 노인역량강화교육, 정보화교육, 사회화교육, 시민사회교육, 한글교실, 외국어교실, 교양교실, 인문학교육, 예비노인 은퇴 준비 프로그램, 경제교육, 생애말기 준비・설계 교육, 웰다잉 교육 등
	10. 취미여가 지원	• 예능활동(음악, 미술, 생활도예, 서예, 댄스), 문화활동(연극, 사진, 영화, 바둑, 장기, 레크리에이션), 취미활동(종이접기, 손뜨개질, 민속놀이), 체육활동(탁구, 당구, 게이트볼), 동아리활동 등

자료 출처: 보건복지부(2023). 2023 노인보건복지사업안내(2권).

저출산・고령사회기본법에 따른 저출산・고령사회 기본계획은 고령화 대책 범부처 종합계획으로 5년마다 수립된다. 제1차 기본계획에서부터 노인교육에 관한 정책제안이 포함되었고 3차 기본계획에 이르기까지 평생학습도시와 평생학습센터에서의 노인교육 프로그램 수립, 성인문해교육 활성화를 위한 정책 등 중요한 노인교육 정책이 포함되었다. 2021~2025년에 시행되는 제4차 기본계획에는 성인문해교육 및 디지털 역량수준 향상을 위한 프로그램과 은퇴 후 자존감 유지 및 고립감 해소를 위한 노인교육 등 직접적인 교육프로그램의 추진을 위한 정책과 더불어 건강관리 프로그램 중 주요 질병 예방・관리를 위한 건강교육, 전직 지원을 위한 생애경력설계 프로그램, 퇴직 전문 인력의 노하우와 경험을 살린 사회참여 활성화 프로그램, 노후의 여가를 위한 프로그램 등 노인교육 프로그램이 포함되어 있으며, [그림 13-1]과 같이 노인교육 관련 정책과제를 제도화하고자 하는 방안도 제시하였다.

제도화 방안 논의	▶ 정책연구, 전문가·현장 의견수렴 등 사회적 논의 진행(~'21) ▶ (참고) 대만, '08년부터 4년 주기 '노인교육 중장기 방안' 수립
교육 패키지 개발	▶ 학력·소득·생애이력 등이 상이한 고령층의 특성을 고려한 개인 맞춤형 교육 패키지 개발
기관 발굴	▶ 다양한 노인교육 수요에 대응할 수 있도록, 기존 교육기관 기능 개선 및 새로운 기관 발굴 추진 ▶ 평생교육시설 기능 확대, 폐교 활용, 대학 개방 등 검토

[그림 13-1] 초고령사회 대비 은퇴·고령층 교육 제도화 추진 개요

출처: 제4차 저출산·고령사회 기본계획.

4. 노인교육의 발전 과제

지난 반세기에 급속히 진행된 인구 고령화와 더불어 대안적 노인 담론, 전생애발달론 그리고 정책으로서 평생교육의 등장에 따라 노인교육의 필요성과 중요성이 부각되었다. 이와 동시에 노인의 지능과 건강의 변화에 관한 연구는 노년기에도 학습능력이 유지되고 있음을 밝혔으며, 노인의 학습요구에 관한 연구는 '대처의 요구'와 같은 기초적인 수준의 학습요구뿐만 아니라 '공헌의 요구'와 '초월의 요구'에 관한 학습요구도 있음을 확인했다. 이러한 노인의 학습요구를 실현하고자 하는 노인의 평생학습 참여도 지속적으로 증가하고 있으며 이를 지원하는 정책연구와 정책적 대응은 관련 법령의 개정을 통해 제도화되어 왔다. 특히 2023년의 「평생교육법」 개정을 통한 노인교육 개념 명문화는 평생교육 차원의 노인교육을 위한 법적 근거를 제공하였다. 이를 계기로 향후 노인교육의 발전을 위한 과제로 생애전환교육, 노후생활교육, 노인 친화적 대학, 풀뿌리 노인교실, 사회공헌형 노인교육을 제시하고자 한다.[35]

1) 생애전환교육

노년기에 겪는 신체적, 경제적, 사회적 변화에 적응하고자 하는 '대처의 요구'는 노인교육의 가장 기초적인 요구이다. 특히 노년층에 진입하는 60대는 은퇴에 따라 일 중심의 삶에서 일 이외의 다양한 삶의 균형으로 이동해야 하는 생애전환에 대처해야 하는 시기이지만, 이들은 자발적으로 일을 놓으려는 변화를 보이면서도 삶의 중심이었던 일이 차지하던 공간을 무엇으로 채워야 할지, 앞으로 노후를 어떻게 설계해야 할지에 대한 준비는 부족하다. 또한, 이들은 퇴직 및 노년기 전환과정에서 다양한 위기를 겪으면서 존재감의 손상을 경험하기 때문에 자신의 존재감을 회복하는 것은 중요한 발달과업이 되며 이후의 노년기 삶의 질을 결정하는 중요한 과제가 된다. 이런 이유로 노년기에 접어드는 세대를 위한 생애전환교육, 즉 이들의 세대적 특성을 고려하고 퇴직 및 노년기로의 전환과정에서 겪는 삶의 변화에 잘 대처하도록 지원하는 교육이 필요하다. 50대는 일자리 관련 교육, 70대는 여가·복지적 교육이 필요하다면, 60대를 중심으로 하는 노년기 진입 세대는 자신의 정체성을 새롭게 하고 길어진 노년기를 살아가기 위해 인생을 재설계하는 생애전환교육이 필요하다.

생애전환교육의 방향으로는 퇴직 및 노년기 전환과정에서 손상된 존재감 회복과 새로운 자아정체성 정립, 주체적이고 주도적으로 일과 활동을 대하는 인식전환, 일 중심에서 일 이외의 다채로운 삶으로의 이동을 통한 삶의 균형 등이 중요하다. 이를 위한 교육과정은 롤모델이나 또래의 사례를 참고로 하여 스스로 노년기 삶을 설계하도록 지원하고, 공동체에 참여하여 퇴직 후에 소속감과 유대감을 형성하도록 지원하고, 관심 영역별 공동체 활동이 사회를 위해 공헌하는 활동으로 확장될 수 있도록 설계할 필요가 있다.

2) 노후생활교육

'성공적 노화'를 필두로 등장한 여러 대안적 노년 담론은 노인이 과거처럼 수동적인 존재로 머물 것이 아니라 독립적인 주체로서 사회에 적극적으로 참여하고 가족과 사회에 공헌하는 생산적이고 영향력 있는 삶의 모습을 제시하고 있다. 또한 '전생애발달'이라는 관점은 인간의 발달이 전 생애에 걸쳐 계속되므로 노년기도 잠재력과 가능성의 시기로 변화와 발달을 지속하며 의식주 및 안전의 욕구에서부터 자아실현과 초월의 욕구까지 다양한 욕구가 있음을 밝히고 있다. 이러한 노년기의 교육요구는 매클러스키의 다섯 가지 교육 요구 범주로 이해하고 분석할 수 있다. 그러나 우리나라의 노인교육은 평생교육의 관점보다는 '예방적 복지 성과에 초점이 집중'되어 있다.[36] 따라서 노년기의 다양한 변화에 대한 대응 및 여가 활동뿐 아니라 사회에 대한 공헌, 사회의 건설적 변화의 주체로서 영향력 발휘, 노년기 삶의 통합 및 초월적 요구를 보완할 수 있는 균형 잡힌 교육이 필요하다. 대처의 요구를 충족하는 교육에 있어서도 단순한 지식과 정보의 습득을 넘어서서 사회 환경의 변화와 노년기 자신의 변화에 스스로 대응할 수 있는 능력을 키워주는 역량 중심 교육으로 구성할 필요가 있다.

이를 위해 노인교육 관련 프로그램을 노년기 교육요구 및 핵심역량별로 구분하여 개선방안을 도출하고, 노후생활교육 프로그램의 범주를 정리하는 등 노후생활교육 프로그램 개발을 위한 기초연구가 필요하고, 전국적인 공통 모델로 운영할 수 있는 노후생활교육 범주에 대해서는 표준 교육과정을 개발할 필요가 있다. 이렇게 개발한 노후생활교육 프로그램을 노인교실, 노인대학, 평생학습관, 노인복지관, 사회복지관 등 지역 노인평생교육시설에서 적용하여 운영할 수 있도록 지원할 필요가 있다.

3) 노인 친화적 대학

앞서 언급했듯이 프랑스에서 시작된 근대적 평생교육은 대학에서의 노인교육의 모습으로 시작됐다. 노인을 위한 대학개방은 많은 나라에서 볼 수 있는데, 미국의 경우도 대표적인 노인교육기관인 LLI(Lifelong Learning Institute)와 엘더호스텔(Elderhostel, 2010년 이후 Road Scholar로 개명)도 다수가 인근의 대학과 연계하거나 대학의 시설을 활용하여 운영하고 있다. 우리나라에서도 노인의 학력이 높아지면서 대학개방 또는 노인 친화적 대학 운영에 대한 요구가 높아지고 있다. '노인실태조사'에 따르면 노인 인구 중 고졸 이상의 학력 인구가 2008년 17.2%, 2014년 24.4%, 2020년 34.3%로 고학력 노인의 수는 지속적인 증가 경향에 있다. 이에 따라 높아지는 노인들의 교육 요구에 걸맞은 교육자원을 보유한 대학의 역할이 노인교육에서 중요해지고 있다.

기존에 시행된 노인 친화적 대학 운영 사업으로는 2000년대 초에 실시된 교육부의 '노인교육 담당자 및 전문가 양성과정' 사업이 있다. 이 사업이 2005년에 중단된 후 대학의 노인교육 지원 사업은 없었고 대학의 평생교육 정책의 한 부분으로 노인이 수혜자 집단 중 하나로 포함되는 정도에 머무르고 있다. 대표적으로는 2008년 '평생학습 중심대학 육성사업', 2017년 평생학습 중심대학 육성사업, 평생교육 단과대학 지원사업을 통합한 '대학의 평생교육체제 지원사업(LiFE)'을 현재까지 운영 중이나, 이 사업들은 주로 일반 성인을 대상으로 하고 있고 노인은 학습자로 개인적으로 포함되는 수준에 머무르고 있다.

대학을 노인 친화적으로 운영하기 위해서는 우선, 대학의 평생교육체제 지원사업 참여 대학을 중심으로 노년기 생애설계 또는 노년기 취미교양 심화를 위한 전공 등 고령자 친화적 전공을 개발하여 고령자 특화 학위과정을 운영하고, 나아가서 대학의 평생교육체제 지원사업을 고령자 친화적 고등교육과정 운영

사업으로 확대, 고도화할 필요가 있다. 또한, 대학의 평생교육원은 인문, 자연, 건강, 문화예술 관련 강좌를 대학생 교양수업 수준으로 재구성하고, 노인 학습자의 수요가 큰 분야 및 노인의 미래 사회 적응에 필요한 분야의 프로그램을 개발할 필요가 있다. 전문대학의 경우 노인의 직업역량 개발을 중심으로 요구 기반, 지역 거점형 직업역량 향상 교육을 실시할 필요가 있다. 기존의 고등직업교육거점지구 사업(HiVE)은 청·장년층의 직업역량 향상 및 지역 정주를 목표로 하고 있는데, 이를 지역 정주성과 관계없이 노인들이 언제든지 필요한 직업역량을 개발할 수 있는 교육으로 개편해야 한다.

4) 풀뿌리 노인교실

노인교육 프로그램의 개발·운영이나 대학을 활용하는 직접적인 지원사업과는 별도로 노인들의 자발적이고 자조적인 학습공동체로서 풀뿌리 노인교실이 활성화될 수 있도록 하는 간접적인 지원도 필요하다. 국제적으로 대표적인 노인교육기관인 U3A의 경우 대학이나 지방정부 등 외부의 지원이 없는 자조 그룹 방식의 소위 '영국형 U3A'가 일반적이고, 미국의 LLI 또한 영국형 U3A와 유사하게 회원들의 회비와 자원봉사로 운영되며 강사 또한 회원 지원자 중에서 선발하는 또래 교수학습(Peer-to-Peer Teaching and Learning)을 기본으로 운영하고 있다.

우리나라의 민간 노인교육기관으로는 노인교실이 있다. 노인교실은 1970년대 등장한 다양한 유형의 노인교육기관을 모태로 하며, 1978년 당시 문교부가 「노인교실 설치요강」을 발표하고 운영비를 지원하면서 민간 노인교육기관의 호칭으로 자리 잡았다. 이후 문교부가 노인교실에 대한 지원을 중단한 후 1998년 노인복지법 개정 시에 노인여가복지시설로 편입되었고 2005년부터는 노인교실에 대한 운영비 지원이 보건복지부로부터 각 지방자치단체로 이양되어 현재는 지방자치단체가 형식적인 감독권을 가지고 있다. 노인교실의 운영 주체는 대한노인회, 종교단체, 기타법인단체, 개인 등이며 지방자치단체에 등록된 노인교실은 2023년 말 기준으로 전국에 1,225개소이지만(보건복지부, 2024) 미등록 시설이 많다. 민간 노인교육기관으로 최근에는 U3A를 이름으로 사용하는 자조적 노인 학습공동체도 등장하였다. 서울대학교의 '서울대학교 제3기 인생대학(U3A SNU)'과 서울시의 '지혜로운 학교(U3A 서울)'가 시도된 바 있으며, 현재 운영 중인 대표적인 U3A로는 '아름다운 인생학교'와 '위례인생학교'가 있다.

이러한 기존의 다양한 민간 노인교육기관을 활성화하고 U3A와 같은 자조적 노인교실을 확산하기 위해서는 노인교육 관련 기관의 주된 사업 영역과 이용자 노년층의 연령에 따른 교육공간 구분에서 벗어나 노년층의 생활권을 중심으로 노인교육공간이 재편, 운영되어야 할 필요가 있다. 또한 기존의 노인교실과 「평생교육법」 제20조의 개정에 따라 새롭게 노인평생교육시설로 등록될 노인교실, 폐교 및 유휴 학교 시설을 활용한 노인교실 등 생활권을 중심으로 노년층이 쉽게 교육에 참여할 수 있는 기회를 제공해야 한다. 이를 위해 기존 노인교실의 현황을 파악하고 등록 관리를 강화하며 「평생교육법」 개정과 관련하여 노인평생교육시설 및 노인평생교육 프로그램 운영에 대한 내용을 시행령에 추가하는 등 법적 근거를 보완하는 것이 필요하다. 이를 바탕으로 향후 노인교실에 대한 운영비와 전문인력을 지원하고, 노인교실 운영 모델로 인생학교형, 엘더호스텔형, 종교시설 부설형, 대만의 낙령학습센터 유형 등 다양한 모델을 개발할 필요가 있다.

5) 사회공헌형 노인교육

여러 조사연구[37][38][39][40]가 노년층이 자신의 경험과 자원을 활용하여 지역사회를 위해 봉사하고 기여하고자 하는 요구가 있음을 확인하였으며, 이들은 보다 전문성 있는 봉사 활동을 하고 관련 교육에 참여하기를 희망하는 것으로 나타났다. 또한 최근에는 노인에 대한 부정적인 시각에 대응하여 모든 세대가 상호 존중하는 문화를 조성하는 데 기여하는 방안으로 노인이 인생 선배로서 사회공헌을 통해 세대 간 연계를 도모하는 주체로 참여해야 한다는 '선배시민론'이 주창되었으며, 2022년에 '선배시민학회'가 설립되었고 경기도의회는 2023년에 「경기도 선배시민 지원 조례」를 제정했다.

이런 배경에서 사회공헌형 노인교육의 필요성이 부각되고 있다. 사회공헌형 평생교육이 실효성을 갖기 위해서는 은퇴자의 직종별 사회공헌형 세대연계활동 모델을 개발하는 것이 중요하다. 이렇게 개발한 모델을 노인교육 관련 시설에 보급하여 학습 활동에 참여한 노년층이 다양한 사회공헌 활동에 참여하며 세대 연계 및 세대통합을 도모할 수 있도록 해야 한다. 나아가서 사회공헌형 평생교육이 생활 속에서 자연스럽게 확산될 수 있도록 읍면동 평생학습센터와 같은 근거리 평생교육 공간을 사회공헌형 평생교육 공간으로 활용할 필요가 있다.

사회공헌형 노인교육이 정착되기 위해서는 세대 간 신뢰와 연대의 수준을 제고하는 세대통합교육도 필요하다. 이를 위해 일반 성인을 대상으로는 현재의 성폭행·성희롱 예방교육이나 장애인 인권교육 등 인권교육에 세대통합교육을 추가하고, 세대혐오 이해와 대응 관련 교육 콘텐츠를 개발하여 사회복지시설 필수 인권교육으로 수강하도록 지정할 필요가 있다. 학교 교육에 있어서는 자유학기제, 고교학점제 등 학교교육 과정의 다양화에 맞춰 인구교육, 인권교육, 시민교육 등을 통합하여 세대 통합교육 관련 교육이 이루어질 수 있도록 교육과정을 운영할 필요가 있다.

1) 이 절의 제목은 다른 절의 제목과 형식을 맞추고 이 절이 평생교육론의 한 부분이라는 점을 나타내기 위하여 '노년기 평생교육'이라고 했지만 본문에서는 간결한 용어로 '노인교

육'으로 쓴다. 유사한 용어로 노년교육, 고령자교육 등이 있으나 본 절의 초점인 노인학습자 즉, 학습자로서 노인을 강조하기 위하여 '노인교육'을 선택하였다.

2) 이윤경 · 김세진 · 황남의 · 임정미 · 남궁은하 · 이선희, ... 김경래(2021). 2020년도 노인실태조사. 한국보건사회연구원.
3) 최일선(2022). 노인의 보편적 평생학습의 발전 과제. 권인탁 · 강대중 편. 미래사회와 평생교육(pp. 133-150). 교육과학사.
4) 위의 책.
5) 신미식(2018). 임파워먼트를 위한 노인교육의 이론과 실제. 학지사.
6) Butler, R. N., & Schechter, M. (2001). Productive aging. In G. M. Maddox (Ed.), *The Encyclopedia of Aging* (3rd ed.)(pp. 824-825). Springer.
7) Rowe, J. W., & Kahn, R. L. (1998). *Successful aging*. Pantheon Books.
8) WHO (2002). Active ageing: A policy framework. World Health Organization.
9) 堀 薫夫(2018). 生涯発達と生涯学習[第2版]. 東京: ミネルヴァ書房.
10) 한숭희(2010). 평생교육론. 교육과학사.
11) Formosa, M. (2019). Preface. In M. Formosa (Ed.). *The university of the third age and active ageing: European and Asian-Pacific Perspectives* (pp. xi-xii). Springer.
12) 노년교육연구회(2012). 은퇴수업. 학지사.
13) Horn, J. L., & Cattell, R. B. (1967). Age differences in fluid and crystallized intelligence. *Acta Psychologica. 26*(2), 107-129.
14) Findsen, B., & Formosa, M. (2011). *Lifelong Learning in Later Life*. Springer.
15) 김경희 · 박진아 · 이선호 · 이태현(2022). 2020 고령화연구패널(KLoSA) 기초분석보고서. 한국고용정보원.
16) Peterson, A. D. (1983). *Facilitating education for older learners*. Jossey-Bass Inc.
17) Londoner, A. C. (1990). Instrumental and expressive education: from needs to goals assessment for educational planning. In R. H. Sherron, & D. B. Lumsden (Eds.). *Introduction to educational gerontology* (pp. 85-107). Hemisphere Publishing Corp.
18) 김도균 · 유보배(2016). 노년층, 신세대인가 신빈곤층인가. 이슈&진단, 240, 1-25.
19) Peterson, A. D. (1983). *Facilitating education for older learners*. Jossey-Bass Inc.
20) McClusky, H. Y. (1974). Education for ageing: The scope of the field and perspectives for the future. In S. M. Grabowski & W. D. Mason (Eds.). *Education for the ageing* (pp. 324-355). Syracuse Univ.
21) 최수연 · 최일선 · 박민정(2024). McClusky 노년교육요구에 기초한 노인복지관 교육프로그램. 한국노년학, 44(2), 153-169.
22) Choi, I., & Cho, S. R. (2021). A Case Study of Active Aging through Lifelong Learning: Psychosocial Interpretation of Older Adult Participation in Evening Schools in Korea. *International journal of environmental research and public health, 18*(17), 9232. https://doi.org/10.3390/ijerph18179232

23) 김은석 · 심우정 · 이로미 · 이지연 · 강옥희 · 송스란 · 유애영(2020). 베이비부머의 주된 일자리 퇴직 후 경력경로 및 경력발달 이해를 위한 질적 종단 연구(6차년도). 한국고용정보원.
24) 김은석 · 장서영 · 이지연 · 심우정 · 유애영(2021). 베이비부머의 주된 일자리 퇴직 후 경력경로 및 경력발달 이해를 위한 질적 종단 연구(7차년도). 한국고용정보원.
25) 조규형(2022). 2022년 서울시 중장년 지원 정책 요구 조사. 서울특별시 · 서울시50플러스재단.
26) 장은하 · 조대연(2022). 한국 노년기 성인의 역량개발을 위한 요구도 분석. 학습자중심교과교육연구, 22(23), 627-646.
27) 최일선 · 박지숙 · 최수연 · 오정희(2023). 노년기 평생교육 정책방안 연구. 국가평생교육진흥원.
28) 최수연 · 최일선 · 박민정(2024). McClusky 노년교육요구에 기초한 노인복지관 교육프로그램. 한국노년학, 44(2), 153-169.
29) 이해주(2018). 제3기 인생을 위한 평생교육활성화 방안의 탐색. 통합인문학연구, 10(2), 123-158.
30) 이윤경 · 김세진 · 황남의 · 임정미 · 남궁은하 · 이선희, ... 김경래(2021). 2020년도 노인실태조사. 한국보건사회연구원.
31) 최수연(2024). 노년세대의 교육 요구 분석: 'McClusky 노년교육요구'에 기반하여. 박사학위논문. 경희대학교.
32) 교육부 · 한국교육개발원(2023). 2023년(2022.12.31.기준) 한국 성인의 평생학습실태.
33) 통계청(2023). 2023 경제활동인구 고령층 부가조사.
34) 한정란(2001). 교육노년학. 학지사.
35) 이 과제들은 최일선 외(2023). 앞의 연구에서 제안한 과제를 수정보완한 것이다
36) 한정란(2015). 노인교육론. 학지사.
37) 김수린 · 이철희 · 변금선 · 이승호 · 신희균 · 김혜진 · 민진홍(2019). 신노년세대 노동시장 전망과 노인일자리 수요 추계 연구. 한국노인인력개발원.
38) 김수린 · 배지영 · 안서연 · 허선영 · 김혜인(2020). 신노년세대를 위한 노인일자리사업 개편방안 연구. 한국노인인력개발원.
39) 김은석 · 장서영 · 이지연 · 심우정 · 유애영(2021). 베이비부머의 주된 일자리 퇴직 후 경력경로 및 경력발달 이해를 위한 질적 종단 연구(7차년도). 한국고용정보원.
40) 조규형(2022). 2022년 서울시 중장년 지원 정책 요구 조사. 서울특별시 · 서울시50플러스재단.

제14장

평생학습과 평생교육의 미래

우리나라 평생교육은 21세기 들어 크게 발전해 왔다. 평생학습 참여율은 2000년 첫 조사에서 17.2%에 불과했지만, 꾸준히 상승하여 2020년대에는 40%대에 이르렀다.[1] 중앙정부와 지방정부를 잇는 평생교육 추진체제를 갖추고 5년마다 국가 단위에서 평생교육진흥기본계획을 수립하고 있을 뿐만 아니라 현장 전문가로 평생교육사 자격 제도를 운영하고 있다. 학점은행제, 독학학위제, 평생학습도시, 성인문해 학력인정, 평생교육 바우처, 한국형 온라인공개강좌, 대학의 성인학습자 학위제도 등 평생학습 진흥 제도와 정책의 운영도 활발하다. 하지만, 교육 예산에서 평생교육이 차지하는 비중이 매우 작고, 평생학습 참여의 내용이 개인의 직업 생활이나 여가 활동과 관련된 내용에 치우쳐 있는 한계도 있다. 평생교육 정책의 공공 책무성을 강화하고, 평생학습의 결과를 지역사회 변화나 공동체의 성장으로 연결해야 하는 과제가 있는 것이다.

유네스코는 1996년 발행한 들로르 보고서에서 평생학습의 네 기둥으로 알기 위한 학습, 실천하기 위한 학습, 인격으로 존재하기 위한 학습, 함께 살기 위한 학습을 제안한 바 있다.[2] 평생학습이 개인 차원에서의 필요 충족을 넘어 더불어 함께 살아가는 공동체 사회를 만들어 가는 데 긴요하다는 것을 강조한 것이다. 우리나라는 지난 세기 세계 어느 나라보다 빠른 속도로 근대화, 도시화, 산업화, 민주화를 성취했다. 이 과정에서 농경문화에 기초한 대가족이 핵가족화되고, 최근에는 1인 가구가 급증하고 있다. 인구의 80% 이상이 거주하는 도시의 공동체 결속력이 약화되고, 사회경제적 양극화가 심화하면서 사회 구성원 간 신뢰가 떨어졌다. 신뢰의 저하는 사회 갈등을 쉽게 유발하고 그 조정을 어렵게 한다. 수도권과 비수도권의 도시 기반 인프라 격차에 더해 신도심 개발로 같은 지역 내에서도 거주지 간 불균형이 커지고, 기록적인 저출생 여파로 지역 소멸까지 현실화하고 있다. 사회 전반에 걸쳐 확산되고 있는 공동체 붕괴 우려를 극복하기 위해서는 더불어 함께 살아가는 공동체 평생학습을 강화하는 평생교육 운동이 절실한 상황이다. 이 장에서는 한국 사회의 현 단계 문제와 과제를 진단하고, 이에 대응한 새로운 평생교육 실천을 살펴보며 미래 평생학습 비전을 제시하고자 한다.

1. 한국 사회의 현 단계

1) 저신뢰 위험사회

일제 강점기의 경제수탈과 한국전쟁의 폐허 위에 이뤄낸 우리나라의 경제 성장을 흔히 '한강의 기적'이라고 부른다. 1961년 100달러도 되지 않던 국민 1인당 총소득이 2018년 3만 달러를 넘었고, 우리나라는 제2차 세계대전 이후 독립한 국가 중 최초로 원조를 받던 나라에서 원조를 하는 나라가 되었다. 짧은 기간 이뤄낸 이런 압축 발전은 세계가 주목하는 성과이자 자랑이지만, 우리나라는 여러 사회 문제로 몸살을 앓고 있다. 특히 공동체 결속력과 구성원 간의 관계 약화는 삶의 질에 심각한 영향을 주고 있다.

OECD가 발표하는 '더 나은 삶의 지수(Better Life Index)'의 공동체 생활 지표 부문에서 한국은 전체 조사대상 41개국 중 38위였다.[3] '도움이 필요할 때 도와줄 지인이 있다'라는 지지 네트워크의 질(quality of support network) 항목의 긍정적인 응답 비율은 80%로, 조사대상국 중 최하위권으로 OECD 평균인 91%에 크게 미치지 못했다. 사회적 관계의 약화 현상이 뚜렷한 것이다. 도움을 청할 수 있는 인간관계를 맺지 못하는 사람이 많은 현상은 사회 전반의 신뢰 수준이 매우 낮다는 걸 나타낸다. 개인적 신뢰 부문에서도 우리나라는 28위로 매우 낮았다. 이런 지표는 사회적 관계의 기본 단위인 가족, 친척, 친구 간의 신뢰 위기에서 비롯한다.[4)]가족 및 지역사회에서 건강한 관계를 맺지 못하는 현상은 낮은 삶의 만족도(2022년 35위)와 높은 자살률(2021년 1위)의 원인으로 작용한다.

저신뢰는 사회 갈등으로 이어진다. 우리나라는 국제 조사에서 사회 갈등이 가장 심각한 나라 중 하나이다. 2021년 영국의 조사업체 IPSOS가 28개국 국민을 조사한 결과에 따르면, 우리나라는 이념, 빈부, 성별, 학력, 지지정당, 나이, 종교를 둘러싼 갈등이 심각하다고 응답한 비율이 가장 높았다. 계층과 도농 간의 갈등이 심각하다고 응답한 비율도 각각 2, 3위였다.[5)] 전국경제인연합회가 OECD 30개 국가를 비교한 조사에서도 우리나라는 갈등지수는 3위인 반면, 갈등관리지수는 27위였다. 갈등은 심각한데 갈등을 조정하는 역량은 매우 부족한 것이다.[6)]

1990년대 말 외환위기 사태로 이른바 신자유주의 정책이 도입되면서 고용의 불안정성이 커지고 사회 전반에 경쟁주의가 강화되면서 한국인의 삶의 질에 대한 주관적 만족도도 매우 낮아졌다. 2003년 카드대란, 2009년 글로벌 금융위기 등 주기적으로 경제위기가 반복되면서, 우리는 소득 수준으로는 선진국 국민이 되었지만 사회적으로는 불안에 시달리며 행복하지 않은 삶을 살고 있다. 사회경제적 지위 배분과 계층 재생산의 강력한 기제로 학교교육과 입시제도가 기능하면서 아동기와 청소년기의 행복도 역시 매우 낮다. 대학을 졸업하고도 원하는 직업을 구하지 못하는 청년층도 늘어나고 있다. 경제 수준의 향상과

의학의 발전으로 고령화가 급속히 진행되고 있지만, 사회적 지지 네트워크가 약한 상황에서 65세 이상 고령자의 자살률이나 노인 빈곤율은 세계 최고 수준이다. 이런 가운데 세월호 사건이나 이태원 참사와 같은 대규모 인재(人災), 기후 변화로 인한 자연재해의 반복으로 우리나라는 사회 전반에 위험 총량이 증가하는 전형적인 위험사회의 징후를 보이고 있다.[7)]

2) 지역소멸 위기

저출생과 고령화는 한국의 인구구조를 바꾸고 있다. 한국은 코로나바이러스 팬데믹이 시작된 2020년을 기점으로 인구가 자연 감소하는 국가가 됐다. 이대로 가면 2060년에는 사망자가 출생자 수의 5배에 달하고, 2065년에는 총인구가 3천만 명대 수준으로 줄어들 것이라고 한다.[8)] 65세 이상 고령 인구 비율은 2022년 17.4%(898만 명)에서 2072년에는 47.7%(1,727만 명)까지 증가하지만, 19~34세 사이의 청년인구는 2022년 1,061만 명에서 2072년에 450만 명 수준으로 줄어들 전망이다.[9)] 인구의 전체적인 구조 변동으로 지역소멸에 대한 우려도 커지고 있다. 지역소멸에 관한 국내외 논의는 저출생 고령화의 심화로 소수의 대도시와 그 주변부만 기능을 유지할 수 있을 것이라는 예측을 내놓고 있다.[10)] 2021년 행정안전부는 지방소멸 위기에 정책적으로 대응하기 위해 전국 229개 시군구 가운데 89개를 인구감소지역으로, 18개를 관심지역으로 지정한 바 있다.

지방소멸에 대한 정책 대응은 출생률 제고에 우선 초점을 맞추는 경향이 강하다. 2016년 65세 이상 고령인구와 20~39세 여성인구의 비율이 역전된 이후 20~39세 여성인구 비중이 줄어드는 지역을 현상적으로 소멸위기 지역으로 간주하기 때문이다. '출산지도'를 만들고, 출산장려금을 지원하고, 젊은 여성에게 매력적인 일자리를 제공하자는 즉자적인 대책은 '여성이 아이 낳는 도구냐'는 논란을 불러일으키기도 했다. 이런 대책으로 지역소멸을 되돌리기는 어렵다.

지역소멸은 산업화·도시화가 절정에 이르렀던 1970년대부터 시작된 현상이기 때문이다. 이른바 이촌향도(離村向都)로 농산어촌 지역 주민이 수도권 등 도시로 전출하면, 지역의 주민과 학생이 감소하고, 기본적인 정주 기반인 학교가 통폐합되어 지역의 교육여건이 악화하고, 이는 다시 주민의 지역 이탈을 가속화한다. 이런 지역 과소화의 악순환 구조가 만들어진 지가 오래다. 1980년대부터 시행되고 있는 소규모 학교 통폐합 정책은 인구 감소 지역의 열악한 교육여건을 더욱 악화시키고 있다.[11)]

지역의 교육 여건이 출생과 출향의 관계를 매개하고 있다면, 인구구조의 변화와 지역소멸 대응도 교육의 관점에서 검토해야 한다. "말은 제주로, 사람은 서울로 보낸다"라는 우리 속담이 있다. 이 속담에는 지역에서 초중고등학교를 마치면 지역을 떠나는 걸 당연시하는 사고가 담겨 있다. 지역 과소화의 악순환 구조가 형성된 뿌리이기도 하다. 이를 깨려면 지역의 교육력(教育力)을 전반적으로 향상시켜 아동, 청소년은 물론 주민 전체의 역량을 키우는 기반을 조성할 필요가 있다.

3) 불평등과 양극화

우리나라는 거의 대부분의 아동과 청소년이 초중등교육을 받는 완전취학을 달성한 국가이다. 대학 진학률도 세계 최고 수준인 70%에 달한다. 한국전쟁 이후 단기간에 교육 기회를 확장할 수 있었던 이유는 민간의 재정 부담 때문이었다. 학부모의 공교육비 부담과 사학진흥정책으로 중등교육 기회가 확장되었고, 고등교육 확장도 사립대학과 사부담 교육비에 의존했다. OECD 교육지표에 따르면, 2020년 초등학교부터 대학교까지 국내총생산(GDP) 대비 공교육비는 5.1%로 OECD 평균과 같았다. 그런데, 공교육비 중 정부재원은 4%로 OECD 평균 4.3%보다 낮았고, 민간재원은 1.1%로 OECD 평균 0.8%보다 높았다. 대학교육의 정부재원 비율은 0.7%로 OECD 평균 1%보다 낮았고, 민간재원 비율은 0.9%로 OECD 평균 0.5%보다 높았다.[12)]

국가의 교육재정 확대로 중학교 무상 의무교육, 고등학교 무상교육, 대학 반값 등록금이 실현되었지만, 가계의 교육비 부담은 여전히 매우 높은 상황이다. 중등교육과 고등교육 단계의 사립학교 의존 발전은 정부가 주도적으로 교육정책을 입안하고 추진하는 데 장애요인으로 작동하고 있다. 게다가 가계의 사교육비 부담은 저출생으로 인한 학령인구의 급감에도 불구하고 오히려 늘어나고 있다. 학령인구 부족으로 원서만 내면 합격하는 학교와 학과도 등장했지만, 대학의 서열구조에 따른 입시경쟁은 악화일로이기 때문이다. 통계청의 사교육비 조사에 따르면, 학령인구는 573만 명(2017년)−545만 명(2019년)−532만 명(2021년)−521만 명(2023년)으로 줄었지만, 사교육비 지출 총액은 18조 6천억 원(2017년)−21조 원(2019년)−23조 4천억 원(2021년)−27조 1천억 원(2023년)으로 계속 증가하고 있다.

소득 계층 간 사교육비 지출 격차도 크다. 월 소득 800만 원 이상 상위계층의 월평균 사교육비는 같은 기간 48만 2천 원−53만 9천 원−59만 3천 원−67만 1천 원으로 매년 늘어났다. 이는 월 소득 300만 원 미만 계층과 비교할 때 3~4배 더 많은 금액이다.[13)] 경제적 격차가 교육의 격차로 이어지는 것이다. 부모의 사회경제적 지위와 거주 지역(도시와 읍면)에 따라 학업성취도 차이도 점차 심화되고 있다.[14)] 교육이 사회경제적 지위 상승의 통로로 기능했던 시대가 끝나고, 빈곤의 대물림과 사회 양극화를 심화하는 기능을 하고 있는 것이다.

2. 지속 가능한 마을공동체

앞서 살펴본 한국 사회의 현 단계는 전 지구적 위기 극복을 위해 유엔이 내건

2030 지속가능발전목표의 문제의식과도 연결된다. 고도로 발전한 글로벌 자본주의가 초래하는 지구환경과 경제사회 위기 속에서 모든 인류가 평화와 번영을 누리기 위해서는 "지구적 사고와 지역적 실천(think globally, act locally)"이 필요하다. 지역 수준의 공동체 실천 거점으로 '마을'을 주목하는 이유이다.[15)]

1) 지역의 마을공동체

'마을' 혹은 '동네'는 살고 있는 집 근처의 사람들이 공동의 생활을 이루는 지역을 의미한다. 마을은 농경사회에서 사회적 관계와 연대의 근거지였다. 자연적으로 발생한 마을은 씨족 단위로 분가한 가족이 근처에 살면서 이루어졌다. 따라서 전통사회에서 마을은 일차적으로는 혈족이 구성하는 공동체를 의미했다. 동네는 '동내(洞內)'에서 변한 것인데, 한자 동(洞)은 같은 물을 마시는 곳이란 의미이다. 즉, 동네는 생존에 절대적으로 필요한 물을 공유하는 지역적 경계의 안쪽이라는 어원을 가지고 있다. 따라서 오늘날 마을 혹은 동네라는 개념에는 결속력이 매우 높은 공동체라는 의미가 내포되어 있다.

간디(Mohandas Karamchand Gandhi)는 근대 문명이 도시가 마을들을 착취하며 형성, 발전했다고 비판한다. 그는 도시가 동맥경화 상태에 빠져 있으며, 도시 거주자들이 '마을의 마음'을 가져야 치유가 가능하다고 설파했다.[16)] 간디는 인도의 전통 자치공동체를 의미하는 스와라지(Swaraj)를 도시 문명의 대안으로 제안했다. 스와라지는 주민 자치가 작동하는 지역사회, 즉 이웃공동체를 의미한다. 인도의 스와라지와 동일한 개념은 동서양을 막론하고 존재했다. 영어권의 커뮤니티(community), 유럽대륙의 코뮌(commune), 일본의 집락(集落), 중국과 대만의 사구(社區), 아랍과 중앙아시아의 마할라(Mahala) 등이 그것이다. 우리나라에서는 마을이나 동네가 유사한 개념이다.

마을 혹은 마을공동체는 한국 사회가 겪고 있는 다양한 문제를 극복하기 위한 방안으로 제시되고 있다. 이는 "예측과 통제가 가능했던 전통 사회가 불안정성과 유동성이 증가하는 현대 사회로 변모하면서 개인화가 가속화"된 현실에 대응하는 한 방편이기도 하다.[17] 지난 세기 압축 성장 과정은 많은 사람을 공동체의 일원이 아니라 고립된 개인으로 파편화했다. 각자도생의 경쟁을 내면화하고 자기 자신이나 자기 가족만을 챙기는 소시민적 성향은 자녀의 교육 문제에서 극명하게 표출된다. '스카이캐슬'류의 드라마에 적지 않은 이들이 공감하고 대학입시에서 0.1점이라도 기계적으로 우열을 가리는 공정성을 요구하는 압력이 큰 이유이다. 그러나 이런 각자도생의 이면에는 공동체의 와해 혹은 부재 상황의 지속과 심화에 대한 우려도 자리 잡고 있다. 황주석의 진단처럼 "그래도 이웃과 살아야 한다는 공동체성을 회복하려는 성향" 또한 뚜렷하게 나타나고 있다.[18] 아파트를 중심으로 주거 문화가 바뀌고 맞벌이 가정이 일반적인 도시에서 이웃 공동체를 경험하기는 쉽지 않다. 도시민들은 거주지에서 이웃과 어울리기보다는 대형마트와 백화점, 영화관, 놀이공원 등 상업시설에서 가족 단위로 시간을 보내는 데 익숙하다. 이런 상황에서 한국 사회 혁신을 위해 공동체가 재건되어야 한다는 인식이 '마을공동체' 혹은 '마을 만들기' 담론으로 수렴돼 왔다. 마을을 기초로 한 공동체 형성이 사회적 목표로 부상한 것이다.

2) 마을 만들기 담론의 정책화

우리나라에서 지역 발전 사업은 중앙정부가 지원 사업을 공모하고, 지방정부가 수동적으로 대응하는 하향식 개발 방식으로 진행되는 경향이 있다. 중앙정부에서 지방정부로 이어지는 행정의 칸막이 구조는 기초지방자치단체에서도 부서 간 협업을 어렵게 한다. 지방정부의 사업 운영은 도로나 교량 건설에서 사용되는 토건 개발 방식을 답습하는 경우도 많다. 사업 결과를 가시적이고 물리적인 성과물로 만들려 노력하는 이유다. 주민의 역량 향상과 같은 비가시적인 성과를 목표로 하는 사업과는 잘 어울릴 수 없는 한계가 분명하다.[19] 그러나 마을 만들기와 같은 지역 주민의 공동체를 전제하는 사업은 주민 주도의 상향식 방식을 채택하지 않으면 성공하기 어렵다. 주민이 사업 제안부터 계획 수립, 실행, 사후관리 등 전 과정을 주도할 수 있어야 한다. 주민이 모여(주민모임・마을카페), 함께 기르고 돌보며(마을복지・공동육아), 건강한 공존을 고민하고(에너지자립・안전마을 등), 일자리를 창출하고(마을기업), 함께 즐기는(마을축제・마을문화) 모든 활동들이 마을공동체 사업의 소재이다.

마을공동체 만들기 사업은 1987년 민주화운동 이후 시민사회운동이 지역 주민의 생활세계를 중심으로 한 공동체 운동으로 전환한 흐름과 함께 2000년대 이후 도입된 다음과 같은 중앙정부 정책과 제도의 영향을 크게 받았다.

첫째, 행정안전부의 주민자치제도이다. 1999년 읍면동사무소의 기능이 행정센터와 주민자치센터로 전환됐다. 읍면동사무소의 일부 인력과 사무를 시군구청으로 옮겨 행정센터를 효율화하고, 사무소의 여유 공간에 문화, 복지, 교육을 위한 시설로 주민자치센터를 설치해 주민자치 활동과 지역공동체 형성의 구심으로 삼은 것이다. 주민자치센터는 지역민으로 구성된 주민자치위원회 또는 주민자치회가 운영한다. 2013년 제정된 「지방분권 및 지방행정체제개편에 관한 특별법」은 주민자치회가 다양한 자치사무를 운영하는 법적 근거를 마련했다.

둘째, 교육부의 평생학습도시 사업이다. 1995년 5.31 교육개혁으로 2000년 「평생교육법」이 시행된 이후 대표적인 평생교육 사업이 평생학습도시 지정이다. 2001년 광명시, 대전 유성구, 진안군이 첫 지정된 이래 평생학습도시는 평생학습 활성화를 위한 행・재정적 기반을 갖추고, 평생학습관과 평생학습센터 운영, 평생학습정보시스템 구축, 학습동아리 지원 등 다양한 사업을 운영하고 있다.

셋째, 문화체육관광부의 생활권 문화 사업 시행이다. 문화체육관광부는 2009년 생활문화공동체 만들기 사업을 도입했다. 주민 수요와 지역 실정에 맞는 지역 밀착형 생활문화공동체 활성화를 목적으로 생활권 내 공공시설을 활용해 문화프로그램을 기획·운영하고, 그 결과를 공유하는 축제와 발표회를 운영하도록 했다. 문화체육관광부는 2008년부터 2012년까지 전통시장을 관광자원으로 발전시키는 '문화를 통한 전통시장 활성화 시범 사업(문전성시 사업)'으로 재래시장 상인 공동체 조성을 지원하기도 했다.

넷째, 기획재정부와 고용노동부의 사회적 경제 관련 정책의 도입이다. 1970년대 강원도 원주를 중심으로 지학순 주교, 장일순 선생 등이 가난한 농민과 도시 서민을 위해 소비자협동조합과 신용협동조합을 결성한 이후 1980년대에는 농촌의 먹거리를 도시에 직거래 유통하는 생활협동조합이 활발하게 생겨났다. 생활협동조합은 1990년대에는 종교단체, 여성단체 등 시민단체를 모체로 설립되었지만 2000년대 이후에는 지역 주민이 자발적으로 조직하는 경우가 늘어났다. 2012년 12월 「협동조합기본법」 시행으로 교육, 복지, 노동, 환경, 경제 등 다양한 영역에서 협동조합이 등장했다. 또 다른 사회적 경제 조직인 사회적 기업은 1990년대 말 경제위기 이후 사회 양극화가 심화되어온 상황과 관련이 깊다. 2007년 「사회적기업육성법」이 제정된 이후 취약계층을 고용해 다양한 사회서비스를 제공하는 사회적 기업이 활성화됐다. 협동조합과 사회적 기업은 조합원, 운영자, 재화와 서비스의 생산자 및 소비자까지 하나의 공동체를 구성하는 경우가 많다.

위에서 살펴본 정책과 제도는 일상의 민주주의, 평생학습, 생활문화, 사회적 경제라는 네 가지 담론을 한국 사회에 정착시키는 데 공헌하며, 마을공동체 만들기의 내용과 방법을 제공했다.

3) 마을공동체와 지역의 교육력

지역 주민이 지역의 문제를 토론하고 해결하는 실천에 참여하는 과정에서는 주민 주체의 학습과 성장이 필연적으로 일어난다. 우리나라의 다양한 공동체 지원 사업들은 그러나 이러한 평생학습과 이를 촉진하는 교육적 지원에 아직 충분히 주목하지 못하고 있다. 지역의 문제해결 과정 중 일부로만 학습과 교육을 간주할 뿐이다. 해밀턴(Hamilton)은 "단순히 문제해결의 프로세스로서 강조되는 경향이 있다 …… 학습이 있으니까 그러한 행동의 변화가 있었던 것인데" 라면서 물리적 성과만을 중시하며 학습의 역할을 과소평가한 점을 지적한다.[20)] 이와 관련하여 박상옥은 지역사회 발전과 학습의 관계를 다음과 같이 설명한다.[21)]

> 지역사회에서의 학습은 사회적 상호작용이 일어나고 주민들이 그들의 지역사회를 만들고 발전시키기 위해 지역사회 장에 참여한 결과 나타나는 산물이며, … 지역사회 발전은 본질적으로 학습활동이다. 상호작용을 통한 지역사회 발전은 지역사회 장을 변화시킨다. 지역사회 발전과정에 참여하면서 확장된 활동체계를 만들고 다시 그것을 받아들인다. 학습은 지역사회 발전을 위한 수단이 아니라 발전과정에 내포되어 있는 활동인 것이다.[22)]

지역에 공동체를 만드는 일은 주민의 역량을 강화하는 학습과 더불어 진행된다. 어느 지역사회든 이를 가능하게 하는 공동체에 기반한 교육적 힘이 존재한다. 1970년대 일본에서는 이를 '지역의 교육력(educability)'으로 개념화한 바 있다. 우리보다 앞서 급격한 도시화를 겪은 일본은 지역사회의 문제와 학교 통폐합 정책에 대처하면서 지역의 교육력 개념을 제안했다. 지역의 교육력은 지역사회에 애착심을 가지고 지역 문제와 과제를 인식하여 주체적으로 지역 형성에 관여하는 인재, 지역의 경제 사회 문화를 발전시키는 인재를 육성할 수 있는 지역의 교육적 역량을 의미한다.[23] 그렇다고 지역의 교육력이 소위 명문대학에 더 많은 합격생을 배출하는 힘을 뜻하는 것은 아니다. 지역에 고유한 규범과 문화, 지역의 환경에서 비롯된 다양한 체험, 지역사회의 공동 노력이 지역의 교육력을 만든다. 우리나라에서는 급속한 도시화 과정에서 일어난 지역 과소화의 악순환 구조가 지역의 교육력을 크게 약화시켰다고 볼 수 있다.

이런 상황에서 마을공동체 만들기는 지역의 교육력을 회복, 재건하는 노력과 긴밀하다. 지역과 마을은 주민의 생애 발달을 보장하는 장(場)이기 때문이다. 우리가 공동체에서 삶을 영위한다는 관점에서 보면 개개인으로서 성장과 지역사회 공동체 만들기는 서로를 규정한다. 주민은 지역사회에서 성장·발달하고, 지역은 주민에 의해서 발전한다. 지역의 교육력은 아동과 청소년뿐만 아니라 성인과 노인 모두에게 중요하다. 지역 주민의 학습에 대한 가치관, 학습경험, 학습의욕은 물론 지역의 인적·물적 교육조건이 지역의 교육력을 구성하기 때문이다.

김신일은 지역 교육력을 지역사회에서 일어나는 두 가지 방향의 교육운동으로 해석한다. 하나는 아동과 청소년의 교육에 관심을 갖는 학교 중심의 교육운동이다. 학교 내부의 동력으로 추진하는 교육혁신의 방향이 여기에 해당한다. 다른 하나는 주민 자신을 위한 평생학습 차원에서의 교육운동이다.[24] 두 방향은 내용과 주체 측면에서 지역의 교육력을 구분해 설명한 것이지만 실제에 있어서는 지역을 하나의 공동체로 보고 학교와 지역, 학생과 주민이 서로 만나는 구조를 전제한다. 즉, 지역의 교육력은 지역을 공동체로 만드는 운동 과정에서 발휘되어야 하는 힘이자 결과라 할 수 있다.

마을공동체는 지역의 문제를 해결하기 위해 주민의 역량을 성장시켜 지역사회를 발전시킨다는 의식을 공유하고 있다. 거주지에 근거한 마을공동체는 주민들의 교육적 필요에서 시작하는 경우가 많다. 오랜 역사를 가진 충남 홍성의 홍동공동체(햇살배움터와 평민마을학교)를 비롯하여 서울 지역의 살구여성회(살구여성교실), 마들주민회(상계어머니학교, 마들창조학교), 부산 반송 희망세상(소모임, 느티나무도서관), 창원 경남정보사회연구소(사회교육센터 및 마을도서관), 경기도 시흥 참이슬학습마을(참이슬평생학습마을학교), 안산 감골주민회(마을숲카페) 등의 실천 사례들에서 볼 수 있듯이 마을공동체는 나름의 독자적인 교육시스템을 가지고 있다.[25] 대부분 미취학 아동의 보육, 아동과 청소년의 방과 후 돌봄 활동 등 자녀 교육을 위한 프로그램과 이 일에 관심을 갖는 어머니들과 주민들이 참여하는 프로그램이 출발점이다.

이 사례들은 주민의 주체 형성과 공동체성 회복 과정이 주민의 평생학습 실천에서 비롯된다는 것을 보여준다. 주민이 함께 모여 지역의 문제에 대해 고민하고 해법을 찾아 실천에 옮기는 과정에서 서로 배우고 가르치며 집단적인 변화를 경험한 것이다. 즉, 주민 평생학습 활성화가 마을공동체를 형성한 원리라 할 수 있다. 이 원리는 평생학습을 지역에 뿌리내리게 하려는 제도와 정책이 공유하는 것이기도 하다. 아래에서 이를 구체적으로 살펴본다.

3. 지역에 뿌리내리는 평생학습

우리나라는 멀리는 19세기 전후 근대화가 시작되던 시기와 가까이는 1960~70년대 중고등학교가 팽창하던 시기에 지역민들의 학교 설립 운동이 활발했던 역사를 가지고 있다. 지역 주민의 토지 기부와 봉사로 만들어진 학교는 지역의 자산으로 공동체의 중심기관 역할을 했다. 우리의 언어 생활에 자리한 '우리 학교' '우리 선생님' '우리 운동회'와 같은 표현은 지역 주민이 학교에 가지고 있던 애착을 잘 보여준다. 하지만 급속한 도시화와 더불어 학교가 입시교육에 지배당하게 되면서 학교는 지역사회와 동떨어져 섬처럼 존재한다는 비판까지

받게 됐다. 그러나 학교가 학생은 물론 지역주민 전체의 교육을 통해 지역 발전의 거점 역할을 해야 한다는 실천도 끊이지 않고 계속됐다.

1) 학교와 지역 연계

(1) 지역사회학교 운동

한국의 지역사회학교 운동은 미국의 지역사회학교(community school) 운동의 영향으로 시작됐다. 19세기 초 듀이(John Dewey)가 사회적 센터로서 학교의 역할을 강조해 시작된 이 운동은 학교의 인적, 물적 자원을 지역 주민도 활용해야 한다는 학교 개방 아이디어였다.[26)] 1953년 유네스코와 운크라파한사절단(UNESCO-UNKRA)이 지역사회학교를 우리 정부에 권고하면서 우리나라에도 지역사회학교 개념이 도입되어 관련 사업이 추진되기 시작했다.

〈표 14-1〉 한국 지역사회학교 정책의 역사

시기구분	1950년대	1960~1970년대	1980년대	1990년대
지역사회 교육운동	교육계, 학계 중심의 자발적 교육운동	관주도적, 행정지시적 향토학교사업	민간주도적 성격의 운동	학교 중심 평생교육

시기구분	2000년대 초	2007~2009년	2009년~	2010
사업명 · 핵심 전략	'학교 평생교육 시범학교'사업 지역사회에 개방된 학교	'지역과 함께하는 학교'사업 학부모와 지역 주민의 조직화	'학부모교육 지원' 사업 지역과 협동하는 학교, 참여하는 학부모	'마을교육공동체' '혁신교육지구'사업 지자체별 교육지원사업, 마을이 학교다

출처: 양병찬(2018). 한국 마을교육공동체 정책과 운동의 상호작용: 학교와 지역의 새로운 관계 구축을 중심으로. 평생교육학연구, 24(3), 130.

지역사회학교 사업은 1969년 고 정주영 현대그룹 창업주와 교육계 전문가, 전국 여러 학교의 교장선생님들이 참여해 한국지역사회학교후원회(현재 한국지역사회교육협의회연합)라는 민간단체를 결성하면서 민간 주도 교육운동으로 발전했다. 당시 상황에서는 흔치 않았던 기업의 사회 공헌 활동으로 한국지역사회학교후원회는 전국적인 조직을 갖추고 지역사회학교 운동을 추진했다. 이 운동은 지역 주민이 학교의 방과 후 활동에 참여하는 것은 물론 학부모와 지역 주민을 학교에서 제공하는 평생교육에 참여시키고자 했다. 지역사회에 주민을 위한 교육시설이 거의 없었던 시절, 학교를 교육과 여가 생활의 중심으로 삼으려는 운동이었다.[27)]

5.31교육개혁으로 교육법 체계가 정비되면서 「교육기본법」(제9조 ② 주민 평생교육), 「초 · 중등교육법」(제11조 학교시설 등의 이용), 「평생교육법」(제29조 학교의 평생교육)에 지역과 학교의 관계를 담은 조항이 포함됐다. 「평생교육법」 제29조는 "학교가 평생교육의 이념에 따라 교육과정과 방법을 학습자의 관점으로 개발 · 시행하도록 하며, 학교를 중심으로 공동체 및 지역문화 개발에 노력하여야 하며 이를 위해 학교 내의 시설을 활용할 수 있도록" 규정했다. 2000년대 평생교육 정책이 본격 추진되면서 교육부는 '학교 평생교육 시범학교'를 도입했다. 이 사업은 2007~2009년에 '지역과 함께하는 학교'로 명칭을 바꾸어 전국 34개 시 · 군교육청을 선정해 122개 학교에서 학부모와 지역 주민의 평생교육 강좌 운영은 물론 주민의 학교교육 활동 참여를 유도해 학교와 지역의 교육 선순환을 시도했다. 이 사업은 2011년 '학부모교육지원' 사업으로 전환되어 시도교육청 차원에서 운영되고 있다.

학교 개방 정책은 학교 내부의 이해관계와 충돌하면서 추진됐다. 교직원의 업무 과중, 시설 관리의 어려움, 사고 대책 등 여러 이유로 학교 개방 정책은 환영을 받지 못한 측면이 있었기 때문이다. 그러나 학교 개방은 주민이 지역의 학교와 교육에 더 많은 관심을 갖게 되고, 학교를 신뢰하는 주민이 늘어나는 계기가 된다. 나아가 주민이 교육의 주체로 성장하면, 지역의 교육력이 강화되고 자연스럽게 지역사회를 활성화할 수 있다.

(2) 교육지구사업

2010년대부터 시·도교육청 주도로 기초자치단체와 교육지원청의 협력으로 지역의 학교교육을 지원하는 사업이 추진되기 시작했다. 경기도교육청이 2010년 시작한 '혁신교육지구' 사업이 대표적이다. 혁신교육지구는 지역사회의 지속가능한 발전을 위하여 지역 주민과 학교가 협력하여 마을교육공동체 만들기와 공교육 혁신을 추진하는 지역이다. 교육감과 기초지방자치단체장이 지정하는 시·군 또는 시·군의 일부 지역(구역)을 혁신교육지구로 지정하고, 지역교육협의체를 조직해 인력과 예산을 교육청과 지자체가 공동 투자했다. 일반자치와 교육자치의 칸막이를 넘어 지역이 교육에 힘을 합한 것이다.

교육지구사업은 '행복교육지구' '미래교육지구' '서로나눔교육지구' '교육협력지구' 등 이름을 달리해 전국적으로 확산됐다. 한 아이를 키우기 위해서는 온 마을이 필요하다는 인식을 공유하며 교육지구사업은 학생뿐만 아니라 지역 주민이 평생학습을 통해서 성장해 지역의 학교교육에 참여하는 순환구조의 창출을 의도했다. 가령, 전라남도 순천시는 교육지구사업으로 마을 단위의 교육자치 거버넌스 구조를 만들고 있다. 전통적으로 명문고 중심의 교육도시 정체성이 강했던 순천시는 ① 지역교육력 회복 실천공동체로 시작한 교육민회(정담회, 情談會)라는 협의 모임을 통해서 주민들이 매달 1회 모여 함께 지역의 교육문제를 제시하고 그 해법을 논의하고 있으며,[28] ② 중간지원조직(민간 교육 활동가들이 주도하는 제3섹터 방식의 협력체계)을 구축하여 민·관·학을 연계하고, 이 과정에서 ③ 행정협력(일반행정과 교육청의 새로운 협업 관계)을 실현하고, ④ 마을교육과정(주민과 지역활동가, 교사 등의 다양한 주체들이 협동하여 개발한 지역의 교육과정)을 개발해 마을교사들이 학교 교사들과 함께 운영하고,[29] ⑤ 시 예산 중 교육경비에 대한 공론화 과정을 통해 지역 교육자원을 효율적으로 활용하는 협의를 진행했다.[30] 순천시는 혁신교육지구이면서 평생학습도시이기도 하다. 또 마을공동체 조성 사업도 활발하다. 이 사업들 간의 연계와 협력을 주민의 평생학습 참여 확대를 기반으로 조성하고, 주민 공동체가 형성되면서 지역의 교육 전반에 적극 개입하게 된 것이다.

2) 평생학습도시의 확산

교육지구사업이 학교와 지역의 연계 체계를 중심으로 도시 단위의 교육구상을 하는 사업이라면, 지역 평생학습추진 체계를 중심으로 다양한 학습 자원과 관계를 엮어가는 것이 '평생학습도시 사업'이다. 평생학습도시는 학습사회의 이념을 도시 또는 마을 등의 지역 단위에서 구체화하고자 시작된 운동이다. 2001년 교육부의 제1차 평생학습종합계획에서 제안되어 시 · 군 · 구 기초자치단체를 공모해 평생학습도시를 지정한 것이 그 시작이다. 2024년 현재 전국 226개 지자체 중 198개 도시가 평생학습도시로 지정되어 있다. 평생학습도시는 지역주민의 평생학습 참여 기회를 확대하기 위해 평생교육 프로그램을 확대하는 다양한 정책 사업을 추진하고 있다. 또한, 지역의 인적 · 물적 자원을 유기적으로 연결하고 재구조화하여 평생학습문화를 조성하고 있다.[31] 평생학습도시는 "지역사회를 구성하는 모든 분야가 협동해 모든 시민의 학습활동을 지원하여 지역 전체의 역량을 키움으로써 학습을 기반으로 지역 발전과 행복 증진을 지속하려는 운동"[32]이라 할 수 있다.

평생학습도시는 국제적으로 유네스코와 OECD의 프로젝트로도 제안되어 전 세계로 확산되었다. 따라서 국가별로 두 국제기구의 가치와 이념을 반영하는 정도에 따라 시민사회형과 경제발전형으로 발전하고 있다. 유네스코는 학습사회론 중심의 시민사회형에 관심을 보이는 반면, OECD는 학습경제론 중심의 경제발전형에 집중하고 있다.[33] 이를 다시 세분화하면 시민사회형은 지역사회 재생형과 이웃공동체 형성형으로, 학습경제론 중심의 경제 발전형은 지역산업 혁신형과 교육훈련 파트너십형으로 나눌 수 있다.[34]

우리나라는 평생학습도시 사업으로 지방자치단체의 평생교육 체계를 확립했다고 해도 과언이 아니다. 2007년 「평생교육법」을 개정하며 제15조에 "국가는 지역사회의 평생교육 활성화를 위하여 시・군 및 자치구를 대상으로 평생학습도시를 지정 및 지원할 수 있다"고 규정해 법적 근거도 확보했다. 법 조문 내용처럼 평생학습도시 사업은 '지정과 지원'으로 지역의 평생교육 체계를 구축하는 데 기여했다. 평생학습도시 관련 조례의 제정, 평생교육종합계획의 수립, 평생학습관 설치, 평생교육정보시스템 구축, 교육 자원의 통합과 네트워크 형성, 전문인력인 평생교육사 배치, 평생학습축제 운영 등은 평생학습도시 사업의 중요한 성과이다. 평생학습도시는 더 많은 강좌를 개설해 더 많은 학습자가 참여하는 양적인 목표 위주로 사업을 추진해 주민의 자발적 학습문화의 조성이나 풀뿌리 학습자치운동을 이끌어내는 데는 한계가 있다는 비판도 있으나, 최근에는 대부분의 평생학습도시가 학습동아리 인큐베이팅, 강좌 참여 학습자들의 자발적 후속 활동 기획, 시민 주도 프로그램 기획 등 새로운 운영 방식을 적극 시도하고 있다.

3) 생활권 평생학습 확장

주민의 생활권에서 평생학습 참여 기회를 보장하고 공동체 형성의 기초로 삼으려는 시도 역시 지방자치단체 차원에서 다각적으로 전개되어 왔다. '배달강좌' '퇴근길 배움터' '동네배움터' '우리동네 학습공간' '평생학습카페' '평생학습

마을'과 같은 다양한 명칭의 생활권 평생학습 지원사업이 우후죽순 격으로 운영 중이다. 중앙정부 차원에서는 2013년부터 읍면동 단위의 행복학습센터를 지원하기 시작했다. 2014년 「평생교육법」에 읍면동 평생학습센터 설치 근거가 마련됐고, 2023년에는 지방자치단체가 의무적으로 읍면동 평생학습센터를 운영하도록 개정됐다. 주민의 생활권 평생학습 지원의 공적인 지원 체제가 확립된 것이다. 읍면동 평생학습센터에 평생교육사 자격을 갖춘 전문 인력을 배치해 체계적인 평생교육 프로그램의 기획과 운영을 도모하는 평생학습도시도 늘어나고 있다.

읍면동 평생학습센터는 유네스코가 제안한 지역사회학습센터(Community Learning Center)의 한국적 형태이다. 지역사회학습센터는 정부, 비정부기구(NGO), 민간의 지원을 받아 지역주민에게 다양한 교육 기회를 제공하기 위해 지역사회가 운영하는 기관이다. 구체적으로 지역사회학습센터는 지역 주민의 삶의 질 향상에 필요한 교육 정보 서비스를 제공하고, 지역주민이 그들의 권리를 인식할 수 있도록 하며, 지역주민의 요구를 수렴하여 평생교육 프로그램 운영과 학습공동체 활동을 지원한다.[35] 읍면동 평생학습센터는 주민자치센터나 도서관, 복지관, 마을회관 등 공적 시설이나, 카페, 공방, 서점 등 자영업 공간, 상인회, 동호회, 시민단체 등 민간단체 공간 등 주민이 근거리에서 접근할 수 있는 곳에 설치, 지정되고 있다.

생활권에 자리 잡은 평생학습센터는 자연스럽게 혁신적인 주민 공동체를 시도하는 거점이 되고 있다. 예를 들면, 서울시 은평구 평생학습관 '숨은고수교실'은 지역 주민 누구나 가르치고 배우는 시민주도형 평생학습 사업이다. 배우는 역할과 가르치는 역할을 명확히 구분하는 학교교육과 달리 모두가 가르치고 모두가 배우는 문화를 지향한다. 경기도 광명시 '느슨한 학교'는 시민들의 재능기부와 공간기부를 통해 마을 곳곳에서 학습이 진행되는 자발적 학습 시스템이다. 경기도 부천시의 '퇴근길 배움터'는 경기도평생교육진흥원의 '우리동네 학습공간' 사업과 연계해 직장인이 퇴근길에, 교통요지에서 평생학습에 참여할 수 있는 공간을 열고 있다. 서울시 자치구가 운영하는 '동네배움터'의 '학습-실천 프로젝트'는 지역사회의 생활 문제에 관심을 갖고 주민이 스스로 학습해 해결 방안을 탐색하고 직접 실천까지 해보는 프로젝트이다. 읍면동 평생학습센터는 주민의 학습형 일자리를 창출하는 기능도 한다. 주민 스스로 강사로 나설 수도 있고, 프로그램의 기획과 운영자로 채용될 수도 있기 때문이다.

평생학습센터에서 운영하는 프로그램에 참여한 주민이 이웃 주민과 함께 동네의 여러 문제에 관심을 갖고, 공동체를 이루어 지역을 새롭게 만드는 행동을 함께 하는 시민으로 성장할 수 있다. 그래서 생활권의 평생학습센터는 주민자치 강화, 마을공동체 조성, 사회적 경제 확산, 자원봉사 확대, 도시재생 도모 등 공동체를 강화해 현재 한국 사회가 겪고 있는 다양한 문제를 해결하려는 흐름과 불가분의 관계 속에서 전개되고 있다. 왜냐하면 공동체 강화에는 주민의 자발적 참여가 필수적이며, 이 과정에서 주민 역량의 신장이 불가피하기 때문이다.

4. 공동체 강화를 위한 평생학습의 과제

현재 우리나라에서 공동체 강화를 위한 평생학습은 다양한 영역에서 운동과 정책이 서로 교차하면서 활성화되고 있다. 지역 주민의 평생학습 참여와 지역사회 실천 참여가 공동체 활성화의 새로운 가능성을 만들고 있다. 이 절에서는 앞서 살핀 동향에 기초해 앞으로의 과제를 살펴보자.

1) 지식전달 위주 교육문화에서 문제해결 참여 학습문화로

그동안 지역의 교육공동체 조성 관련 정책 문서나 실천 현장에서는 "한 아이를 키우기 위해서는 온 마을이 필요하다"는 속담을 마치 주문처럼 반복했다. 마을, 즉 지역을 강조했지만 그 초점은 항상 '아이'와 '학교'에 있었다. '교육=학교'라는 오랜 인식과 관행이 매우 견고한 것이다. 학교 중심 교육 문화 자체가 잘못된 것은 아니다. 다만, 지역을 학교에 무엇인가를 제공하는 책임을 지는 곳으로만, 아동과 청소년을 교육의 대상으로만 인식하게 만드는 건 재고할 필요가 있다.

이런 인식의 저변에는 지식전달 위주의 교육문화가 자리 잡고 있다. 마을교육공동체라고 하지만, 마을은 학교에 필요한 자원을 동원하는 곳으로 여겨진다. 그 필요한 자원은 마을의 주민이 어떤 지식을 학교에서 학생에게 전달하는 방식으로 가시화되는 경우가 대부분이다. 공동체 구성원 중 학생만 성장의 대상으로 삼는다. 지역의 다양한 구성원의 성장에는 큰 관심을 두지 않는다. 그러니 학교가 지역의 다양한 구성원을 위해 어떤 역할을 할 수 있을지, 지역 전체의 발전에 학교가 감당할 몫이 무엇인지에 관한 논의를 찾기는 어렵다.

지역의 평생교육도 학교의 강의 중심 운영 방식이 반복되는 경우가 많다. 공공 평생학습관조차 일방적인 지식전달형 강좌 운영에 경도되어 있다. 지역의 공동체와 유리된 채 지식의 공급자 역할만 자처하게 되면, 주민들을 지식 소비자로 대상화하게 된다. 마케팅 전략이 평생교육을 좌지우지한다. 지역 평생교육의 확장 과정에서 이런 소비자의 증가세가 뚜렷한 것이 현실이다.[36] 지역의 문제를 지역의 주민이 해결하기 위해 함께 학습하는 공간을 제공하는 프로그램은 매우 특별한 경우로 여겨지는 이유다.

지역 공동체를 강화하는 평생학습 실천은 따라서 일방적 지식전달 위주의 교육문화에서 탈피해 지역의 문제해결에 관심을 갖고 참여하는 학습문화를 뿌리내리는 일이 급선무다. 지역 공동체 구성원의 실제적인 생활에 영향을 미치는 문제에 평생학습 실천이 더 깊이 관여해야 한다. 가령, 아동의 돌봄, 청소년의 방과 후 활동, 저소득층의 교육복지는 학교가 그 일부분인 지역 공동체 전체의 공동 문제이다. 지역 주민 누구나 이 문제의 영향 속에 있다. 증가하는 고령자와 이주민, 장애인이 지역에서 온전한 삶을 영위하는 것도 지역의 중요한 문제이다. 기후위기의 심화, 디지털 사회경제 전환 등 인류 공동의 문제도 결국 지역에서 구체적으로 일어난다. 어느 지역이든 모두가 관심을 가져야 할 공동의 지역적 과제가 있다. 이 과제는 학교와 지역, 아동청소년과 어른을 구분하며 지식만 전달하는 방법으로 해결할 수 없다. 유네스코가 2021년에 발행한 「교육을 위한 새로운 사회계약」 보고서에서 강조하는 대로 "우리는 학교를 교육을 위한 고유한 시공간으로서 보호하면서, 동시에 우리의 비전을 전 생애에 걸친 공간과 시간으로서 확장해야"[37] 한다. 이를 위해 공동체 구성원 모두가 공동의 문제해결에 참여하는 학습문화를 세대를 가로지르며 지역에 확산해야 한다. 학교는 모두의 교육을 위해 지역에서 가장 중요한 공간이다. 아동과 청소년은 교육의 대상이기도 하지만 지역의 어른을 가르치고 행동의 변화를 촉구할 수 있는 주체이기도 하다. 누구나 고령자와 이주민에게 배울 것이 있고, 장애인도 공동체의 한 주체이다.

2) 경계를 넘는 학습과 실천의 선순환 만들기

지역사회에서는 학교와 평생학습관, 평생학습센터뿐만 아니라 주민자치, 문화, 복지, 노동, 환경 등 다양한 영역의 공공사업과 연계된 공적 시설에서 주민이 참여하는 교육 프로그램을 운영한다. 예를 들면 도서관, 복지관, 박물관, 문화의 집, 지역아동센터, 청소년수련관은 물론 기후에너지, 사회적 경제, 마을

공동체 영역의 중간지원조직이 운영하는 거점공간에서 각종 교육프로그램을 운영한다. 평생학습도시에서는 도시 내에서 진행되는 전체 교육프로그램의 정보를 통합하여 제공하는 플랫폼을 운영하기도 한다. 공동체 강화를 위한 평생학습 실현을 위해서는 정보 제공에서 한 걸음 더 나아가 기관과 사업의 네트워크 생태계를 적극적으로 조성해야 한다.

하나의 지역을 여러 주체의 관계망으로 이해하면서 기관 간 네트워크 생태계를 구축하는 것은 쉽지 않은 과제이다. 서로 다른 사업에 기반해 업무를 수행하고 개별 기관 단위로 성과를 평가하는 관료적 구조가 견고하기 때문이다. 다양한 기관과 사업조직에는 해당 분야 전문가가 배치되어 있기도 하다. 이질적인 전문가가 서로 연계하는 것도 쉽지 않다. 그러나 모든 사업이 주민의 성장을 목적으로 한다는 면에서 보면 네트워크 연계의 효과는 상당할 것이다. 한 기관이나 영역에서 운영한 교육 참여로 성장한 주민들과 그 공동체가 경계를 넘어 다른 영역의 지역 문제를 다른 주민들과 함께 토론하고 실천하는 상호작용이 일어나기 때문이다. 공동의 학습과 실천, 유대감의 증진과 관계 형성의 선순환을 만들 수 있다. 이질적으로 여겨지던 지역의 다양한 공간이 이러한 선순환이 일상적으로 일어나는 거점으로 기능하도록 해야 한다.

이를 위해 지역의 현안 과제를 지역 주민이 참여하는 평생교육 프로그램으로 개발하고, 이를 실천 활동으로 연계하는 체계를 구축해야 한다. 그 중심에는 주민의 생애주기에 따른 역량의 성장이라는 목적이 자리 잡아야 한다. 공동체 강화를 위해 지역의 주민자치, 문화, 복지, 노동, 환경 등 유관 분야와 적극적으로 연계해야 한다. 평생교육을 통해 형성된 주민의 역량은 다양한 영역의 지역 실천 활동으로 이어진다. 실천 활동은 지역의 요구와 문제를 해결해 더 나은 삶의 터전을 만들기 위한 구상에서 시작한다. 이 구상은 이웃의 주민들과의 상호작용을 통해 마을봉사, 체험학습, 마을 발표회 및 전시회와 같은 마을행사로, 지역사회 실천 활동으로 확장된다. 이 실천 과정은 평생교육 프로그램 참여와는 또 다른 차원의 학습경험을 제공하여 주민의 역량을 제고하고 지역의 교육력을 키운다. 이러한 학습과 실천의 선순환이 공동체를 강화하는 평생학습의 고갱이라 할 것이다.

3) 주민교육자치와 공동재로 교육 바라보기

유네스코의 「교육을 위한 새로운 사회계약」 보고서는 교육을 공공재이자 공동재(共同財, a common good)로 바라볼 것을 제안하고 있다.[38] 공동재는 "공급자가 공공 부문이든 민간 부문이든 상관없이, 모든 사람들의 기본권을 실현하기 위해 사용되어야 하고 또한 모든 사람들의 기본권을 실현하기 위해 필요한 재화"이다.[39] 공동재는 개인이 생산하는 산물을 모두 합한 것 이상으로 인간이 공동체로 존재할 때 향유할 수 있는 것이다. 즉, 인간이 상호 관계 속에서 관계를 맺으며 함께 창출되는 것이 공동재이다. 공동재의 영어 단어 common good은 공동선으로 해석할 수도 있는데, 공동재는 개념적으로 공동체의 안녕을 위해 함께 그 혜택을 누리는 것이라 할 수 있다.

공동재로서 교육을 바라보게 되면, 교육에 대한 책임도 공동으로 지게 된다. 각자도생의 경쟁주의가 만연한 한국의 교육 현실에서 공동재 개념은 교육의 거버넌스를 새롭게 상상하도록 우리를 이끈다. 유네스코의 보고서는 공동재로 교육을 강화하기 위해 "교육에 대한 공공재정 투입을 보장하는 것만으로 그쳐서는 안 되며, 교육에 관한 공적 토론에 모두가 함께할 수 있도록 사회 전체적 참여를 보장해야 한다. 이렇게 참여를 강조함으로써 교육은 공동재, 즉 함께 선택하고 성취하며 공유하는 웰빙의 한 방식으로 강화된다."라고 강조했다.[40] 잘 살기 위한 한 방식으로 교육에 관한 공적 토론에 참여할 때 공동재로 교육을 향유할 수 있다는 것이다. 공동체 강화를 위한 평생학습의 과제이다.

공동재로서 교육 강화는 주민교육자치를 통해 현실에서 구현할 수 있다. 앞서 순천시의 사례로 행정 당국이나 학교의 교사나 직원에게 교육과 관련된 의사결정을 전적으로 맡기는 것이 아니라 주민이 직접 참여하는 움직임을 살펴본 바 있다. 교육의 내용, 방향, 목적과 예산의 집행에 주민이 영향력을 행사하고 통제하기 시작한 것이다. 이를 위해 주민 스스로 학습공동체를 만들어 지역의 교육문제를 고민하고, 해결 방안을 실천하고, 이를 조례로 제도화했다. 지역의 교육과 관련한 의사결정에 주민이 직접 관여하고 통제하는 자치를 실현한 것이다. 이때 교육은 공공재나 사유재의 구분을 넘어 모두가 관여하고 모두가 그 혜택을 누리는 공동재로 존재하게 되었다고 말할 수 있다.

교육은 일상의 민주주의가 가장 먼저 실현되어야 하는 영역이자 풀뿌리 민주주의가 자라나는 토양이다. 우리나라는 최근 주민자치회가 확대되면서 주민교육자치를 실현할 수 있는 여건이 좋아지고 있다. 순천시 외에도 충남 홍성군 홍동면 교육분과, 이천시 평생학습분과, 서울 성북구 종암동 교육아동청소년분과, 울산 북구 농소3동 교육분과, 대전 대덕구 송촌동 교육청소년분과 등 혁신적 사례도 등장하고 있다. 주민자치회에 교육분과를 두고 지역의 교육의제를 다루고, 주민생활과 관련한 교육 전체를 기획·운영·평가하는 구조를 만들어 나가고 있다. 이 흐름이 더욱 확산될 수 있도록 평생교육 현장 실천가의 관심과 노력이 필요하다.

5. 평생학습과 평생교육의 미래를 향하여

책을 마무리하며 평생학습과 평생교육의 관계를 다시 생각해 보자. 평생학습과 평생교육이 국가 정책이나 국제기구의 공론장에서 활발히 논의된 시점으로 따지면 평생학습은 평생교육을 대체하는 개념으로 볼 수 있다. 평생교육이 이전의 성인교육이나 사회교육을 대신해 쓰이기 시작했다는 점에서 담론의 변화 방향은 분명하다. 또, 평생학습은 평생교육보다 넓은 개념이라고 볼 수도 있다. 인간의 학습은 교육의 영향 속에서도 일어나지만, 인간은 교육과 무관하게 학습할 수도 있기 때문에 평생학습은 평생교육보다 넓은 개념이 분명하다. 평생교육이 성인교육이나 사회교육을 포함하는 개념인 점에서 담론 간의 지형도 역시 분명하다. 이 책은, 1장과 2장에서 평생학습과 평생교육의 역사적 배경을 살펴본 대로, 평생교육을 평생학습에 관여하는 행위와 제도 차원에서 이해한다. 이는 교육 실시자 입장에서 평생교육 행위나 평생교육의 다양한 제도를 이해하는 것도 중요하지만 평생학습 자체에 주목할 것을 강조한다.

평생학습은 '평생(삶, 생활, 인생)'과 '학습'이라는 두 개념이 대등하게 접속한 개념이다. 두 개념의 접속 관계로 파악하면 평생학습에는 '삶에서 길어 올린 학습'과 '삶을 길러내는 학습'이라는 두 차원의 의미가 내포되어 있다.[41] 전자는 우리의 삶과 생활에서 학습의 소재와 내용이 비롯되는 측면을, 후자는 학습의 결과가 우리의 생활과 인생을 만드는 측면을 의미한다. 우리는 한평생 인생을 타자와의 관계망, 즉 공동체 안에서 살아간다. 가깝게는 가족에서 시작해 수많은 타자와의 관계 안에서 삶을 영위한다. 학습으로 우리는 생활의 여건을 바꾸고, 인생의 의미를 찾는다. 인간의 삶을 만드는 가장 강력한 활동이 학습이다. 외딴 섬에서 고립되어 홀로 평생을 살지 않는 한 우리의 삶에서 의미 있는 학습은 항상 타자와 함께하는 공동체 안에서 타자와 더불어 일어난다.

평생교육은 평생학습에 관여하는 실천, 정책, 제도, 문화의 층위에 존재한다. 한 마을, 한 사회, 한 국가의 평생교육이 얼마나 고도로 발전해 있는가는 그 마을의 주민, 그 사회의 시민, 그 국가의 국민의 평생학습의 양과 질에 중대한 영향을 미친다. 이 책에서 살펴본 평생교육 시설과 기관, 평생교육 행정과 재정, 평생교육 정책과 사업, 평생교육 제도와 프로그램, 다양한 영역과 사람을 대상으로 한 평생교육 실천은 평생학습을 더 활성화하려는 목적을 가지고 있다. 이 점에서 2000년대 들어 한국의 평생교육은 크게 발전했다. 그렇지만 여전히 일부에서는 우리나라의 평생교육은 학교를 제대로 다니지 못한 이들에게 뒤늦게 공부 기회를 제공하거나, 중산층이나 중고령자의 여가생활 또는 재취업 준비에 도움을 주는 것 정도로 생각한다. 잘 정비된 학교교육이 수준 높은 지식과 기술을 전수하며 엘리트와 인재를 양성해 국가 사회 발전에 기여하는 것과 대조하며, 평생교육의 사회경제적 가치가 그다지 높지 않다고 평가하기도 한다. 이런 생각과 평가가 우리나라 평생교육의 예산과 정책 수준에 반영되어 있을지도 모른다.

그렇지만 인류의 문명사적인 전환이 일어나고 있는 지금 평생학습의 중요성에 대한 공감대는 이미 광범위하다. 유엔이 지속가능발전목표에 모두를 위한 평생학습의 기회 증진을 명문화했고, 유네스코는 평생학습권의 보장을 공론화했다. 우리나라 역시 현재 당면한 사회적 위기 극복을 위해 세대를 가로지르는 평생학습의 역할이 중요하다는 인식이 널리 퍼진 지 오래다. 무엇보다 정보통신기술의 발전으로 새로운 평생학습 문화가 빠르게 확산하고 있다. 평생교육이 평생학습에 관여하는, 즉 평생학습자의 삶과 생활과 인생에서 길어 올린 교육을 통해 더 나은 삶과 생활과 인생을 길러내려는 행위와 제도라면, 새 시대를 이끌어가기 위해서는 평생교육의 고도화가 절실하다. 한층 더 고도로 발전한 평생교육이 모두의 평생학습을 새로운 차원으로 견인할 수 있다. 평생교육을 통해 각자의 삶을 고양하고, 공동체의 생활 문제를 함께 해결하며, 인생을 가치 있게 가꾸어 나갈 수 있다면 이보다 더 격이 높고 중요한 일이 또 있겠는가. 인류 공동체와 한국 사회의 미래를 다르게 만드는 평생교육의 새로운 실천, 정책, 제도, 문화를 만들어 나가야 한다.

1) 코로나바이러스 팬데믹 기간 중에는 평생교육기관이 폐쇄되어 참여율이 전반적으로 하락했다. 한국교육개발원(2024). 한국성인의 평생학습 실태. 한국교육개발원.
2) Delors, J., & et al. (1996). Learning: The Treasure Within. Paris: UNESCO.
3) OECD Better Life Index 홈페이지, 2023. 12. 26. 접속.
4) 한상환 · 장후석 · 고승연(2014). OECD 비교를 통해 본 한국 사회자본의 현황 및 시사점(경제주평 제14-21호). 현대경제연구원.
5) Duffy, B., & Skinner, G. (2021). *Culture wars around the world: How countries perceive divisions*. Ipsos & The Policy Institute of King's College London.
6) 전국경제인연합회(2021). 국가 갈등지수 OECD 글로벌 비교(Global Insight vol. 53). 전국경제인연합회.
7) 울리히 벡 지음. 홍성태 옮김(1999). 위험사회. 새물결. (원전은 1986년); 홍성태(2007). 대한민국 위험사회. 당대.
8) 계봉오 · 최슬기 · 권다은 외(2024). 2024 인구보고서: 인구소멸 위기, 그 해법을 찾아서. 한반도미래인구연구원.
9) 통계청(2023). 장래인구추계: 2022-2072년. 보도자료. 12월 14일.
10) 마스다 히로야 지음. 김정환 옮김(2015). 지역소멸. 미래엔(원전은 2014년); 박승규 · 김선기(2016). 저출산고령화에 의한 지역소멸 보고. 한국지방행정연구원; 이상호(2016). 한국의 '지방소멸'에 관한 7가지 분석. 한국고용정보원.
11) 인구 급감으로 지역이 어려워지자 농림부는 농촌개발 재정 투자를 시작하였는데, 교육부는 학교 통폐합을 유도하는 정책을 멈추지 않았다. 농어촌의 실제 학생수 감소보다 폐교정책의 추진 속도가 더 빨랐고 집요했다. 지역 과소화 상황에 대한 두 부처의 정책은 전혀 다른 방향이었다. 양병찬 · 마상진 · 유정규 · 이진철 · 전광수(2012). 농어촌마을 활성화를 위한 교육 관련 제도 개선방안 연구. 농림식품부.
12) 한국교육개발원(2023). 보도자료: 「경제협력개발기구(OECD) 교육지표 2023」 결과 발표. 9월 12일.
13) 통계청. 초중고사교육비조사. 연도별 통계 누리집.
14) 김성식(2022). 학생 배경에 따른 교육격차 양상의 변화: 2005~2009년과 2015~2019년의 비교. 교육연구논총, 43(1), 167-192.
15) 조한혜정(2007). 다시, 마을이다. 위험 사회에서 살아남기. 또 하나의 문화; 구자인 · 유정규 · 곽동원 · 최태영(2011). 마을만들기, 진안군 10년의 경험과 시스템: 더디가도 제대로 가는 길. 국토연구원; 박진도(2011). 순환과 공생의 지역만들기: 농촌지역의 내발적 발전의 이론과 실제. 교우사.
16) 마하트마 간디 지음. 김태언 옮김(2006). 마을이 세계를 구한다. 녹색평론사 (원전은 1962년). 53.
17) 고동현 · 이재열 · 문명선 · 한솔(2016). 사회적 경제와 사회적 가치: 자본주의의 오래된 미래. 한울아카데미. 23.

18) 황주석(2007). 마을이 보인다 사람이 보인다. 그물코. 199.
19) 양병찬(2014). 지자체 마을만들기사업에서 '마을학교'의 평생교육적 의미: 서울시 마을공동체 만들기 사업을 중심으로. 한국평생교육, 2(1), 1-25.
20) Hamilton, E.(1992). *Adult Education For Community Development*. Greenwood Press. 93.
21) 박상옥(2010). 지역사회와 학습의 관계 탐색 -지역사회 형성 및 발전과정으로서 학습활동-. 평생교육학연구, 16(2), 160.
22) 1970년대 북아일랜드 폐광 지역에서의 교육투자우선지역사업(Educational Priority Zone Project, 한국의 교육복지사업에 해당)의 코디네이터로 활동하였던 그는 주민들의 내생적 역량을 키우기 위해 직접 실천에 참여하는 과정으로서의 학습을 강조하여 지역사회교육과 지역사회실천과의 관련성에 대해서 다수의 실험적 연구를 시도하고 기록하였다. 후에 Ulster대학 지역사회개발교육학과 교수가 되어 이와 관련된 참여실천연구를 계속하였다.
23) 松原治郎(1980). 地域の復権, 学陽書房. 78-82.
24) 김신일(1998). 교육공동체 형성과 사회교육, 한국지역사회교육협의회. 교육공동체 형성과 사회교육. 제16차 사회교육심포지움 자료집, 13.
25) 양병찬(2008). 농촌 학교와 지역의 협력을 통한 지역교육공동체 형성-충남 홍동 지역 "풀무교육공동체" 사례를 중심으로. 평생교육학연구, 14(3), 129-151; 양병찬 · 최정윤 · 오나비나 · 김미정 · 이서영(2021). 지역공동체의 마을교육체계 분석: 홍동 · 장곡지역 실천에 대한 행위자-네트워크이론을 중심으로. 평생교육학연구, 27(3), 1-33; 김주숙(2012). 살구꽃이 피었습니다 서울: 희망제작소; 박채순(2005). 민주주의와 지역 시민사회. NGO연구, 3(2), 117-169; 고창권(2005). 반송사람들. 부산: 산지니; 경남정보사회연구소20년사편집위원회(2015). 창원이 그 처음이었다. 창원: (사)지역문화공동체 경남정보사회연구소; 이규선(2017). 평생학습마을만들기 참여실천연구. 공주대학교 대학원 박사학위 논문; 양병찬(2015). 마을만들기사업과 평생교육의 협동 가능성 탐색. 평생교육학연구, 21(3), 1-23; 강대중(2019). 평생학습 활성화를 통한 주민자치 기반 강화. 사회혁신과 지역공동체 활성화를 위한 평생학습+주민자치 토론회 발표자료집 (pp. 51-65). 주최 대통령소속 자치분권위원회 · 국가평생교육진흥원, 주관 전국평생학습도시협의회 · 한국평생교육총연합회, 후원 교육부 · 행정안전부. 2월 8일. 프레스센터 국제회의장.
26) 황종건 · 오계희(1964). 향토학교 건설의 문제점: 향토학교의 기초이론과 그 활동에 관한 연구. 중앙교육연구소; 김종서(1966). 지역사회학교의 실제. 현대교육총서출판사.
27) 한국지역사회학교후원회(1981). 지역사회학교운동10년. 한국지역사회학교후원회; 한국지역사회교육협의회(2010). 한국지역사회교육운동40년. 한국지역사회교육연구원.
28) 지역 주민들의 협의 구조를 통한 지역 교육에 대한 주민들의 주체적 참여를 위해 교육민회(教育民會)를 제안하였다. 양병찬(2018). 한국 마을교육공동체 운동과 정책의 상호작용: 학교와 지역의 관계 재구축 관점에서. 평생교육학연구, 24(3), 125-152. 정담회로 시작된 순천시 교육협의구조를 2021년 제정된 마을교육공동체지원조례에서는 '교육민회'로 명명하고 "학생, 학부모, 교사, 공무원, 지역활동가, 시의원 등 순천시민 누구나 교육과 관련하여 자유롭게 제안하고 참여하는 열린 모임"으로 정의하였다. 그동안 교육당국이 독점해 온 교육 논의 구조에서 지역의 교육적 관점이나 의견은 부정되거나 배제되었다.

순천 마을교육공동체는 이를 극복하기 위해 지역 주민의 교육민회를 구성해 주민 교육자치의 새로운 근본 토대를 마련하였다. 교육민회의 구성은 마을교육공동체 실천 구조이자 교사와 주민, 행정이 협력하는 공적 논의 테이블을 만드는 것이다. 하정호(2022). 순천지역 교육 거버넌스에서의 권력행사 역학에 대한 행위자-네트워크 분석. 평생교육학연구, 28(4), 31-63.

29) 지역의 관련 주제(생태, 역사, 철도 등) 전문가들과 함께 주민 마을활동가, 학교 교사들이 모여서 1년여에 걸쳐 마을기반 교육과정을 개발하여 인근학교들의 수업에 적용하였다. 동천(東川)의 생태교육과정을 시작으로, 순천만(順天灣) 교육과정, 철도도시 역사교육과정, 여수・순천사건의 평화교육과정 등이 지속적으로 개발・운영되고 있다. 김재윤・김한별(2022). 교사의 마을교육공동체 참여 과정에 대한 자문화기술지. 평생교육학연구, 28(1), 95-123.

30) 많은 지자체들이 '교육경비지원'이라는 지역 교육을 위한 지원을 할 수 있도록 조례를 제정하여 시・군비의 3~5% 정도를 교육지원청이나 학교, 프로그램 등에 지원하고 있다. 순천시는 그동안 명문대학을 가는 고등학생들에게 장학금 형식으로 많은 지출을 해왔는데, 정담회에서의 논의를 통해 "소수의 학생에게 지원하던 것을 다수 학생들이 혜택을 받을 수 있도록"이라는 기본 방침을 정하고 지역의 아동・청소년들에게 지원을 하기 시작했다.

31) 양병찬(2002). 지역을 살리기 위한 평생학습마을/도시 만들기. 한국교육개발원.

32) 김신일(2020). 학습사회. 학이시습. 155.

33) Fauré, E., Herrera, F., Kaddoura, A.-R., Lopes, H., Petrovsky, A. V., Rahnema, M., & Ward, F. C. 지음. 이현경 옮김(2021). 존재하기 위한 학습: 교육 세계의 오늘과 내일. 유네스코한국위원회. (원저는 1972년). 283.

34) Yarnit, M.(2000). Towns, Cities and Regions in the Learning Age; A Survey of Learning Communities. LGA Publications for the DfEE, NCA. 79-80.

35) UNESCO(2003). CLC Management Handbook. UNESCO Bangkok/APPEAL; 국가평생교육진흥원(2015). 아시아-태평양 지역학습센터의 현황. 국가평생교육진흥원.

36) Lee, K., & Kang, D. J. (2022). Between 'shopper' and 'owner': Emerging agency of lifelong learner in South Korea's marketing-driven expansion of lifelong education. International Journal of Lifelong Education, 41(4–5), 420–434. https://doi.org/10.1080/02601370.2022.2086310

37) Zewde, S-W., & et al. 지음. 이현경 옮김(2022). 함께 그려보는 우리의 미래: 교육을 위한 새로운 사회 계약. 유네스코한국위원회. Reimagining Our Futures Together: A New Social Contract for Education (원저는 2021년).

38) 위의 책. 119-120.

39) 유네스코 지음. 이지향 옮김(2018). 다시 생각하는 교육: 교육은 전지구적 공동재를 향해 가고 있는가? 유네스코・유네스코 아시아태평양 국제이해교육원 (원저는 2015년). 81.

40) Zewde, S-W., & et al. 지음. 이현경 옮김(2022). 앞의 책. 3.

41) 에두아르드 린드만 지음. 강대중・김동진 옮김(2013). 성인교육의 의미. 학이시습. 135-139.

찾아보기

[인명]

[내용]

저자 약력

김신일 (1장, 14장)

서울대학교 교육학과 명예교수. 서울대학교에서 교육학 석사, 미 피츠버그대학교에서 교육학 박사를 받았다. 서울대학교 교수, 한국평생교육학회 회장, 한국교육학회 회장, 미 노던일리노이대학교 방문교수, 부총리 겸 교육부 장관, 백석대학교 석좌교수를 역임하였다. 주요 저서로 『학습사회』(학이시습, 2020), 『교육사회학』(교육과학사, 2022), 『나의 학문, 나의 삶 6』(서울대학교 명예교수협의회, 2022) 등이 있다.

강대중 (2장, 3장, 14장)

서울대학교 교육학과 교수. 서울대학교 대학원에서 평생교육 석사, 미 조지아대학교에서 성인교육 박사학위를 취득하였다. 현재 한국교육학회 부회장, 한국평생교육학회 학술위원장이다. 국가평생교육진흥원 원장(2021~2023), 유네스코한국위원회 교육분과위원장(2021~2023), 한국학부모학회 회장(2020~2024), 법무부 교정정책자문단 위원(2013~2022), 교육인적자원부 부총리정책보좌관(2006~2008) 등을 역임했다. 저서로 『총장의 뉴 리더십: 평생교육체제 기반 대학 경영』(교육과학사, 2024), 『미래교육, 교사가 디자인하다(2판)』(교육과학사, 2024), 『미래사회와 평생교육』(교육과학사, 2022), 『질적 연구: 전통별 접근』(학지사, 2022), 『대한민국 학부모』(학이시습, 2022), 『교육사회학(6판)』(교육과학사, 2022), 『Powering a Learning Society During an Age of Disruption』(Springer, 2021), 『코로나19, 한국 교육의 잠을 깨우다』(지식공작소, 2020) 등이 있다.

최돈민 (4장, 6장)

강원자치도 대학의 평생교육체제지원사업센터 센터장. 한양대학교 대학원에서 교육학으로 석·박사를 취득했다. 현재 교육부 정책자문위원, 강원자치도평생교육협의회 위원으로 있다, 한국교육개발원 연구위원, 상지대학교 교수와 미래라이프대학 학장을 역임하였다. 한국평생교육학회 회장(2012~2013), 한국평생교육총연합회 회장(2015~2017), 한국비교교육학회 회장(2021~2022), 학점인정심의위원회 위원장(2021~2023), 국가평생교육진흥원 이사((2021~2023) 등을 맡았다. 저서로 『교육의 이해』(학지사, 2024), 『비교교육학과 교육학』(양서원, 2018), 『한국교육정책 현안과 해법』(교육과학사, 2013) 등이 있다.

양흥권 (4장)

대구대학교 실버복지·평생교육학과 교수. 서울대학교 대학원에서 평생교육 전공으로 교육학 석사, 박사 학위를 취득하였다. 현재 대구대 글로컬라이프대학 학장과 평생교육원 원장이며, 영남평생교육학회장, 한국평생교육학회 부회장, 경상북도평생교육협의회 위원을 맡고 있다. 한국교육개발원 평생교육센터 부연구위원(2004~2007), 한국평생교육총연합회 사무총장(2013~2015), 경남평생교육진흥원 이사(2021~2023), 경북인재평생교육진흥원 운영위원(2017~2019) 등을 역임했다. 저서로는 『학습세기의 교육론 평생교육론 2판』(2022), 『베이비붐 세대의 노후 준비와 삶의 질』(2015), 연구물로 「경상남도 생애주기별 맞춤형 평생교육체제 구축방안 연구」(2020), 「중고령 성인의 생애재설계 지원 모형개발 연구」(2021), 「한국 대학평생교육의 특성 변천에 관한 연구」(2019) 등이 있다.

김현수 (5장)

순천향대학교 창의라이프대학 교수. 서울대학교 대학원에서 교육학 석사, 박사 학위를 취득하였다. 현재 한국평생교육학회 부회장, 한국평생교육사협회 이사, 교육부 재정사업 자율평가 자체평가위원회 위원, 충청남도 평생교육협의회 위원, 경제·인문사회연구회 기획평가위원회 위원을 맡고 있다. 국가평생교육진흥원 학점인정심의위원회 위원(2020~2022), 경기도평생교육협의회 위원(2020~2023), 교육부 대학교원임용양성평등위원회 위원(2019~2022), 농림축산식품부 농업마이스터 지정 심의위원회 위원(2012~2024), 교육부 대한민국인재상 중앙심사위원회 위원(2020~2023), 한국직업능력개발원 직업자격연구실장(1997~2014)을 역임했다. 저서로 『녹색성장 녹색직업 녹색인재』(박영사, 2009), 『자격과 직업능력개발』(한국직업능력개발원, 2006)이 있다.

이지혜 (7장)

한림대학교 일송자유교양대학 교수. 서울대학교 대학원에서 교육사회학 석사와 평생교육 박사 학위를 취득하였다. 현재 국가평생교육진흥원 이사, 삼성꿈장학재단 질적종단연구 책임자(2013~현재), (사)한국북앤리터러시연구소 부소장,(사) 청소년과나란히 이사 등으로 활동하고 있다. 문화체육부 청소년위원회 전문위원, 한국방송통신대학교 원격교육연구소 책임연구원, 한국교육개발원 부연구위원, 한국평생교육학회 편집위원장, 국가문해교육심의회 위원장 등을 역임하였다. 저역서로는 『성인문해학습자』(학이시습, 2023), 『리딩마인드』(학이시습, 2019) 등이 있다.

현영섭 (8장)

경북대학교 교육학과 교수. 고려대학교 대학원 성인계속교육학 전공으로 석사 및 박사학위를 취득하였다. 현재 한국인력개발학회 회장, 한국건강가정진흥원 이사, 대구행복진흥사회서비스원 이사를 맡고 있다. 한국교육개발원 연구위원(2007~2009), 국가평생교육진흥위원회 위원(2018~2019), 대통령직속 교육기부 진로체험기관 인증위원회 위원(2018~2020), UNESCO 한국위원회 GNLC 자문위원(2018~2019) 등을 역임했다. 저서로 『평생학습: 내 삶의 행복레서피』(박영스토리, 2024), 『평생교육론』(박영스토리, 2023), 『평생교육실습』(박영스토리, 2023), 『전환기의 HRD 연구의 미래를 묻다』(박영스토리, 2021) 등이 있다.

김민호 (9장)

제주대학교 교육대학 교수. 서울대학교 대학원에서 교육사회학으로 석사학위를, 평생교육으로 박사학위를 받았다. 미국 UCLA와 KSU 방문 교수, 한국평생교육학회 회장, 한국초등교육학회 회장, 제주참여환경연대 공동대표, 대통령자문교육혁신위원회 상근전문위원을 역임했다. 『다문화 시민교육의 과제』(한국문화사, 2024), 「The implications of 'May 4, 1970 and its aftermath' for citizenship education in the United States and Korea: The constitutional rights against national security ideology」(비교교육연구, 2023), 「평생교육 관점에서 바라본 시민교육의 과제: 확장에서 혁신과 통합으로」(교육학연구, 2021) 등의 논저가 있다.

양은아 (10장)

나사렛대학교 교육학부 특수교육과 교수. 서울대학교 대학원에서 평생교육 전공으로 박사학위를 취득하고, 같은 대학에서 미술경영 전공으로 두 번째 박사학위를 받았다. 현재 한국평생교육학회 이사, 한국성인교육학회 이사, (사)한국평생교육사협회 이사, 아시아태평양학습도시연맹(APLC) 자문위원, (재)한국지역사회교육재단 자문위원, 국가평생교육진흥원 연구·사업관리심의위원회 위원, 충청남도 아산시 인사위원회 위원 등을 맡고 있다. 저서로 『평생학습: 내 삶의 행복레시피』(박영스토리, 2024), 『표준화 교육에서 복잡성 교육으로』(교육과학사, 2021), 『마음과 학습: 교육학의 복잡계적 접근』(교육과학사, 2017), 『대학로: 교육공간에서 문화공간으로』(교육과학사, 2017) 등이 있다.

김주영 (11장)

한경국립대학교 유아특수보육학과 교수. 단국대학교 대학원에서 특수교육학 석사와 박사학위를 취득하였다. 한국복지대학교 평생교육원 원장(2013~2014), 장애물없는생활환경시민연대 이사장(2014~2020), 한국장애인평생교육복지학회 회장(2016~2019), 한국장애인부모회 부회장(2020~2023) 등을 역임하였다. 주요 연구로는 『장애인 평생교육권 실태조사 연구』(2016, 국가인권위원회), 『장애대학생 교육복지 지원 실태조사 연구』(2017, 국립특수교육원), 『경기도형 발달장애인 평생교육지원센터 운영매뉴얼 개발』(2020, 경기도), 『군산시 발달장애인 평생학습 실현을 위한 평생학습 기회 확대 연구』(2020, 군산시, 공동참여) 등이 있다.

김지현 (12장)

서울시50플러스재단 정책연구팀 연구위원. 서울대학교 대학원에서 평생교육 전공으로 석사학위를, 미국 조지아대학교에서 성인교육 전공으로 박사학위를 취득하였다. 현재 한국평생교육학회 이사, 한국여성평생교육회 총무이사를 맡고 있다. 영남대학교 BK21연구교수, 서울대학교 교육연구소 객원연구원을 거쳤으며 주요연구로는 「Marriage-immigrant Filipinas' acculturation and learning experiences in South Korea」(2023, Psychology in the Schools), 「What deters some immigrants from learning the language of their new home: Factor analysis of immigrants' deterrents to educational participation in South Korea」(2023, Asia Pacific Educ. Review), 「성인 기초 문해력 자가 진단을 위한 문항개발 연구」(2024, 국가평생교육진흥원), 「국민의 문해력 진단 및 교육 프로그램개발 기초 연구」(2023, 국립국어원), 「성인문해능력조사 측정도구 개선 및 제4차 성인문해능력조사 예비조사」(2023, 국가평생교육진흥원), 「민주시민교육 활동가 연수 프로그램 개발 연구」(2021, 경기도 평생교육진흥원) 등이 있다.

최일선 (13장)

경희대학교 교육대학원 교수. 서울대학교 대학원에서 평생교육전공 석사학위를, 미국 펜실베니아주립대에서 성인교육전공 박사학위를 취득하였다. 한국노년교육학회 회장(2019~2020), 한국평생교육학회 부회장(2022~2023), 경기도평생교육진흥원 이사(2020~2022), 대통령자문교육혁신위원회 전문위원(2007) 등을 역임했다. 저서로 『미래사회와 평생교육』(교육과학사, 2022), 『은퇴수업』(학지사, 2012), 『약동하는 한국의 사회교육 평생학습』(일본어, 에이델연구소, 2017) 등이 있다.

양병찬 (14장)

공주대학교 교육학과 교수. 단국대학교 대학원에서 석·박사학위를 취득하였다. 현재 한국평생교육학회 회장과 환경부 환경교육진흥위원회 위원, 농림식품부 삶의질위원회 전문위원을 맡고 있다. 교육부 국가평생교육진흥위원회 위원(2020~2022), 서울특별시 평생교육진흥원 이사장(2020~2022), 동경대 객원교수(2022), 규슈대 객원연구교수(2023) 등을 역임했다. 저서로는『약동하는 한국의 사회교육 평생학습』(일본어, 에이델연구소, 2017),『마을교육공동체 운동: 세계적 동향과 과제』(살림터, 2019),『미래사회와 평생교육』(교육과학사, 2022),『평생교육경영론』(양서원, 2024),『학부모와 교사』(2024) 등이 있다.

제2판 평생교육론

2019년 8월 30일 1판 1쇄 발행
2021년 3월 10일 1판 2쇄 발행
2024년 9월 5일 2판 1쇄 인쇄
2024년 9월 10일 2판 1쇄 발행

저 자 : 김신일, 강대중, 최돈민, 양흥권, 김현수, 이지혜, 현영섭, 김민호, 양은아, 김주영, 김지현, 최일선, 양병찬

발행인 : 한 정 주
발행처 : 교 육 과 학 사

저자와의 협의하에 인지생략

경기도 파주시 광인사길 71
전화 (031)955-6956~8 / 팩스 (031)955-6037
Home-page : www.kyoyookbook.co.kr
E-mail : kyoyookbook@daum.net
등록 : 1970년 5월 18일 제2-73호

낙장 · 파본은 교환해 드립니다.
Printed in Korea.

정가 27,000원
ISBN 978-89-254-1980-0